中国金融变迁研究系列

上海出版资金项目
Shanghai Publishing Funds

近代上海华商证券市场研究

刘志英 著

Analysis of the Chinese Stock Market
in Modern Shanghai

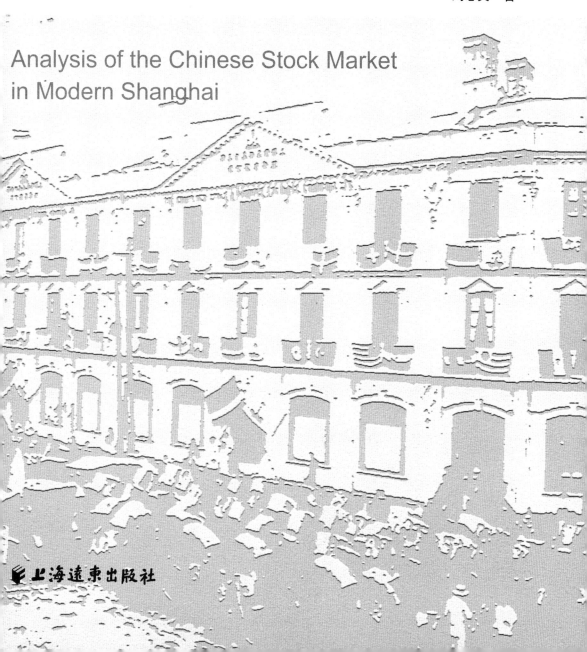

上海远东出版社

图书在版编目(CIP)数据

近代上海华商证券市场研究/刘志英著. —上海：上海远东出版社, 2018

（中国金融变迁研究系列）

ISBN 978-7-5476-1406-8

Ⅰ. ①近… Ⅱ. ①刘… Ⅲ. ①证券市场-研究-上海-近代 Ⅳ. ①F832.95

中国版本图书馆 CIP 数据核字(2018)第 158313 号

责任编辑 陈占宏
封面设计 张晶灵

近代上海华商证券市场研究

刘志英 著

出　　版　上海遠東出版社
　　　　　（200235　中国上海市钦州南路 81 号）
发　　行　上海人民出版社发行中心
印　　刷　浙江临安曙光印务有限公司
开　　本　710×1000　1/16
印　　张　19.75
插　　页　4
字　　数　341,000
版　　次　2018 年 8 月第 1 版
印　　次　2018 年 8 月第 1 次印刷
ISBN 978-7-5476-1406-8/F·629
定　　价　138.00 元

总　序

　　金融是经济的血脉,对于维系和促进现代社会经济的运作有着重要作用,与社会的方方面面乃至每个社会成员,有着不可或缺的关系。随着中国经济与整个世界经济的联系日益密切,随着中国金融改革开放的推进,金融诸领域的状况越来越受到各界的关注,对于金融学理、实务和实际运作的研究也得到极大的重视。与此形成巨大反差的,人们对于中国金融领域的历史变迁却了解不多;专门的研究成果甚少。事实上,中国金融领域的变迁有着悠久的历史和丰富的内容,包括货币、金融机构、金融市场和相应制度的沿革变迁,以及金融与经济增长、工商经济活动和社会生活之间的关系等方面,在世界金融体系的园地中别具一格。在建设有中国特色社会主义市场经济的进程中,经济领域的变革和时代的发展,对中国金融变迁的研究提出了更多的要求。特别是在全球化的背景下,如何从中国社会发展与转型的角度出发,加强对中国金融变迁本身及其与经济社会发展之间的互动关系进行研究,更具有其必要性和急迫性。

　　金融的本质是货币信用,对于金融市场和金融关系中的当事方,货币是给定的制度规范。近代中国货币制度之落后以及改革币制之必要性,曾是朝野乃至相关中外人士共同关心的话题,但对于币制改革方案的选择却莫衷一是。由于同治末年欧洲各国多采金本位以及国际市场上银价的下跌,尤其是甲午战争后中国偿付赔款外债基本上以金为标准计算,国人主张改币制者日多且主金本位。1901年《辛丑条约》签订后,庚款偿付中的"镑亏"导致的财政负担迫切需要予以解决,币制改革方案的设计渐趋具体化。而对当时中国货币制度改革拟采行的方案,已经是一个国际性的问题。清末民初,包括中国海关英籍总税务司赫德、美国国会国际汇兑委员会委员精琦、荷兰银行总裁卫斯林都曾提议中国实行金汇兑本位。但是,币制改革"知易行难"。宣统二年清廷颁行的《币制则例》,仍明确了银元本位的取向,对于银两、制钱的支配和主导性地位也没有正面去触动。1914年颁行的《国币条例》,基本沿用了宣统二年《币制则例》的内容，并付诸实施。值得注意的是，在国人已经意识到银本位币制的诸多不利影响的情况下，清末民初两个币制法规都没有采行外人建议的金本位的主张，而是确定了银元的国币即本位币地位，这对于当时中国金融业经营与市场运作，无疑是稳定因素。同时从中国币制现代化的角度来看，也不能简单归之于保守，相反，在银元与银两、银通货与制钱之间，这两个币制法规都赋予前者合法的地位，从而为国民政府时期完成"废两改元"打下了基础。而1935年废除银本位之后推出的法币政策，实施13年后即被金圆券取代，而同样作为不兑现纸币的金圆券的命运更为短暂，实施不到一年便随着国民党在中国大陆的统治一起彻底崩溃。1949年随着中华人民共和国的成立，由中国人民银行发行的人民币，很快成为中国大陆地区唯一合法的货币。

中国经营性金融机构之发轫，始于本土金融业中的票号钱庄。票号以获取官款存放和汇兑为业务重点，曾经有过较大的发展，但其体制、机制、业务等方面长期缺乏进取变革，随着清末民初的政局和社会变迁，这一行业逐渐式微。钱庄业在第二次鸦片战争前后抓住了中外贸易迅速扩大、口岸金融机构业务急遽发展的历史性机遇，从单纯货币兑换扩大到存款、放款、汇划、签发庄票、贴现等近代意义的业务。但其资本来源与构成、经营与管理等方面，尚未有变革。1897年中国通商银行的设立，成为尔后中国出现新式银行业和相应制度构建的先声。1905年清政府设立了户部银行（1908年改为大清银行），1907年邮传部奏准设立了交通银行。至1911年，历年新设立华资银行有十多家。民国年间，中国本国新式银行业取得了长足的进步。其中尤其以北四行（盐业、金城、大陆、中南）、南三行（上海商业储蓄、浙江兴业、浙江实业）为代表的两大区域性银行群体的崛起，标志着中国商业银行开始成为银行业不可忽视的力量，无论政府财政还是新式工矿商贸交通事业，都对其寄予厚望。而该时期政府银行——中国银行和交通银行，在特权、资力、市场份额等方面有着普通商业银行无法企及的优势，得到来自政府当局的扶持和索求，也甚于一般银行。在相当长的时间里，中交两行为政府财政所"绑架"，无法正常开展业务经营。尤其是1916年和1921年的两次挤兑、停兑，不仅使该两行的信誉受到重挫，也使得整个本国新式银行业的现代化进程出现反复。只是因为北洋时期政局动荡，政府财政破产、无法继续控制金融业，在商股主导下的中交两行业务重心转向工商业，业务经营方面才逐步走出困境，重新启动现代转型的步伐。

南京国民政府建立后，1928年全国意义的中央银行在上海正式成立，同年公布的《中国银行条例》和《交通银行条例》，分别将两行定位为国际汇兑和发展实业的特许银行，并且载明这两家银行的总行均设立在上海。其后政府又规定中国农民银行、中央信托局、邮政储汇局、中央造币厂、中央储蓄会等机构设立于上海。上海作为当时全国最大最重要的现代化金融中心，不仅有了占主导地位的四行二局政府金融体系，而且有了基本的制度保障和明确的政策导向。此外，除了南三行之外，北四行以及新华商业银行、中国实业银行等大商业银行的总部都先后集聚于上海，业务重心置于长江中下游进而辐射内地和海外，对外资开放的全国性证券、保险、信托、外汇、票据交换市场的发展，也就成了上述基本制度安排和相应政策实施的题中应有之义，体现了按照现代化和国际化的客观要求，进行金融业布局和相应资源配置的理念。

据统计，1927～1937 年 10 年期间，国民政府在币制与钞券发行、银行与金融管制、外汇管理、存放款业务、汇兑储蓄业务、特种与合作金融、综合类等方面，制定颁布了 100 多个法规。从最初公布的中央银行条例、章程，到正式颁行《中央银行法》，可以说在中国首次较全面地确立了中央银行制度，对货币发行、外汇管理和金融市场的有序运作具有重要意义。普通商业银行制度方面，1929 年的《银行注册章程》要求凡开设银行，均需先拟具章程，呈财政部核准；核准之后，方得招募资本；再经验资注册、发给营业执照后，方得开始营业；原有银行合并或增减资本，也需要另行核准注册，并规定"凡开设银行，经营存款、放款、汇兑、贴现等业务，须依本章程注册，凡经营前项之业务不称银行而称公司、庄号或店铺者，均须依本章程办理"，体现了把钱庄、票号、银楼等传统金融机构纳入统一监管的趋向。1931 年颁布的《银行法》共 51 条，则体现了金融业对准入、组织、经营实行规范化的取向。

在近代中国的金融市场上，钱庄业曾长期处于主导地位，在与银行业的关系中处于强势地位；即便在银行业获得长足发展后的很长一个时期里，银钱两业在诸多领域里都起着并重的作用。但在资本来源、组织构成、投资与经营管理等方面，钱庄业难以适应现代化大生产和高度商品化的需要，更处于金融国际化潮流之外，甚至整个钱庄业长期没有明确的法律地位，一度面临除了银行化便只有停歇的处境。但是，经济发展的多样性、不平衡性，即便在上海这样的大都市里也存在着，零星、小额然而持续不断的金融业务既发生在都市内部，更在各都市周边地区中小城镇属于常态，这就是钱庄业得以存续并有一定发展的基础。在本国银行业居于中国金融的主导地位之后，钱庄业在保持与中小工商业和基层社会关系的同时，仍然力图跟上时代的步伐，在资本来源和构成方式、经营管理制度等方面有所进步，使整个行业维持到了 20 世纪 50 年代初期。作为维持城市生活不可缺少的行业、金融业中始终不容忽视的力量，钱庄业体现了中国金融现代化的特定阶段性。至于钱庄业特有的与客户之间的互信关系，钱庄内部雇主、管理层与员工之间稳定的关系，似乎也不能简单地与落后、消极划等号。为了应对市场和社会环境的变迁，钱庄业的业务经营、管理方式，也有调整改革的方面。可以说，无论单个的钱庄还是整个钱庄业的变迁，都有着十分丰富的内容，需要加以研究。

长期以来，外商银行被视为列强侵略中国的工具，与中国本国金融业（尤其是商业行庄）有着不同的性质和作用。如果说金融市场就是货币信用活动的市场，金融机构是这个市场的主体，那么近代以来普遍从事中国本币业务的外商银行，就应当如同华资银行、钱庄等一样，理应是整体意义的上海金融业的组成部分。但另一方面，在中国主权缺失的情况下，外商金融业在享有治外法权和其他特权的同时，在中国法统框架里长时期没有获得明确的"准入"。即便是在外商银行聚集的上海，直到抗日战争结束后，外商银行才获准加入上海银行公会、成为上海票据交换所的交换银行，为中国银行业所接纳。而外商金融机构在体制、运作和管理方面的先进性，总体上也为华资银行业效法。在中国金融变迁的研究中，对在华外商银行的研究成果，不应当长期付诸阙如。

至于近代中国诸多的金融团体与组织，更是金融变迁研究的题中应有之义。如银行公会、钱业公会等同业团体，其基础是诸多的行庄。行庄业务经营活动一方面形成市场，另一方面直接催生了各自的同业公会；而在金融中心的上海地区，还进一步产生了联合准备委员会（钱业为准备库）、票据交换所、票据承兑所等常设专业组织。而金融同业规范的制订修正、同业之间关系的协调、同业与其他行业的关系处理、与社会的往来，以及与政府之间的联系交涉，则有赖于同业团体。诸如中国交通两行、北四行、南三行这样的大银行，在业务和市场意义上可以被视作近代中国银行业的代表，可是它们对其他同业并不具有制约作用；但是银行公会、钱业公会的决议却不仅对会员银行、钱庄有制约力，还对非会员银行、钱庄有着重大影响力。可以说，认识近代中国某一特定金融行业的基础和前提，就是了解该行业的同业公会；近代中国金融业同业团体的运作，其本质便是金融业同业自律、自我管理能力和现代化取向的集中体现。对于金融变迁进程中同业团体和组织的研究，应当得到学术界更多的关注。

中国金融变迁的研究以金融机构为主体，这本身无可厚非。但是有金融业就有金融市场，除了关于金融机构的研究之外，还应有对近代中国或某一地区的拆借、贴现、内汇、证券、保险、外汇、金银等市场进行单独而深入研究的论著。对于诸多客户而言，金融机构的内部组织、管理与人事是一回事，但金融机构如何开展业务、进行运作，则是更重要的。换言之，正是各类金融市场，把金融机构与客户联系在一起，金融市场的研究实质上是动态地研究金融业，以业务、客户为中心来研究机构。应当看到，与对银行、钱庄的研究相比较，对中国金融市场变迁的研究更显薄弱。这几年，陆续见有证券、保险、信托、外汇市场的研究成果。但总的看来还很不够。中国金融市场与国际金融市场的关系、金融中心地区的各种行情与国内其他地区各自市场行情之间的关系、近代中国金融市场的财政属性与商业属性、金融市场行情与政局动荡之间的关系，等等，都是金融变迁研究的重要对象。

中国金融变迁的研究，还应有对金融制度进行专门研究的成果。尤其是近代中国金融制度的演变，不仅是政府的制度安排问题，还有业内的自律，主要通过金融业同业团体来体现，同时还应注意金融制度在文本上与实际运作的关系，等等。这些方面都有着非常丰富的内容。从时段而言，晚清与民国时期金融制度的研究基础较好,经过整理的史料和可资参考的文献较多,而 1949 年新中国成立后金融制度变迁的研究基础还比较薄弱,某些问题的处理难度较大,应予以更多的关注和支持。

应当看到,中国金融的运作,既与政府财政有特殊的紧要关系,又与生产流通及社会生活领域密切相连,这两方面的关系是研究者不可忽视的。此外,中国不同地区之间的金融关系,华洋、新旧金融机构之间的关系,中外金融市场之间的联系,各主要金融政策和制度,具有代表性的金融思想、观点、主张、理论、学说,金融家及其企业,等等,给有关的学者提供了十分广阔的研究空间。这些方面的研究可以为推进整个中国金融变迁的研究作出更大的贡献。

复旦大学在历史学、经济学、金融学等学科领域上都有着优秀的人才,对于金融学理、实务以及中国货币史、金融史的研究方面有较悠久的传统,在学术界素有影响。复旦大学中国金融史研究中心,就是由复旦大学历史学系、经济学院和金融研究院的有关人士共同发起成立的,旨在打通相关学科,搭建汇聚交流研究信息和研究成果的平台,整合资源,进而在理论、现实和历史之间达到更好沟通,为推动中国金融变迁领域的研究,略尽绵薄之力。本研究系列除了收入专题研究著作之外,还将收入专题论集、专题资料集。我们期待着读者对于已经问世各书稿的意见,期待着诸多学界同行赐稿,共同拓展中国金融变迁的研究领域,逐渐深化研究的层面。

2011 年 11 月于复旦大学光华楼

》 序 言

　　刘志英副教授的博士学位论文《近代上海华商证券市场研究》即将正式出版了。她在 2002 年夏通过博士学位论文答辩之后,根据评审和答辩专家的意见,花了一年半的时间,对原学位论文稿作了仔细的修订补充,现在的文稿,可谓是潜心治学之作。

　　进行证券市场史的研究,当事人至少需要两方面的学术背景,第一,要有历史学的基本训练;第二,要有一定的经济学、金融学的方法甚至理论的素养。刘志英在大学、硕士生和访学阶段,在第一方面打下了较扎实的基础;而在攻读博士学位期间通过选修若干专业课程并在学术工作中注意运用,在第二方面也取得了明显的进步。这两方面的结合,正是这部书稿总的优点。

　　上海的华商证券交易活动,可以追溯到 19 世纪 70 年代轮船招商局、上海织布局等华资股份制企业的兴起;国人创设的证券交易所,则滥觞于 1882 年成立的上海平准股票公司;1914 年成立的上海股票商业公会,已俨然一小型规范之交易所;而 1920 年与翌年上海证券物品交易所和华商证券交易所先后开业,更使上海证券市场无论就规模还是影响均居国内华商证券市场之最。从 20 世纪 30 年代起,涉及近代上海证券史的著述便时有问世,如杨荫溥的《中国之证券市场》(1930 年);今人的研究成果亦见有洪葭管、张继凤的《近代上海金融市场》(1989 年),等等。除了注意整合与尽量吸取相关研究成果的可取之处外,本书稿首先抓住了选题的丰富历史内涵,在史料的爬梳运用上,花了很大的功夫。除了其他种类的史料之外,尤其是在研究已刊和未刊档案资料(以上海市档案馆丰富的藏档为主,兼及中国第二历史档案馆的相关史料)和多种旧报刊资料(包括社会新闻类和经济金融专业类)这两方面,着力甚著。在较为翔实的专业史料和参考文献基础上,调运相关的知识积累,进行原创性工作,举一反三,构建自己的研究体系,进行深入的学术思考。如书稿在第一章中,以三节、九目总共约 5 万字的篇幅,将近代上海华商证券市场的历史演进分为三个时期,进行了较系统的探讨,或证实、补充了已有的结论,或给出了更为详尽而准确的叙事。在此基础上,与一般西方国家资本主义证券市场发展历程相比较,进一步总结归纳出上海华商证券市场历史演进的三个特点,即:(1)发展道路的曲折性,即不是产业证券与政府公债的统一且以产业证券居于证券市场的主体地位,而是从股票交易市场开始产生,到发达的政府债券市场,再发展到企业股票市场,并且在长时期里以政府公债居主导地位;(2)市场结构的不完整性,近代上海华商证券市场并不是一个完整意义上的发行与流通交易统一的证券市场,只是一个二级交易市场,证券发行市场并未真正建立;(3)财政性与投机性并存,但融资功能低下且不稳定。近代上海华商证券市场是一个财政性很强的证券市场,对近代中国产业经济的发展没有起到应有的融资作用,它离真正经济意义上的资本市场还有一段距离。诚如书稿中所指出的,作者力图"从近代中国转轨经济的特定环境出发,阐明近代上海华商证券市场的种种现象与转轨经济环境的有机联系,从历史的动态的角度,解释和把握近代上海华商证券市场的整体演进历程"。叙事在于准确,立论在于深刻,作者在两方面都作了可贵的探索。

如果说第一章主要是运用史学的方法,那么从第二章到第五章,作者试图通过历史学与经济学、管理学、金融学等诸学科的方法结合,分别从政府的证券监管、债券市场的管理、股票市场的管理与证券行业的自律管理等不同角度切入,对近代上海华商证券市场管理进行全方位研究,提出了自己的观点。如作者认为:由于市场结构的不完善,近代上海证券市场管理的体制也相应不健全,所形成的市场管理组织体系,主要都针对二级证券交易市场,对于证券的一级发行市场,其管理则相对混乱。又如,书稿指出了旧中国政府对上海的证券监管基本上以财政部为主体具体实施管理,由于政府公债库券是证券市场的主要品种,在某些时期甚至居于核心地位,而财政部则是绝大部分公债库券的发行者,政府既是证券一级市场的参与者,又是证券市场的监管者,扮演着双重角色,这样,实质上对政府公债的发行根本无从监管,致使近代中国的公债滥发难以节制,也造成了政府对证券市场监管最终失灵。近代上海金融业有着十分强大的同业团体(如银行公会、钱业公会等),行业自律是旧上海金融业的共同点。那么证券业情况如何呢?作者进行较深入的探究后指出:近代上海华商证券行业自律管理规章与实际运作相背离,整个近代上海各证券交易所也分别制定有相应的自律规章,但在实际运作中,却并没有真正做到自律。总之,书稿注意有机整合相关学科的方法,在对历史对象的研究中注重史论结合,在讲清楚基本事实的情况下,进行必要的分析,提升观察研究对象的立意,这样,整部书稿就超出了一般历史叙事的层面,总结出近代上海证券市场演变及管理层面的规律性内容。

上海是近代远东地区的国际工商大都市,也是近代中国最大的金融中心。金融业在上海(乃至整个中国)的近代化、国际化进程中扮演着十分重要的角色。上海证券市场的历史有着非常丰富的内涵,不是一篇博士学位论文可以尽述的。众所周知,近代上海金融市场已相当发达,有着不同的部分和构成,证券市场只是整个金融市场的一个部分,以证券市场为本位的考察,还需要注意与其他金融市场诸方面的联系,有必要进行比较研究。另外,近代上海证券业作为相对独立的经营行业,与其他金融行业之间的联系如何,这方面的联系对证券业和其他相关行业的影响如何,值得深入探究的地方很多。我和我的同仁感到高兴的是,刘志英在获得博士学位且在高校经济学专业任教一年之后,已经以《近代中国证券市场研究》为题,在复旦大学经济学院开始了博士后研究。我们期盼着她新的更有学术分量的成果问世。

吴景平

2004 年 2 月于复旦大学

目　录

图表目录

导　言

一、选题的历史与现实意义及相关领域的研究状况

　　证券市场是人类社会经济活动经历了生产商品化、商品货币化、货币信用化的历程,发展到信用证券化阶段的必然产物。因此,近代证券市场是实现资本主义近代化过程中的一个重要方面,而且是近代化在更高层次上的体现。近代中国证券市场是指各种有价证券包括公债、股票、公司债券等发行和交换的市场,它是旧中国长期资金市场的一个主要方面。上海是近代中国的金融中心,上海的证券市场也是近代中国规模最大、最典型的市场。对近代中国证券市场——特别是近代上海证券市场的研究,可以多方位地展现中国资本主义近代化的历史进程,进一步丰富中国近代经济史和上海史的内涵,深入揭示近代化的发展规律。

　　改革开放以来,尤其是社会主义市场经济体制确立以后,我国的金融体制和金融运行机制发生了极大的变化,其中一个引人注目的内容就是证券市场的迅速崛起。实践证明,证券市场在促进社会主义市场经济的发展,转换企业经营机制和建设现代企业制度方面都发挥了积极的作用。然而,由于证券市场所具有的自发性、投机性和高风险性等特点,证券市场本身并不能自发实现高效、平稳、有序的运行,因此必须有赖于对证券市场加强管理。强化和改善对证券市场的管理,提高证券市场的安全性和运行效率,这是各国政府、金融、证券业界注重研究的全球性重要课题,自1990年我国正式建立证券市场以来,这一课题就受到了极大的重视,经济学界对此进行了较为深入的研究和理论探讨。但是,这些研究和探讨,主要集中在从国外的证券市场及其管理中寻找理论依据和体制借鉴,这无疑是十分必要的,有助于为中国证券市场管理的建设与完善提供横的方面的比较借鉴资料,除此而外,从历史的角度,对中国近代证券市场及其管理进行

研究,也是十分必要的,因为这种研究不仅有助于揭示近代中国证券市场及其管理发展演变的脉络与轨迹,同时能够为我们今天证券市场的管理提供一个纵向比较的历史经验。

也就是说,要发展和完善我国的证券市场,建立一套符合我国国情的管理体制,保证中国证券市场的健康发展,不仅需要我们注意借鉴各国证券市场成功的经验,而且更为重要的是不可脱离中国的国情,这就要求我们必须加强对近代以来中国证券市场,尤其是对证券市场管理的历史研究。

那么,迄今为止,学术界对于近代中国证券市场及其管理的研究情况如何呢?

伴随着近代中国证券市场兴起、发展,就有不少学者将目光投向了这一领域,其主要成果有:杨荫溥编《上海金融组织概要》(商务印书馆1930年),《中国交易所论》(商务印书馆1929年);徐寄庼《最近上海金融史》(上、下)(1929年);贾士毅著《国债与金融》(商务印书馆1930年10月),《民国续财政史》(六)(商务印书馆1934年);汤心仪《上海之金融市场》,刘仲廉《上海之交易所》(载《战时上海经济》第一辑,上海经济研究所1945年);朱斯煌主编《民国经济史》(银行学会编印1948年)等著作,这些著述中的有关部分均对证券市场有所论述,给我们今天研究这部分历史留下了可供利用的珍贵史料。

1949年新中国成立以后,由于复杂的历史原因和国家计划经济体制的确立,证券和证券市场被取缔,并销声匿迹了近30年之久,因此,该领域的研究也几乎无人问津,长期受到冷落,直到改革开放以后,特别是伴随着股份制和国债发行在中国的复苏、发展,对近代证券市场的研究又重新引起了关注,目前与此相关的主要研究著作有:洪葭管、张继凤著《近代上海金融市场》(上海人民出版社1989年);中国人民银行总行金融研究所金融历史研究室编《近代中国的金融市场》(中国金融出版社1989年);朱彤芳编著《旧中国交易所介绍》(中国商业出版社1989年);朱镇华著《中国金融旧事》(中国国际广播出版社1991年);洪葭管主编《中国金融史》(西南财经大学出版社1997年);姚会元著《江浙金融财团研究》(中国财政经济出版社1998年);熊月之主编《上海通史》第8卷(民国经济)(上海人民出版社1999年);郑振龙等主编《中国证券发展简史》(经济科学出版社2000年),吴景平等著《抗战时期的上海经济》(上海人民出版社2001年)、吴景平主编《上海金融业与国民政府关系研究(1927～1937)》(上海财经大学出版社2002年);张忠民著《艰难的变迁——近代中国公司制度研究》(上海社会科学院出版社2002年)。在这些著述中,特别是洪葭管、张继凤著《近代上海金融市场》"第五章、证券市场",较为完整地简要叙述了近代上海证券市场的历史演进过程,并对此作出了基本的评价:第一、西方国家的证券市场一般是先有发达的公债交易,然后才有发达的股票交易,而旧中国,由于社会经济形态的特殊,证券市场是从股票交易开始的。第二、抗日战争以前的上海华商证券市场以政府公债为主,指出了上海华商证券市场的财政性。第三、沦陷时期的上海华商证券市场"把交易对象从公债转而改为华商企业股票是一次突破性的飞跃",而抗日战争胜利后重新建立的上海证券交易所"至少在低层次上来说已初步具备了资本市场的性质"。其他著述由于不是专门研究近代证券市场,尤其不是研究上海证券市场的专著,因此对这部分内容或停留于一般史实性的描述,或仅从某一个特定角度进行研究,缺乏全面而深入的探讨。

只是自20世纪80年代以后,关于近代证券市场的研究论文才逐渐增多起来,目前主要的研究成果有:千家驹《论旧中国的公债发行及其经济影响》(《文史哲》1983年第4期);陈正书《上海华商证券交易所的创立和影响》(见唐振常、沈恒春主编《上海史研究》二编,学林出版社1988年);张寿彭《旧中国交易所探源》(《兰州大学学报》1990年第1期);龚彦孙《民国初年上海的证券交易》(《民国春秋》1992年第6期);胡显中、周晓晶《中国历史上第一家股份制企业轮船招商局》(《经济纵横》1992年第8期);匡家在《旧中国证券市场初探》(《中国经济史研究》1994年第4期);田永秀《1862～1883年中国的股票市场》(《中国经济史研究》1995年第2期);朱荫贵《近代上海证券市场上股票买卖的三次高潮》(《中国经济史研究》1998年第3期);宋士云《抗日战争时期我国的股票市场》(《齐鲁学刊》1998年第5期);彭厚文《19世纪80年代上海股票交易的兴衰》(《近代史研究》1999年第1期)及《战后上海证券交易所述论》(《近代史研究》2002年第3期);周育民《"一·二八"事变与上海金融市场》(《档案与史学》1999年第1期);张晓阳《抗战时期的上海股市研究》(《档案与史学》1999年第1期);李玉《19世纪80年代上海股市风潮对洋务民用企业的影响》(《江海学刊》2000年第3期)及《1882年的上海股票市场》(《历史档案》2000年2期);王晶《1932年的公债风潮:国民政府与上海金融界关系述评》(《档案与史学》2000年第3期);白丽健《1937～1949年上海证券市场的历史考察》(《南开学报》2000年4期);张忠民《近代上海产业证券的演进》(《社会科学》2000年第5期)等20余篇。这些论文分别选取了与近代证券市场有关的不同方面进行分析研究,如对旧中国的公债问题、晚清洋务时期的上海股票市场、抗日战争时期及抗日战争胜利后的上海股票市场等问题进行较为深入的剖析,这些探讨不仅有助于加强对近代中国证券市场的认识,同时也表明对近代中国证券问题的研究已开始成为学术界关注的重要课题,但从总体上来说,目前研究仍处于起步阶段,尚存在许多不足之处,主要表现为:在史料的运用上,一是档案资料的缺乏,除少数论文利用了部分档案资料外,大多数的论文均缺乏对已开放的未刊档案资料的运用,这不能不说是一个遗憾;二是对当时报刊的利用极不充分,仅局限在少数几种报刊上。在研究的深度与广度上,仅局限在个别的点面上,对近代证券市场,尤其是近代中国最为典型的上海证券市场缺乏完整、全面、深入的分析与论证。在理论上,缺乏理论的深度,大部分的文章是从史学研究的角度加以考察的,而较少运用到与此密切相关的经济学方面的理论与方法。

国外及港台方面,除(美)小科布尔(著《上海资本家与国民政府》)等少数学者在研究著述中有所涉及外,笔者尚未见到专门的研究成果。

从以上的研究状况来看,目前学术界专门对近代中国证券市场的研究成果尚嫌薄弱,且主要局限于梳理证券市场发展的历史过程和就个别问题进行分析,而对有关近代上海证券市场总体演进状况及管理问题的研究则尤为缺乏,仅笔者所见还未有专题论述。从资料的运用上看,也仅局限于少数报刊与时人的论著,而对大量的已刊与未刊档案资料以及一些当时重要的刊物如《银行周报》《钱业月报》《金融周报》《证券市场》等都缺乏使用。有鉴于此,作者力求在吸收已有研究成果的基础上,选择相对薄弱的环节——近代上海华商证券市场作为研究课题,以期做出创新性的尝试,为推动该领域的研究做一些有益的工作。

近代上海华商证券市场的演进历史中,也曾遇到各种理论与实践的问题,诸如中国应建立什么样证券市场管理体制最为合适,政府应怎样加强对证券市场的监管,以及构成证券发行与交易市场的各种组织结构、管理方式、法律法规等等。因此,回顾和总结近代以来上海华商证券市场管理的成败得失,不仅有助于丰富近代上海金融史研究的学科内涵,而且更具有很强的现实意义,对于建立健全我国当代证券市场的管理体制不无裨益。为此,本书将首先在尽量详细、全面占有史料的基础上,从近代中国经济转轨的环境和特点出发,历史地再现近代上海华商证券市场的产生、发展以及运行的全过程,特别注重对近代上海华商证券市场的管理及演变作全方位的研究,从而总结出有益的历史经验与教训,为当前我国政府加强对证券市场的有效监管,促进我国证券市场的健康快速发展,提供有益的历史借鉴。

二、研究中需要说明的几个问题

(一) 研究地域: 仅限于上海

就近代以来的中国证券市场发展历史来看,虽然证券交易的历史很长,但却始终没有形成一个全国统一的证券市场,在不同时期,全国不少地方均建立有证券交易所,但除上海外的其他地方为时都十分短暂。1914年12月《证券交易所法》公布后,1918年6月,北京证券交易所首先成立(该所到1933年以后,陷入停顿状态,1937年"八·一三"事变爆发后宣布停业),紧接着,20年代初,上海相继建立了两个证券交易所,一是1920年7月1日建立于四川路与爱多亚路(今延安东路)转角处的上海证券物品交易所,一是建于汉口路昼锦里附近,1920年5月20日宣告成立,1921年1月正式开业的上海华商证券交易所。这三个证券交易所的先后成立,标志着近代中国的证券市场进入交易所时代。在此后一年多的时间,交易所在上海得到迅猛发展,先后成立了136家交易所,在汉口、天津、大连、广州、南京、苏州、宁波等地也相继设立了52家交易所,爆发了1921～1922年的"信交风潮"。风潮之后,除上海的证券物品交易所、华商证券交易所及北京证券交易所继续存在外,其余各地经营证券的交易所均倒闭停业。此后,股票交易渐趋冷落,随着北京政府与国民政府大量公债的发行,公债成为了证券市场的主要交易品种,此时的证券交易所可以称为公债交易所。除上海、北京两地的证券交易所外,在20世纪30年代,其他各地又陆续建立了几个证券交易所,1931年1月成立的汉口证券交易所,1933年9月成立的四明证券交易所(设于鄞县,今宁波市),1934年11月成立的青岛物品证券交易所,1935年9月成立的重庆证券交易所,但都规模不大,交易量甚微,且到1937年抗日战争全面爆发后,各所相继停业。抗日战争时期,1944年12月,日伪华北政务委员会经济总署为控制华北金融市场,责令在天津组织"华北有价证券交易所",由北京、天津、青岛、济南四个城市的银行公会、钱业公会、市商会及工厂联合会出资设立,1945年8月27日,在天津宣告成立,此时,日本虽已宣布投降,但天津仍处于日伪统治之下,所以该所能够继续营业,9月被国民政府接收,10月8日停业,开业不足2个月。抗日战争时期,国民政府退到大后方后,以重庆为陪都,重庆的金融业也随国民政府的到来而有所发展,1941年,国民政府财政部拟在重庆设立"重庆产业证券交易所",但终因条件不具备,且又处于战争时期而未获成功。抗日战争胜利后,1948年3月,在天津建立了"天津证券交易所",但经营不到半年,1948年8月19日,由于国民政府实行金圆券币制改革而宣布停止交易。

由以上可知,虽在不同时期,不少城市都建立过证券交易所,但除上海之外的其他各地,证券市场建立的时间都不长,且规模不大,交易量甚微,不足以反映近代中国证券市场的全貌,而近代上海华商证券市场从晚清开始出现以来,一直延续不断,直到1949年国民政府在大陆统治的结束,因此是旧中国历时最长的证券市场。不仅如此,近代上海华商证券市场还是全国规模最大、最为典型的证券市场,因为证券市场是整个金融市场的有机组成部分之一,它的产生和发展不仅需要总体社会经济的发展,更需要依附于整个金融业的发展,而上海是近代中国乃至远东的金融中心,这里集中了全国最大最多的银行和钱庄,有实力最雄厚的金融资产阶级作为坚强后盾,他们成为证券市场最主要的投资者和经营者,上海的银行与钱庄凭恃着宏大的经济力量,成为了政府公债,特别是国民政府在1927~1937年所发内国公债的最大承销者与购买者。同时,上海又是近代中国的工商业中心,这里是近代中国最早股份制企业的发祥地,也是近代中国股份制企业最多的地方,自然也就成为了中国华商股票的集中交易市场。而与此相比,近代中国其他任何城市都不具备上海这样的条件,如北京证券交易所是近代中国最早建立的证券交易所,但它的产生却不是近代中国民族资本主义产业发达的结果和需要,而是北京政府大量发行债券的产物,北京证券交易所建立于北京政府公债发行的初期,繁荣兴旺于北京政府公债库券发行最多、最滥的时期,并随着北京政府的灭亡而走向衰败,1928年以后,随着国民政府建都南京,北京证券交易所便日趋冷落,逐渐失去了其固有的重要地位,据记载,1928年,北京证券交易所只做五年六厘、七年长期、整理六厘、九六公债等四种证券,以后便逐步改为物品交易,并于1939年初歇业。① 而30年代相继在宁波建立的四明证券交易所、青岛证券物品交易所、汉口证券交易所、重庆证券交易所,限于经济条件,虽有少数几家地方企业股票上市,但多有行无市,主要以经营当地政府所发行的地方公债为主,规模不大、交易更不发达。因此,近代上海证券市场在中国证券发展史上占据着极端重要的地位,是近代中国证券市场的典型代表。要认识近代中国的证券市场,必须着重于对近代上海证券市场的剖析,因而,本书选取了近代上海证券市场作为研究的切入点。

(二) 研究范围: 仅限于华商证券市场

　　由于近代中国处于半殖民地半封建社会,近代上海的证券市场也包括两个部分,一是由外商在上海建立的外商证券市场,一是华商自己建立的华商证券市场。近代上海外商证券市场主要有两个交易场所,即西商众业公所与日商上海取引所。

　　上海开办的第一家初具规模的西商证券交易所是1891年的"上海股票公所"(Shanghai Sharebrokers Association),它是由西商中一些专门从事证券买卖

---

① 中国人民银行总行金融研究所金融史研究室编:《近代中国的金融市场》,中国金融出版社1989年版,第168页。

的经纪人组成,实际上是一个证券掮客公会,但已具有交易所的雏形。1903年上海股份公所酝酿改组,1904年,按照香港《股份有限公司条例》在香港注册,定名为"上海众业公所"(The Shanghai Stock Exchange),地址在黄埔滩(今中山东一路)1号,其组织采取会员制,即只有会员才能从事买卖交易,最初会员为50人。成立后不久,会员即扩充为100人,其中西商87名,华商13名。1929年10月7日,上海众业公所曾经一度改组,到1934年,共有98位会员,其中9个中国人,大多数是犹太人,地址在中央路16号。从众业公所的营业范围来看,主要为:中国、特别是上海及远东各地外商股票;南洋各属的橡皮股票;上海市政府和特区公共租界和法租界行政机关发行的公债票;中国政府的金币公债等五大类。其营业主体是第一、第二两类的股票。在其行市单里,有10种银行和银公司股票;5种保险公司股票;16种地产公司股票;6种船坞仓库和转运公司股票;8种公用事业股票;4种纺织厂股票;38种橡皮股票和垦殖公司股票;此外还有13种优先股,55种市债和公司债,共155种,[①]其中公司股票与债券占绝对优势。1937年"八·一三"事变爆发,西商众业公所停业四个月,12月初开始复业,随着上海租界"孤岛"地位的形成,从1938年下半年起,上海的外股市场呈现欣欣向荣之势,直到1941年12月8日太平洋战争爆发,日军占领租界,孤岛变成沦陷区,众业公所被迫停业,此后再也没有得到恢复。

1918年上半年,日人拟在上海创设两交易所,其一在美国注册,由日人联合中美资本家共同组织,其二为上海取引所股份有限公司,由日本政府特许设立,两所营业种类大抵相同,均以经理证券纱花等商品之期货或现货买卖为专业。前者发起在先,但终未成立,后者的营业地点,总行在日本大阪,分行在上海租界,股本定为1000万日元,交易品种为证券、纱花及其他商品,经纪人须经上海日领事允准充任。[②]1918年6月1日成立,12月2日正式营业。与众业公所不同的是,日商取引所为股份有限公司组织,标的物原定为棉纱、棉花、有价证券以及生丝、面粉等5项,后仅做棉纱与有价证券两项,属于综合性交易所。由于日商取引所有企图垄断上海证券市场的野心,从一开始成立即遭到中国人的强烈反对,因此,其开业后的营业并不理想,除1919年下半年和1920年上半年曾有盈余外,其余时期多为亏折,到1927年不得不宣告停业清理。

与华商证券市场相比,近代上海的外商证券市场是一个典型的资本市场,并逐渐成为上海产业证券市场的中心,上海的外商企业正是通过这个市场顺利地

① 章乃器:《上海的两个证券市场》,《社会经济月报》第1卷第7期(1934年7月)。
② 《论上海交易所》,《银行周报》第2卷第14号(总第45号)(1918年4月16日)。

筹措到大量资金,而购买这些洋股的大部分是中国人,正是由于中国人大量投资购买洋股,使流向本国企业的资金大为减少,造成了上海民族资本企业大大落后于外资企业的局面,阻碍了民族经济的发展。因此,外商证券市场的产生、发展与兴盛不仅对华商证券市场的建立具有某种示范与刺激的积极作用,而且从根本上而言,它的存在是近代中国半殖民地国家地位的反映,是资本帝国主义对中国经济侵略的助推器。

从概念上讲,完整的近代上海证券市场应该包括外商证券市场与华商证券市场两个部分。由于两个证券市场的体制完全不一样,加之外商证券市场资料的缺乏,于是本书仅就华商证券市场作为主要的研究范围,对于外商证券市场的研究,留待以后作进一步的探讨。

(三) 研究的时间断限与内容

从 1872 年中国自己发行第一只股票——轮船招商局股票开始,到 1949 年旧上海华商证券市场的结束,由于在晚清的绝大部分时间里,华商企业股票的发行与交易处于自发阶段,再加之清政府虽发行过几次内债,但均未上市交易,整个上海华商证券市场仅处于自发的萌芽阶段,因此也谈不上什么像样的管理。只是进入民国以后,上海华商证券市场才逐渐地建立发展起来,有了证券市场才谈得上对市场的管理,因此,从实质上说,本书研究的主要时间段集中在 1912～1949 年。

完整的证券市场应该包括发行市场与交易市场两部分,从严格意义上来说,上海的华商证券市场,仅是一个交易市场,其发行市场并没有真正的建立,证券的发行不仅仅属于上海一个证券市场,特别是政府的内国公债,由政府面向全国统一发行(其中上海当然也是主要的发行场所),由于证券的发行与交易密切相关,为了便于问题的探讨,本文有关发行市场的研究也就超出了上海的区域范围。

由于证券市场中涉及的内容十分广泛,限于时间与篇幅的局限,本书不可能面面俱到的一一考察,选取市场管理为切入点,主要考察与此相关的近代上海华商证券市场的发展演变。当然,证券市场管理也可以从不同的层面与不同的角度进行考察,从市场结构分类看,包括证券发行市场的管理与交易市场的管理;从市场参与主体看,包括对证券发行者、证券交易商、证券经纪商及其他中介机构、公众与机构投资者的管理;从采取管理的方式和手段看,既包括立法管理,也包括自律管理;从保障证券市场规范运作的条件与制度看,包括对证券发行条件、审核程序、上市标准、交易规则、信息披露、证券税制以及证券管理机构设置与功能等方面的管理。① 本书对近代上海华商证券市场及其管理的研究主要集中在：华商证券市场的历史发展演变脉络；近代中国的证券立法与政府监管研究；证券发行市场及其管理的研究；上海华商证券交易市场的管理研究；不同时期上海各华商证券交易所的自律管理研究。

全书共分五章，第一章运用史学的研究方法对近代上海华商证券市场历史演进作系统的探讨，进一步总结归纳出上海华商证券市场的特点。

第二章到第五章，通过历史学与经济学方法的结合，对近代上海华商证券市场管理作全方位研究，有关这部分内容，过去的研究成果基本上未有涉猎，因此，该部分的研究应当是笔者自己的一些开拓性的尝试。就章节结构而言，横向分为政府的监管、行业的自律管理、市场的管理（由于债券市场与股票市场的不同，而分别论述），而在具体的研究中，纵向基本上仍以市场管理发展的时间为序。

（四）研究方法的选择及其依据

研究方法的选择必须服从于研究目标的需要。本书的研究目标有二：

第一，客观地整理历史事实，真实地再现历史真相。近代上海华商证券市场产生于特殊的经济和社会环境，经历了与海外证券市场不同的市场形成过程，其特殊性、动荡性与传奇性，是令人难以理解的。本书所收集、整理的资料想必能成为后人研究的依据。

第二，通过对近代上海华商证券市场及其管理的实证分析，揭示有关法律法规的颁行与上海证券市场管理的演变之间的关系，总结近代上海华商证券市场管理的经验教训。通过对历史的追溯和分析，得出对当今证券市场建设具有启发意义的观点。

为实现上述两点研究目标，作者选取了以下的研究方法：

第一，选取了历史学的研究方法。从系统论观点看，证券市场管理是一个有机的系统，它包括发行市场的管理、交易市场的管理、立法管理、自律管理等不同结构、不同层面的子系统。从整个社会经济管理的大系统看，证券市场管理又是其中的一个子系统。因此，对近代上海华商证券市场及其管理的研究不能孤立的进行，而应和当时国家的经济发展与社会变革等重要背景因素联系起来，这样才能进一步理解近代中国证券市场管理产生、发展的历史路径和过程。

本书为避免流于无根据的臆断，着力于挖掘原始资料，所据资料大量源自各类已刊、未刊档案文献，旧报刊文献资料，重点利用了南京中国第二历史档案馆、

---

① 严武、李汉国、吴冬梅等著《证券市场管理国际比较研究》，中国财政经济出版社 1998 年版，第6～7页。

上海市档案馆的大量未刊档案资料,以及当时的报刊文献,力求使问题的研究拥有丰厚扎实的资料依据,并贯彻历史唯物史观和实事求是的原则,对以往涉及较少的问题,提出自己的见解。

第二,借鉴经济学等相关学科的理论和方法。因为近代上海华商证券市场发展的主要背景是传统的封建经济向近代经济的转轨,实质上是一场空前意义的复杂的制度变迁。同时,由于证券市场涉及到多门学科的相关知识,本书拟在从事历史研究的同时,注意借鉴经济学、管理学、财政学、金融学等相关学科的专门知识和理论,对所研究的问题作多角度的综合分析,以期有较全面的科学认识。

总之,本书通过综合运用历史学和经济学等有关理论及研究方法,对近代上海证券市场及其管理体制以及演变作一全面而深入的论述,从而总结其成败得失,从一个特定角度展现了中国资本主义近代化的历史进程,有助于深入揭示经济制度近代化的发展规律,为中国近代经济史,特别是金融史的研究以及推动当代我国证券市场的健康发展和逐步走向成熟,提供必要的历史借鉴。

第一章 近代上海华商证券市场的历史演进

上海是近代中国的金融中心,近代上海金融市场有其自身发展的特色,上海的证券市场也是近代中国规模最大、最典型的市场。作为上海证券市场主体的华商证券市场的历史演进,大致可分为三个时期:

第一个时期,1872~1922 年,近代上海华商证券市场的萌芽与创立;

第二个时期,1922~1937 年,以政府公债为主的华商证券市场的兴盛;

第三个时期,1937~1949 年,以企业股票为主的华商证券市场的繁荣。

本章将从近代中国转轨经济的特定环境出发,阐明近代上海华商证券市场的种种现象与转轨经济环境的有机联系,从历史的动态的角度,解释和把握近代上海华商证券市场的整体演进历程。

第一节 近代上海华商证券市场的萌芽与创立(1872~1922 年)

一、交易所建立前的上海华商证券市场

西方国家的证券交易市场一般是先有发达的公债交易,然后才有发达的股票交易。然而,在近代中国,由于社会政治经济形态的特殊,最早的有价证券及其交易却是从股票开始的,且是由洋商舶来的。1843 年上海开埠后,由于外国资本和外国股票的相继入侵,上海出现了交易洋商股票的场所。19 世纪 50~60 年代,那些在上海设立的外国洋行及外国航运企业、保险企业已大多采用股份公司的组织形式,西商证券交易在上海开始活跃,股票交易至迟在 19 世纪 70 年代

初就已成为普遍现象,上海较早的华文报纸《上海新报》自 1871 年开始就设置了股票行情表,在 1871 年 3 月的行情表中,所列洋行股票计有汇丰银行旧股、新股,旗昌轮船公司旧股、新股等 20 多种。这些股票市价涨跌不一,变化较大,说明当时上海洋股交易非常频繁。[①] 其间,华商也介入到西商证券交易中,但参与交易的人数不多,而且多半是由上海的买办、茶商、古董商等兼营,所交易的都是"洋股"。

中国自己的有价证券,就股票而言,产生于 19 世纪 70 年代官督商办的企业,1872 年创办的轮船招商局成为近代中国第一家向社会发行股票集资的股份制企业,实为华股之滥觞。其后,开平煤矿(1877 年)、上海机器织布局(1878年)、荆门煤铁矿(1879 年)、鹤峰铜矿(1881 年)、平泉铜矿(1881 年)等官督商办企业陆续成立。这些企业均将募股集资的重心放在上海,它们发行的股票亦渐成市面交易的对象。经过短暂的发展,至 1882 年上海华股市场渐达阶段性的繁荣。上海华股市场在十年中,其发展速度之快远远超过了上海早期的洋股市场,原因主要有以下两方面:

第一、早期洋股在上海的发行、交易为华股的发行、交易起到了一个良好的示范作用。

第二、随着晚清政府兴办民用企业计划的实施,早期设立的股份制企业如轮船招商局、开平煤矿等取得的较好经营业绩以及对股东的良好回报,鼓舞了公众对公司股票的极大投资热情,促使了华股市场的发展。"人见轮船招商与开平矿务获利无算,于是风气大开,群情若鹜,斯年之内,效法者十数起。每一新公司出,千百人争购之,以得票为幸,不暇计其事之兴衰隆替也。"[②]

正是由于 19 世纪 80 年代初期,上海股票交易市场的发展,清光绪八年九月十三日(1882 年 10 月 24 日)在上海诞生了类似于以后证券交易所的上海平准股票公司,股票买卖手续,凡买进卖出,都由该公司给予发票一纸,三个月后,凭发票到公司扣还回佣十成之二,所买股票的名称、价格都通过合同议定,如期履行,不得毁约。当时的股票交易,不单对于股票行市有严密的议定,就是对于佣金,也有规定。[③] 可见,该公司议决各种华资股票,并悬牌公布市价,成为上海最早公开买卖华商股票的机构(该公司营业不到一年,即在 1883 年金融风潮的冲击下倒闭了。)

① 李玉:《19 世纪 80 年代初上海股市风潮对洋务民用企业的影响》,《江海学刊》2000 年第 3 期。
② 上海市档案馆编:《旧上海的证券交易所》,上海:上海古籍出版社 1992 年版,第 263 页。
③ 《上海股票市场史话》,《股票新闻》第 1 卷第 1 期(创刊号)(1949 年 2 月 21 日)。

1883 年冬,上海爆发金融风潮,这次风潮也给新兴的华商股票市场以极大打击。19 世纪 80 年代初期以上海为中心而展开的中国新式厂矿的集股活动,除了轮船招商局、开平矿务局规模较大,已卓有成效地投入生产和经营之外,其余各矿均是各省兴办的中小型企业,它们还处于筹备阶段,技术是否有把握,利润是否有保障,均难预料,但它们发行的股票却在上海被人们争相购买,市价哄抬大大超出面额。而且,购买这些股票的人,并非全是自己的货币积累,很多是靠向钱庄借贷购买,当金融风潮兴起,钱庄大批倒闭,银根极紧,贷出者催讨欠款,借款购股者就只得向市场抛售股票,开始时,削价出售尚有买主,可后来股票抛售者越来越多,低价出售也无买主,甚至连平时素有信誉的招商局的股票价格也低到无以复加的地步,新办的中小型厂矿的股票更是无人问津,形同废纸。这次风潮使股票持有者遭到惨重损失,此后的集股筹资活动难以继续开展,直到 1893 年,一般商人一听到"纠股集资"四字,仍"无不掩耳而走"。①

1894 年甲午中日战争后,出现投资设厂热潮,又有民族工商企业如:裕源纱厂、大生纱厂、商务印书馆、江浙铁路公司等的股票进入市场。光绪三十三年(1907 年),袁子壮、周舜卿、周金箴、叶又新等重议创办交易所,预定组织仿照日本取引所办法,因清政府未加提倡,而商人们对于交易所均视为无足轻重,致使议未果行。其后,随着华商股份有限公司的不断出现,股票受让行为增多,交易日盛,上海买办王一亭、郁屏翰发起,在南市关桥开设了专营证券的公司,称为"公平易"。不久又有买办孙静山等发起,在九江路渭水坊开办"信通公司",为华商经营股票最早的公司。此时,上海也出现了本国股票掮客,他们大都另营他业,如茶商、钱商、皮货商等,仅以证券买卖为副业,此类掮客,为数不多,通常以茶会形式进行交易,每日午前假座茶馆聚会,洽谈股票交易,由此形成松散的股票掮客组织,宣统二年(1910 年)茶会设在南京路的"惠芳茶楼",1913 年迁至四马路(今福州路)大兴街口(今湖北路口)。②

1914 年,上述这些交易组织,在原信通公司基础上,成立了"上海股票商业公会",公会成立时,会员仅 12～13 家,此后数年间,渐增至 60 余家。以九江路渭水坊为会所,并附设证券买卖市场。其制度形式,仍沿袭茶会旧制。但各项设备与规模渐具,集合有一定场所,交易有一定时间,买卖有一定办法,佣金有一定

---

① 洪葭管、张继风:《近代上海金融市场》,上海:上海人民出版社 1989 年版,第 146～147 页。
② 奇良:《上海华商证券交易所概况》,《20 世纪上海文史资料文库》(5)财政金融,上海:上海书店出版社 1999 年版,第 282 页。

数额，①该公会交易的股票有招商局、中华书局、大生一厂、大生三厂、既济水电公司、汉冶萍、交通银行、中国银行等 20 种，后又增加交易南洋兄弟烟草公司等股票。1913～1914 年间，北京政府发行的公债上市，公会成立后开始兼营，先后做了民国元年、民国三年、民国四年、民国五年公债和金融公债等。随着股票商业公会业务的蒸蒸日上，会员获利颇多，原以股票为副业的会员纷纷转而以股票为主业，并且在各自店前挂牌设立股票公司，在上海的福建路、九江路、汉口路一带举目皆是，蔚为大观，形成热闹的华商股票市场。② 可见，"上海股票商业公会"本质上已经具备华商证券交易所的雏形，直到 1920 年以前，它一直是上海华商证券交易的活动中心。

总之，晚清时期，在上海华商证券市场上进行交易的是单一企业股票，因为清政府虽然也曾举借过几次内债——光绪二十年（1894 年）的息借商款、光绪二十四年（1898 年）的"昭信股票"与宣统三年（1911 年）的"爱国"公债等，然而这些公债并没有真正进入市场发行。由于当时中国民族资本主义经济基础十分薄弱，也不具备发行公债证券的近代金融机关，无论发行者和承购者，都没有把公债看成是一种债权关系。所以，这些所谓的"公债"，还不是严格意义上的近代公债，带有浓厚的封建色彩，实质上是变相的封建输纳、报效朝廷。各级地方官又借题勒索、贪污，前两次"公债"推行不久即怨声载道，清政府被迫草草收兵"一律饬停"了，而最后的"爱国"公债更是短命。不要说公债发行无几，即使持有"印票"的人，也决不敢冒"褒渎圣上"的危险拿到市场上来买卖，所以，这些公债"在市场上从没有见过"。由此可见，清末的内国公债，与上海证券市场几乎不发生关系。上海华商证券交易的早期主要与中国产业资本发生关系，股份公司的增加促进了证券交易的发展，而证券交易的发展反过来也促进了股份公司的发展，它使股份公司募集资本变得相对容易一些，19 世纪 70 年代到 80 年代初及 20世纪初期，是上海华商证券市场相对发展的时期，也是中国近代民族资本主义股份制企业发展较好的时期，二者的发展是一致的。1910 年 11 月 2 日，梁启超在《国风报》上发表《敬告国中之谈实业者》一文，呼吁为促进中国的实业发展，应建立"股份懋迁公司"（即证券交易所）作为企业股票转买转卖的枢纽，③正是这一历史发展的反映。民国以后，随着南京临时政府军需公债的发行以及民国元年、

---

① 《上海证券交易所复业前后》，《财政评论》第 15 卷第 4 期（1946 年 10 月）。

② 奇良：《上海华商证券交易所概况》，《20 世纪上海文史资料文库》（5）财政金融，第 282～283 页；邓华生：《旧上海的证券交易所》，《上海文史资料选辑》第 60 辑，上海：上海人民出版社 1988 年版，第 321页。

③ 上海市档案馆编：《旧上海的证券交易所》，上海：上海古籍出版社 1992 年版，第 270 页。

三年、四年公债的陆续问世，1913～1914 年前后上海华商证券市场上开始出现了政府公债的交易，并与企业股票共同成为了上海华商证券市场的有价证券交易品种。但是，在证券交易所建立之前，上海的华商证券交易仅处于萌芽时期。

二、近代上海证券交易所的建立

近代上海第一家华商证券交易所是 1920 年 7 月 1 日宣告成立的上海证券物品交易所，然而，它的建立却经历了一个漫长而复杂的过程。民国成立以后，1913 年，农商总长刘揆一，曾一度召集全国工商巨子集会北京，讨论设立交易所的必要性，议决可于通商大埠酌量分设，以为倡导。1914 年，财政部又发出倡议，建立官商合办交易所，①虽然都只有一纸空洞决议，但它却是中国自行创办证券市场的先声，在全国工商界发生相当深刻的影响。1914 年 12 月 29 日，北京政府颁布《证券交易所法》，之后，第一个根据这个法令申请开业的便是上海交易所（上海证券物品交易所的前身）。1916 年，孙中山先生首先发出倡议，为壮大声势和便利在上海商界募集股份，特邀著名商人虞洽卿合作，而虞洽卿又邀约上海工商界知名人士闻兰亭、沈润挹等参加，不过，从 1916 年孙中山与虞洽卿首次提出开办交易所，到 1920 年 7 月 1 日上海证券物品交易所正式开业，历时四年，可谓历经坎坷。

1916 年 12 月，孙中山先生感到创设交易所可以为革命事业提供巨额经费，于是接受日本某政党建议，决定与长期支持中国革命的日本神户航运巨头三上丰夷共同在上海开办交易所。12 月 5 日，由戴季陶出面与三上的代表中岛行一签订草约，规定资本总额为上海通用银元 500 万元，日方提供 250 万元，作为无息贷款，所得红利，日本资本团得 8/10，创立人得 2/10。同时规定，交易所须聘用日本资本团推选的精通业务之人为顾问，合议处理一切。其后对草约个别条款作过修改，即行定案。签字者有孙文、赵家艺、虞洽卿、张人杰（静江）、洪承祁、戴传贤（季陶）、周佩箴等 11 人。② 同时又积极联络上海工商界头面人物，征求他们的意见，最后决定在上海区域内组设包括证券物品在内的综合性交易所，由虞洽卿等人具体策划。1917 年 1 月 22 日，由孙中山领衔，虞洽卿、张人杰、戴季

---

① 杨荫溥：《中国交易所论》，见金融史编委会编：《旧中国交易所股票金融市场资料汇编》（上），北京：书目文献出版社 1995 年版，第 87 页；陈善政：《我国证券市场之发展史》，见陈善政主编《证券内容专刊》（1946 年 9 月 16 日），第 31 页。

② 杨天石：《蒋氏密档与蒋介石真相》，社会科学文献出版社 2002 年 2 月，第 58～59 页。

陶、赵家蕃、张鉴、赵家艺、盛丕华和洪承祁等 8 人附议,向北京政府农商部呈请,成立上海交易所。同年 2 月,农商部批复:"查所拟营业目的,除物品交易一项,应咨请江苏省长查复到部,再行核办。其证券一项,系为流通证券起见,应准先行备案。惟呈请手续核与《证券交易所法施行细则》第二条规定未符,应即遵照办理。"虞洽卿等人接到指示,一面加紧筹备,一面将"与规定未符"的有关文件一一备齐,准备再次上报。但不久北京发生"府院之争",酿成北京政权动荡混乱,旋张勋复辟,孙中山先生匆匆南下主持国是。面对如此情势,虞洽卿只好暂且搁置交易所一案,第一次申办宣告失败。①

1918 年初,农商部根据《证券交易所法施行细则》第六条"自暂行立案后满一年并不禀请批准设立者其立案无效"之规定,令虞洽卿迅速筹办,"如逾期未能开办,应即准由他商设立"。于是,虞洽卿联合上海的米业、棉花业、纱业、金业、洋布业等重新发起,再次呈请农商部,以物品交易所之设立为事实上的需要,请准予与证券交易所一并立案,开办兼容证券与物品的交易所。上海总商会亦为之呼吁,催促农商部予以批准。但由于在证券与物品是分办还是合办问题上一直未能解决,筹备工作又搁置下来。

1918 年上半年,日人经日本政府特许创设上海取引所股份有限公司,股本定为 1 000 万元,以经理证券、纱花等商品之期货或现货买卖为业务对象,其营业地点,总行在日本大阪,分行在上海租界。② 日人希图以此联络阪沪两大市场,使中日两国间之经济关系,亦见密切。

面对日商取引所的刺激,虞洽卿等为与日商争利,积极联络各界,一面具呈上海县知事公署,"缘外人已有上海交易所之组织,我不自办,彼将反客为主,代我而办,则商业实权,实操外人之手,华商命脉不绝如缕,因此上海各业董如米业花业金业等,均愿列入发起,遵照前案迅速进行,以为保持商权之计,至条例未颁,不妨依照外国先例,参酌国内习惯,先行试办,随时仍由官厅监督纠正,俟正式条例颁布后,再行遵照办理,似于法例商情,均无窒碍,除已函请上海总商会转呈外,理合具呈县长,俯赐转呈沪海道尹,详请省长,转咨农商部核准,证券物品,一并立案,俾得依法集资,迅速开办,以保主权而维商业,临呈不胜迫切待命之至"。③,一面由总商会具呈农商部立案,"上海交易所之设议而未行,诚恐外人夺我利权,追踪无及,现据虞董等以孙文已脱离此案,米业等董事愿加入发起,证券

---

① 剑荣:《虞洽卿与上海证券物品交易所》,《档案与史学》1996 年第 3 期。
② 《论上海交易所》,《银行周报》第 2 卷第 14 号(总第 45 号)(1918 年 4 月 16 日)。
③ 《组织上海交易所之呈请》,《银行周报》第 2 卷第 14 号(总第 45 号)(1918 年 4 月 16 日)。

物品一并办理,其立论均属切当,理合据情转呈,仰祈钧部府赐察核,准予立案,并乞批示只遵,实为公便。"①农商部则以为,证券与物品各国交易所通例,大抵分别经营,即就物品一项,以一交易所兼营多种,事实上亦多窒碍,要求分为三个交易所办理,使证券交易与物品交易个别经营。②

尽管未得到农商部的明确批准,虞洽卿等还是积极行动起来,1918 年 7 月 14 日,虞洽卿联络各巨商召开预备会,确定股本 500 万元,共 10 万股,先由各业自行筹认,若有不敷,再行登报招集,同时建立事务所,结果各业认股,异常踊跃。③ 8 月 26 日,上海交易所第二次预备会在海宁路召开,"所有上海商界重要人物及各业领袖"先后到会,决定修订章程及将所收股本指存中国银行,指定筹办干事盛丕华、冯承祁、邹静斋、周佩箴、赵士林等五人,具体进行筹备工作。④上海交易所发起者共 20 余人,每人派认股联单一本,到 9 月中旬已缴有 3 万余股,所缴股款,每日均存入中国银行。⑤ 10 月,认股即告完成。然而,到 12 月,上海交易所认股截止已逾两月,却迟迟不能开张,其原因仍然是上海商界与北京政府之间在分业与合业上的分歧所致,上海交易所的发起者们坚持认为,"日人之取引所包含各种营业,我非联合各业各商帮团结为一,则资力皆无能与之对抗,故决议上海交易所全体组织为一公司,以期利害共同,互相辅翼。"但是,农商部却饬令其一分为三交易所办理,各发起人认为将一公司一分为三,开支浩大,且顾虑资力人力皆不足以对抗日人,因此竭力与农商部相争,力图达到统一公司之目的。⑥

在争执不下时,农商部只得令上海总商会召集各商帮就交易所是分办还是合办问题再行研究,上海总商会根据部令分函各业领袖,要求各自先将分办合办两层,自行研究,相互接洽,再行定期开会。结果,除金银业外,所有花纱、布匹、股票、杂粮、皮毛各业领袖,均赞同交易所合并办理,经各业领袖签名认可,会议八次,始终不变,一面联名呈请农商部立案,一面招集股本,力图进行。金业领袖施兆祥主张另办,并将证券牵入一起,要求另行办理。不过,其他各业仍坚持认为,"股票交易本微,而棉市油豆皮毛等,只能作为现物交易,惟花纱有定期交易,若分设三交易所,则开支既大,且各不相顾,终归失败,合并办理,虽有一业亏折,

① 《请设上海交易所续闻》,《银行周报》第 2 卷第 15 号(总第 46 号)(1918 年 4 月 23 日)。
② 《上海交易所批准立案》,《银行周报》第 2 卷第 16 号(总第 47 号)(1918 年 4 月 30 日)。
③ 《上海交易所组织概情》,《银行周报》第 2 卷第 27 号(总第 58 号)(1918 年 7 月 16 日)。
④ 《上海交易所筹备进行》,《银行周报》第 2 卷第 33 号(总第 64 号)(1918 年 8 月 27 日)。
⑤ 《上海交易所之收股情形》,《银行周报》第 2 卷第 37 号(总第 68 号)(1918 年 9 月 24 日)。
⑥ 《上海交易所濡滞之原因》,《银行周报》第 2 卷第 49 号(总第 80 号)(1918 年 12 月 17 日)。

仍可酌盈剂虚,共同维持。"①于是,各业领袖一致赞成合办,定为议案,并函请上海总商会据情呈报农商部。

经多方努力仍无希望,各认股人见成立遥遥无期,纷纷要求退股,不得已,1919 年 3 月 21 日,创办人虞洽卿只得发出通电,准备发还认股定银。② 其后,因上海商界一致呼吁,最后经江苏省实业厅厅长张轶欧、上海总商会会长朱葆三、沪海道尹王赓廷联合会呈,据理力争,虞洽卿又赴京亲向主管部门交涉,农商部才核准"查此案既据查明上海证券物品交易所除金业、股票两业外,多数均以合办为宜,自应准予先行开办"。1919 年 6 月 28 日由上海县知事公署转令上海交易所。同年 9 月,修订章程,决定将上海交易所改名为上海证券物品交易所,经过筹备,收足第一期股银 125 万元(总额 1/4),于 1920 年 2 月 1 日在上海总商会开创立会,股东总数 572 户,公推虞洽卿为议长,当场选任理事 17 人,监察 3 人。6 月 1 日,上海交易所备具手续,致函上海县知事,定 1920 年 7 月 1 日为公司正式开业日期,请求转江苏省及农商部批准,6 月 23 日,经沪海道尹、江苏省长及实业厅的指令,准其如期开办,并将意见咨送农商部备案。③ 1920 年 7 月 1 日正式开业,地址设在四川路与爱多亚路(今延安东路)转角处,额定资本仍为 500 万元,先收 1/4,分 10 万股。理事会推举虞洽卿为理事长,闻兰亭、赵士林、郭外峰、沈润挹、盛丕华、周佩箴为常务理事。理事会以下设场务科、计算科、会计科、总务科、文书室等机构。交易市场分为七个部:证券部、棉花部、棉纱部、布匹部、金银部、粮油部、皮毛部,各部分别专设市场。每一部有经纪人 55 名。于是几经周折,上海第一个由华资创办的上海证券物品交易所终于成立了。这在当时成为一件十分引人注目的大事,在上海的外文报纸《远东时报》即以《中国第一家证券物品交易所》为题,并配上大量的图片,对它的开业盛况、交易系统与组织体系进行了详细的介绍,并且给予了高度的评价,盛赞其整个交易系统与组织管理完全拷贝于"华尔街",而中国人的思想也正沿着这条实际的路径向前迈进。④

在上海证券物品交易所成立的过程中,国民党人也踊跃参与,1918 年,居住在上海的戴季陶、张静江、蒋介石等人因经济拮据,遂共谋生财之道。戴季陶想起孙中山曾经提出过建立证券交易所的倡议,主张在上海地区创立交易所来聚

① 《各业董赞成交易所合办》,《银行周报》第 3 卷第 2 号(总第 84 号)(1919 年 1 月 14 日)。

② 《专电》,《申报》1919 年 3 月 21 日。

③ 上海市档案馆编:《旧上海的证券交易所》,上海:上海古籍出版社 1992 年版,第 7～14 页。

④ China's First Stock and Produce Exchange, *The Far Eastern Review*, August, 1920.

集社会资金,得到其他人的一致赞同。不久,就在上海建立秘密组织"协进社",着手筹划。他们首先约集虞洽卿、盛丕华、洪承祁、赵家艺、沈润挹、周佩箴等人为社员,以扩大力量,同时通过虞洽卿、沈润挹拉拢当时上海工商界闻人,如温宗尧、闻兰亭、李云书、吴耀庭、张澹如等,怂恿他们充当交易所的发起人。1920年初,协进社派社员洪承祁去宁波邀请魏伯桢,要他伴虞洽卿赴京向农商部交涉。经过魏、虞两人的周旋、疏通,农商部终于在同年6月批准在上海设立证券物品交易所。办法暂时"全照日本取引所,并聘请了日本顾问"。[①]

与此同时,在上海成立的另一著名华商证券交易所就是上海华商证券交易所,其前身是上海股票商业公会。在上海证券物品交易所筹备成立过程中,虞洽卿、闻兰亭等为网罗证券经纪人,看中了股票商业公会的全班人马,决定吸收之。但却遭到股票公会的抵制,公会同仁决心迅速筹办华商证券交易所,与物品所抗衡。经公会议定,全体会员均作为证券交易所发起人,将资本额定为25万元,分1.25万股,每股20元,先收25%,一次缴足。全部资本由会员自愿分认,额定经纪人40名,全由会员担任。于是,会员既是证券交易所发起人,又是股东兼经纪人,这种三位一体的特点,完全有别于其他各类交易所。[②] 1919年10月底,在范季美、孙铁卿、张慰如等人的发起下,上海股票商业公会讨论该会改组成立交易所问题,到会者甚众,当场认股颇为踊跃,达成决议,并拟定《上海证券交易所股份有限公司章程》共六章35条,报农商部批准。[③] 1920年1月12日,召集大会,由干事孙铁卿、尹韵笙、陈兰庭、范季美、张慰如、何世葆、顾克民等7人致电农商部暨江苏省长实业厅称:"上海股票公会,改组证券交易所,资本认足,已收证据金1万元,存上海浙江兴业银行,昨日开会议决报部备案,复开收股款,并选定干事7人,至虞和德(洽卿)等筹办交易所,并不征求股业真意,遂行混用证券名义,迹近扰乱详情,先已分别电呈在案,现经同业筹备,已告成立,为此俯恳大部,体恤商艰,予以维持。"[④]1920年3~4月间,将会址迁到汉口路昼锦里附近,5月20日,在汉口路的会所举行股东创立会,通过章程,宣告上海华商证券交易所成立。选出范季美、张慰如、孙铁卿、尹韵笙、陈兰庭、冯仲卿(中国银行副经理)和周守良(通易信托公司副经理)等七人为理事,陈永卿和顾鼎贞为监事,理事会推举范季美为理事长,张慰如为常务理事,并且成立经纪人公会,推举何世葆为会长。

① 朱镇华:《中国金融旧事》,北京:中国国际广播出版社1991年版,第100页。
② 奇良:《上海华商证券交易所概况》,《20世纪上海文史资料文库》(5)财政金融,第283~284页。
③ 《上海证券交易所股份有限公司章程》,《银行周报》第3卷第49号(总第131号)(1919年10月30日)。
④ 《证券交易所立案要电》,《银行周报》第4卷第2号(总第133号)(1920年1月13日)。

1921 年 1 月正式开业。① 就行业系统而论,上海华商证券交易所,为当时上海股票公会同业所组织,且为专营证券机构,属上海证券市场之重心;从营业范围及实际力量来看,由于专门经营证券一项,确属执证券交易之牛耳。

上海证券物品交易所是上海华商发起成立的第一家综合性的交易所,称得上是上海最早的正式证券交易所,上海华商证券交易所则是近代上海唯一的专门经营证券的交易所,这两所的相继成立标志着近代上海华商证券市场的正式形成。

三、1920～1922 年的上海华商证券市场

由于上海华商证券交易所是以上海股票公会改组而成,成立后仍继承了前者的经营方式,其主要的交易标的物很多是企业股票、铁路债券,因此与中国产业资本的联系相对来说更紧密一些,而大量公债交易代替股票交易则是"信交风潮"之后的事。

如前所述,上海证券物品交易所的初创与孙中山筹措革命经费有关,虽说最后的成立同孙中山并无直接的关系,但从 1920 年成立时,孙中山寄来的贺词"倡盛实业,兴吾中华"来看,孙中山先生还是十分关注交易所事业发展的。此后,国民党人蒋介石、陈果夫、张静江、戴季陶等于 1920～1923 年间又曾在此所通过组织茂新号、恒泰号、利源号、新丰号、鼎新号等五家经纪人事务所,从事交易活动。其间,有多少钱用于国民党的革命事业,不得而知,但据杨天石先生的研究,1921 年 12 月 11 日陈果夫致函蒋介石,告以"孙先生之款已收到",即系蒋介石通过陈果夫资助孙中山的款项。② 也正是蒋介石在证券物品交易所的活动,才增强了他与江浙金融资产阶级的联系,为他 1927 年建立南京国民政府后,充分利用上海证券市场发行政府公债,解决其财政困难,埋下了伏笔。由此可见,这实际上可视为近代中国资本市场财政性思想渊源的初步。

上海证券物品交易所,自 1920 年 7 月 2 日开始营业以来,棉纱、证券等买卖,日见畅旺,到 8 月 1 日,仅 1 月时间,经纪人每日佣金平均即达 2 千余两,其中七月份最多者,为棉纱部,每日高达 6 千两,证券部每日也有 2～3 千两,各经

---

① 奇良:《上海华商证券交易所概况》,《20 世纪上海文史资料文库》(5)财政金融,第 285～286 页。另根据洪葭管、张继凤:《近代上海金融市场》一书(第 152 页),上海华商证券交易所成立于 1920 年 11 月,1921 年 5 月 20 日开业,资本额定 10 万元,分 2 000 股,每股 50 元。

② 杨天石:《蒋氏密档与蒋介石真相》,北京:社会科学文献出版社 2002 年版,第 82 页。

纪人颇为满意,在此影响下,杂粮部也决定从 8 月 2 日开始营业,其余油豆饼等部则继续加紧筹备。外间闻此消息,咸争购交易所股票,因而证券物品交易所的股票市价也不断涨价。[①] 到 8 月 10 日,每股已涨至 61.3 元,一般卖空头之经纪人,所有保证金几有不足之势,经纪部为此召开临时紧急会议,认为由于本所股票飞涨,非预料所及,若再行步涨,卖空方面,亏折不小,异常危险,于是筹议维持办法为增纳证金,每股 20 元,以 10 元为交易所保证,以 10 元存经纪人处,以备涨落过甚,免致危险。[②]

到 1921 年 1 月,上海证券物品交易所经营品种状况,证券部,以元年六厘公债交易最多,其次为该所股票,其他各项公债、股票,虽有交易,均不甚多。[③] 从 1921 年 5 月 1 日的上海证券物品交易所市场公告——《证券部现期买卖纲目》可知:在该所上市交易的现期买卖证券种类主要有,"公债票":元年六厘公债上海付息、元年六厘公债北京付息、元年六厘公债南京付息、元年八厘公债、三年六厘公债、四年六厘公债、五年六厘公债、七年六厘长债、七年六厘短债、八年七厘公债、九年金融公债。"股票":中国银行股、浙江兴业银行股、交通银行股、通商银行股、四明银行股、劝业银行股、民新银行股、上海银行股、商务印书馆股、中华书局股、华商电器股、招商局股、宁绍公司股、汉冶萍股、大生纱厂股、和丰纱厂股、华洋德律风股、面粉交易所股、本所股、振泰纱厂股、大中华纱厂股、南洋烟草公司股、英美烟草公司股、荧昌火柴股。[④]

由此可见,当时的证券交易中,股票与公债均处于同等地位,当时政府所发行的公债几乎在该交易所都有交易,而股票则不仅有华商银行股、企业股,还有洋商企业股票,而华商股票也并非仅局限于上海本地股,还包括其他地方的公司股票,可谓种类齐全。

1921 年 1 月,上海华商证券交易所正式开始营业后,由于继承了股票商业公会的业务,驾轻就熟,交易频繁,营业鼎盛,会员收入丰厚,不仅筹备时的 25 万元资本额如数收足,3 月,华商证券交易所决定增资扩股为 100 万元,分作 5 万股,每股 20 元,并在 4 月 22 日《申报》刊登广告,说明认缴新股及加价股的规定,每一老股须认一新股,每二老股须认一加价股,且申明收缴新股款的截止期为 4 月 30 日,这是华商证券交易所的首次增资。同时将经纪人由 40 名扩充为 55

① 《证券物品交易所营业发达》,《申报》1920 年 8 月 1 日。

② 《交易所股票价奇涨后之会议》,《申报》1920 年 8 月 11 日。

③ 《证券物品交易所股东会纪》,《申报》1921 年 1 月 17 日。

④ 《证券物品交易所设现期交易(续)》,《申报》1921 年 5 月 2 日。

名。由于业务兴旺,公债交易也不断扩大,屡创日成交额的新纪录,声誉大振,各报所载公债与股票行市均以华商证券交易所为准。[①] 1921 年 6 月 19 日召开第三次临时股东会,议决进行第二次增资,将资本从 100 万元增至 300 万元,增资 200 万元,分作 10 万股。每 1 新股添收 1 元教育费,作为创办一所商业大学的基金。[②] 当时股东情绪热烈,一呼百应,顺利完成增资。同时将经纪人从 55 名扩充为 80 人。[③]

自上海证券物品交易所从 1920 年 7 月 1 日成立后,到 8 月 29 日召开第一次定期股东会报告,在开业后 46 天交易中,共收取经手费 8.2 万元左右,平均每日可收佣金 1 700 余元。[④] 这时上海一般投机商人,包括原来集中在日商取引所的人,绝大部分集中到了物品所。到年底仅五个月时间,收入经手费更是达509 400 余元之巨,开市共 119 天,平均一日收入 4 280 余元。经最后结算,本期纯利益仍有 36 万 4 300 余元。[⑤] 而从 1920 年 12 月～1921 年 5 月第二届营业结账情况看,其纯利润为银元 368 696.77 元。[⑥] 由此可见,其获利不可谓不丰。同时上海华商证券交易所、上海面粉交易所、上海杂粮油豆饼业交易所、上海华商棉业交易所,俱急起直追,积极筹备,先后呈准农商部,于 1921 年春相继成立。开业后,各交易所的股价莫不飞涨,获利倍蓰。在这种大利当前之际,不甘坐失机会者,均视交易所为致富捷径,各行各业都感觉到交易所是集资、融资的好场所,竞相单独设立本行业的交易所,大至金、棉、粮、皮毛行业,小至竹、木、纸行业。

一时间,交易所像雨后春笋般涌现,致使 1921 年春夏间,出现了交易所的极盛时代。据统计,上海自 1921 年 5 月起,到 9 月底共设交易所 70 家,其中除 17家已开始营业外,其余 53 家,处于征收股银或构筑市场阶段,开始营业,尚无定期。9 月以后新增设 43 家,到 11 月 10 日止,统计前后有交易所 112 家。其中只有华商证券、华商棉业、华商纱布、上海杂粮、面粉麸皮、证券物品等 6 家领到农商部颁发的营业执照,此外各家有向法公堂呈请立案者,也有向意领事署注册者,办法并不统一。最初设立者多在英租界,后发展到法租界。[⑦] 这 112 家交易

① 奇良:《上海华商证券交易所概况》,《20 世纪上海文史资料文库》(5)财政金融,第 286～287 页。

② 《华商证券交易所临时股东会》,《申报》1921 年 6 月 20 日。

③ 奇良:《上海华商证券交易所概况》,《20 世纪上海文史资料文库》(5)财政金融,第 287～288 页。

④ 邓华生:《旧上海的证券交易所》,中国人民政治协商会议上海市委员会文史资料工作委员会编:《上海文史资料选辑》第 60 辑《旧上海的金融界》,上海:上海人民出版社 1988 年版,第 327 页。

⑤ 《证券物品交易所股东会纪》,《申报》1921 年 1 月 17 日。

⑥ 中国第二历史档案馆馆藏档案:档号:三(2)—873。

⑦ 《最近交易所调查》,《钱业月报》第 1 卷第 12 期(1921 年 12 月)。

所,其资本总额,除43家未详外,共为1亿2 225万元,又100万两,又美金1 000万元,其中1 000万元以上者4家,500万元以上1 000万元以下者3家,100万元以上500万元以下者共38家,其余皆在100万元以下,最少者则为20万元。此外43家之资本,按平均每家200万元左右推算,上海112家交易所,其资本总额实不下2万万元。其营业种类大致可分为9类:证券类:8家;物券类:51家;丝茶棉花纱布类:19家;货币标金类、11家;烟酒糖纸类:5家;油饼杂粮面麸类:6家;燃料类:5家;建筑材料类:3家;杂类:4家。简而言之,实际上就只两大类,即为证券专营与物券兼营。因为各种不经营证券的交易所,虽然不兼营他种证券,但却决未有不兼营本所股者,而当时创办交易所,其根本目的就是进行本所股的投机买卖。各交易所的营业时间,也不一致,其中以日市占大多数,夜市4家,日夜兼营17家,星期营业1家,晚市与星期兼营1家。营业地点,粗略统计,在法租界的约31家,在公共租界的67家,此外为地址不详及设立于界外者。[①] 同时与交易所相呼应的是信托公司的应运而生,如中国商业、上海运驳、大中华等12家,先后成立,资本多者数千万元,小者二三百万元,共计达8千余万元。[②] 其中以绍兴钱庄发起组织的中央信托公司影响最大,资本达300万元,内分信托、银行、储蓄、保险四部。[③] 据记载,"信交狂潮,以夏秋为最热,报纸之广告栏中,几于间日必有一交易所出现,十日必有一信托公司发生,论名称,既集华洋海陆为一家;论人物,则冶娼优隶卒为一炉,光怪陆离,开中外未有之先河,变幻莫测,极天地未有之奇观。"……"夏秋间,交易所之已成立者不必论,既仅挂一筹备招牌,其一元一股之认股证,执有者亦居为奇货,虽已善价而沽,至能得发起人之以原价相让时,则身受者恩感再造矣。"[④]

　　然而好景不长,到12月局势即出现逆转,证券价格暴跌,大批交易所和信托公司纷纷倒闭,从表1-1中即可见一斑:

表1-1　1921年5～12月上海新设企业一览表

月别　类别	交易所	信托公司	银行	其他公司厂号
五月	2	2	9	20
六月	18	6	6	15

---

① 朱羲农:《交易所之分析》,《银行周报》第5卷第44号(1921年11月15日)。
② 朱斯煌主编:《民国经济史》,银行学会、银行周报社民国三十七年版(1948年),第123页。
③ 陆仰渊、方庆秋主编:《民国社会经济史》,北京:中国经济出版社1991年版,第105页。
④ 裕孙:《信交狂潮之反动》,《银行周报》第5卷第50号(1921年12月27日)。

续　表

月别　　类别	交易所	信托公司	银行	其他公司厂号
七月	25	4	2	9
八月	22	无	3	6
九月	7	无	1	5
十月	23	无	2	3
十一月	38	无	6	4
十二月	1	无	3	1
总计	136	12	32	63

资料来源:《去年十二月份上海企业之状况》,《银行周报》第6卷第4号(1922年1月24日)。

从表1-1中可见,1921年5～12月,交易所的创设在上海各种新设企业中位居榜首,达136家之多。其中11月是上海新设企业的极盛时期,仅新设的交易所就达38家,为1921年5月以来任何月份所不及,而12月则恰好相反,新发起交易所仅只1家,亦为5月以来任何月份所未有。不仅如此,在12月中,各种交易所经过清理、解散、归并,而到下旬,尚在开拍,各报刊有市价单者,只有17家:上海证券物品、华商证券、金洋物券、棉纱、杂粮、浦东花业、煤业、中国粉装、糖业、中国棉花、棉业、纱布、面粉、沪江杂粮、夜市、五金、中国证券。[①] 到1922年3月,在统计的87家交易所中,还能照常营业者仅有12家,其余尚未开幕者16家,暂停营业者7家,已经清理者41家,改组或合并者11家。[②]

综观此次"信交风潮",从狂潮的泛滥到偃旗息鼓,仅短短半年时间,社会一般之经济损失,竟达3 000万元以上。[③] 就上海证券物品交易所与上海华商证券交易所两家而言,虽然勉强渡过难关,但其损失也是十分惨重的,上海证券物品交易所因为理事张澹如与第25号经纪人洪善长等搞多头公司,垄断本所股票,拉抬市价,到最后,本所股价格抬高至400余元(原每股25元),终因无力收货而引起风潮,证券物品交易所的全盛时期到此告终。[④] 风潮之后,证券物品交易所虽然没有倒闭,但却信用大坏,客户烟消云散,业务一蹶不振。风潮之后的上海华商证券交易所也步履艰难,所内的现金被本所股占用殆尽,理事会不得不就调

① 《去年十二月份上海企业之状况》,《银行周报》第6卷第4号(1922年1月24日)。
② 《上海交易所调查录》,《银行周报》第6卷第11号(1922年3月28日)。
③ 财政部财政科学研究所、中国第二历史档案馆编:《国民政府财政金融税收档案史料(1927～1937年)》,北京:中国财政经济出版社1997年版,第713页。
④ 朱振陆:《证券物品交易所简述》,《20世纪上海文史资料文库》(5)财政金融,上海:上海书店出版社1999年版,第302页。

整资本问题进行多次协商,1922 年 2 月在宁波同乡会召开临时股东大会,议决将 300 万资本重新恢复为 100 万元,同时撤销 1921 年增资时所扩充的 25 名经纪人空额,恢复为 55 名。[①]

此次"信交风潮"由巅峰很快而至崩溃的根本原因则在于:机构的设立与商品经济发展相互脱节,交易所的创设超过了当时社会工商业经济发展的要求。因为经济发展需要有信交机构进行物品交易和资金融通,但是客观上也必然要受到当时经济发展程度的限制,在当时,商品经济发展有限和多数物品供不应求,并不需要一下子设立那么多交易所与信托公司。1920~1921 年间,中国工商业金融业尚处于幼稚阶段,以银行为例,到 1920 年止,全国银行不过 82 家,总资本不过 51 987 077 元,而交易所在 1921 年一年之间,仅上海一地竟创立 136 家,总资本达 14 855 万元,又美金 1 000 万元;同时期信托公司设立达 12 家,总资本 8 100 万元,反超过 1920 年全国银行的总资本。[②] 这显然是一种不相称的发展。工商货币信用未有充分发展之时,能够进入信交市场的证券和商品的数量毕竟是有限的,因而在此状况下,这众多的交易所、信托公司蜂拥而至自然就"供过于求"了,僧多粥少,必然迅速加剧其间的矛盾,用今天的眼光看,便是泡沫经济。于是,过渡的投机终于招致整个社会信用危机的猛烈爆发。

第二节　以政府公债为主的华商证券市场(1922~1937 年)

在"信交风潮"之前,股票与政府公债均为上海华商证券市场的主要交易品种,风潮之后,股票信誉大受影响,虽然一些大公司如商务印书馆、招商局、中国银行等的股票仍然在证券交易所内挂牌,但实际成交的很少。股票交易既少,证券交易所为维持生存,就逐渐把北京政府发行的公债作为交易的主要对象,如风潮后的一段时间里,上海华商证券交易所即宣告暂停股票期货买卖,其交易品种主要以政府公债为主。1927 年南京国民政府建立后,证券交易所的公债买卖更是呈现出一番蓬勃的景象,公司股票有时甚至根本不在证券交易所挂牌交易,即使有少数股票偶尔重新在交易所挂牌,但成交量极为稀少,几乎有行无市,直到 1937 年"八·一三"事变爆发,上海的华商证券市场与本国企业所需资金,几乎

---

① 奇良:《上海华商证券交易所概况》,《20 世纪上海文史资料文库》(5)财政金融,第 291 页。
② 中国人民银行上海市分行编:《上海钱庄史料》,上海:上海人民出版社 1960 年版,第 118 页。

不发生任何联系，公债交易在上海证券市场上占 98％的绝对优势，其功用仅限于财政盈虚的调剂，上海华商证券市场成为了名副其实的政府"财政市场"。

一、1922～1926 年的上海华商证券市场

"信交风潮"后的上海证券物品交易所，虽然没有倒闭，但其业务却一蹶不振。1923 年 2 月，不得不成立临时整理委员会清理所务，主要办理银行钱庄及各经纪人欠款事项。从 2 月 13 日到 3 月 12 日，临时整理委员会共召开七次会议讨论催收各种欠款事宜，但收效甚微，除少数欠账归还外，其余大部分或因倒闭而无法清偿，或因债务人潜逃而无从寻找，即使是找到债务人，也有不少因为风潮之后业务停顿，损失巨大而要求优待免除。[①] 致使上海证券物品交易所无法开展业务。

而与此相反，上海华商证券交易所经过短暂的整顿后，其业务很快恢复起来，成为上海华商证券市场交易的主体。只是 1926 年 10 月后受到一些影响，因九六公债涨落太巨，迭起风潮，一再停市，自 12 月 13 日奉农商部电令暂行停止该债交易后，迄年终止，"九六"一种即无营业可言，综计 1926 年九六公债交易，约少做一月有余。整理案内公债亦连带约少做半月，因此全年营业收入之经手费，计 36 万余元，比 1925 年大为减色。此时，经营种类虽以公债为主，但股票仍有交易。公债部分，交易种类为五年公债、七年长期公债（简称"七长"）、金融公债（简称"金融"）、整理六厘公债（简称"整六"）、整理七厘公债（简称"整七"）、九六公债（简称"九六"）等，定期成交数目以九六居多，七长、整六次之，上半届 2 500 余万元，下半届 2 600 余万元，现货成交数全年亦有数百万元。股票部分亦均有交易，交易种类为中国、交通、通商等银行股，中央、通易等信托公司股，南洋烟草、商务、中华书局等企业股。该所上届股东官红利每股计洋 2 元 4 角，下半届股东官红利每股 2 元 8 角。[②]

1922～1926 年，上海华商证券市场上，由于北京政府公债信誉太差，交易每况愈下，1921 年整理公债之后，1922 年上半年，上海的公债市场并未因此而好转，各种公债涨跌之巨，为历年所未有，即以较为稳定之三年、四年公债，其高低相差均在 10 元以上，三年小票最高价为 6 月的 86.3 元（每百元），最低价为 1 月

---

① 上海市档案馆编：《旧上海的证券交易所》，上海：上海古籍出版社 1992 年版，第 125～128 页；上海市档案馆馆藏档案：档号：S444—1—6。
② 《华商证券交易所去年营业情形》，《钱业月报》第 7 卷第 1 号（1927 年 2 月）。

的 71 元,相差 15.3 元。三年大票最高价为 6 月的 86.3 元(每百元),最低价为 1 月的 74 元,相差 12.3 元。四年小票最高价为 94 元,最低价为 76 元,相差 18 元。四年大票最高价为 95 元,最低价为 76.5 元,相差 18.5 元。五年公债相差 亦在 10 元左右,七年长期相差 5.8 元,金融公债大票最高价 69.4 元,最低价 47 元,相差 22.4 元,金融小票最高价 68 元,最低价 50.4 元,相差 17.6 元,整理六 厘最高价 47.9 元,最低价 32 元,相差 15.9 元,整理七厘最高价 50.6 元,最低价 35.5 元,相差 15.1 元。[1]（大票:即指公债票面在 100 元以上者,小票:即指公 债票面在 100 元以下者。)因为自 1921 年整理公债案后,对于整理案内的公债付 息问题,财政部除第一期息金由银行转账外,从第二期起至 1926 年 10 月一共十 期,从未照付,致使公债市价一落千丈,债票几等废纸。虽经上海总商会、全国工 商协会的一再据情转呈,恳请政府补发利息。结果总是不了了之,无法兑现。致 使商民徒执债票,年息无着,更无言还本。[2] 自 1926 年底发生九六风潮后,上海 公债市面大受影响,债信锐减,市价一落千丈,1927 年初的公债市场更是随时局 而动荡不安,各债价格逐日狂跌。

北京政府时期,上海公债市场交易不畅的主要原因归结起来有以下两个 方面:

第一,北京政府债信极低,公债基金不稳。公债市场上债票涨落变动的剧烈 程度通常都与公债基金的确实与否有关,凡本息确实之公债,因其还本付息,均 甚可靠,大概无剧烈变动,其投机性也比较小,市价高低无大的悬殊。凡本息不 甚确实的公债,其还本付息,稍有疑难,便有急剧变动,其投机性也较大,市价高 低有极大之悬殊。

虽然北京政府为巩固公债信用,于 1921 年公布整理公债办法,指定由关、盐 余及交通部收入拨付整理基金,并派总税务司安格联担任经理基金事务。然而, 就在这之后的第一年内(1921 年 4 月 1 日～1922 年 3 月 31 日),盐余、交通两项 应拨之款,并没有如数拨足,且发生奉直大战,该项应拨之款,更属无从说起,以 致基金无着,到期公债本息,将有停付之虑。[3] 这样,因为基金问题,致使公债市 场价格一落千丈,市面动摇,群情惶惑,上海银行公会、上海总商会以及内债债权 人等各界函电纷驰,请求巩固公债基金,维持债信。而上海华商证券交易所更是 代表上海证券同业 75 家及执有公债债权人全体致电北京政府国务院财政部及

[1] 子明:《半年来上海公债市场》,《银行周报》第 6 卷第 26 号(1922 年 7 月 11 日)。

[2] 《二次整理公债付息之请求》,《钱业月报》第 6 卷第 10 期(1926 年 10 月)。

[3] 《整理公债基金之危机》,《银行周报》第 6 卷第 15 号(1922 年 4 月 25 日)。

总税务司,要求以上海纸烟税收全数拨充公债基金,使公债付息还本,不致延期,从而达到维持债信、镇定人心之目的。① 对此,财政部却复电批驳不准:"华商证券交易所鉴,整理公债基金,由关盐余项下所拨之款,足敷还本付息之用,所请将上海纸烟税收拨充基金一节,应毋庸议。"②同时,北京政府还准备另发新公债,1922年9月30日,上海华商证券交易所致函财政部,强烈呼吁:"自公债失信人民受累,敝所营业大受影响,此次政府续发新债,无论担保如何确实,实前车可鉴,何能取信于民,敝所为证券流通唯一机关,必须政府将已发行之公债按期发息还本,不再失信,庶使续发债票得以畅销,否则恐敝所市场碍难流通,理合仰恳大部俯恤商艰,先行顾全已发各债之信用,再为新债推行之计,不胜迫切待命之至。"③

第二,政局动荡,战争频仍。北京政府时期,中国政局变幻莫测,军阀之间的战争连绵不断,这些都是影响证券市场价格变动的最敏感因素,如1924年8月,上海公债市场价格大跌,在8月14~20日的几天中,各种公债行市迅即逐日下跌,少的五六元,多的十几元,8月20日不得不暂行停市,25日勉强开市,但交易仍不景气,公债价格继续下跌,28日再次停市,至9月2日才重新开市。④ 其原因,除江浙旱灾、湘赣水灾等自然因素影响外,最重要的影响力还是战争,当时江浙一带战争风云陡起(即江苏督军齐燮元与浙江督军卢永祥两个军阀之间的战争),战争即将爆发使政局更加动荡,人心惴惴,公债持有者纷纷抛售,投机者兴风作浪,推波助澜,致使公债价格一落千丈,证券市场价格跌入低谷,形成大的落差。

二、1927~1932年4月的上海华商证券市场

南京国民政府成立后,于1929年颁布了《交易所法》,其中规定买卖有价证券或买卖同种物品之交易所,每一区域内以设立一所为限,同时在附则中又规定,本法施行时,现存交易所,如在同一区域内有同种营业者二所以上时,应自本法施行之日起,三年以内合并,不依前项规定合并者,统以本法施行后满三年为限,限满解散,不得续展。这一变通办法主要针对上海当时存在的证券物品交易

---

① 《请将上海纸烟税收拨充公债基金电》,《银行周报》第6卷第22号(1922年6月13日)。
② 《关于公债基金之各面观》,《银行周报》第6卷第24号(1922年6月27日)。
③ 上海市档案馆馆藏档案:档号:S173—1—38。
④ 洪葭管、张继凤:《近代上海金融市场》,上海:上海人民出版社1989年版,第163~164页。

所与华商证券交易所,因而在《交易所法》公布后,两所的合并就势在必行了。

上海证券物品交易所自"信交风潮"后,虽经一再整理,业务一直没有起色,1928 年间上市物品仅标金、棉花、棉纱三种。自 1929 年 6 月起停拍纱花,改开证券。[1] 但交易并不发达,7 月 6 日,证券物品交易所不得不再次组织成立为期 6 个月的整理设计委员会,以理事长虞洽卿为主席,特聘法律专家秦待时为整理专任委员,经济学家诸青来为设计专任委员。分设整理与设计两组,试图将债权债务加以整理,于最短期间得以解决,再通过改良制度,开设股票交易,树立新基础,以此谋求证券物品交易所的发展。[2] 然而,证券物品交易所的业务并未因此而好转,据统计资料显示,到 1931 年上半年该交易所的证券营业还是亏损,决算损益表中,利益之部列:经手费收入 201 462.16 元,利息收入 42 495.84 元,房租收入 28 477.79 分;损失之部列:营业费 143 138.39 元,付出利息 258 644.45 元,经纪人奖励金 16 446.21 元;损益相抵,本期纯损 146 808.88 元。[3] 为此,1931 年 5 月 28 日,为谋求证券营业的发达稳固,不得不与东南信托股份有限公司订立三年合同,寻求二者结合,共同经营证券交易,将证券部营业上所有现金及代用品委托东南信托股份有限公司代理收付。[4]

相反,上海华商证券交易所的营业情况则相对良好,根据该所 1931 年上届结账营业报告可见,损益表中利益类列期货经手费收入 953 429.1 元,现货经手费收入 452.25 元及过户费让渡费收入 853.4 元,损失类列营业费 238 186.82 元,提存公益会基金 500 元,备抵款项 30 万元,本届营业盈余 416 047.93 元,资产盈余为 138 496.58 元,其拟定利益支配办法乃在营业盈余项下,先提营业税后,计洋 64 487.43 元,加资产盈余共计 498 057.08 元。[5] 同时,1931 年的上海华商证券交易所全年公债买卖成交数达 375 700 万元,为全部公债发行额的2.3 倍。[6]

1931 年 6 月 28 日,上海证券物品交易所正好营业期满十年(1921 年 6 月 28 日领到北京政府农商部颁发营业执照),当该所理事长虞洽卿分别向财政部、实业部及行政院呈请准予续展存立年限时,行政院借机训令该所依《交易所法》第

① 刘仲廉:《上海之交易所》,见潘吟阁等撰述:《战时上海经济》(第一辑),上海:上海经济研究所 1945 年版,第 103 页。
② 上海市档案馆编:《旧上海的证券交易所》,上海:上海古籍出版社 1992 年版,第 142～146 页。
③ 中国第二历史档案馆馆藏档案:档号:三(2)—227。
④ 上海市档案馆编:《旧上海的证券交易所》,上海:上海古籍出版社 1992 年版,第 165 页。
⑤ 中国第二历史档案馆馆藏档案,档号:三(2)—227。
⑥ 洪葭管:《在金融史园地里漫步》,北京:中国金融出版社 1990 年版,第 356 页。

55 条规定合并后再行核办,未经合并以前暂准继续营业。① 6～9 月,虽经上海交易所监理员的调解,上海证券物品交易所证券部是否合并于上海华商证券交易所的问题,仍因分歧太大而未有结果。此后不久,"九·一八"事变与"一·二八"事变相继爆发,此事也就暂时搁置下来。尽管如此,上海的证券交易主要还是在上海华商证券交易所进行的,证券物品交易所进行的交易为数不多。

1927～1932 年的上海公债市场,其发展大致经历了三个不同的阶段:1927 年的从动荡到渐趋平稳时期;1928～1929 年底的比较平稳发展的时期;1930 年～1932 年 4 月的不断动荡与风潮迭起时期。

1927 年的公债市场随时局而动荡不安,年初以来,各债价格逐日狂跌,8 月间,整理六厘、七年长期竟低至 30 余元,其跌落原因,最初是总税务司安格联之免职,因为安氏与内债有着特殊而密切的关系,一旦安氏免职,一般持票者,深虑公债基金失其保障,人心遂非常虚弱,虽易纳氏担任税司,亦未能回复其已跌之价格,且安氏离职时,曾挪用关款 40 余万镑,公债基金大受影响,致使金融公债第十一、十二次还本及整理六厘、整理八厘之抽签,均未能补行。其次是国民政府建都南京后,对于公债未能有切实之保障,于是人心疑虑,而时局又时有变化,不少资本家,甚至避往他埠,金融机关及客帮,多将公债扫数售出,以求现金。于是 8 月间市场紊乱,各债价格,较年初相差有 40～50 元之巨,其虚弱情形,实属罕见。但自 9 月起,金融公债及五年公债有将于 1928 年 3 月补行抽签之说,七年长期公债也有将于五年公债还完后开始抽签的消息,因此,无论投资还是投机者,多争先购进七年长期。过去"七长"价格较"整六"低 10 元,一变而较"整六"高 10 元,其一涨一跌之间,相差竟有 20 元之巨,且时局渐趋稳定,各债价格又驱上涨,至 1927 年终,"整六"已达 55 元以上,而"七长"则超过 60 元,较 8 月最低价又高出 20～30 元。②

1928 年,时局已告稳定,北京政府时期的各项公债仍得国民政府之维护,债市转而乐观,除九六公债外,整理各债市价飞速上涨,"整六"自 50 余元涨至 70 元以上,"七年"涨近 80 元一关,虽然 4 月下旬,曾以北伐迅速进展,整理各债因北方发行关系,下落颇巨,但不久又见回升,其后"七年"、"整六"等又有抽签还本消息,市价日涨,"整六"曾高至 84～85 元,"七年"徘徊于 80 元左右,较 1927 年底时已回涨 20～30 元之巨。其他如"金融"、"整七"等市价,虽交易不多,但市价也上涨很大,金融公债更因抽签关系,最高达 98 元,"整七"在年底达到 83.5 元,

---

① 中国第二历史档案馆馆藏档案,档号:三(1)—2736。
② 《十六年内债市况随时局而波动》,《商业杂志》第 3 卷第 6 号(1928 年 6 月)。

较 1927 年均飞涨达 20 余元。而国民政府发行的二五库券、续发二五库券、卷烟税券、善后公债等各债市价，因债信良好，在市面进出，非常活泼，交易所将其先后开做交易，每月交易量保持在 3 千万～4 千万元间，各债价格，步步向高。如二五库券初流通于市面，一般投资者意犹疑虑，不敢多做，后在交易所正式开做，买卖频繁，本息偿付从不延期，债信昭著，投机者竞相收集，其价上涨甚烈，其他如"续发二五"、"卷烟"等均甚高，"续发二五"最高近 90 元，"卷烟"在初开时已逾八五折，而全国经济会议及财政会议的顺利召开，外交情形乐观，关税自主有望，对债市均产生良好影响。以 1928 年底市价计算，二五库券若连已付还本付息合计，实达 100 元以上，已超过额面价格。卷烟税券连已付本息，已逾九五折。①

1930 年以后，上海公债市场出现疲弱之势，到 7～8 月份时更是出现狂跌，其原因主要在于：金价暴涨，进出口货大受打击，关税收入受到影响，津海关被北方阎锡山强行接收，破坏了国家关税权的统一，于是持券人怀疑以关税担保之各项公债库券，将受影响。中央军讨伐各方面军，报纸故意造作谣言，以惑观闻，于是投机者，利用之而上下其手，乃有债券下跌之事实；金融界因丝茧上场，现款外放，兼有其他之原因，至洋厘抬高，银拆加重，露出不活泼之现象，于是投资于债券方面，较为冷淡。② 对于上海证券物品交易所及华商证券交易所公债库券之狂跌，内国公债维持会提出救济办法四项：（一）卖出须缴付现货，以限制卖空投机；（二）海关按月提付基金，表明政府无提用之事实；（三）银行不得拒绝以公债作抵押；（四）债券本息票，不得拒绝三个月贴现。③

1931 年"九·一八"事变以来，上海华商证券市场大受影响，截至 10 月份交割日止，债券市价与 9 月 18 日前相较，每种平均几各跌近 20 元，④至 11 月下旬，时局未见起色，人心虚弱达于极点，证券市场更是一片抛卖之声，加之投机者的推波助澜，市价遂于 11 月 24 日造成空前之低纪录。

表 1-2　1931 年 11 月 24 日与 9 月 17 日债券市价比较表

债券类别	九月十七日（十月份价）	十一月二十四日（本月份价）	跌落数
十八年关税库券	49.3	29.4	18.3
编遣库券	49.8	29.5	19.3
裁兵库券	73.1	45.5	27.6

① 《民国十七年上海公债市场之经过》，《商业杂志》第 4 卷第 3 号（1929 年 3 月）。
② 《最近债券疲弱之原因》，《钱业月报》第 10 卷第 7 号（1930 年 7 月）。
③ 《维持债券狂跌办法之研究》，《钱业月报》第 10 卷第 8 号（1930 年 8 月）。
④ 厥贞：《国难当前国人对于国家债券应有之认识》，《钱业月报》第 11 卷第 11 号（1931 年 11 月）。

续　表

债券类别	九月十七日(十月份价)	十一月二十四日(本月份价)	跌落数
十九年关税库券	66.9	39.1	26.6
十九年善后库券	65.7	37.6	26.9
廿年卷烟库券	60.2	34.0	25.2
廿年关税库券	63.1	35.0	27.1
统税库券	63.4	34.7	27.7
盐税库券	63.9	35.4	27.5
整理六厘公债	59.6	32.2	27.6
九六公债	14.0	6.3	7.7

注：库券差额系除去十月份还本计算。
资料来源：《造成极度恐慌之证券市场》,《钱业月报》第 11 卷第 12 号(1931 年 12 月)。

　　此次债价之所以一再惨跌，主要是投资者鉴于时局严重，以为不幸战端一启，市面将不堪收拾，于是争先脱手，债价乃日见下降，继之投机者意料时局短时期内决难好转，遂乘机大肆抛空，债市经此压迫，不得不再度跌落，而金融业承做债券押款者，为顾全资金安全，纷纷向押主催赎，或追索增加保证。一般实力不足之押户，鉴于跌势漫无止境，只有忍痛脱手，同时银根紧急，多头更无力收货，群起了结，而投资者处此情势下，观望不前，市场只有供给而无需求，于是形成了 11 月 24 日的最低纪录。

　　此后，各种公债惨落不已，最后几乎完全停拍，有货者，益加惶恐，求售益切，而债券几无信用可言，中央、中国、交通三银行，虽经联席会议，讨论抵做押款，然散在民众手里之数万万元公债巨额，恐在此银根奇紧之际，受抵甚难。[1] 自 1931 年 4 月至 1932 年 2 月，在此 10 个月间，债市高低相差达 45 元，而从 1932 年 2 月到 4 月，因时局关系，上海的证券交易所暂停交易，5 月 1 日才重新复市。

　　可见，造成这一阶段上海公债风潮的主要原因在于时局的变化，从 1931 年"九·一八"事变到 1932 年"一·二八"事变爆发前后，东北问题不解决，日人图热野心未死，国联无法调解纠纷，在此种严重局势下，买者不敢多买，售者亦不敢大量抛出，此为 1932 年交易清淡之根由。

三、1932 年 5 月～1937 年的上海华商证券市场

　　上海华商证券交易所与物品交易所证券部合并事宜到 1933 年终于得以解

---

[1] 张孟昭：《国难声中之经济恐慌》,《钱业月报》第 11 卷第 10 号(1931 年 10 月)。

决。1933 年 4 月 11 日,经两所理事会代表直接磋商,签订合同,6 月 1 日正式合并。经两所股东会议决通过,上海证券物品交易所的证券部分于 1933 年 5 月 31 日停止营业,同时上海华商证券交易所进行改组,合并后由证券物品交易所方面出资 20 万元,资本由原来华商证券交易所的 100 万元,增加到 120 万元,经纪人名额由原来的 55 人,再增加 25 人,计华商 15 人,物品 10 人,共计 80 人。[①]这样,自 1933 年 6 月 1 日起,上海地区所有的证券交易,即由上海华商证券交易所一家办理,两家交易所同时经营证券的局面宣告结束,从而实现了上海华商证券市场的统一。统一以后的上海华商证券交易所内部组织除股东会与理事会外,设总务、场务、计算及会计等四科,每科设主任 1 人,主任由理事长委任,受理事长指挥;各科下设若干股,以分事权。[②] 1934 年,华商证券交易所将汉口路 422 号的原有房屋改建为八层大厦,这是当时国内唯一进行证券交易的专门建筑,是中国乃至远东最大的证券交易场所。其证券交易的兴旺状况一直持续到抗日战争爆发,1937 年 8 月 13 日日军侵入上海的前一日,上海华商证券交易所奉命停业。

1932 年 5 月～1935 年上半年,上海债市逐渐恢复,呈现出欣欣向荣的黄金发展阶段。1932 年 4 月底,财政部训令上海的证券交易所于 5 月 1 日起开市。自 1932 年 5 月至 1933 年 1 月,上海债市无太大的变化,在此期间,债市混沌,涨跌甚微。可是 1933 年 1 月后,债市节节上升,首尾高低相差,亦达 40 元左右,1934 年 7 月,因环境安定,投资者兴趣所趋,债市欣欣向荣,兼之套利交易勃兴,各债无日不在猛烈涨俏中,如 7 月 4 日,二十三年关税库券登场,即涨 4 元停拍,为新货上场未有之盛况,统观全月债市,成交总额达 4 亿 5 500 余万元,较上月增加达 1 亿 4 000 余万元,可谓债市之黄金时代。[③] 据调查统计,1934 年度上海华商证券交易所上期(1～6 月)营业盈余 559 700.83 元,资产盈余 123 759.46元,下期(7～12 月)营业盈余 916 791.66 元,资产盈余 33 746.94 元。[④] 上海公债市场的扶摇上进,其主要原因在于:

首先,上海金融市场资金囤积。由于世界银价下跌,白银大量涌入中国,为国民政府公债的发行提供了温床。再加之当时我国农村衰败,工商业不景气,金融松弛,现金充斥,就上海金融市况论,自 1931 年底到 1934 年,各银行现银存

① 《华商与物品两交易所定期合并》,《中央银行月报》第 2 卷第 6、7 号(1933 年 7 月)。

② 吴钟煌:《证券交易所实务论》,《银行期刊》第 3 号(1936 年 1 月 31 日)。

③ 《金融市况·证券》,《中行月刊》第 9 卷第 2 期(1934 年 8 月)。

④ 《调查沪交易业报告》,《交易所周刊》第 1 卷第 15 期(1935 年 4 月 15 日)。

底,由 312 百万元,增至 594 百万元。沪洋既不能运销内地,内地闲资,反运沪求售,其结果是供过于求,利率萎弱不振,自 1932 年 3 月以来,每月平均拆息,最高不及月息六厘,低时常无利贷借,平均亦不过一二厘。然而银行存款利息,不仅未见减低,反出现抬高利息竞争存款之趋势。沪上华商银行普通之常年存款,至少给息七厘,甚至间或有高至一分二三厘至一分四五厘者。[①] 而当时上海的投资市场又十分狭窄,证券市场上,除公债外,能进行交易的股票与公司债券少得可怜。原为营运资金之大宗出路的地产押款,又因工商业萧条,地价动摇,房租发生问题,引起投资者怀疑,地产押款甚少。这样,银钱业的高利存款,除投资公债之外,无其他投资可获相等之利益,以应付其重大成本之负担,在此状况之下,公债投资,不能不为银钱业所特别注重。

其次,投资者心态恢复,纷纷看好公债市场的前景。1932 年 3 月后,银拆松滥,至高不过 1 钱 7 分,合年息 6 厘左右,低时多属白借,如 1932 年的 5～11 月即是如此。在此银根奇松银用稀少之时,一般银行及投资者,为求资金之运用,皆陆续购进债券,所以债券虽经整理,利息改低,还本改小,投资者所得之利益,仍优厚可观,仅依照编遣库券与盐税库券 1932 年各月份最高价计算,其所出之利息及利益合计,平均可得月息 1 分半以上,加以一般投资者心理认为:(一)政府必照整理案维持债券。(二)银行界以债券与金融重大之关系,亦必维持债券。(三)纵有不可思议之大变动,债券不值钱,其他投资亦未必值钱。(四)债券买卖便利,进出俱易。[②] 于是,债券投资,颇形踊跃。

1935 年后,由于"白银风潮"的影响,上海经济一片萧条,上海华商证券交易所的价格指数也从 1931 年中期的最高峰下跌了半数。各种证券的持有人由于需款还债,纷纷把它们脱售,以致市场上的牌价下泻。1935 年最初几个月内由于银根极度紧张,证券市场的交易几乎完全陷于停顿,在另几个月里每天的交易额都在十万股以下。[③]

这一时期,债市受消息面和政局影响甚巨,自 1935 年 11 月 4 日法币政策发表后,最初公债市价狂涨,12 月初以来,债价忽狂跌,平均跌去 15%。传说有投机团体,从事操纵市面,抛售之数达 6 千万元。市场又传言内债利息,将酌量减低。1936 年 1 月 15 日,沪市商会致电行政院财政部,以减低利息延期还本之

---

① 余英杰:《我国内债之观察》,《东方杂志》第 31 卷第 14 号(1934 年 7 月 16 日)。
② 余英杰:《二十一年份之内国债券》,《中行月刊》第 6 卷第 1、2 期(1933 年 1、2 月)。
③ [美]阿瑟·恩·杨格著,陈泽宽、陈霞飞译《一九二七至一九三七年中国财政经济情况》,北京:中国社会科学出版社 1981 年版,第 245 页。

谈,甚嚣尘上,请政府颁布明令,切实宣示,以维债信。然而财政部在 1 月 17 日的批复中对减息一节,不置可否,措辞不仅闪烁,而且在复电的最后还指责,"沪上投机之风素炽,每以个人利益为着眼,混淆黑白,已成惯伎,若动辄请求政府表示,不惟不胜其烦,实为投机者所利用。值此人心不定之时,更不应为图一时一己之私利所诱惑,自相惊扰也"。① 此论既出,债市自然续跌不止。1 月 20 日,沪市商会主席俞佐庭等奉召晋京,与财政当局面商,回沪后对公债减息延期无所表示,于是世人更深信政府必行此策,债市因此愈益跌落,财政部为补救起见,特令交易所在交割时,须以现货提供,使空头无所用其伎俩,然终因谣言太甚,债价仍继续下跌。②

1936 年 1 月 28 日是农历春节后开市的第一天,又适为一月份期货交易最后一日。上海公债市场再次发生剧烈变动,开拍之初,散户纷纷购进,市价劲涨。迫近最后关头,一月份期货多空双方,竞相了结,交易甚为踊跃,因整理场账关系,第二盘迟至下午二时以后,各方忽倾于抛售,市价转为下跌,头盘所涨,不足与之相抵。晚八时第三盘开拍,市价跌风甚厉,整六较记账价格跌逾四元,遂告停板,而多空双方多有不及轧平者。29 日华商证券交易所奉到部令,自即日起卖出必须提交现货,即无货者不得做空,30 日及 31 日因一月期货交割停市两天,2 月 1 日周末因交现问题未得解决,继续停市。全周只拍做二日,高低相差,最多者 4 元,最少者 8 角 5 分。③ 2 月 3 日,为准备发行统一公债调换旧发 33 种旧债券,国民政府宣布上海华商证券交易所暂停营业。与此同时,财政部发表了发行统一公债 14 万 6 千万元的计划,将所有的各种杂色公债都在统一名字下发行,作五种年份归还,最长的年份是 24 年。同时发行复兴公债 3 万 4 千元,作为平衡收支,安定汇市的基金。④

2 月 15 日财政部下令上海华商证券交易所于 17 日照常开市,但鉴于统一公债票,尚未印竣,新旧票调换事宜,亦未开始办理,开市后只做了结,仍沿用旧发各种债券名称开拍,停做现、期货买卖新交易,对统一公债甲乙丙丁戊五种,暂停开做新交易。⑤ 从 2 月 17 日到 2 月 27 日,专拍 1 月 29 日截止之二月份期货交易 6 300 万元,使以前旧账在 2 月 27 日前交割清楚,得到完全清理。自 2 月

① 《财部对沪市删电之批复》,《金融周报》第 1 卷第 4 期(1936 年 1 月 22 日)。
② 《一周间国内外大事述要》,《国闻周报》第 13 卷第 5 期(1936 年 2 月 10 日)。
③ 《上海金融》,《金融周报》第 1 卷第 6 期(1936 年 2 月 5 日)。
④ 《发行统一公债以后》,《钱业月报》第 16 卷第 2 号(1936 年 2 月)。
⑤ 《财部令证券交易所照常开市》,《金融周报》第 1 卷第 8 期(1936 年 2 月 19 日)。

28日起，统一公债甲乙丙丁戊五种正式挂牌开拍。[①] 3月，因统一公债发行伊始，调换手续尚未办理完竣，统一公债丙丁戊三种之近期行市，未有成交，交易极为清淡，而价格变动不甚剧烈。4～5月，债市较为活跃，各债市价逐渐上涨，交易繁荣。

6月因西南军事行动，人心受其刺激，实货出笼，抛空者踊跃，筹码充斥，债市渐趋下游，不久时局转佳，市场人心复振，统一公债甲种遂超出70元大关。[②] 1936年12月，当西安事变爆发之时，上海各交易市场，均感震动，首当其冲者为证券交易所，开拍后，五种统一公债，一律惨跌4元停板。1937年1月7日，复兴公债加入市场拍板，其办法与统一公债相同，开拍后远近期均有成交，只是该项公债全部筹码尚握于金融界及财政部手中。[③]

此后债市渐趋稳定，公债市价节节攀高，到1937年5月，五种统一公债，全月在高峰上盘旋续进，统甲最高为80.25元，统乙为76.35元，统丙为74.4元，统丁为74元，统戊为73.4元，均为统一公债发行后之新高价，金长公债（金融长期公债的简称）最高为64.8元，九六公债最高达15.8元。[④] 到1937年"七·七"卢沟桥事变爆发前夕，上海公债市场的交易十分畅旺，6月，五种统一公债市价，迈步前进，统甲达88.2元，统乙达86.6元，统丙达84.75元，统丁达83.3元，统戊达82.3元，无一种不超过80元大关，形成一种如火如荼之景象，其余如金长公债，亦涨达70.4元，九六公债达17.2元，即使于月初首次登场的第三期铁路建设公债，其价亦高达85元。[⑤] 在6月28日～7月3日的一周中，因周二为六月份交割期，周四五又值银行半年决算，均循例停拍，实际营业只有三天，然交易数额竟达1亿2000万元，创最近成交额之高纪录，周一周三的交易数字尤为惊人，各有交易4700～4800万元。其中统甲市价已创出新高价，达88.75元。[⑥]

总之，这一阶段上海华商证券市场之要事，当首推上海证券物品交易所证券部与华商证券交易所的合并，使上海华商证券交易所成为了国内乃至远东最大的统一证券市场。统一市场的形成以及资金的充沛促成了市场的繁荣，从而出现了1932年5月～1934年底债市交易的黄金时期。但这一阶段，证券市场却又随着消息面和政局的动荡而剧烈变化，其中，1935年12月因传闻政府减低公

① 《华商证券交易所公告开拍统一公债》，《金融周报》第1卷第10期（1936年3月4日）。
② 《一年来上海金融市况》，《中央银行月报》第6卷第1号（1937年1月）。
③ 《国内外金融经济概况·内债》，《中行月刊》第14卷第1、2期（1937年1、2月）。
④ 《国内外金融经济概况·内债》，《中行月刊》第14卷第6期（1937年6月）。
⑤ 《国内外金融经济概况·内债》，《中行月刊》第14卷第7期（1937年7月）。
⑥ 《上海金融·债券行市》，《金融周报》第4卷第1期（1937年7月7日）。

债利息,1936年6月、12月的两广事变和西安事变所导致的债市狂跌尤为猛烈,不过,总的来看发展是这一阶段证券市场之大势。

从1912年民国建立后,政府所发行的内国公债逐渐增多,并成为了政府解决财政困难的主要之法,特别是1927年南京国民政府建立后,公债政策更是国民政府财政的根本之途,为保证公债的顺利发行,政府公债大量进入证券市场进行交易,特别是1922年"信交风潮"结束后,公债更是逐渐取代股票而成为了证券市场的主要交易品种,直到1937年抗日战争爆发前的十几年时间里,上海证券市场几乎为单一的政府公债所垄断,证券市场成为了政府的"财政市场"。而纵观这一阶段公债市场的发展与演变,我们可以看到影响公债市场盛衰之原因主要在以下四个方面:

(一)自然灾害和政局等系统性风险因素。这些系统性风险给证券市场的影响是无法规避的,在近代上海公债市场有着突出的反映,北京政府时期的每一次军阀混战与政局变动,南京国民政府时期的水旱灾害以及新旧军阀间的征战、日本的侵略,都给上海证券市场以影响,有的甚至造成强大的公债风潮,如1924年的公债风潮、1931年的"九·一八"事变、1932年的"一·二八"事变、1936年12月的西安事变以及1937年的"八·一三"事变等都曾使债市暴跌,甚至交易为之停顿,直至局势平定后始告复业,如此足见公债市场与政治与国运的关系极其密切。

(二)公债本身的因素:(1)公债基金是否稳定与确实,这是影响公债价格的直接因素。(2)公债基金保管单位的可靠性及公正程度。(3)还本付息期的远近,由于还本付息是抽签决定,当时公债市价一般低于票面值,但如中签,就可以按票面值再加利息归还,因此,每当抽签的日子接近时,人们希望中签,买进公债就多,市价就会上涨,假如到抽签的日子不抽签,还本的希望落空,市价就会下跌。这些因素对公债市场的作用,在北京政府统治时期的上海公债市场反映得尤为突出,基金的不稳与政府债信的丧失,无不使上海公债市场风潮迭起,而国民政府统治时期的1932年的政府债券还本减息与1936年的发行统一公债调换旧债券,一时亦曾使市场发生波动。

(三)市场方面的因素:(1)银行利率的高低影响着公债的价格,由于近代中国公债大多数掌握在金融界人士手里,如银行利率低于公债利率,他们就买进公债,以赚取更多的利息,如果银行利率高于公债利息,他们就出售公债,目的是加速资金的周转。社会上一般公众对待公债的态度亦是如此。(2)经济的繁荣与萧条也是影响公债的重要因素。通常情况下,经济的盛衰与公债交易的盛衰是成反比的,经济繁荣了,手中有钱的人可以投资做生意,原购进的公债必然要售出,换成现金做资本,售出公债多了,公债价格必然下跌;如果经济出现萧条,有钱无处可投资,必然转向购买公债,以保值生息,购买公债的多了,价格就会上涨。(3)公债市场上多头与空头等投机家的操纵也能影响公债价格的涨落。

(四)税收方面的原因:公债的价格与税收也有密切关系,因为公债的基金来自各项税收,税收多了,公债的本息就有了着落;如果税收不足,公债基金就没有保证,还本付息也就不可靠。

第三节　以企业股票为主的华商证券市场(1937～1949 年)

抗日战争时期,上海的华商证券交易市场也随着局势的发展、演变而出现了巨大的转变,抗日战争前盛极一时的政府公债交易渐趋冷落,日渐萧条,与此相反,沉寂十余年的股票交易却因缘逢时,由冷落而逐渐兴盛,由兴盛走向极度繁荣,上海华商证券市场因此而进入到了股票交易畸形发展的"黄金时代"。抗日战争胜利以后,重新建立的上海证券交易所,其营业范围更是以本国民营及国营企业所发行之股票为中心,并兼及政府公债,因此,抗日战争以来上海华商证券市场逐渐成为了以企业股票为主的证券市场。

一、"孤岛"时期政府公债的衰落与华商股票的复苏

1937 年"七·七"事变发生后,消息传来,上海华商证券市场顿起大波,7 月8 日,各债狂跌,统债乙丙远期均告停拍。此后市价起伏,一日数变,忽因暴跌停拍,忽因狂涨停拍,变化之速,令人莫测,仅据 7 月 12～17 日(周一至周六)全周市况就可见一斑,周一,卢案转趋恶化,统一五种一律暴跌停拍。周二,初涨后疲,涨落綦巨,跌 1.3～3.55 元。周三,初开仍软弱不堪,丙丁价相继跌逾 4 元停拍,二盘突传佳信,丁种竟剧升 4 元余,结果丁涨 1.2 元,余债小 0.35～4.3 元。周四,和平空气充溢整个市场,甲丙乙一律腾涨 4 元,涨至停板,回复周二收市价。周五,和战消息传说不一,市气突软,又跌 0.35～3.2 元。周六,银界扶植,套利分起,由疲而坚,涨 0.1～2.95 元。统计全周,统一较前周跌 4.9～7.2 元,九六跌 2～2.45 元。[①] 面对公债市场跌风甚盛,国民政府财政部只得下令限制

---

① 《上海金融》,《金融周报》第 4 卷第 2 期(1937 年 7 月 14 日)及第 4 卷第 3 期(1937 年 7 月 21 日)。

统一公债最低价为 70 元。① 然而,这也并未阻止债市的下跌,7 月 26 日,统一债券及九六公债各月期一致下泻 1.3~2.8 元不等。收盘时市价与隔日相比,统一甲种跌落最巨,达 3.6 元。7 月下旬,中央、中国、交通三家银行议定维持公债原则:尽量套利以资周转;供过于求时尽量买进,以维市价;市价以维持七折为原则。此后,形势更加紧张,8 月 2 日,华商证券交易所奉财政部令限定公债价格,于当日开始,成交极少。8 月 11 日,在"八·一三"事变爆发前夕,华商证券交易所奉令停业。②

事变爆发之后,上海债市陷入完全停顿状态,偶有出售,也只是暗中接洽买主,买主还常常因此而抑价要挟。事变限价 70 元之统一丁戊两种公债,此时暗盘交易已低至 40 元左右。③ 当上海租界成为"孤岛"后,一些经营证券的商号(经纪人)为谋求营业起见,在原华商证券交易所大楼的七层走廊上组织了一个小规模的证券交易市场,进行公债现货交易。每日上午、下午各开市一次,上午成交,于午前收解清讫,下午的交易则于翌日上午收盘后交割。几个月后,他们还举办代收代解业务,从事公债投机者,毋须拿出全部现金,只须缴付若干保证金。这样,交易量逐渐增加,市价的起落范围也日益扩大,还将非正式开拍的行情在报上公布,以扩大影响。然而,好景不长,1938 年 3 月实行外汇审核办法后,法币对外汇价难以维持,外汇黑市出现,黄金价格开始上涨,外股价格迅速上升,曾经盛极一时的公债交易再度冷落,从此以后,在抗日战争时期的上海证券市场上,公债交易即是明日黄花,代之而起的是洋商股票交易的复苏、兴盛与繁荣。

洋股自抗日战争以来逐渐进入兴盛时期,而就华商股票而论,真正的繁荣是在太平洋战争之后,而自"八·一三"事变起,到 1940 年 6 月,仍可以说是一个交易冷落的时期。各企业由于战乱而遭炮火摧残,资产无从估计,账目无法清算,投资者处于疑危震撼之中,股票行市无所依据,偶有开通,行市也极低。如商务印书馆股票(票面 100 元),最高价不过 70~80 元,最低到 40~50 元;闸北水电(票面 20 元)行市最低到 3.4~3.5 元,最高不过 6~7 元。一般股票的市价都照票面打一对折。④ 与同时期盛极一时的外商股票相比,华股交易,只处于附属地位,成交极为寥落,常常一笔交易,个把月找不到对手,至于冷门股票,更无成交

① 《战争与证券》,《银行周报》第 22 卷第 3 期(1938 年 1 月 25 日)。
② 任建树主编:《现代上海大事记》,上海:上海辞书出版社 1996 年版,第 669、672、673 页。
③ 《战争与证券》,《银行周报》第 22 卷第 3 期(1938 年 1 月 25 日)。
④ 王雄华:《上海华股市场的过去及将来》,《中央银行月报》(复刊)第 1 卷第 1 期(1946 年 1 月)。

的可能。当时经营华商股票的公司仅永昌、裕兴、福康、中国及中国股票推进会等数家,同业阵容十分柔弱。其管理也是各家股票公司各自为政,没有形成一个统一的管理体制。然而,到1940年6月后,这种局面得到了改变,华商股票交易日渐增多,据中国征信所1940年12月对159家股份公司股票的调查统计,其中有最近市价的有90家:银行17家,信托公司3家,交易所4家,公用事业5家,纺织制造10家,化学工业11家,烟草火柴4家,印刷书纸7家,保险1家,百货6家,矿务5家,新药9家,搪瓷1家,电器制造1家,食品2家,其他4家。[①]华商股票开始出现的这种转机,其主要原因在于:

第一,淞沪抗战结束后,上海作为"孤岛",其政治、经济形势得到相对的稳定,上海工商业也迅速得以恢复与发展,上海周边江浙地区不少工厂迁入租界复业经营,工业生产力日渐恢复,据统计,淞沪抗战结束后半年时间,租界内已开工工厂1861家,到1939年,在上海公共租界内所设工厂3310家,西区界外马路区域内所设工厂940家,共计4250家。[②]同时,上海的商业也得到空前繁荣,仅百货店在1938～1940年间就增设了500家。而在1938年新设的491家工厂和商店中,饮食商店达129家,日用品商店85家,衣着商店58家,文化商店53家,医药店31家,娱乐场所27家,装饰品店26家,其中新设的商店占到总数的一半以上。[③]这些工厂、商店大部分采用股份公司制,随着华商股份制公司的纷纷创立,使从事华股交易成为可能,也有利可图。

第二,外商股票的兴盛,给华股经营以示范效应。在抗日战争爆发后曾停顿了四个月的西商众业公所,1937年12月初开始复业。在最初半年,外股的买卖寥若晨星,每天没有多大的交易。从1938年下半年起,上海外商公司营业异常发达,1939年欧战爆发后,上海的外股市场更是呈现欣欣向荣之势,6～8月中,上海金融市场发生两次外汇紧缩,直接刺激了外股的涨风,特别是外汇猛落的影响,策动了橡皮股票的涨风,因为橡皮公司的投资都在南洋,橡胶的价格又受国际市场的支配,上海币值的低落直接抬高橡皮股票的价值,行情节节上升。照橡皮股的每月平均指数看来,三个月的时间,差不多上涨了40%。[④]到1940年的1～2月间更是达到空前狂热,各股市价扶摇直上,一日间竟飞跃数元至十数元,其价格之飞黄腾达(有的涨过十几倍),每日成交数量

① 金融史编委会编:《旧中国交易所股票金融市场资料汇编》(下),第1107～1266页。
② 董文中编辑:《中国战时经济特辑续编》,重庆:中外出版社1940年版,第101页。
③ 魏达志:《上海"孤岛经济繁荣"始末》,《复旦学报》(社会科学版)1985年第4期。
④ 王宗培:《上海外商股票市场》,《财政评论》第3卷第2期(1940年2月)。

最多时如 1940 年 1 月 8 日曾达 132.2 万余股,致使经纪人忙得无法开交,不得不停止交易十分钟以资清理。[①] 在此几乎每天都有新纪录出现的外商股票市场中,吸引了大量的投资者的兴趣,同时也给新兴的华股交易提供了极大的想象空间。

　　第三,上海游资充斥,股票市场成为游资极好的出路。当沪战结束后,随着"孤岛"地位的确立,租界游资逐渐增加,1938 年夏,租界游资仅 5 亿元,到 1940 年 5 月底,游资已达 50 亿元以上。这些游资的来源除了江浙及内地富豪携带巨款流入上海以外,还有由于 1939 年上半年天津租界遭到日本侵略者的威胁,引起北方资金大量南移,相当部分转趋上海租界;西南各地对"孤岛"贸易入超,年达 5 亿~6 亿元以上,造成大后方资金大笔流沪;此外,广州沦陷前逃往香港等地的资金,又复归上海;东南亚一带的华侨资本,因受欧战影响,亦被"孤岛"吸引了过来;加之不少外国商人在上海进行巨额投资,如 1941 年,英国在上海投资,约 10 400 万镑;美国在上海投资约 12 000 万美元。[②] 以上这些汇集"孤岛"的亿万游资,除一部分用于工业生产领域外,大部分为了保值增值,投资于周转相对较快的商业,其中相当部分从事金融、商业投机。游资的充斥从沪上银行存款也可得到反映,据粗略统计,到 1940 年初,上海各银行存款的总数在 20 亿元以上,在全国银行业存款的总额中所占的比例不下 30%。[③] 而此时的汇市又呈现相当平稳之势,近远期差数亦不甚大,套息仅合一分之利,银行对此兴趣不大,于是将资金转入股市,他们除了致力于外股市场外,也将注意力转到了刚刚复苏的华股市场。

　　由于以上原因,经营华股交易的股票公司多了起来,1940 年 7 月 1 日中国股票公司在上海九江路 316 号开业,它以专门经营华商股票业务相标榜,一改过去华股交易的从属地位,由此独树一帜,与公债、外股鼎足而立。继中国股票公司以后,以专门买卖华股为业务的组织进一步增多,其中以中国股票推进会实力最强,该会于 1940 年 12 月 16 日,由上海信托业同人联欢会所组织成立,目的在于奖励正当投资,创造资本市场,参加会员计 10 家:中一、上海、久安、中国、和祥、通易、华丰、环球等 8 家信托公司及新华、永大 2 家银行。地址设在北京路中一信托公司大楼五楼信托业同人联欢会内,买卖的股票有 71 种:金融业 22 种,新药业 7 种,纺织制造业 9 种,公用事业 3 种,印刷书纸业 5 种,化学工业 6 种,

① 吴承禧:《战时上海银行业之动向及其出路》,《财政评论》第 3 卷第 2 期(1940 年 2 月)。
② 魏达志:《上海"孤岛经济繁荣"始末》,《复旦学报》(社会科学版)1985 年第 4 期。
③ 吴承禧:《战时上海银行业之动向及其出路》,《财政评论》第 3 卷第 2 期(1940 年 2 月)。

交易所 5 种,烟草火柴业 4 种,百货公司 7 种,其他 10 种。[①]

不过,由于当时国民政府不允许交易所复业,因此,该会成立后,曾遭当时各报舆论责难,认为恢复了变相的交易所。同时,由于股票买卖仅限于会员间,投资者未能直接向会交易,必须转经该会会员之手。所以原定每日下午会员派交易员到会交易,终因交易未有起色,于 1941 年秋间,结束会场交易,仅设一营业处,委由新华银行代理,降为普通股票公司的性质,到 1943 年 1 月宣告解散。然而,应该肯定的是"中国股票推进会",在"孤岛"的特殊时期,为建设中国的资本市场,奖励正常投资,帮助会员解决交易对象问题,尽到了调节供求,便利交易的创导之责。

上述可见,"孤岛"时期,在外力的推动下,上海华商证券市场初步完成了从政府公债向华商股票市场的转变,当 1941 年 12 月太平洋战争爆发后,日军进占两租界,上海全部沦陷,上海华商证券市场完全为日伪所控制,其发展进入到另一个时期。

二、全面沦陷后的上海华商证券市场

1941 年 12 月 8 日,太平洋战争爆发,当天,日军进占租界,从此以后,直到 1945 年 8 月抗日战争结束,整个上海即处在日伪的统治之下。但是,上海的证券市场并未因此而沉寂,相反,以华股为主的股票交易活动异常活跃,使得日伪时期的上海证券市场呈现出畸形的繁荣、发达。

太平洋战事发生后,由于日伪政府明令禁止公债、外股交易,同时其他投机市场也因环境关系而渐次停顿,只有华股被允许交易,新兴的华商股票公司如雨后春笋般发展起来,大部分游资亦群趋华股。据调查,1942 年春,经营华股的同业,不过永昌、福兴、福康、中国、中国股票推进会等 10 余家,然而,到当年底,股票公司已发展达 146 家之多,[②]可谓十分迅猛。这 140 余家股票公司的组织,既有股份有限公司,也有合伙营业与独资经营。资本总额最高为伪币 100 万元,最低为 5 万元,其中以 10 万、15 万及 20 万元居多数。业务方面以代客买卖为主,同业间交易居次。而这纷纷成立的 100 余家股票公司,因没有固定的集中市场,

---

① 若君:《上海之华商股票市场》,《中央经济月刊》第 2 卷第 3 号(1942 年 3 月);另据陈善正:《八年来的上海股票市场》的统计,最初参加会员 11 家,以后陆续加入 13 家,经由该会介绍买卖的华商股票有 85 家,见《银行通讯》新 3 期(总 28 期)(1946 年 2 月)。

② 俞增康:《上海证券交易所复业问题》,《银行通讯》新 4 期(总 29 期)(1946 年 3 月)。

所以行情各家各开,而几家规模较大的同业则互相装置对讲电话,其中以永昌股票公司为最盛,其次是中国股票公司、裕兴证券号。永昌股票公司有对讲电话100 余部,并办有专门报道华股消息的《华股日报》,其行情足以左右整个华股动向,俨然成为华股交易的中心市场。随着股票公司的风起云涌,而股票筹码仅数十种,形成供不敷求,于是新股票应环境之需,接踵上市流通起来,8 月以后,新股上市,每星期必有,盛况空前。据统计该年仅通过永昌股票公司发行上市的新股就有 53 家,分别是纺织业 18 家、新药业 3 家、印刷造纸业 6 家、饮食品业 4 家、化妆品业 1 家、化学业 1 家、地产业 2 家、交通业 6 家,其他 12 家。[①] 纵观这一时期的华股交易,呈现如下几个特点:

第一,没有固定集中的市场,各家自开行市。几家规模庞大的股票公司虽设有专线,互通消息,然其市价仍是各不相同,在同一时间的同一只股票,各家公司根据供求状况,自行涨落,行情大相径庭,常有甲家成交价格,与乙家相去悬殊。

第二,上市新股毫无标准。股票商与厂商联手翻云覆雨使新股纷纷上市,致使许多内容空虚的股票,也登场交易,筹码急剧膨胀,投资者昧于选择,"空头股票"给投资者带来极大损失。

第三,投机之风大盛。新股票上市前,上市公司以极低价让若干股与有关系的股票公司,股票公司俟上市后再以高价卖出。股票交易中,照当时交易手续,第一日之成交,必须于第二日上午办理交割,投机者利用成交至交割间的时间空隙进行投机,予以买回或转卖,博取差益。

第四,每日股票成交的数目,因为股票公司各自为政,根本无法统计。据永昌等交易繁盛的股票公司平均每日成交在伪中储券 200 万元以上,而推知当时全上海的华股交易额,估计在伪中储券 5 千万元左右。[②]

正是因为 1942 年华商股票公司在加速发展中流弊不断,既没有正式的市场,同业又无业规,组织上更没有统一的系统,致使上海华商证券市场极端混乱,遭到社会舆论的一致谴责。

1942 年 8 月 26 日,汪伪政权公布《买卖华商股票规则》,开始管制股票交易,1943 年 2～3 月在日军操纵下的工部局与法租界也采取相应的措施,配合汪伪政府对华商股票市场的取缔。在日伪政府及租界当局的严厉打击下,紊乱的华股市场开始收敛,股票商们不得不向伪政府进行登记,据统计,1943 年 3～6 月底止陆续向伪上海市经济局申请注册的股票公司共 267 家,5 月 19 日,首批

---

① 陈善政:《八年来的上海股票市场(续)》,《银行通讯》新 4 期(总 29 期)(1946 年 3 月)。

② 王雄华:《上海华股市场的过去及将来》,《中央银行月报》(复刊)第 1 卷第 1 期(1946 年 1 月)。

获准注册的永昌等15家股票公司正式复业,到5月底止,经伪上海市经济局审核合格颁发注册执照者共计35家,其余已申请而未核准之股票业商232家。①

当汪伪政权在日本最高经济顾问青木一男的策划下,设立伪中央储备银行,通过发行储备券,基本上控制了上海金融市场后,青木认为恢复证券交易所可疏导游资,又向汪伪政府提出恢复上海战争中停业的各业交易所问题,最初由上海流氓潘三省勾结日本浪人准备设立汪日合办的证券交易所,并得到周佛海和梅思平的同意,日本浪人也得到日本驻华大使馆上海事务所负责人崛内干城公使的支持,一面由潘三省出面向伪政权申请注册,一面在上海中日文报纸上公开募集经纪人,然而,因中国《交易所法》明确规定交易所股份不准外国人参加,如果批准汪日合办的交易所必须先通过伪立法院修改《交易所法》,如此颇费周折,不如将旧交易所恢复营业较为省事。于是,在青木的支持下,周佛海、梅思平不得不批驳了潘三省的申请,同意由原华商证券交易所董事长张慰如、总经理沈长庚出面恢复营业。② 1943年7月,汪伪政府下令同意伪上海华商证券交易所股份有限公司筹备"复业",伪财政部与实业部会同命令伪上海市政府废止《取缔上海股票业商买卖华商公司股票暂行规则》及其施行细则。

1943年7月24日,根据汪伪政府实业部与财政部的命令,伪华商证券交易所在香港路银行公会俱乐部召开股东会,出席股东363人,会议商讨了修改章程、增加资本、补选人员及复业各项事宜。③ 同时,还修正通过《上海华商证券交易所股份有限公司章程》,地址设在上海汉口路422号,资本总额伪中储券200万元,9月29日,举行"复业典礼"。11月8日,正式开拍华股。"复业"后的伪上海华商证券交易所,其理监事名单如下:理事长:张文焕,常务理事:沈长庚,理事:吴震修、杜镛、邹驾白、袁崧潘、钱永铭、周守良、郑筱丹、吴蕴斋、叶扶霄、瞿季刚、邵树华、李思浩、陈子培。监察:孔颂馨、王本滋、彭杏生。内部组织,分总务、业务、审计三处,总务处长:张长春,业务处长:先为邹驾白,后为章叔淳,审计处长:王海帆。总务处下设文书、事务、房产、人事四科,业务处下设出纳、会计、场务、计算四科。审计处下设编审、统计二科。

伪上海华商证券交易所开业后,参加开拍者有146家经纪人及代理人,开拍股票共有108种。④ 此后,成交数量,逐月增加。上市股票不断增多,据统计到

---

① 中国第二历史档案馆馆藏档案:档号2012～2165。

② 黄美真编:《伪廷幽影录——对汪伪政权的回忆纪实》,北京:中国文史出版社1991年版,第165～166页。

③ 上海市档案馆馆藏档案:档号:R1—14—448。

④ 中国第二历史档案馆馆藏档案:档号:三(2)—3191。

1945年8月18日,该所解散止,上市股票共计199家,虽家数众多,但经常成交的不过80～90种,而有大量成交的所谓"热门股",则不过10家而已,十分之七八是投机性股票。除上市股票外,大量不上市股票,依然在各股票公司间自相交易。[①] 另外,尽管伪证券交易所制定了涨跌停板制度,但在股票交易中却常常不受此限,股票的狂涨狂跌仍然无法遏制,如1945年4月6日有95种股票"涨停板",15日更是全面"涨停板",且有照停板行情另再加价成交的。为了遏制这股涨风,4月17日,汪伪政府宣布停止"便交"。然而,由于军事局势逐渐明朗,日本战败已成定局,金融市场上的股票行市猛腾猛跳。此后,汪伪财政当局又设法以发行金证券方式来抽紧银根,但也只能使股票市价处于暂时的徘徊状态,而股市的猛烈涨风无法改变。这种涨风持续了三个月,直到8月10日日本宣布无条件投降后,突然由一片吸进转而为一片抛出,这正是人们在战争结束之际,无法逆料未来局势和政策的变化、处于迷惘状态下的心理反应。8月17日,交易所开盘后,在199种股票中只有两种成交,这一天,也就成为沦陷时期复业的上海华商证券交易所的最后一场交易。[②]

三、抗日战争胜利后的上海华商证券市场

抗日战争胜利后,上海的华商证券市场经历了三个不同的时期:1945年10月～1946年9月的黑市交易;1946年9月～1948年8月上海证券交易所交易阶段;1949年2月～5月,复业后的上海证券交易所交易阶段。

1945年10月间,国民政府财政部驻京沪区财政金融特派员通令上海各交易所:"交易所非得财政部命令不得开业。"同时对日伪设立、经营的交易所进行接收。然而,上海市场上暗中进行的证券黑市交易并未停止,买卖交易既不集中在一起,行市也无统一标准。政府当局虽一再布告禁止,并查封证券大楼,使证券交易一度停顿。但私下从事证券交易者不仅继续不断,而且一反过去市场式交易,采取化整为零的办法,分散在各个角落里进行,甚至把证券行情登在报纸上。有些股票字号还开办期货交易,客户不必实收实交股票,另有若干较大股票字号进行对敲交易。当时行情不因查禁而下跌,反因筹码供求不平衡而急剧上涨。从1945年10月到1946年4月的半年中,黑市股票买卖经久不衰。形成了以永安纱厂、美亚绸厂为主的二大热门股及以景福袜厂、勤兴衫袜厂、新光内衣

---

① 杨德惠:《上海的华股市场(下)》,《商业月报》第22卷第2号(1946年6月出版)。
② 洪葭管、张继凤:《近代上海金融市场》,上海:上海人民出版社1989年版,第176页。

厂为主的三小热门股的投机买卖。① 这种股票交易,与国民党统治区的其他金融性物品交易交织在一起,构成了通货膨胀下投机活动的交响曲。股票暗市活跃,价格大幅上涨的主要原因在于:一、金钞呆滞,游资趋向股市;二、暗市自查禁后,股票筹码较少;三、良好股票之升值倍数,较商品仍低落得多。② 然而,到1946年5月9日,因黑市各号突然停敲"景福"股票,持有该项股票者恐慌万状,争相抛售,行情一泻千里,跌至不及原价1/3,同时又牵动其他各股下挫,整个黑市陷入极度混乱状态中。③

与此同时,上海的公债暗市也谣言四起,传说政府将计划发行"孙票"兑付抗日战争前公债本息,还传说财政部对抗日战争时各公债将一概还本付息,而对抗日战争前公债,则另定办法,于是投机抬价更烈。④ 面对此种地下证券交易,国民政府既禁止不住,又取缔不了,转而采取重新设立证券交易所的政策,企图运用证券市场,以控制金融活动,抑制通货膨胀和刺激经济的振兴。这样,上海的证券市场又出现一个新的局面。

1946年3月国民党六届二中全会通过开征交易税及交易所税,此后,请求恢复证券交易所之声浪逐渐高涨。上海市证券同业公会也因此组织成立,申请恢复正当营业,以谋求上海市证券业的正当发展。4月25日财政部长俞鸿钧来沪,视察财政部所属各单位工作,并调查各交易所情形,与金融界商讨证券交易所复业办法。26日上午接见沪市各报记者,声称,目前经济最主要的课题为如何引导游资,使之纳入生产途径。此次来沪听取各方面意见,对交易所之复业问题,将慎重洽商。相信各交易所之复业,指日可待。⑤ 经过考察后,指令上海证券交易所旧理监会,整理内部为复业作准备。

1946年5月,国民政府行政院发出积极筹组上海证券交易所的"训令",6月财经两部决定筹建上海证券交易所,聘请杜月笙、王志莘、徐寄顾、钱永铭等9人为上海证券交易所筹备委员会委员,并指定杜月笙为主任委员,王志莘为副主任委员。6月4日,首次召开委员会会议,决定分设"规定及审查经纪人资格"、"规定上市证券标准,并审定上市证券"、"厘订有关证券交易各项章则"、"筹备证券

---

① 魏友非:《论证券交易所复业》,《财政评论》第14卷第5期(1946年5月)。

② 《一周市况》,《金融周报》第14卷第13期(1946年3月27日)。

③ 《股市回顾》,《证券市场》第1卷第5、6期合刊(1947年1月31日)。

④ 《战前公债处理办法》,《财政评论》第14卷第4期(1946年4月)。

⑤ 《沪市证券交易所之复业问题》,《金融周报》第14卷第18期(1946年5月1日)。

交易所复业一切有关事项"四个小组委员会。① 重组后的上海证券交易所,仍采用股份有限公司组织,资本额为法币 10 亿元,由前上海华商证券交易所原有股东合认 60%,其余 40% 由中国银行、中国农民银行、交通银行、中央信托局及邮政储金汇业局等五行局分认。经过三个月的筹备,上海证券交易所于 9 月 9 日成立,16 日正式开拍营业。

国民政府决定恢复开办证券市场的目的何在呢? 行政院长宋子文的报告中说:"政府稳定金融、扶植生产之另一方案为开办证券市场。盖商品市场与证券市场为通货两大宣泄之处,为压抑物价之高涨、通货之流于商品市场之闸,加以遏闭,则必导之于证券市场而可发生其应发生之功效。今后之经济建设各种企业组织,应采取进一步资本集合,而证券市场之设立,对于工业之发展,可提供资本之来源,而同时为产业界与金融界建造一互相沟通之桥梁。现上海证券交易所业已成立,将来天津、汉口、青岛各地证券交易所设立后,必可导游资纳入生产之正轨。"② 从中可见,政府开办证券市场的首要目的在于防止通货膨胀,疏导游资;其次才是为工业发展提供资本来源,建立产业界与金融界相互沟通的桥梁。

上海证券交易所最高权力机构为股东会,并依法组织理事会与评议会。该所理事长,杜镛;常务理事徐寄庼、王志莘、徐维明、庄叔豪、瞿季刚、郑筱舟;理事顾善昌、杨荫溥、李馥荪、钱新之、陈光甫等 14 人;候补理事付沐波等 4 人;常驻监察赵棣华;监察人孙祖瑞、顾克民等 6 人;候补监察张秉三等 3 人;理事会秘书,陈绩孙。该所重要职员:常务理事兼代总经理:王志莘;协理:杨荫溥、顾善昌;秘书室主任秘书:华文煜,秘书:薛福田;业务处兼经理:杨荫溥;财务处兼经理:顾善昌;事务处经理:陈积孙。③

由以上我们可以看到,新的证券交易所表面上官方股东仅占 44%,但就重要人选观察,官方有关的人物,占理监事及高级行政职员的多数,即新的证券交易所,脱离不了官方的支配,并非一个真正的自由市场,就其性质来说是一个官商合办的证券交易所。

然而,新的证券交易所开市后到 1946 年 12 月中旬,却经历了两个多月的步跌局面,证交正式开拍一周(9 月 16～21 日)来,每日开高收低,迂回下趋,成交

① 杜镛:《上海证券市场筹备经过与前瞻》,见上海档案馆编《旧上海的证券交易所》,上海:上海古籍出版社 1992 年版,第 211～222 页。

② 中国第二历史档案馆编:《中华民国档案资料汇编》第五辑第三编财政经济(一),南京:江苏古籍出版社 2000 年版,第 184 页。

③ 《上海证券交易所复业前后》,《财政评论》第 15 卷第 4 期(1946 年 10 月),上海证券交易所编《上海证券交易所概述》,1946 年 9 月 9 日开幕纪念(再版)。

额周一最少,为 400 万股,周四最多,为 725.65 万股。热门股永纱、美亚、信和、新光等涨落有限。冷门股幅度不一,大中华火柴跌最巨。[①] 从 9 月 24 日逆转狂涨,到 10 月 4 日达到最高价,之后盘旋四五日,即转下跌。此后,股价不断下跌,10 月 28 日～11 月 2 日的一周为开市以来下跌大的一周,其中永纱劲跌 107 元,美亚劲跌 880 元。[②] 此后,虽然 11 月 14 日起开拍每星期交割一次的“递延交易”,也未能提起投机家的兴趣,市价非但不因此上涨,反而给空头集团一个抛空的好机会,下跌更凶。有时递延交割股中,竟有一二种未有做开,市场景象凄惨。而经纪人收入佣金不够维持开支;少数经纪人将牌子出顶或自动退出,据统计,经纪人因不能维持而向交易所自动申请退出者,截止 11 月 20 日有 10 家,其中 9 家为个人经纪人,1 家为法人经纪人。还有 1 家因将经纪人牌号出租而被罚出场。[③] 到 12 月 10 日,永纱现货收盘价只有 9 月 16 日收盘价 62%,信和是 56%,新光是 44%,景福是 36%,美亚是 35%,勤兴只有 29%;几种热门股如此,其他就可想而知了;最使人怵目惊心的是新亚药厂,还不及 17%,整整跌去 83%。到 12 月 14 日,总计这三个月来最后一星期行市的几何平均数,能够站稳九成的,除了华丰搪瓷以外,只有几乎无人问津的中国丝业和荣丰纱厂两家;能够维持八成的只有大通纱厂一家,永纱跌进七成,其他站在六成上下的有五家,维持半价的有两家,跌到三四成之间的竟有七家之多,新亚药厂只有二成多些。[④] 股市的急剧低落,主要由以下几方面原因造成:

第一,最根本的原因在于企业本身的困难。因为股票是工商企业发行的股权凭证,股票的涨落,代表工商业景气的消长,而抗日战争胜利后我国经济百孔千疮,战火弥漫,运输困难,原料缺乏,农村凋敝,购买力薄弱,同时高工资高利贷的压迫,使工商企业透不过气来。在此情形下,代表公司资质的股票,怎能离开企业本身而独自繁荣? 就以 20 家上市公司来说,能够立足苟安的已是不易,能够获利扩展的更为少见。像新亚药厂,据说负债达 38 亿,每月拆息负担在 5 亿以上,再加上外药竞争,每月销售所得还抵不上拆息,其股票市价下跌则属必然。但当时经营效益好的公司股票市价也在下跌,如永安纱厂和美亚织绸,营业好,获利多,代表公司资产净值的股票本应上涨,然而也处于下跌状况,以美亚而论,股本 400 万股,每股票面 10 元,就其沪港两厂资产净值估计,每股所摊至少在

① 《一周市况》,《金融周报》第 15 卷第 13 期(1946 年 9 月 25 日)。

② 《实况分析》,《证券市场》第 1 卷第 1 期(1946 年 11 月 15 日)。

③ 杨德惠:《现阶段上海证券市场》,《商业月报》第 22 卷第 7 号(1946 年 11 月)。

④ 子枫:《三个月来的证券市场》,《中国建设》第 3 卷第 5 期(1947 年 2 月 1 日)。

3 000元以上,但股价居然跌到1 300元。这种公司赚钱、股票反而跌价的原因,可以从股票收益率与市面利率的比较上来解释,因为各公司股值未调整,分红派息均以十年前的票面价值为标准,假定1946年美亚公司派股息五角,每股十元可得五元;但投资者如果依市价还原,即使每股跌到一千,千分之五的收益率跟当时月息一角半的利息率一比,还是瞠乎其后。既然买股票不如放拆息,真正的投资者都会卖出股票来放拆息,市价当然下跌。[①]

第二,政府控制投机、抑制通货政策的影响。1945年的通货膨胀还不是太严重,政府推出了控制黄金棉纱的政策,使1945年2月到10月黄金价格始终盘旋于200万大关,把整个的投机市场,稳定下来,中央银行不断地随时抛售黄金,仅11月11~16日一周,抛售黄金计828条,值20亿元。[②] 黄金政策,使投机者无法施展伎俩。股票的涨落,一向跟着黄金走,金价的平定,使股票价格也静如止水了。

第三,高利贷的盘剥。抗日战争末期,黑市利率高到五六角的野盘,还有人拖进去做交易,照样几个翻身,扬眉吐气,因为当时的股票直线飞涨,做股票的利润,远过于黑市的利率,欠债愈多赚钱愈多。而抗日战争胜利后,上海证券交易所开市后,股票止涨转跌,黑市利率还在二角以外,假使吃进头寸,从事交易的话,即使不亏于股价,而利率一项,已有不胜赔累之苦。正因为这个缘故,引起黑市空头的活跃,放空还可以贴进利息,例如当时放出纱厂股票1万股,约可贴进利息一角二分,一个月后即使市价无变化,就可坐享近百万元的利息。大家抛空,不啻投井下石,股市跌风就不堪收拾。

第四,上海游资纷纷出逃,造成资金紧缺。由于受内战和通货膨胀影响,国内工商凋零、投资无路,巨量游资纷纷逃往安全地带的美国或香港。根据1946年10月16日版的香港《远东经济评论报》(*Far Eastern Economic Review*)的估计,自日本投降后逃往美国的资金已达25 000万美元,差不多等于抗日战争前在美资金的总额,同期该报估计自1946年1月开始,由上海流向香港的资金至少有港币1 000万元,而最高的估计则达港币3 000万元。11月11日该报又估计7~10月,由上海避难香港的资金达国币100亿~300亿元,有100~150位工商界闻人到香港开业。[③] 另据估计,在1946年11月中,由沪逃港资金达国币300亿元,至12月达400亿元以上,或500亿~600亿元。至于侨汇之走漏,其

① 子枫:《三个月来的证券市场》,《中国建设》第3卷第5期(1947年2月1日)。

② 《市况分析》,《证券市场》第1卷第2期(1946年11月30日)。

③ 子枫:《三个月来的证券市场》,《中国建设》第3卷第5期(1947年2月1日)。

数更是无法统计。① 上海若干大公司还决定将其经营重心由上海移至香港,约有160余家公司,向香港政府登记,以取得其股票在香港买卖之地位。此160余家公司,均属英美瑞士等国公司,过去在上海已向英国领事馆依照英国公司法登记,现既已获得香港政府之许可,则此后随时均可参加香港股票市场。②

第五,股市人心向淡。依据市场一般习惯,越涨越有人买,越跌越没人要,股票自然也脱不了这个例子。在大户方面是按兵不动,投机市场中,当时围绕股市四周的气氛,恶劣异常,政府的经济政策未确立,工商企业处于风雨飘摇之中,"皮之不存,毛将焉附"。上海在复杂情形之下,新兴企业绝无仅有,大批资金逃避香港,还有一批过去办企业的人们,为了避免某种麻烦,也远走高飞,上海少了这批活动分子,市场也失去了重心。散户方面,高价套牢的,不在少数,有的忍痛交割,有的硬挺拆息,捏在手里,他们怀着"少亏"的心理,逢高即吐售,买户则在愈小愈不敢买的原则下,大家裹足不前,这样,老多头的急图脱售,而新多头的徘徊观望,股市无法振作。③

然而,自1946年12月中旬开始,股市受黄金涨风的刺激反转上升,特别是年终将届,高利贷者纷纷转移资金进入投机市场及货物市场,呆滞已久的物价跟着美钞上涨,工商农在年底受物价上涨一倍左右的实惠,都安度抗日战争胜利后的第一个"年关",不景气对股票市价的压力顿时大减。高利贷者辛苦"经营"一年,放债的实益还是赶不上囤货和藏金钞,在如此局势中,股票跟随物价高涨。④

1947年2月16日国防最高委员会通过《经济紧急措施方案》,其中规定,国营生产事业将分别缓急,以发行股票方式公开出卖或售与民营。政府进而又颁布《取缔黄金投机买卖办法》《禁止外国币券流通办法》,被迫放弃黄金政策。受政府这一系列政策的刺激,一则由于黄金美钞市场被封闭,再则由于商品囤积被查禁,一时游资别无出路,群趋股票市场,形成股票成交骤增,价格飞涨的变局。上海的游资在1947年又有逆流趋向,多数行庄的头寸还是多单,有拆不出的苦闷。同时紧急方案,不但没有干预股市之处,相反,国营生产事业以发行股票方式改归民营之计划意味着将来的股市,必将轰轰烈烈。况且政府为将来股票发行便利,也不愿过分压低股价。此外,因受通货膨胀的影响,企业中生产设备的价格值普遍上涨。为平衡企业固定资产价值与币值,政府公布了工矿运输事业

---

① 《资金逃避与侨汇走漏》,《证券市场》第1卷第5、6期(1947年1月31日)。

② 《股票市场重心由沪移港》,《经济通讯》第45期(1946年11月30日)。

③ 以上原因系根据洪文里:《金融波动前后的股市》一文总结而成,《商业月报》第23卷第2号(1947年2月)。

④ 竹云龙:《上海证券市场》,《经济评论》第1卷第8期(1947年5月24日)。

的固定资产调整资本办法,各厂资产在 1947 年度内即将重行估价,实行增资,这是对工商有利的因素,也是对证券市场有利的经济措施,所以有人喊出 1947 年是"增资年"、"股票年"等口号。

与此同时,上海证券交易所于 2 月 10 日起又增订新期货交易办法一种,俗称"蓝牌交易",每星期一至六的交易,次星期二交割。以前"红牌"递交,每星期四至次星期三交易,星期五交割。如果红蓝牌互相掉期,可以永不交割,投机家利用这个机会,大做期货,股票筹码益形短缺。①

在这种种利好消息的刺激下,股市人心颇为活跃,2 月 17 日开盘即见高潮,永安纱厂自 1 720 元几叩 2 000 元大关,现期永安纱厂、华丰搪瓷、中国内衣、勤兴衫袜、美亚织绸、中国水泥、永安公司、商务印书馆等倾即涨停。2 月 20 日,永安纱厂涨至 2 485 元,2 月 21 日前市涨至 2 730 元,2 月 22 日回降 2 280 元,最高价曾见 2 900 元以上。自经济紧急措施公布后的一周,股市可谓涨势空前,永安纱厂高低相差 1 千余元。其他各股,亦复如此。成交数量亦增,每日成交在三、四千万股以上。② 3 月 5 日,证券市场又发生剧烈波动,永安纱厂股票疯狂上涨,最高达 3 030 元,即便是到场监视的经济侦查组成员与警察局派出的军警,也未能控制住市场的混乱。对此,中央银行总裁张嘉璈表示:央行正积极研究对策,引导游资纳入正轨。③

到 1947 年 3 月下旬,政府公布发行三十六年美金公债一亿元及三十六年美金短期库券三亿元后,股票市场因此后游资将有一部分为公债库券所吸收而下跌。公债也因涨势过猛,同见回落。④ 4 月 5 日,政府以杜绝投机,稳定物价为由,宣布从即日起停止证券递延交割业务,这一政策更使证券市场雪上加霜,当日,上海证券市场掀起全面跌风,上市股票跌停板的有永安纱厂、中国丝业、勤兴衫袜、大中华火柴、闸北水电、新光内衣、景纶衫袜、中法药房、永安公司、国货公司、商务印书馆、信和纱厂等 12 家,迫使证券交易所不得不宣布于当日后市起停止一切新交易。⑤

1947 年 5 月 16 日财经两部颁布经纪人保证金改缴美债后,再次引起了经纪人罢市一天的"证金风波",扭转了股市发展的方向,标志其从繁荣转入萧条,使得 1947 年下半年的整个股市,陷于沉闷局势中,尤其从 7 月上旬～11 月中

---

① 竹云龙:《上海证券市场》,《经济评论》第 1 卷第 8 期(1947 年 5 月 24 日)。

② 《市况分析》,《证券市场》第 1 卷第 8 期(1947 年 2 月 28 日)。

③ 《压平证券市场混乱,央行积极研究对策》,《中央日报》1947 年 3 月 6 日。

④ 《一周市况》,《金融周报》第 16 卷第 14 期(1947 年 4 月 2 日)。

⑤ 《停止证券递延交割业务,沪证券市场起变化》,《中央日报》1948 年 4 月 6 日。

旬,以永安纱厂而言,四个月中,所有上涨不及50%,美亚更惨,在8、9、10三个月中,反见下跌,到11月上旬,所涨仅3.75%,其他如信和纱厂、新光内衣、景福衫袜,情形均属相同。至11月下旬起,股市方有转机,至12月28日止,大都涨起一倍及一倍以上,但同上半年的升势相比,仍是望尘莫及。①

根据上海市证券交易所发布的1947年华股成交数字,全年成交股数为现期445亿9 267万8千股,递交397亿3 384万2千股,两共843亿2 652万股。成交金额现期为123 655亿零200万元,递交214 220亿8 900万元,两共337 861亿9 100万元。交割金额现期为45 227亿9 700万元,递交28 633亿7 100万元,两共73 861亿6 800万元,内转账金额现期31 049亿4 200万元,递交45 438亿4 700万元,两共76 487亿8 900万元,各月之消长,以一月份最少,十二月份最多。成交股额,一年内现期所增近100倍,乃各公司纷纷增资,股额化小,筹码增加所致。成交金额则平均在20倍左右。②

进入1948年后,上海证券市场遭受一系列的打击,处于动荡飘摇之中,1月,国民政府财经两部令上海证券交易所个人经纪人增资由原来的5 000万元资本增至5亿元,经纪人身份保证金从原来的5 000万元增至2亿元。4月发布取缔"递延交割"令,致使18种股票股价惨跌,5月,又令上海证券交易所开拍"三十七年短期国库券",但成交稀少。8月以后,受政府将公布经济改革措施影响,人心见戒,证券市场一直处于动荡之中,8月19日,因行政院讨论改革经济方案,并传证券交易所将停市,浮多纷斩,各帮抛空,永安纱厂、美亚织绸、信和纱厂等5种跌停。8月20日因改革币制,上海证券交易所奉令停市。③

1949年2月21日,国民政府财政部、工商部下令上海证券交易所正式复业。复业后的上海证券市场,除原有的民营股票与政府短期库券外,新增黄金短期公债与国营事业股票两项业务。除政府债券可酌做一天期货外,其余均以现货交易为限。由于国民党军队在战场上的节节败退,资金外逃日益严重,证券交易平淡,到5月5日不得不宣告停业,此后,再也未能复业。随着上海的解放,6月10日,上海证券交易所大楼被查封,从而结束了近代上海华商证券市场的历史。

与政府公债市场不同的是,股票是企业、公司发行的股权证,一经发出即无收回,因此,一般情况下,影响股票市场盛衰涨跌的因素除自然灾害、政局变动等

---

① 汤心仪:《一年来上海华股之回顾》,《商业月报》第24卷第2号(1948年2月)。
② 《一月金融动态·证券》,《钱业月报》第19卷第2号(1948年2月)。
③ 《金融及商品市况(八月份)·华股》,《商业月报》第24卷第7、8、9号合刊(1948年9月)。

系统性风险与公债市场相同外,最根本的内因应该是企业的基本面——即经营业绩的好坏,股票市价的高低,取决于企业股息红利之多少,股息红利合计数与票面额的比例,相应于市场利率对股票市价的比例,这与土地价格受地租的多少而决定其高低有同样的意义。

然而,近代上海华商证券市场的股票市价,完全脱离前述标准的影响,受物价、银根、时局动态等等的支配,往往由于物价的狂涨,致使股票超出票面额千百倍。买卖股票的人们很少能知道发行股票公司的营业内幕和财务实况,他们所考虑的,不过是某一消息或事件是否会影响到股票的本身价值(而非其收益能力),因而引起行市的变动,这种胡乱的猜测,当然和股票的真实投资价值相差极远。

从根本上说,股票市场的作用主要集中在两方面:一是便利产业资本家取得长期资本,使一般产业得以顺利发展;另一方面便是促进社会投资,使一般投资者得以稳妥而有利的处置他们的游资。所以,股票市场的主要功能乃在于如何使社会储蓄转化为产业资本。

纵观近代上海华商股票市场的历史进程,我们可以发现,1937 年抗日战争全面爆发以前,股票交易并不发达,其原因在于,与政府公债相比,企业股票的获利能力大打折扣,近代以来,中国政治不良,国家多难,往往成绩优良的公司,也会骤因时局变迁,横遭摧残,间接使投资人,蒙受意外损失,故政局不稳定,企业获利能力无保障,企业股票的风险增大,而使投资人渐具戒心,裹足不前。而且投资于工商业,金融业还必须事先调查其事业内容之虚实,事后又须考究其资金运用之盈亏,手续纷繁,稍一不慎,即时有倒闭或拖欠之虞,更何况中小散户投资者。因此,投资股票不如投资于公债,只要基金有着,即为稳妥,巨额投资,成于立谈之间,只须举手之劳,又可随时脱售,调回资金,十分便利。

不仅如此,就整体而言,当时股票本身还存在严重缺憾:

首先是绝大多数发行股票的公司不愿其股票流通于市。他们认为股票流通会引起社会人士对公司内容的注意,势必将公司一切秘密公开;而股票流通后,其价格变动很大,对于公司人事上将增加麻烦,董事、监事地位容易动摇;若公司营业发达,股票流通后,利益易为外人侵夺,而股票市价涨落不定,影响公司对外信誉。因此,当抗日战争前华商证券交易所准备开拍股票而向 150 家公司发出通函,征求开拍股票行市意见时,结果仅 24 家表示愿意。[①]

其次,股份公司的资产负债表缺乏准确性。由于我国的商业习惯,对于营业

---

① 吴毅堂编:《中国股票年鉴》,1947 年 1 月初版,第 4 页。

实况很少公开，因此，即使有数字发表，不是以多报少，就是以少报多，一般资金股实企业、公司，每不愿夸张，与此相反，一般内容空虚者，则将存货做过高盘存，表示虚伪盈余，以取悦股东，或用以博得债权者信任。故投资者无法从公司的资产负债表与损益计算书中，分析公司盈虚，窥其真相，这不仅是企业投资的障碍，也是股票买卖长期不发达的因素之一。

第三，股票交易时，过户手续麻烦与股票筹码呆滞。各公司股票过户，各有定章，杂乱不一，使投资者产生憎厌心理，成为发展股票的阻力，而当时的股份公司组织，资本多则数百万，少则数十万，在千万元以上的公司寥寥可数，而每股票面金额则通常为 100 元，一方面是股票筹码的缺乏，另一方面则是票面金额的巨大，于是筹码周转不便，使交易无从展开。

在这种情况下，银钱业对于股票抵押与投资业务不予扶植，除因私人情感关系，偶有破例外，一般拒不接受，股票交易自然难以活跃。于是，抗日战争以前的近代上海华商证券市场几乎为单纯的政府公债市场，同工商业经济的发展并没有直接的联系，与此相反，当华商证券市场繁荣时，正是工商业经济全面萧条之时。在农村经济日益衰颓，现银集中都市，商情衰落，各业无望之际，政府公债既有可靠担保，又有优厚收益，自然为银钱业和投资者所欢迎，于是公债市场呈现欣欣向荣境况。

抗日战争爆发后，虽然华商股票交易逐渐恢复、发展、兴盛起来，然而却并未完成使产业界获得所需资金，投资者达到投资目的的任务。因为投资者希望市场稳定，以其储蓄通过证券市场而投资于工商业，达到收取稳妥可靠的股息红利的目的。可是证券市场这一基本性能，已被当时的通货膨胀、物价狂涨与经济的过渡波动所破坏。再加上股市的狂涨狂跌，使正当投资者不敢问津。当时的华商股票市场确实较过去更为繁荣，但并不能证明其已完成了资本市场的作用。因为当时没有人为了股息红利而购买股票，产业界也很少为了生产资金，而求灵于股市。产业界宁肯向金融市场拆款而不会通过股市筹资，负担较高的套息。更不会以这样高的套息运用资金，去从事艰困的生产。因为物价上涨既不及股价上涨之速，套息又高于暗息，则产业界以套息运用的生产资金，使资本边际效率（或利润）远低于所负担的利率，产业界是不愿做这种赔钱生产的。生产不及囤积物资，囤积物资又不及储存股票。所以我们可以大概地说，上海的华商股票市场已丧失了资本市场的性质，同时也没法最终完成其吸收游资增加生产的使命。当时的股市笼罩在投机的气氛里，成为投机家的乐园之一。

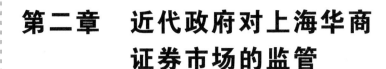

第二章　近代政府对上海华商证券市场的监管

证券市场功能的发挥有赖于一个完善而有效的市场,然而,与理想中的市场状态相悖,现实中的市场,包括证券市场,存在着大量最终导致资源配置低效率的市场失灵问题,从而使市场功能不能得以有效发挥。这些市场本身无法克服的局限性使市场不可能实现帕累托最优,这就为证券市场中政府的介入提供了理论依据,在那些市场机制无法施展调节作用的领域里,只有通过政府的干预、管制和公共选择,才能保障市场良好运行,优化资源配置,从而促进经济的发展与繁荣。①

证券市场是一个自发的、自下而上的发展过程。也就是说,作为证券市场的筹资者和投资者,他们最先意识到各自对证券市场的需要,从而逐步建立起证券市场。当证券市场发展到一定阶段后,出现了一些仅仅依靠市场本身的力量无法改变的无序状态,这时政府开始介入市场,制订相应的法律、法规,成立监管机构对整个市场实施监督和管理,实现对证券市场的统一管理,从而形成政府对证券市场的监管。也就是说,一个国家的证券立法是在证券市场发展到一定阶段的基础上产生的,它的产生既是证券市场发展的结果,又是证券市场发展的要求。由于在近代中国始终没有形成全国统一的证券市场,而上海的证券市场又是最为典型与完整的,是近代中国证券市场的代表,因此,近代中国的证券立法与管理不仅面向全国,更多的是针对上海华商证券市场情况而制定的。本章将对近代中国的证券立法情况以及旧中国各级政府对上海华商证券市场的管理作专门论述。

---

① 洪伟力:《证券监管:理论与实践》,上海:上海财经大学出版社2000年版,第28、31页。

第一节　近代中国的证券立法

证券法是股份制经济、证券市场领域的根本大法。证券法的诞生和施行,对于证券市场体系的形成与证券市场的稳定、健康发展和繁荣具有重大而深远的历史意义。

通常情况下,证券立法可以分为三类,一是以专门立法为主,二是以自律规则为主,三是以商法为基础。证券立法与其他立法一样,因社会、经济、历史和法律的传统不同,其立法的繁简不一、内容各异。同时由于不同时期政府对证券市场的认识不同,证券市场的发育程度不同,以及政府管理经济的手段不同,也使不同时期的证券立法存在差异。纵观近代中国的证券立法,大体上属于以专门立法为主的证券立法体系,即制定有专门的证券基本法律法规,并以此为基础,制定一些单行的证券法规,这些证券基本法和单行法规在整个近代中国证券法律体系中居于主导地位,是调整和管理证券市场的主要法律。而近代中国的证券立法大致经历了北京政府统治时期的初步确立和国民政府统治时期的最终形成两个阶段。

一、北京政府时期的证券立法

北京政府时期(1912～1927年),是近代中国证券法律法规的建立时期,主要以1914年北京政府农商部颁行的《证券交易所法》以及次年颁布的《证券交易所法施行细则》与《证券交易所法附属规则》,1921年颁布的《证券交易所课税条例》为基本的法律法规。

尽管近代中国华商股票及其交易产生于19世纪70～80年代,并有一定程度的发展,但最初这些股份制公司的建立及其股票的发行,不过是模仿西方,并无法律可据,在晚清时期,政府还没有对证券市场进行专门立法,仅在1904年颁布的钦定《公司律》中有少许关于股票发行的规定,而对证券交易,政府方面并未制定管理措施。然而,中国证券市场从产生以来,即经历了两次大的股票风潮的冲击,第一次是1883年,刚刚兴起才10年的华商股票市场由于矿务局股票的投机泡沫而受到重创;第二次是1910年,在众业公所经营的外商股票,也因橡皮股票的投机而发生风潮。两次股票风潮的发生使中国人感受到了证券市场的高风险。

进入民国以后,随着民族资本主义的进一步发展,股份制企业逐渐增多,规范证券市场的必要性日渐突出,证券立法提上了议事日程。在此背景下,1914年,江苏南通著名实业家、时任北京政府农商总长的张謇,从他的"国非富不强,富非实业不张"的"实业救国论"出发,推动农商部拟定了《证券交易所法》(八章35条),并于1914年12月29日公布实施。这是近代中国第一个关于证券交易的法规,它以日本明治二十六年《改正取引所法》为蓝本。[①]其主要内容为:(1)证券交易所设于商业繁盛之地,每一地方只能设一所,其区划由农商部会同财政部确定,证券交易所的组织形式为股份有限公司,其设立要经农商部核准,并由农商部咨行财政部备案,设立时应向国库缴纳营业保证金,证券交易所仅限于本所经纪人参加买卖。(2)证券交易分为现货与期货两种,证券交易所对因买卖违约所发生之损害应负赔偿责任,令买卖双方各缴证据金及追加证据金,对于不履行买卖契约者,可以其证据金、追加证据金及保证金充损害之赔偿,但不得经营场外交易。(3)不具有中国国籍的外国人不得为证券交易所的经纪人和职员,并对经纪人与职员的资格做了具体而详细的规定:妇女;受破产宣告,债务尚未还清者;受禁治产及准禁治产之宣告者;受证券交易所除名处分者;受刑律处分,满期或赦免后未及一年者,均不得为证券交易所经纪人或职员。(4)由农商部具体行使对证券交易所及经纪人与职员的监督权与有关违法处罚权,当证券交易所的行为违背法令或妨害公益,或扰乱公安时,农商部可给下列处分:解散证券交易所;停止或禁止证券交易所全部或部分营业。必要时,农商部可派临时视察员检查证券交易所与经纪人之业务、账簿、财产或其他物件;可令证券交易所改定章程。证券交易所于营业期间内因故解散,须禀报农商部,并由农商部咨行财政部备案。若经纪人或职员违反规定从事证券场内交易或场外交易时,处以罚金20元以上,500元以下;凡伪造市价或扰乱市价者,处以罚金100元以上,1 000元以下。[②]

为进一步贯彻实施,1915年5月5日又有《证券交易所法施行细则》26条及附属规则13条的公布。首先,对证券交易所建立的具体条件与必备手续,申请注册程序做了明确规定:由发起人将所需文件连同证券交易所章程,报经所在地地方官署转达农商部核准,暂行立案;经农商部批准立案后,除由发起人认足股本总额外,应依公司条例招集股本;股本认足后,由职员联名申请,连同各款文

①《日本取引所调查录》(一),《银行周报》第2卷第39号(总第70号)(1918年10月8日)。

② 其内容详见上海市档案馆编:《旧上海的证券交易所》,上海:上海古籍出版社1992年版,第274~281页。

件由主管地方官署转达农商部正式批准设立,给予执照;证券交易所自批准设立后满一年尚未开业时,其设立之批准无效。其次,规定了经纪人申请程序:经纪人填具志愿书和商事履历书,由证券交易所加具意见转禀农商部核准注册,将经纪人营业执照发给交易所,当交易所收纳经纪人保证金后,即行转给各经纪人。经纪人废业时,应禀报农商部并缴还执照。在附属规则中还对证券交易所的股本、营业保证金、经手费的收取、经纪人保证金的缴纳、定期与现期买卖方法等具体问题进行了规定。①

1921 年 3 月 10 日,北京政府进一步颁布了《证券交易所课税条例》4 条,规定交易所税的缴纳比例为证券交易所每次结账后的纯利之 3%,缴纳方式由地方实业厅征解,农商部核明后转报财政部国库列收,未设实业厅的地方由农商部委托相当官署征解。②

在证券的发行方面,北京政府对于公债发行的法规主要集中在两个方面:一为各项公债之单行法规;二为一般公债之通行法规。前者体现在历届政府所制定的公债条例中,而后者如内国公债经理规则、内国公债经售及承购人员奖励规则、内国公债付息施行通则、国债预约券规则等。对于公债的经理规则,1914 年,当三年公债发行之际,财政部曾会商公债局,拟定了《民国三年内国公债经理规则》15 条,于当年 11 月 21 日获准由财政部通行遵照。到第二年,发行四年公债时,在前项规则的基础上加以修改,定名为《内国公债经理规则》,1915 年 5 月 28 日经大总统批准执行。此后,所发各项公债即据此以为准则。③

1922 年,随着内国公债的大量发行,北京政府审计院对过去主要适用于外债的审计法规进行修订,专门拟定了《审查国债支出规则》,呈请大总统公布施行。规定:政府募集公债不论内外债、国库证券还是各种借款均应由主管部门将发行规则或借款合同等文件报告审计院审查,当审计院稽核国债支出之发款命令及请款凭单时,如有疑义,或认为不正当,可送回主管部要求其答复,对其答复仍不满意,可拒绝签字。若主管长官不服,可由财政部长及主管长官负完全责任,同时仍将国务会议决之事由,抄送审计院查核。审计院将拒绝签字理由写入审计报告书内,以备国会议决。④

---

① 其内容详见上海市档案馆编《旧中国的股份制(1866~1949 年)》,北京:中国档案出版社 1996 年版,第 149~154 页。
② 其内容详见上海市档案馆编《旧中国的股份制(1866~1949 年)》,北京:中国档案出版社 1996 年版,第 154~155 页。
③ 徐沧水编:《内国公债史》,上海:商务印书馆 1923 年版,第 3 页。
④ 《审计院修订审查国债支出规定之呈文》,《银行周报》第 6 卷第 15 号(1922 年 4 月 25 日)。

　　股票的发行,主要依据 1914 年 1 月 13 日颁布的《公司条例》,具体的发行规定是:首先,股份的认募是股份有限公司成立的前提条件,发起人必须认足股份,不属于发起人自认之股份,应于公司成立前,招募足额。认股者必须照所认股数缴纳股银,各股票发行之定价,不得少于票面银数,首次当缴股银,不得少于票面 1/4。股份总数招足后,发起人应速召集创立会。其次,规定股份公司之资本,按股计算,每股银数,一律平均,至少以 50 元为限,但一次全缴者,可以 20 元为一股,公司可依章程发行优先股,股银应缴现款,不得向公司以别种债权作抵。公司非设立注册后,不得发行股票。股票有平价发行与溢价发行两种,而股份分记名式与无记名式两种。①

　　通观北京政府时期的证券立法,不难看出,当《证券交易所法》及其施行细则颁布之时,中国的证券市场还处于发展的初期阶段,即使在上海这种经济相对发达的地区,也仅有西商众业公所这样的外商证券交易所,还没有华商自己建立的证券交易所,而由华商股票捐客所建立的上海股票商业公会也仅于 1914 年刚刚成立,因此,在缺乏本国证券市场实践经验积累的情况下,所颁布的《证券交易所法》是极不完善的,仅仅局限在对证券交易所的建立及对市场交易的监督管理的责任和处罚等规定上,所涉及的主要是证券二级交易市场,条例内容不仅十分简单,而且也不够公正,如明确规定妇女不能作为经纪人或交易所职员,表现出浓厚的歧视妇女的封建色彩。证券交易是商品经济发展的产物,商品经济要求自由、公平、公正的竞争,而在一个规范证券市场运作的法规中还出现这样的封建教条,这不仅说明这个法规的制订者有着浓厚的封建观念,也充分说明当时中国的证券市场与中国的资本主义股份制经济发展的要求是不相适应的。这一时期的证券立法还反映出立法者本身缺乏对证券、证券市场和证券交易所的规范运作的深入认识,如在政府监管上,仅将监管权交给农商部,至于如何监管则只有几条大的原则,缺乏如何执行、实施的细则,对违法行为的制裁也不严厉,仅局限在撤销证券交易所注册、取消经纪人或职员资格、强制要求证券交易所改组或修改规则以及罚款等行政处罚方面,并没有相应的刑事责任规定。同时在《证券交易所法》中,没有明确规定证券自律管理组织的法律地位、权力与职责,以及自律组织的行为规范。特别是对证券商协会、经纪人公会等同业组织也没有制定相应的管理规范,致使这些同业公会的职责与权限都不明确。这些问题充分表明,初期制定的证券法规存在着市场操作性不强和市场定位弱的缺陷,它需要在证

---

① 上海市档案馆编:《旧中国的股份制(1866～1949 年)》,北京:中国档案出版社 1996 年版,第124～130页。

券市场的实际运作中得到检验,更需要以市场运作过程中所形成的习惯和规范来补充、完善与修正。

至于证券的发行,因为政府公债是北京政府财政的一部分,有关政府公债发行的法律较之于股票发行相对完善;而公司股票发行与上市的法律规范则非常薄弱,《公司条例》仅对股份有限公司发起成立时的发行股票作了有关认股、募股等若干环节的说明,既没有要求公司在发行股票时进行公开的信息披露,也没有对股票发行必备程序做出具体系统的规范。

然而,《证券交易所法》及其施行细则的颁布,毕竟开了中国证券立法的先河,推动了中国证券交易的发展,当时是在国内华商证券市场尚未形成的背景下,在既无可依据的充分事实又无可凭借的经验状况中,开始了证券立法的尝试,应当说这是可贵的探索,它奠定了后来证券立法的雏形,积累了有益的经验。此后,根据《证券交易所法》的规定,近代中国第一批证券交易所相继诞生,它们是北京证券交易所(1918 年),上海证券物品交易所(1920 年 7 月)、上海华商证券交易所(1920 年 5 月建立,1921 年 1 月正式营业),它们的建立标志着中国近代华商证券市场进入交易所时代,中国近代华商证券市场的正式建立。

二、南京国民政府建立后的证券立法

1927～1949 年,南京国民政府针对证券交易中存在的问题和矛盾以及旧有立法体制中的缺陷进行了补充和完善,最终形成了近代中国的证券法制体系。这一时期的突出成果是 1929 年国民政府工商部颁行的《交易所法》及其施行细则和 1935 年国民政府实业部颁行的《修正交易所法》、《交易所交易税条例》。

南京国民政府建立后,所面临的第一要务便是除旧布新,宣布"对于北庭法令,凡未经命令暂准适用者,当然失其效力"。上海各交易所事实上已处于无法可守之地步,在旧法废除,新法未颁之前,国民政府财政部于 1927 年 11 月 22 日核发了《交易所暂行办法》9 条,作为国民政府正式法律出台前的过渡法规。其主要内容为:(1)从前北京政府发布之证券交易所法及其施行细则与附属规则、交易所交易税条例、交易所监理官条例及其他关于交易所之法令,在未经国民政府改订公布以前,一律暂停使用。(2)对交易所的管理,原属北京农商部,现由国民政府财政部接管。(3)北京农商部颁发的执照一律作废,各交易所及其经纪人,在本办法公布后一个月内,必须遵照规定,重新呈请国民政府财政部核准给予执照,方可继续营业。(4)各交易所欠缴之税款,由国民政府财政部饬监理官核实转令补缴。(5)凡不遵守本办法之交易所,国民政府财政部应饬监理官停止其营业。[1]

此后,财政部建立金融监理局,代表政府行使管理交易所的职权,该局拟具了征收上海交易所交易税计划书、交易所暂行通则、交易所交易税条例、上海交易所税全年税额预算表、上海交易所及经纪人验照费数额预算表、假定加增上海交易所营业税全年税额预算表、上海交易所全年营业税数目预算表等一系列文件,对上海的各类交易所进行具体监管。其中,在《交易所暂行通则》中,明确规定了金融监理局的职责:(1)负责审核交易所之业务。所有业经设立之交易所及其经纪人,应于一个月内,将原领执照呈请金融监理局验明加盖关防,方可继续营业,逾期作废;交易所需将其缴存各银行之营业保证金存据呈请金融监理局验明加盖关防,但该项保证金,应否仍存原银行,金融监理局遇必要时,得呈明财政部以命令定之,其保证金内之证券部分,如有市价剧变情事,得酌令更换或加补。(2)征收交易所特税,凡交易所以前所欠税款,由金融监理局核明饬令补缴。(3)凡违反本通则规定之交易所,财政部得令金融监理局停止其营业或解散之。[2]

健全的证券法规,当然包括文字法规的完善,经过近十年华商证券市场的经验积累,到南京国民政府确立后,原有法规已经不能适应社会经济发展的需要,修改颁布新的证券交易法规已迫在眉睫。

为制定新的《交易所法》,立法院商法起草委员会,函请金融界推举代表列席讨论,发表适当意见,以备立法院编定交易所法时采择。[3] 为此,上海银钱两公会对交易所制度提出三点意见:(一)现在已成立之各交易所应请仍其旧贯,免予变更。(二)买卖同一种类物品之交易所每一区域应以设立一所为限。(三)有价证券与其余物品应以分别设立交易所为宜。[4]

最后,经过反复讨论,征求意见,国民政府工商部于 1929 年 10 月 3 日颁布了《交易所法》,1930 年 6 月 1 日正式施行。该法共 59 条,在总结北京政府时期证券、物品交易法规(1921 年 3 月 5 日,北京政府农商部颁布《物品交易所条例》48 条,对各类物品交易所的组织成立及经纪人、职员以及市场交易、监督处罚均

---

[1] 财政部财政科学研究所、中国第二历史档案馆编:《国民政府财政金融税收档案史料(1927～1937年)》,北京:中国财政经济出版社 1997 年版,第 711～712 页。

[2] 见财政部财政科学研究所、中国第二历史档案馆编:《国民政府财政金融税收档案史料(1927～1937年)》,北京:中国财政经济出版社 1997 年版,第 712～715 页。

[3] 《金融界参与讨论交易所法感言》,《钱业月报》第 9 卷第 9 号(1929 年 9 月)。

[4] 《上海银钱两公会对于立法院商法起草委员会讨论交易所法案之意见书》,《钱业月报》第 9 卷第 9 号(1929 年 9 月)。

作了相应规定。)的基础上,将北京政府时期的《证券交易所法》与《物品交易所条例》合二为一,并根据交易所建立十年的具体市场运作情况,对原有法规进行了修正。次年3月又颁布了《交易所法施行细则》作进一步的补充。[①]

纵观国民政府此次所颁布的《交易所法》及其施行细则,其中证券部分比之北京政府时期所颁布的《证券交易所法》有明显不同:

第一,强调同一物品在同一地区只准设立一个交易所,其存立时间以10年为限,满期需重新呈请工商部核准续展。如果同一地区有两个或两个以上经营同类物品的交易所,应自该法施行起三年内合并。这实际上即是针对当时上海证券物品交易所与上海华商证券交易所的具体情况而提出的有效解决方法。

第二,关于证券交易所的组织形式。1914年的《证券交易所法》明确规定"证券交易以股份有限公司组织之",1921年颁布的《物品交易所条例》则规定物品交易所以股份有限公司与同业会员两者混合组织,而1929年的《交易所法》则没有此区别,规定"交易所视地方商业情形及买卖物品种类得用股份有限公司组织或同业会员组织"。这就是说,无论是证券交易所还是物品交易所,均可视具体情况自由选择采行股份制或会员制。这一规定对于证券交易所来说,其组织形式较前有了新的发展,应该说是一个进步,更有利于证券交易的规范化。因为,交易所就其构成来说,是交易所的当局和经纪人。交易所当局和经纪人之间存在着利益的矛盾,这种利益矛盾,在"股份有限公司"制的交易所中表现得十分尖锐,而在"同业会员"制的交易所中,可以减少到最低限度,交易所可以更为严格地管理和监督经纪人和上市证券,也有利于证券交易运作的规范化。

第三,关于经纪人问题。从《证券交易所法》及《交易所法》的有关规定来看,后者的规定更为合理,更有利于社会公众参与证券交易的活动。《交易所法》中取消了带有浓厚歧视妇女的封建色彩的条文——妇女不能作为经纪人或交易所职员,而增加了"无行为能力者"(即指未满20岁的未成年人或心神丧失或耗弱的残疾人)不得为交易所之经纪人或会员。同时,规定经纪人或会员分为自然人(即个人经纪人)和法人两种。增加了中华民国法人可申请为经纪人或会员,但必须具备下列条件之一:无限公司、两合公司或股份两合公司,必须无限责任股东与执行业务之职员全体为中华民国人民,如其中有一外国人存在,该公司即不得为交易所经纪人或会员;股份有限公司,必须股份总额过半数及议决权过半数

---

① 以下内容参见,《交易所法》、《交易所法施行细则》,上海市档案馆编:《旧上海的证券交易所》,上海:上海古籍出版社1992年版,第294～300页及第301～306页;郑爱诹编辑:《交易所法释义》,上海:上海世界书局1930年版。

为中华民国人民,并其董事、监察人 2/3 以上均为中华民国人民。如中国人占股份额过半数,而议决权不及过半数,或股份额与议决权均占过半数,而议决权不及过半数,或股份额与议决权均占过半数,而董事、监察人不占 2/3,该公司亦不得为交易所经纪人或会员。而合伙组织之商号必须全体合伙员为中华民国人民,方得为交易所经纪人或会员。此外,进一步明确规定交易所职员的任期年限为三年。

第四,加大了对违法行为的打击力度。明令交易所不得买卖本所股票,这是吸取 1921 年"信交风潮"教训的结果。同时对违法处罚规定的更加具体,除保留原有的行政处罚外,还增加了违法行为的刑事制裁,即使是罚金也比原来更重,如对交易所之职员与鉴定员有收受要求或约定贿赂者,处三年以下徒刑或一万元以下罚金,并没收其非法所得。意图变动市价而散布流言,或行使诡计,或施暴行,或加胁迫者,处二年以下之徒刑,或六千元以下之罚金。有下列情形之一者,处一年以下徒刑,或三千元以下罚金:交易所职员或鉴定员约付赠与或约定贿赂者,伪造交易所公定市价而宣告者,意图公告及散布而造作记载虚伪市价之文书或散布者,未经核准注册而设立交易所者,在交易所以外照交易所之市价专计盈亏空盘买卖者。

总之,1929 年的《交易所法》是在证券交易所开办 10 年以后重新制定的,其条例同 1914 年的《证券交易所法》相比较更趋完善,许多方面都是针对证券交易实际运作中的具体问题而提出的法律解决方案,也使当时中国的证券立法更加适应市场管理的需要。

证券市场长期存在着内幕交易操纵市场的痼疾,而且常有政府官员参与其中,为此,1935 年 4 月 27 日,实业部颁《修正交易所法》,该法与 1929 年的《交易所法》相比较,其特点在于,除申明交易所管辖权的变更,由工商部改为实业部外,主要集中在对违法的处罚问题上,特别强调了对内幕交易和操纵市场的管制,加大了对证券投机操纵的打击力度。

1935 年初,国民政府立法院根据新的情况,为防止投机,对实施五年的《交易所法》提出进行重新修订。在修订前,经财政委员会与商法委员会两会议决,派委员陈剑如,史维焕,郑洪年赴上海实地调查,三委员于 3 月 1 日到沪,3 月 3 日召集各所理事长及经纪人公会负责代表召开谈话会,主要针对以下问题进行了讨论:一,证据金应否由《交易所法》明定其百分比率;二,经纪人与委托人双方之关系如何确定,是否明文规定公务员不得参与交易所交易;三,对于监理员职权是否应以法律明定;四,投机垄断交易有无防止之必要,其有效方法如何。3

月 4 日分别视察证券、面粉、杂粮、金业四所。[①] 在派员赴上海进行上述调查和征求意见后,立法院提出了修改条例,在报上公布。然而,这一修改条例,却引起上海市五交易所经纪人公会的强烈反对,主要针对修正案中所规定的经纪人受公务员委托买卖应受处罚一条联合提出反对意见,认为:处罚主体为经纪人,则此规定使经纪人代人受过,实非公平。因为经纪人在委托仓促之间,何能知甲为公务员,乙为非公务员,此条处罚,自应以公务员为主体,与经纪人无涉,这样,经纪人的营业才有保障。[②]

4 月 5 日,立法院召开院会,讨论《修正交易所法》新增条文"经纪人或会员不得受公务员之委托,为买空卖空之交易"时,也引起在场委员激烈争辩,形成反对与赞成两派。反对者认为,《交易所法》涉及公务人员,实觉不伦不类,不妨由政府以命令禁止;且公务员不能兼营业务投机事,在公务员服务规程及刑法中均有规定,自无另订条文必要,如为防止有特殊势力者,利用地位,垄断市面,即使通过此项条文,亦未必能防止;投机牟利者,不过少数,与其他公务员有何牵涉,此项条文,未免辱及全体公务员;公务员营业上并非绝对的有害无利,有时亦足维持公债行情;况且立法者目的在取缔公务员投机,结论竟罚及经纪人,未免本末倒置。因此,主张将此条文删去。赞成者则认为,沪上交易所市面完全操纵于少数特殊阶级之手,已成公开之秘密,故交易所中有"不怕投机,单怕垄断"之谚,可见市场所受影响之深,新增条文,实属对症良剂;公务员为人民表率,买空卖空,皆应取缔;过去沪上交易所市面,全由某机关包办,忌之者竟欲割断该机关电话线,本条条文极应保留;公务员兼营投机事业,目的只在贪得不义之财,致影响金融,扰乱政局均所不顾,沪上发生白银风潮及廿三关公债涨落风潮,可为例证。

最后进行表决,结果赞成者十七人,少数否决,仍照原条文通过。最后经立法院会议通过的《修正交易所法》,主要修改的内容为:第三十一条,规定买卖双方各缴本证据金,其金额与买卖登记价格之比例,物品交易不得少于 10%,但棉纱不得少于 5%;证券交易不得少于 8%;金业交易不得少于 5%。第四十一条,经纪人或会员不得受公务员委托进行买空卖空交易。第四十三条,实业部应派交易所监理员检查交易所之业务簿据、财产及其他物件以及经纪人或会员之簿据,并注意市场价格变动之原因,交易所职员、经纪人或会员对于各项检查,有提供物件、答复质问之义务,监察院应随时派员调查交易所之一切状况及主管官署所派人员执行职务情形。第四十八条,违背第三十一条者,处以应纳本证据金二

---

① 《调查沪交易业报告》,《交易所周刊》第 1 卷第 15 期(1935 年 4 月 15 日)。
② 《五交易所经纪人会电请立法院慎重审议交易所法》,《交易所周刊》第 1 卷第 14 期(1935 年 4 月 8 日)。

倍以上十倍以下之罚款。第四十九条,违背第四十一条者,经纪人或会员及公务员各处以买卖价格二倍以上十倍以下之罚款,其涉及刑事者,依刑法处罚。①

从以上情况可见,1935 年立法院重新修订的《交易所法》,主要目的就是针对公务员投机,主张采取严厉取缔的措施,4 月 7 日立法院长孙科发表谈话,此次修正交易所条文,取缔公务员为买空卖空之投机交易,使经纪人不得接受公务人员之委托。②

对证券交易的征税,北京政府时期只征收交易所税,并未对买卖双方进行征税,南京政府开始沿袭了这一做法,但随着证券及物品交易市场的发展,国民政府认为有必要对交易双方征收交易税,以增加政府财政收入。于是从 1934 年末到 1935 年,围绕交易所交易税的征收问题,上海金融业与立法院之间又展开了一场争论。1934 年 12 月,当传闻财政部将对交易所中买卖征收交易税,其税率已交立法院审议时,上海市面粉、杂粮、纱布、证券、金业五交易所经纪人公会,根据工商业之萧条情况,向立法院财政部呈文,请求暂缓征收,并提出征税四原则:一、国债及地方公债免税。二、证券(包括股票、公司债及其他)之定期买卖,短期税轻,长期税重。前者税率不得超过万分之 0.25,后者税率不得超过万分之0.5。三、商品买卖不分近远期,税率不得超过万分之 0.5。四、商品买卖应从买卖约定额抽税,不应从量征税。③ 1935 年 2 月 8 日,立法院开会讨论交易所交易税条例案,决议修正通过,其中对证券交易的征税规定是,有价证券按照买卖约定价格征收,其价格在百元以下应按百元计算,现货交易不课税,履行交易期限在 7 日以内者,征万分之 0.4,在 7 日以外者,征万分之 0.7。由交易所于买卖成交时,按规定税率,责成原经纪人向买卖当事人附带各征半数,如经纪人不为交付或交付不足,交易所应负责代缴。交易所应将逐日成交数量及价格,于次日报告交易所监理员核明,并将应纳税款逐缴国库。交易所监理员,随时检查交易所或经纪人之账册,查核有无隐匿或虚伪情事。凡未设置交易所监理员的地方,由财政部委托地方财政机关或银行,代为征解。④ 2 月 13 日,上海华商证券交易所及其经纪人公会致函上海银行公会,认为政府公债交易若与普通股票同一征税,不利于国债之推行。3 月 9 日,上海市商会致银行公会函,要求对公债交易,无论现货期货概予免税。⑤ 财政部也认为,立法院通过的交易税条例,关于各级税

---

① 《立法院修正交易所法条文》,《交易所周刊》第 1 卷第 15 期(1935 年 4 月 15 日)。
② 《制止公务员投机》,《钱业月报》第 15 卷第 5 号(1935 年 5 月)。
③ 《五交易所经纪人会请缓征交易税》,《银行周报》第 18 卷第 49 期(1934 年 12 月 18 日)。
④ 《立法院通过交易税条例案》,《中行月刊》第 10 卷第 3 期(1935 年 3 月份)。
⑤ 上海市档案馆馆藏档案:档号: S173—1—321。

率,轻重之间,颇失平衡,请加修正。

最后修正通过的交易税条例于 5 月 6 日公布,其中对证券交易的税率未变,只是明确规定:政府发行之公债、库券交易免税。[①] 财政部原定于 1935 年 7 月 1 日起正式开征,但却引起沪上各交易所的强烈反对,上海市五交易所联合会及经纪人公会联合会,分别派员晋京请愿,要求缓征,6 月 30 日,财政部长孔祥熙批示,准予展期 6 个月,预计当年 12 月 1 日起开征。后由于市面不景气,工商业异常衰落,财政部决定不开征各所交易税。[②]

抗日战争结束后,交易税法的实施再次提上议事日程,不仅没有引起争论,而且税制较抗日战争前更加完善。1946 年 9 月 21 日颁布《证券交易税条例》规定,交易税按买卖约定价格征收,税率为:一、各种有价证券万元以下按万元计算,现货交易按万分之五征收;交易期限在 7 日内者,按万分之十五征收;逾 7 日者,按万分之二十征收。二、政府公债,除现货交易免征外,交易期限在 7 日以内者,按万分之五征收;逾 7 日者,按万分之十征收。征税的对象与方式:只对卖方征税,经纪人代扣,由交易所汇缴,经纪人未代扣或代扣不足时,交易所应负责代缴。交易所应逐日将成交数量、价格及应纳税额报告主管征收机关,将税款迳解国库。各地主管征税机关随时检查交易所或经纪人之成交数量及价格。处罚:交易所未依期限或怠缴税款,科 1 万元以下之罚款;隐匿不报或虚伪报告,除照补税额外,科所漏税额 10 倍以上,30 倍以下之罚款,由法院裁定执行,交易所因经纪人违反规则致受处分,不得转责于经纪人。[③] 据统计,上海证券交易所自 1946 年 9 月 25 日开征交易税,到 1947 年 1 月底止 4 月余总计税收为461 352 305元。[④] 不仅证券交易征税,1948 年 3 月 23 日,国民政府又公布了《交易所税条例》,恢复了自抗日战争以来停征的交易所税,规定:交易所税应就交易所总收益额(系指经手费及上市费等,总额不得减除任何开支)按 6% 计征,按月报交,交易所于每月初五日内将上月之交易实况及总收益报请当地主管征收机关核定税额,并于接到缴款通知书后三日内将税款迳缴当地国库。必要时主管征收机关可会同交易所监理员随时抽查交易所各项账册。交易所不依规定申报缴税者,科以 1 千万元至 3 千万元之罚锾,隐匿不报或虚伪报告者,除照补应纳税额外,并科以漏税额 10 倍以上 30 倍以下之罚锾。[⑤]

---

① 上海市档案馆编:《旧上海的证券交易所》,上海:上海古籍出版社 1992 年版,第 338 页。

② 《财部体念商艰不开征交易税》,《中行月刊》第 12 卷第 1、2 期(1936 年 1、2 月)。

③ 《证券交易税条例》,《证券市场》第 1 卷第 1 期(1946 年 11 月 15 日)。

④ 《证交征收交易税已达五亿元》,《证券市场》第 1 卷第 7 期(1947 年 2 月 15 日)。

⑤ 上海市档案馆馆藏档案:档号:Q327—1—291。

关于证券的发行,国民政府内国公债的发行仍沿袭北京政府时期的惯例,单独依据财政部制定的相关法规,而股票的发行则主要依据的是 1929 年 12 月 26 日国民政府颁布的《公司法》的相关规定,在股份有限公司发起成立时的股票发行上,该法在继承北京政府时期的《公司条例》的同时,作了以下修正:一、认股者第一次应缴股款不得低于票面金额 1/2,明确规定第一次股款缴足后,发起人应于三个月内召集创立会。二、将每股金额从 50 元降为不得少于 20 元,但一次缴全者可以 10 元为一股。公司发行无记名股票时,其股数不得超过股份总数 1/3。① 与此同时,为规范股份公司的招股,国民政府又颁布了《设立股份有限公司招股暂行办法》,该办法共八条,主要内容为:(1)地方主管官厅具体负责审核股份有限公司的招股事项,规定,凡设立股份有限公司,应先备具营业计划书,发起人姓名,履历及认股数目连同招股章程,由全体发起人具名,呈由主管官厅备案后,方得开始招股。地方官厅在核准招股时,对招股期限应酌予限定,预限招不足额,即作无效。当公司招股足额召开创立会时,地方主管官厅须派员莅临监督,创立会议决录并应有监督人员签名证明。(2)凡设立公司,各发起人须承受股本总额至少 1/5 以上,每一发起人至少承受股本总额 3% 以上。公司所收股款或认股保证金,在公司未正式成立前,发起人不得提用。因故停止招募时,须于十日内结束,并呈报主管官厅备案,将已收股款如数发还。②

上述可见,南京国民政府的证券立法更为成熟,表现在:一是注意了法律前后的延续性,基本继承了北京政府时期证券法律中合理的可行的规范,并加以完善。二是根据实际情况进一步修正和大量补充了旧法律中的不足及缺陷,使之更加符合需要,更有利于促进证券市场的发展。特别是在监管机构的设立、打击违法交易行为和对不当交易行为的限制等方面,更加大了力度。三是注意了法律实施的可行性,如交易税的征收,尽管相关法律已经制定,但当发现实施的时机并未成熟,仍灵活地做了变通,待条件具备后才予以实施。

纵观旧中国证券立法的全过程,历经北京政府、南京国民政府统治时期,到 1935 年初步形成了一套证券管理的法律规范,使近代中国证券市场的管理有了基本的章法可循。虽然,近代中国的证券法不是集证券发行与交易为一体的综

---

① 上海市档案馆编:《旧中国的股份制(1868～1949 年)》,北京:中国档案出版社 1996 年版,第 290～295 页。

② 上海市档案馆编:《旧中国的股份制(1868～1949 年)》,北京:中国档案出版社 1996 年版,第 309～310 页。

合型法律,而是二者分立型的证券法,但从证券的发行、交易所的设立、监管机构、经纪人、证券登记结算、交易税的征收、到违法行为的处罚等都做了规范,已涉及到了证券市场的主要方面,体现了证券法的基本内容,然而旧中国的证券立法体系还是很不完善,仍存在着一些严重的缺陷:

首先,重交易立法轻发行立法,相对于已初具规模的证券交易市场的立法来说,对证券的发行则没有制定专门的证券发行法,而是散见于其他的法律法规之中,既不规范,也不系统。如对政府公债的发行,在不同的时期,政府颁布有不同的发行规则,通常是由政府的财政部门来负责执行的。股票的发行则仅仅体现在《公司条例》和《公司法》的少许规定之中,且仅属于一般股份公司发起成立时的股票发行,至于如何通过证券市场发行新股或增资扩股筹集资金则根本没有涉及。

其次,作为证券交易根本立法的《证券交易所法》与《交易所法》本身存在严重的法律空白,第一,对证券的上市未作规定,当然,由于政府公债属于豁免证券,可直接在交易所上市,这里所说的证券上市仅是指对企业股票与债券而言。第二,对股票上市公司缺乏管理与规范,更没有对上市公司的信息披露做出要求。

上述问题的存在,就其原因又是与近代中国证券市场的不健全相一致的,所谓不健全主要表现在,抗日战争爆发以前的证券市场长期是以政府公债交易占主导地位,约为98%,而上市交易的股票却很稀少,常常是有行无市,至于股票市场的兴盛则是抗日战争爆发以后,特别是1941年12月8日太平洋战争爆发之后的事了,至于公司债券则始终未在华商证券市场上市交易。正是由于市场的不健全才导致了整个证券立法体系的缺陷,而这种体系上的缺陷又反过来制约了证券市场的健康发展。

第二节　抗日战争爆发前政府的证券监管

政府的证券监管是伴随着证券市场的发展而产生的,早期的上海华商证券市场完全处于无政府的状态,具有明显的自发性,在整个晚清时代,清政府对华商证券市场是缺乏管理的。而民国建立后的很长一段时间里,政府对华商证券市场的管理仍是极为松散与无力的,尽管在1914年颁布的《证券交易所法》中也明确规定了政府对证券交易所的管理机构,但由于当时还没有建立相应的华商证券交易所,几乎没有真正行使职权,直到1921~1922年"信交风潮"的爆发,才使管理层认识到统一监管势在必行,由此引发了中国近代证券监管历史的最重要的变革,此后历经北京政府与国民政府的努力,逐渐建立了统一的证券监管机构,构建了相对集中统一的证券监管体系。抗日战争时期,由于上海的特殊政治、经济地位,证券市场的管理也经历了一场特殊的演变,国民政府逐步退出对上海证券市场的管理,代之而起的是汪伪政府。又由于近代中国历史的特殊性,外国列强在上海建立的租界自成一套管理体系,而华商证券市场又是建立在租界范围之内的,因此,租界当局也参与了对华商证券市场的管理,由此可见,所谓政府对上海华商证券市场的管理既包括正统意义上的中央政府的管理,也包括抗日战争特殊时期汪伪政府的管理,还包括租界当局的管理。

通观租界当局的管理状况,其管理主要采取的是西方资本主义的管理模式,租界当局的管理主要集中在对市政建设与公用事业的管理上,而对工商业的管理则是比较的自由,主要集中在对企业、公司注册登记以及税款的征收两个方面,至于工商业的经营发展则并未规定过多过细的限制,任其自由经营与发展,正是由于租界当局给工商业提供了这样一些宽松的环境,不仅大量来华的外资企业建造在租界之内,就是不少的华商为了经营的便利也尽量将其工商企业建在租界之内,寻求租界当局的保护,减少来自中国政府方面的干涉。也正是由于这样的原因,上海华商们所建立的证券交易场所也通常建在租界以内。通观租界当局对上海华商证券交易所的管理,并没有专门制定特殊的管理措施,也没有建立专门的管理机构,而是按照对待一般建在租界内的工商企业一样,只要注册登记、缴纳税款即可,只有当出现特别事件时,租界当局才出面采取必要措施进行干预,在整个上海华商证券市场发展的历程中,引起租界当局出面干涉的主要有两个时期,一是1921~1922年的"信交风潮"时期,二是太平洋战争爆发后,到汪伪华商证券交易所建立前,上海出现华商股票发展的狂热时期。除此之外,租界当局很少出面干涉华商证券市场的营业。

同时,上海华商证券市场还必须接受地方政府的管理,在晚清及北京政府时期,上海属于江苏省的管辖范围之内,因此,上海的证券市场除直接接受中央政府的管辖外,还要接受江苏省及上海县等地方政府的管辖。当1927年南京国民政府建立后,上海建立为市,证券市场由上海市社会局直接管辖。除此之外,地方上的商会、银钱业公会等也参与了对证券市场的管理。当证券市场出现动荡时,地方政府总是配合中央政府,协助对证券市场的稳定。

总体而言,政府在对上海华商证券市场的管理上,主要以中央政府的管理为主体,租界当局与地方政府仅起辅助作用,因此在论述政府对上海华商证券市场的监管时,仍以时间断限,以中央政府的监管为主体,兼及地方政府与租界当局的管理,大体分为五个时期：北京政府统治时期(1912～1927年)、国民政府统治前期(1927～1937年)、抗日战争前期(1937～1941年)、汪伪统治时期(1938～1945年)、国民政府统治后期(1945～1949年)。由于篇幅较大,本节主要论述抗日战争爆发前的政府证券监管问题,对于抗日战争时期及其抗日战争胜利后的证券监管情况则将在下一节进行专门论述。

一、北京政府时期的证券监管

在北京政府时期,对证券交易部门的管理,属于农商部与财政部,其中,农商部主要负责对证券交易市场的监督管理,根据1914年颁布的《证券交易所法》的规定,农商部除负责行使对交易所的登记、审核外,对证券交易市场的监督权力是：(1)当证券交易所的行为违背法令或妨害公益、扰乱公安时,有权解散证券交易所;停止或禁止证券交易所全部或部分营业;撤销证券交易所做出的决议或处分。(2)必要时,可派临时视察员检查证券交易所与经纪人的业务、账簿、财产或其他一切物件。(3)必要时,可令证券交易所改定章程,证券交易于营业期间内因故解散时,须禀报农商部,并由农商部咨行财政部备案。[①]由以上内容可见,政府对证券交易所的管理主要属于行政监督的范畴。由于政府发行的内国债券不断增加,并逐渐在证券市场上成为主要的交易品种,而对内债的发行与管理主要由财政部主持,因此,对整个华商证券市场的监管,在中央来说,即是由财政部与农商部共同管理的。不过在1921年上海"信交风潮"爆发之前,北京政府除了对证券交易所的设立进行过审批外,基本上未对整个证券交易市场的其他方面进行过管理,因此,从总体上来说,政府对证券交易市场的管理是很松弛的,只是到1921年"信交风潮"出现时,才开始加强对证券市场进行较为严格的管理。

1921年2月,当交易所在上海不断兴设之时,著名经济学家马寅初在吴淞中国公学发表了题为《上海交易所前途之推测》的演讲,指出,足以引致交易所将来失败的原因主要有两个方面：一是交易所将来必出于入不敷出之一途,二是资本薄弱之交易所或以管理及组织之不良而归于失败。[②]他不仅预言了滥设交易所不可逃脱的失败命运,而且明确指出了导致其失败的原因。只是这一警告并未引起相关各方的应有注意。

1921年5月,风潮爆发之初,上海银行公会与钱业公会为滥设交易所以及

---

① 上海市档案馆编：《旧上海的证券交易所》,上海：上海古籍出版社1992年版,第277页。
② 马寅初：《马寅初全集》(第一卷),浙江人民出版社1999年版,第415～418页。

各交易所狂炒本所股票事,专门致电呈请北京农商部、南京省署加以取缔:"交易所之设立,既以平准市价保全营业安宁为宗旨,凡一切投机射倖之行为,自当竭力避免,……观察近来各交易所,接踵而起,触目皆是,贪利之徒,竞相买卖,举国若狂,悖出悖入,贻害靡穷,他勿具论,即其本所股票而言,集股之初,票价即涨,一经奉准,愈涨愈暴,甚有涨至五六倍者,况本所股票在本所买卖,尤属违法,沪市前承欧战之影响,近遭先令之步涨,破产堪虞,竭蹶万分,设一旦票价暴落,祸害之烈,甚于橡皮风潮,扰害市面,金融界必首蒙其厄,乌可默尔无言,试问本所股票在本所买卖,是否违法,应请均部(座)迅赐纠正,全市安危,关系匪细,伏候电示。"①这份电文表明上海银钱业不仅已经看到了滥设交易所和狂炒本所股的严重后果,而且要求政府当局应该及时采取措施加以制止,但同样未引起政府的高度重视。此后政府虽有所行动,但力度却远远不够,致使风潮愈演愈烈。

正是由于政府监管的不力,而银钱业与证券业又有着密切的联系,因此,银钱业对证券市场带来的风险最为敏感,并首先采取措施以尽力规避,1921年5月8日,上海南北市汇划各钱庄,因见各交易所股票狂涨,恐有伙友等在外私相接做此项证券,徇情抵押,一旦市价问跌,受抵危险,于是在钱业公所开会,决定针对各交易所股票,不能作抵押品承受。次日,钱业公会在北会馆召开会议,主席秦润卿指出,由于交易所股票飞涨,对市面影响甚大,虽然表面上与钱庄同业无直接关系,但钱庄经营放款,如主顾经营交易所股票,一旦破家亡产,钱业放款被陷,钱业所受间接影响极大,如庚申(1910年)橡皮股份之风潮,钱业受害极巨,可作殷鉴。因此,各钱庄同业一致议决,凡以交易所股票做押款者,只可以票面数额为限。②6月,当风潮进一步发展时,上海工商协会也出面呈请江苏省议会,要求取缔交易所私营本所股票及轨外营业:"近来自交易所发生,几无业而不有交易所,……直与抽头赌博,呼卢喝雉无异,无业者故以输盈为业,有业者亦将弃业就赌,……若不严行取缔,将来祸延全国,必至不可收拾之势,……若辈以租界为护符,以为托庇外人宇下,公令可以玩视,仍系照常营业,置若罔闻,似此非法行为,实为工商界所共弃,拟请贵议会迅予提出查办案,一面咨请省长转咨农商部停给执照,并令饬交涉使转商工部局停止本所股票交易,以冀稍挽颓风,而维商业,……拟请一并咨请省长转饬交涉,使商明工部局严行取缔,商民幸甚,国家幸甚,谨呈。"③这里,上海工商协会不仅呼吁中国中央及地方政府要对此严厉

① 《银行钱业两公会呈请限制各交易所之电文》,《银行周报》第5卷第18号(1921年5月17日)。

② 《钱业会议拒押交易所股票》,《申报》1921年5月10日。

③ 《取缔交易所轨外营业之请议》,《申报》1921年6月13日。

制裁，进而还提出要与租界当局交涉加强管制。

交易所的滥设给金融、商业，乃至社会经济都带来极大危险，引起金融界、工商业界，以致全社会的普遍关注和反对，在各界的压力下，自 1921 年 7 月以后，北洋政府从中央到地方以及租界当局才陆续采取了不同程度的查禁措施，以加大监管、打击力度。

北洋中央与地方政府方面：1921 年 7 月 17 日，北京农商部发出通电："上海区域内不合法之交易所，应严行取缔，以维商业。"并召开部务会议，做出决定，对信交两业呈请注册者，取慎重态度，非由地方官验明资本备文核转，概不批准。[①]据此，7 月 20 日，沪海道尹及江苏省长公署电令上海县知事，对上海等处，纷纷设立之各交易所、交换所、信托公司等，是否违反现行条例组织、是否合法进行调查，对于不合法令或假托名义者，即行勒令停止，严刑查办。[②] 7 月 23 日，农商部取缔未呈部核准之交易所的训令，通过江苏实业厅及上海县知事下达到上海南北两商会，"案查交易所法规，业经本部呈准公布在案，所有各项交易所，于商业金融，关系至为重要，现在上海一区，所设各交易所经本部先后核准有案者，计有上海证券物品交易所、中国机制面粉上海交易所、上海华商证券交易所、上海华商杂粮油饼交易所、上海华商棉业交易所、上海华商纱布交易所等六处，均系依法呈请，……现查上海区域以内，除金业丝茧等项交易所呈请到部，正在审核外，其余未据依法呈请，便即设立筹备处，偏登广告，此中难保无藉端招股私图渔利者，甚且巧立名目，混淆观听，直系一种欺骗之不法行为，本部为保护商业起见，特此通令，严行禁止，以利金融而杜流弊，合行令仰该处遵照办理。"[③]

对交易所的滥加设立，地方官吏也深感不安，7 月 18 日，江苏省召集在省两署重要职员开会讨论应对措施，认为，江苏省的地方治安能得以维持者，全在商业，而上海为南北商业枢纽，直接关系本省治安前途，然而，自上海交易所信托公司纷设以来，颇闻发起者不皆真正殷实商人，一旦市面空虚，发生意外，金融恐慌之象，何可预料，而且各交易所设立地点，多在租界，官厅监督不便，况法公董局还出有布告，凡交易所均须赴法公堂注册领取营业执照，月纳费银百两，即可自由营业，准驳取缔之权，被外人所操纵。对此决定采取三项措施：一、责令上海已经核准的 6 家交易所，赶紧整理，以免迁延已久，股票辗转售卖，负责无人；二、对于并未呈请注册，擅自开业者，除令行各厅道严行禁止外，并令江苏特派交

① 《农部取缔不合法之交易所》，《申报》1921 年 7 月 19 日。
② 《部令查办不合法之信交商业》，《申报》1921 年 7 月 21 日。
③ 《部令取缔未呈部之交易所》，《申报》1921 年 7 月 24 日。

涉员,向驻沪领事团交涉;三、请求北京农商部转咨外交部,与驻京各使,直接磋商,饬知驻沪各国领事,严行取缔各未经核准之交易所,并请法使饬知上海法公董局,将所出布告,迅予取消,以维租界市面,而保商业安全。① 8月7日,苏督省长联衔将此决定上呈北京农商部,与此同时,江苏省设立江苏特派交涉公署,专门派出交涉员许沅与租界方面交涉,直接负责此项查禁工作。

在江苏地方政府的强烈要求下,农商部再次训令江苏实业厅及上海交涉员,将所开列报载未呈农商部核准之交易所20家,从速分别严禁,以免扰乱金融,而保商业,并令转知驻沪英法各领事查明认真办理。② 外交部也于8月10日电令江苏特派交涉公署,对于希冀逃脱法律之制裁,以华洋名义合办之交易所,咨请转电沪交涉员迅予查禁。③

此后,农商部对交易所的审批更加审慎,10月下旬,农商部对于永记砂石公司经理陈伯刚呈送上海砂石水泥交易所文件进行了驳斥,"查砂石水泥,未能合于交易所之交易,核与物品交易所法第四条规定不符,所请设立上海砂石水泥交易所之处,应毋庸议,合行令仰转饬遵照。"④又因举国反对交易所,只得拟将信托条例暂缓公布,呈请者概不批示。⑤

政府的查禁令得到了江苏各级地方政府与上海工商、银钱业的支持,纷纷采取行动。8月22日,淞沪警察厅长徐国樑致函上海县商会,要求其协助调查本埠各交易所:"……查敝厅对于各交易所所在地点,无案可稽,且如交易所多数开设租界之内,为敝厅权力所不及,尤属无从查考,素仰贵会为商界领袖,为此函达,应请确切查明,凡在本埠各交易所,如有未经核准擅自开业者,务希设法禁止,并祈随时剖切劝谕一般商人,切勿盲从购股,自贻损害,至纫公谊,更乞将该交易所名称、营业范围、开设地点、已未核准各项,开列清单,见复过厅,以便有所稽考,尤深祈祷。"⑥

上海总商会在给各商帮的信函中则进一步认为,根据《公司条例》规定,公司非设立注册后,不得发行股票,凡违背前项规定而发行股票时,其股票无效。据此,未经农商部核准,擅自开业各交易所,其所发股票,在法律上并未予以承认,如若买卖交换,发生纠葛,在本国官厅提起诉讼,必至完全失其效力。提醒各商

① 《苏督省长电请院部取缔交易所》,《申报》1921年8月8日。
② 《农商部取缔交易所之训词》,《申报》1921年8月2日。
③ 《查禁华洋合办名义之交易所》,《申报》1921年8月10日。
④ 《设立砂石交易所之部驳》,《申报》1921年10月29日。
⑤ 羲农《农商部之新方针》,《银行周报》第5卷第33号(1921年8月30日)。
⑥ 《查禁未核准交易所公函》,《申报》1921年8月23日。

帮及投资者警惕,各自审慎,切勿贪恋不可必得之厚利,轻于一掷。①

9月30日,秦润卿召集钱业南、北市两市汇划庄钱业会馆全体,在铁马路公所开会,再次筹议防杜之法,经同业讨论决定,自阴历十月份起,凡同业各庄,无论经理伙友,皆不准入交易所做投机生意,并相互监督,以杜后患,一旦查出,经公众开会处分。② 当然,政府的禁令并未处处得到严格执行,如7月24日,淞沪护军使还批准上海华商证券棉花交易所的设立。③

然而,这些大干投机勾当的交易所和信托公司大都设在租界内,有的在外国领事署登记注册,受到外国人的祖护,能够逃避中国政府的制裁。北京政府虽颁布命令,限期禁止,但它们都有恃无恐,各行其是,因此,对他们的制裁还必须有赖于租界当局的配合。

租界方面:在政府取缔交易所的过程中,也得到租界当局的配合与支持。1921年5月起,就各交易所营业地点言,其最初在英租界,后扩大到法租界,到10月初,上海一地,交易所共有70余所,而设在法租界者,就有23家。④ 于是,法租界当局开始考虑取缔交易所,投机者莫不张皇失措,均以其章程非常严厉,如果认真办理,恐难达其暴富之目的,又纷纷转移到英租界,据统计,到11月份,上海一地有交易所112家,其中,设在法租界的约31家,在公共租界的67家。⑤

鉴于大部分交易所设于租界之内,农商部的训令无法执行,1921年8月,农商部致函外交部,请与英法公使磋商撤销租界内经部批驳之交易所的注册给照,"除上海证券物品交易所、中国机制面粉上海交易所、上海华商证券交易所、上海华商杂粮油饼交易所、上海华商棉业交易所、上海华商纱布交易所等6家,批准者外,其余有已报尚未经本部核准,或有未经具报者,乃租界内不问其是否合法,概准其擅行设立,……各交易所设立地点,虽在租界以内,将来牵动金融,其影响必及于全埠,届时华商既有破产之危,洋商亦必遭波及之累,……相应兹请贵部查照,转商驻京英法公使,转饬驻沪领事,以后凡设立交易所者,以本部曾经核准给照者为限,其余凡未经本部批准者,一律查禁,以固邦交而保商业,此咨"。⑥

在中国交涉员的一再请求之下,1921年9月下旬,上海法国总领事韦礼德氏发表声明,法租界在管理交易所的有关章程未颁布前,不再发给执照许人开办

① 《取缔交易所公文》,《申报》1921年8月27日。
② 《钱业取缔伙友入交易所营业》,《申报》1921年10月1日。
③ 《护军使批准证券棉花交易所》,《申报》1921年7月25日。
④ 朱羲农:《交易所之暗礁》,《银行周报》第5卷第40号(1921年10月18日)。
⑤ 朱羲农:《交易所之分析》,《银行周报》第5卷第44号(1921年11月15日)。
⑥ 《农部咨外部请禁交易所文》,《申报》1921年8月10日。

交易所。韦总领事还请租界里的中外商人,陈述其对此问题的意见,不过总领事认为:这许多交易所,若由公董局管理,则危机或可免除,但若骤然勒令交易所闭门,则必使持股者受莫大之损失,而酿成恐慌,故取缔之法,必先审慎考虑,方可实施。①

由于租界内交易所日见增加,投机买卖,有紊金融,银钱业均大受影响,银拆常有数钱上落,10 月初银拆七钱,后跌至二钱,又涨至六钱,银行拆票大受影响。各外国银行及洋商也纷纷呈请租界当局取缔交易所,10 月中旬,法总领事韦礼德在征取各法国律师意见与中国交涉员的赞同后,特制定取缔规则七条,主要内容为:(一)在法租界开交易所或经纪人公会,须向法总领事署立案,法公堂注册领取执照,方许营业。(二)章程须用中法文字,发起人认缴资本,须在 1/4 以上。(三)股票概用记名式,营业后三个月内不得过户买卖,发起人票,一年内不得转让,如有违反,应受刑事制裁。(四)交易所人员,不准在本所有买卖行为,如违,应受停业及清算处分。(五)交易所理事,对各关系人及股东,应负完全责任。②

由于在上海成立之各种交易所,凡无农商部执照者,不少就其营业地点请求租界会审公廨注册备案,对此类交易所应否取缔,大多数法国律师认为应俟会议表决,斟酌办理,但中国交涉员许沅则态度坚决,致函请求其必须从严取缔,以敦睦谊。③ 经过交涉员许沅多次向驻沪领事团的交涉,到 11 月底,领事团对于此项交易所请求注册事做出决定,知照陪审民事之各国副领事慎重核办,而公廨正副会审官亦以此项请求,主张审慎将事以符部令。并付诸行动,当上海纸业交易所秉请注册时,即以应候农商部令办理,而未予核准。交易所向公廨请求注册不准,自上海纸业交易所始。④ 12 月 15 日,法公廨还对呈请设立的粮食证券物品交易所给予明确答复:"所定章程,内有数条,亦滋流弊,应否撤销查禁之处,函请查核等因,查贵会所呈各节,系为维持民食起见,函中指责各条,亦属米业利弊,洞中款要,已具情函商法总领事,设法取缔矣。"⑤

对于开设在公共租界中的交易所如何处理,公共租界工部局也在 1921 年 11—12 月份的工部局董事会会议中作过多次讨论,最初认为北京方面的规定极为含糊不清,想在租界采用是不切实际的,仍然决定由工部局捕房按与法租界当

① 《法租界取缔交易所之先声》,《申报》1921 年 9 月 22 日。
② 《法总领事将取缔交易所》,《申报》1921 年 10 月 12 日;《法总领事取缔交易所续闻》,《申报》1921 年 10 月 13 日。
③ 《法界取缔交易所三志》,《申报》1921 年 10 月 14 日。
④ 《上海纸业交易所请求注册不准》,《申报》1921 年 12 月 3 日。
⑤ 《法廨取缔粮食交易所之答复》,《申报》1921 年 12 月 16 日。

局协力起草的规定,向所有交易所发放执照。经讨论后,12 月 28 日的工部局董事会进而做出以下两点决议:(1)按照中国交涉使许沅的建议,并经其明确同意或默许,根据法租界采取的方式,对纯属华人经营的交易所进行登记。(2)以在附律中增加一项内容的方式,对所有西人或华人交易所发放执照。①

此后,对于交易所在租界注册一事,法总领事韦礼德氏做出解释,交易所在法租界注册,并非变为法人公司,可受法国法律的保护,不过便于法租界调查该交易所发起人或办事人有无在中国法庭或会审公廨曾经犯案者而已,每交易所每月缴特别市政捐 100 两,即将出台的新规章,其主要内容为:捕房对交易所有若干管理权;禁止交易所自作本所股买卖;不许妇女幼童入交易所市场;征收特捐,依交易所每次营业,酌定捐数,以替代前定每月百两之办法。②

12 月 13 日,江苏特派交涉公署致函驻沪法总领事,称"数月以来,违法各交易所之弊害,影响于社会者,所关甚巨,现在报载各交易所股票日跌,因此投机失败者,或亏累潜逃,或情急自尽,时有所闻,虽报纸所载,未必尽确,然因此扰乱金融,引起市面恐慌,已为不可掩之事实,查各交易所,大都自便私图,既不遵照农商部所定法规办理,又不作真正之交易,专以买空卖空及买卖本所股为事,情同赌博,类于设井害人,贵总领事虽有从严取缔之议,但虑仍难杜绝祸根,长此以往,将来危害更大,相应以最诚恳之意,再行函达贵总领事,请烦再查,务将未经奉部核准之各交易所查禁,以维商市,并盼见复为荷"。③ 在中国交涉员的一再催促下,法总领事表示,虽然中国政府屡请法租界严厉取缔未注册之交易所,但上海各交易所,其不在法租界内者,实占 2/3,就法租界而言,各交易所,当有适当之取缔,不许交易所拍卖本所股,并令经营交易所者,有实在存款于稳固之华人银行,以资保障。交易所之弊病,新年前后可望肃清。④

到 1922 年初,《法租界交易所取缔规则》(21 条)正式颁布,该规则从 2 月 1日起正式施行。主要内容为:(1)凡在法租界内开设交易所,须先将章程送至会审公堂检查处注册,并向法公董局每月缴纳银百两,领取特别营业执照方可营业。(2)呈请核准的交易所必须具备相应条件:章程;发起人姓名、职业、住址、所认购股份额数与认股证书;营业地址及营业时间。在章程中必须规定股票概用记名式,其股票在未营业前,不得过户转让,发起人至少应认股 1/4,本所股

① 上海市档案馆编:《工部局董事会会议录》,上海古籍出版社 2001 年版,第 21 册,第 724 页。
② 《法总领事将颁取缔交易所新章》,《申报》1921 年 12 月 8 日。
③ 《交涉公署致法总领事函》,《申报》1921 年 12 月 14 日。
④ 《法租界将严重取缔交易所》,《申报》1921 年 12 月 16 日。

票,不得在本所市场买卖。(3)交易所应备资本总额 1/5 的担保金,发起人所认股票,在保证金总额 1/5 未缴足以前不得转让,交易所理事,应将名下股份送存法公堂检查处,以作处理该所事务之担保,并在任期内不得转让。(4)交易所人员及经纪人,均不得在本所内自己有买卖期货行为,如若违反,交易所应负其责。交易所及经纪人,应于每月五号前,将上月所作各种交易总数结算清楚,登入账据。(5)法总领事署翻译处特设华法稽查处,专门查核各交易所是否遵守本章之规定及各交易所与经纪人之账目。凡在交易所内,不按商业平准市价,任意抬高抑低者,由法公堂罚办。凡妇女及未满十八岁之男子,不得入交易所。交易所及经纪人所得佣金,每百元征收 6 元。(6)凡违反本章程者,由法会审公堂裁判,交易所及经纪人有违反本章程之规定者,除新刑律令有规定外,应受下列处分:警告;20 元至 1 万元之罚金,如遇重犯,加倍科罚;取消交易所营业执照及禁止经纪人在法租界交易所营业。[1] 从以上内容可知,在这一规则中,最严厉者有三条:(一)将基本金 1/4 存入公堂,(二)不得做本所股票买卖,(三)每日派员查账。这一规则的颁布与实施,使滥设的交易所无路可退,最后的结局就只剩下破产一条路了。

总之,在此次"信交风潮"中,北京政府与租界当局能较深刻地认识到对证券市场监管的必要性,并采取了一些符合实际的措施,进行整顿:一方面加强对交易所注册和账目的监管,严格将交易所的注册权归于农商部,取缔非法交易所,派出专员具体审查交易所账目;另一方面加强对交易所买卖行为的监管,禁止本所股的买卖,杜绝投机交易。这两点整顿措施是合理有效的、抓住了问题的症结,从而使这场风潮得到了有效而迅速地遏制。

由此可见,政府对上海华商证券市场的监管虽然滞后,但当风潮发生后,政府能在工商、金融界以及租界当局的配合下,积极行动,采取措施加以补救,对此还是应该肯定的,正是在北洋政府与租界当局的严厉禁止与取缔下,到 1922 年 3 月后,"信交风潮"终于被平息下去了。"信交风潮"的历史也充分证明,在金融危机时期,政府是解决"市场失灵"的主角,虽然政府承担起这个主角的责任的确晚了些。这次风潮的及时平息,也进一步说明近代中国政府与金融界在证券监管方面逐步走向了成熟,其应对风潮的能力在逐步增强。

当然,风潮之后,政府并未立即改变过去对证券市场的管理机构,仍由财政部与农商部兼管,直到 1926 年,北京政府才设立了交易所监理官专门具体负责对交易所的监管。

---

[1]《法租界取缔交易所规则》,《银行周报》第 6 卷第 5 号(1922 年 2 月 14 日)。

　　1926年9月9日,北京政府农商部颁布了《交易所监理官条例》,按照该条例的规定,农商部在各区域设交易所监理官,监理官向各交易所派驻委员一人,负责稽核交易所账目、征收交易所税及其他监督事项。① 此事遭到上海各交易所的联名反对,上海证券物品交易所理事长虞洽卿,纱布交易所理事长穆湘玥,华商证券交易所理事长孙铁卿,杂粮交易所理事长顾履桂,面粉交易所理事长王震,金业交易所理事长徐凤煇会同致电国务院、农商部、平政院以及江苏省官厅省部表示反对,认为《交易所监理官条例》,从法律与事实两方面均有窒碍,根据1914年《证券交易所法》以及1921年的《物品交易所条例》的规定,仅有视察员之职务,现改为监理官,违法实甚;商人开设行号,安分守法,官厅不应加以严厉干涉,交易所贸易尤繁,每所派驻委员一人,逐日稽查,于市场秩序,妨碍滋多,此尤事实上万不能行,因此恳请国务院、农商部俯念商艰,收回成命。②

　　农商部仍于9月15日,特派谢铭勋为上海交易所监理官,专门负责对上海交易所事务进行全面而直接的监督与管理。9月27日,谢铭勋走马上任,在闸北恒通路38号组织公署开始办公,署内分三科,总务科长沈宪,会计科长唐世仁,审计科长谢华。并派委员五人,即金业交易所翁振青、华商纱布交易所黄韫甫,证券物品交易所沈井忻,面粉交易所华驾千,杂粮油豆饼交易所王志贤等,分驻各该所,代表执行查核一切事务。③

　　此后,上海证券物品交易所、上海华商证券交易所、上海华商纱布交易所、上海杂粮油饼交易所、上海面粉交易所、上海金业交易所等六交易所联名反对北京政府农商部委派上海交易所监理官,并聘张一鹏为律师,向北京政府平政院提起行政诉状,呈诉农商部违法设官,认为其违法处分,损害人民权利,特依据行政诉讼法第一条第一项提起行政诉讼,俾资救济。④ 此时,交易所监理官的设立之所以会遭到如此坚决的反对,这主要是因为在北京政府统治的绝大部分时间里,政府奉行"无为而治"的经济哲学,金融制度是自由市场型,工商界和金融界普遍反对政府对市场的干预,一般舆论对政府的证券监管也没有任何支持。但最终,北洋政府仍坚持原意,强制建立了交易所监理官制度。这一制度的建立,表明北洋政府加强对上海华商证券市场监管的决心。

　　总的说来,在北京政府统治时期,由于上海华商证券市场处于初步的建立与

---

① 《交易所监理官条例》,《银行周报》第10卷第36号(总第467号)(1926年9月21日)。
② 《交易所反对监理官》,《银行周报》第10卷第37号(总第468号)(1926年9月28日)。
③ 《交易所监理官正式就职》,《银行周报》第10卷第38号(总第469号)(1926年10月5日)。
④ 《交易所对于设置监理官提起之行政诉讼》,《银行周报》第10卷第42号(总第473号)(1926年11月2日)。

发展时期,政府对证券市场的管理相对薄弱,在"信交风潮"爆发前,虽然在《证券交易所法》中规定由农商部负责对证券交易所进行监管,但在实际的运作中,缺乏相应的严格的具体措施,政府对证券市场是疏于管理的,"信交风潮"的爆发,使北京政府认识到对证券市场管理的重要性,这次风潮虽然最后在政府与租界当局的合力下得以平息,但风潮发生之后,政府也并没有立即建立起对证券市场高效严格的管理体系,再加之当时股票交易已逐渐沉寂下去,代之而起的是北京政府内国公债的交易,为了政府公债的顺利发行,有必要放任对证券市场上公债交易的管理,但到1926年以后,由于政府债信的丧失,公债基金无着,还本付息欠期,致使公债投资者遭受损失,证券市场上风潮迭起,政府不得已,才在1926年9月派驻了交易所监理官,开始认真实施对证券市场的严格管理,为时不长,北京政府即被国民政府所推翻。

二、国民政府统治前期政府的证券监管

国民政府成立后,为整理全国金融机关,如银行、交易所、信托公司、储蓄会,特设立全国金融监理局,该局于1927年11月成立,以蔡增基为局长,其中第二课的职权就包括审核交易所业务及检查交易所的财产,于是交易所的管辖权便归属于金融监理局。该局在上海设立事务所,并裁撤了北洋时期设置的上海交易所监理官。到1928年8月国民政府金融监理局奉财政部之令改为泉币司,并于8月31日停止办公,原管事务,移归财政部泉币司办理。[1] 同时在工商部的组织法中,也有管理交易所立案及监督等的规定,结果造成政出多门,权责不明。1929年1月26日工商部颁发部令《验换交易所及经纪人执照章程》7条,规定北洋时期设立之交易所及其经纪人应于两个月内将原领执照呈请工商部查验换给新照,旧照即行注销。凡不依本章程所定期限呈验换照者,视同未经核准。[2] 据此,国民政府对原北洋政府时期的交易所与经纪人进行了重新登记,便于管理。到1929年8月,财政与工商两部经会商决定,由财政部将交易所设立注册案卷全部移往工商部接收管理,但与金融有关事项,如征收交易所税等仍由财政部负责。后工商部与农商部合并为实业部,管辖权转归实业部。1931年4月,实业部与财政部共同决定,在上海设立交易所监理员办公处,为防止流弊,交易所监理员由两部会派,各派监理员1人,收相互监视之效,紧接着,5月19日,实业部

---

① 《金融监理局改为泉币司之函知》,《钱业月报》第8卷第8号(1928年9月)。
② 中国第二历史档案馆馆藏档案,档号:三(1)—2717。

派出陈行、财政部派出许建屏为首任上海交易所监理员,6 月 4 日正式就职。其下各设视察员三人,书记员三人。到 1932 年 1 月 20 日,两部又会派王孝赟(晓籁)、何秀峰为上海交易所监理员接替陈行、许建屏之职。① 由于在抗日战争前南京国民政府统治的十年时间里,华商证券市场主要以政府发行的内国公债为主要的标的物,而政府公债的发行又主要是由财政部具体负责的,因此,对上海证券交易所的监管主要由财政部所派监理员负责,这是国民政府旨在加强对交易所管理的一项措施。

关于政府派驻交易所监理员及由监理员建立办公处的管理法规体现在财政部与实业部会同订立的《交易所监理员暂行规程》(1931 年 7 月 16 日公布)及《上海交易所监理员办公处办事规则》(1931 年 11 月 12 日公布)中,其主要内容为:(1)凡设有交易所地方,设置交易所监理员,由实业、财政两部委派,并直接对两部部长负责,依照相关法规,执行对交易所的监督事项,监理员可聘用办事员作为检察员,其名额须由实业、财政两部确定,检察员受监理员领导,其行为对监理员负责,监理员俸薪及办公经费,由实业、财政两部确定。(2)监理员可派检察员随时检查交易所及经纪人关于营业一切簿据文件。监理员得随时监察交易所及经纪人关于营业一切行为,监理员认为必要时得令交易所及经纪人编制营业概况及各种表册,检查员每日应将工作情形及交易所营业状况、市场情况,于次日缮具报告呈阅,不得延迟,监理员每月须将工作情形编成报告,于次月十日前呈报实业、财政两部查核。(3)检察员如发觉交易所及经纪人有虚伪及违法等情事,应即据实报告监理员核办,其重要者应书面呈报,认为有纠正或取缔必要时,应随时向监理员建议,由监理员随时据实呈报实业、财政两部核办。(4)监理员、检察员均不得参加交易所买卖,所有职员对于本处一切事物,应严守秘密,不得泄露,违者以渎职论,文书助理员对于本处往来文件,不得搁置,应将本处每月应行呈送表册,会同会计助理员按时填制,备文呈送,不得延迟。② 由以上内容可见,国民政府在上海所设立的交易所监理员办公处与派驻的交易所监理员,是一个直属于中央财政部与实业部的管理交易所的专门机构,其职责是负责了解交易所的情况,防止、杜绝违法行为,但其权力却是有限的,只是中央政策的具体执行者,并没有决策权,遇事必须上报财政、实业部,监理员自己没有权力给予处理。

---

① 中国第二历史档案馆馆藏档案,档号:三(1)—2150。

② 财政部财政科学研究所、中国第二历史档案馆编:《国民政府财政金融税收档案史料(1927~1937年)》,北京:中国财政经济出版社 1997 年版,第 719~720 页。

在抗日战争以前,除了派驻上海监理员办公处具体负责对证券市场的日常监督与管理外,国民政府对上海华商证券市场的管理活动主要集中在两个方面,一是稳定市场,二是打击投机操纵。

1931年,自"九·一八"事变发生以来,上海公债买卖一蹶不振,各债市价大都跌至四折左右,此为国民政府成立以来所罕见,各界急切渴望求得妥善办法以稳定公债市场。为此,财政部积极采取措施维持各公债价格,第一步由财政部长宋子文在沪筹集现款3 500万元,委托中央、中国、交通各银行尽量收买;第二步停止买空卖空,凡公债进出,均按实际价格收付现款。① 此后价格虽有所回涨,宋子文进而认为对于债市有彻底维持之必要,使上海市商人不致再有恐慌,直接恢复公债信用,间接安定全国金融,于是假财部驻沪办事处召集上海市银行界举行会议,计有中国、交通、中央、盐业、金城、大陆、中南、上海、中国实业、浙江实业、四明、中孚、通商、江苏国货、垦业、兴业、国华等18家银行代表到会,财政部长宋子文自任主席,主持会议,经各代表长时间讨论,以为维持公债价格,实为安定金融之无上办法,前次各银行虽经放款1 500万元,目下尚有余额,惟必要时,各银行仍当尽量垫款,由各交易所暨各银行尽量收买,并请财部对于现品提交之限制,如各交易所请求撤销,应予照准。俾各商尽量交易。宋子文对此表示赞同。②

对于公务人员参与证券交易及操纵市场的行为,国民政府不仅对此颁布有严格禁令,如遇此类事件发生,均由政府派员进行调查处理,但每次几乎都是不了了之。如1931年6月,因两粤事变发生后,谣言蜂起,人心惶惶。公债价格,忽涨忽落,传闻中央造币厂厂长郭标大事抛卖公债,竟有3 000万元之巨。致市场价格一落千丈,而一般群众见现任官吏(闻财部中人亦有抛卖者)抛卖公债,自然万分惊惶,均急求脱手。致使一周内公债惨落达十余元之巨。为此,上海特别市执行委员会常务委员潘公展、吴开先、吴伯匡联名呈请政府给予严肃处理,国民政府行政院向财政部发出讯令,指出"现任官吏有人大肆抛售公债致市价惨落,特拟具办法请严厉制裁一案,奉批交国民政府办理。……查官吏不得兼营商业或公债交易等一切投机事业,官吏服务规程第九条已有明文规定。凡现任官吏自应一体遵行。如有违反前项规定者,自应由该管长官按其情节轻重依法严惩,以肃官方。……"并拟具办法两项:一、通令严禁现任行政人员,不得兼营投机事业。对于抛卖公债尤应严厉制裁,并责令各院部会省市政府负责人员严加

① 《财部维持公债办法》,《钱业月报》第11卷第11号(1931年11月)。
② 《宋财长召集维持全国金融会议》,《钱业月报》第11卷第11号(1931年11月)。

查察，如有抛卖公债者，依危害民国治罪法治罪。主管人员知情不报者连坐。二、财政、实业两部迅派人员会同各地社会局分赴各该地证券交易所严加监察，人民如有滥行抛卖公债者，应治以扰乱金融之罪，并由主管部会订定监察条例，以资遵守。①

1936 年 1 月初，当上海证券交易所公债市场再次发生剧烈变动时，市场传闻有政府公务人员参与其中炒作，为此，财政部训令该部科长区兆荣会同上海交易所监理员，前往上海证券交易所，将交易所最近每日买卖证券种类数量、双方户名以及有无投机操纵情事，详细查明上报财政部，以凭核夺。②

与此同时，政府为严厉打击与取缔上海证券市场上的投机操纵，进一步采取了以下措施，财政部鉴于一月份公债买卖交割在即，为防止债券移动调借，便于清查交易实况及投机操纵，于 1 月 26 日令饬华商证券交易所，所有一月份公债买卖交割，应一律以现品提交，不得调期。与此同时，为防止债券移动调借，并清查实际交易状况，一面派部员程午嘉、赵烦鲁、朱乃鹏分赴中央、中国、交通三行，将各行点验封存领券准备、储款准备项下之债券以及此项接收各发行准备之债券，非奉部令准许，不得私自调动。一面令梁平、朱璇章、许之枢、傅严、王季森、柳希庐等六员，前往该交易所及经纪人号，彻底查明交易账目，切实监视所有一月份交割，不许经纪人在场外自行交割，如敢故违，即严惩不贷。为安定市面，宣布从二月份起，无论新旧交易，凡卖出者，均应如数提供现品，由交易所监理员、华商证券交易所理事会代表暨该所经纪人公会代表，会同中央信托局点验封妥，交由中央信托局库房负责保管。在未经完全查实前，上海证券交易所暂缓开市。③

此后，政府还采取了一些保持债市稳定的办法，如 1936 年在统一、复兴公债发行的同时，针对如何稳定债市的问题，财部经过缜密考虑，决定设立平准债市基金委员会，为使政策落到实处，一面决定从复兴公债三亿四千万元中拨发 5 000 万元，交中央银行保存，以备平准债市之支用。④ 同时对于法币准备金内保证准备部分之债券，概按七折计算，而且当时的公债基金保持在每月 1 100 余万元左右，以后可逐月增加，如公债涨落不定时，还可另以凭证券平衡之。⑤

---

① 财政部财政科学研究所、中国第二历史档案馆编：《国民政府财政金融税收档案史料（1927～1937年）》，北京：中国财政经济出版社 1997 年版，第 726～727 页。
② 《财政部派员查究公债投机》，《金融周报》第 1 卷第 5 期（1936 年 1 月 29 日）。
③ 《债券变动剧烈及财部取缔投机之经过》，《金融周报》第 1 卷第 6 期（1936 年 2 月 5 日）。
④ 《财部拨复兴公债五千万元平准债市》，《金融周报》第 1 卷第 11 期（1936 年 3 月 11 日）。
⑤ 《财部筹设平准债市基金委员会》，《金融周报》第 1 卷第 7 期（1936 年 2 月 12 日）。

以上措施与行动,初看上去政府对证券市场的违法行为似乎采取了坚决打击,然而,最终总是不了了之,就 1936 年初的查处来看,不是认为交易所的交易情形"尚无越轨违法行为",就是说"尚未见有机关人员买卖情事"或"查明确无公务人员买空卖空投机操纵情事之经纪号"。① 同时为了表明政府查处投机的决心,不得不有所行动,财政部长孔祥熙于 2 月 6 日召集重要部员训示,"惟本部因系主管机关,同仁举动,最易为投机造谣者所利用,自应格外洁身自爱,以免藉口。"②同时命令其查明确无公务人员买空卖空投机操纵情事之经纪号,分别备具负责切结,以昭慎重,而杜流弊。当时已有 20 家缴到切结,并各附顾客户名及真实姓名住址表 20 份。其余各家亦在继续填送。③ 最后"彻查"的结果是,全部经纪号,除暂停营业之 16 家外,均具呈切结,声明并无公务人员委托买卖投机操纵情事,违者甘愿连带负责,并将顾客户名及真实姓名、住址表,一并报财政部,而财政部为昭示大公,则将彻查经过,全部公布。④

这一时期,由于上海华商证券市场相对运行平稳,租界当局并没有过多插手管理过华商证券市场,但由于租界当局自有一套行政司法管理规则,常常对中国政府的法令不予执行,如 1937 年初,当交易所中出现有的交易不用法定交易单,造成漏税舞弊,交易买卖纠葛案件不断,其中竟发现一经纪人与一、二户交易因不作成交单而无场账可查者,几达 60 万~70 万元。人民因违法行为而受间接之损害,依法向管辖工部局捕房告发,然而,工部局却以未经我国政府特别咨照为词不予受理,致使交易所中的违法行为日益猖獗。为此,律师笪耀先等呈请财政部咨照上海各租界工部局对违反交易所法案件概予受理。⑤

总之,在抗日战争爆发前,国民政府统治的最初十年时间里,对上海华商证券市场的管理主要由国民政府财政部、工商部以及实业部进行统一监管,其具体的管理则由以上中央部门设立的上海交易所监理员具体执行,政府的管理体系与北洋政府时期相较,更为完善。原因主要在于为顺利地发行公债计,政府自然迫切需要有一个良好的公债交易市场,同时,国民政府在这一时期较为注意打击不法交易和维持债市稳定。

当然,我们不仅要考察政府对上海华商证券市场的管理政策和措施,更重要的还要考察这些政策与措施的执行情况和实际效应。一个突出的问题是,公债

---

① 《债券变动剧烈及财部取缔投机之经过》,《金融周报》第 1 卷第 6 期(1936 年 2 月 5 日)。

② 《孔财长对公务员购买债券严束属员自爱》,《金融周报》第 1 卷第 7 期(1936 年 2 月 12 日)。

③ 《财部查禁官吏投机》,《国闻周报》第 13 卷第 6 期(1936 年 2 月 17 日)。

④ 《财部公布彻查沪证券交易所经过》,《金融周报》第 1 卷第 8 期(1936 年 2 月 19 日)。

⑤ 中国第二历史档案馆馆藏档案,档号:三(1)—2723。

市场为何风潮迭起,投机操纵屡禁不止? 我们从报刊和档案中看到的仅是政府所做的官样文章,最后都是查无实据,不了了之。为何会是这样的呢? 其中的奥妙我们从一些回忆录中便不难寻找到答案,[①]在 20 世纪 30 年代,上海工商金融界盛传财政部次长、钱币司长徐堪、中央银行副总裁陈行、国货银行董事长、中国建设银公司总经理宋子良组织秘密投机公司在证券市场翻云覆雨,牟取暴利。比较突出的典型事例有,1935 年通过制造九六公债停止上市谣言,引发九六公债市价狂跌,最低仅 6 元(每百元),散户大量抛空,此后,又以补空姿态买进,使大量散户在这一跌一涨间,损失惨重。后来,又通过制造“廿三关”收回换发的谣言,竟将行情抬至九折以上,他们则趁大家哄抬的机会,用高价大量卖出,由做多头改为做空头。这时,财政部发言人却声明没有收回“廿三关”之事,使得行情急剧下跌,不少人被弄得倾家荡产。1936 年初“统一”公债发行前夕的公债风潮,更是与所谓秘密公司直接有关,他们一方面将财政部整理公债的消息散布出去,说政府整理公债是因为财政困难,对旧公债,要停止付息,造成市面恐慌,使中小散户对政府公债丧失信心,纷纷抛售公债,使各种公债的价格在几天内一落千丈,一方面却乘机大量吸收,几天之后,又利用中央银行的雄厚资金,以压倒一切的优势在市场上哄抬,使公债行情又重新暴涨,在短短几天中,弄得许多人倾家荡产,甚至自杀,而他们却从中赚到 3 000 多万元的暴利。上海人痛恨地称之为“三不”公司(“三不”是指徐堪的“不堪”、陈行的“不行”和宋子良的“不良”。),而该公司的后台就是孔祥熙。由此可见,国民政府要员幕后操纵,凭借特权,肆无忌惮地进行投机倒把,左右公债市场,事后,又由这些人进行所谓的查处,结果如何便可想而知了,自然,上海华商证券市场的投机操纵行为屡禁不止就势所难免。

第三节　抗日战争时期及其抗战
胜利后政府的证券监管

抗日战争爆发后,上海华商证券市场的管理,进入到一个特殊时期。在太平洋战争爆发前,虽然日军占领了除“租界”外的上海地区,国民政府的势力退出了上海,但由于租界的存在,国民政府仍然在上海租界范围行使相当权力,又由于

[①] 以下内容参见祝世康:《孔祥熙与“三不”公司》、俞莱山《“三不”公司的几次翻戏》,寿充一主编:《孔祥熙其人其事》,北京:中国文史出版社 1987 年版,第 151~153、165~168 页。

华商证券市场建立在租界内,因此,1937 年 7 月～1941 年 12 月 8 日,上海的华商证券市场仍由国民政府行使管理,只是随着时间的推移,其管理处于不断的弱化,而当太平洋战争爆发后,日军侵占租界,上海全部沦陷,此后直到 1945 年 8 月抗日战争胜利,上海华商证券市场则处于汪伪政府的严厉控制与管理之中。抗日战争胜利后,上海华商证券市场的管理权又重新归属国民政府经济部和财政部,直到 1949 年 5 月,华商证券市场的结束。本节将分别对以上三个阶段进行论述。

一、太平洋战争爆发前国民政府的证券监管

1937 年"七·七"事变发生后,上海华商证券市场发生剧烈震荡,国民政府对此极为重视,采取紧急措施,尽力维持上海证券市场的正常运转。7 月中旬,财政部邀集中、中、交三行要员商议如何维持债信办法,决议四项:一、即日宣布由各银行照旧套息;二、确定统债最低价,市价如落至最低价,即由财政部委托中、中、交、农、国货、裕华六行买进维持;三、委托六行维持债市进出账目,逐日以一份封呈钧座(蒋介石),一份送财政部;四、必要时由财政部检查银行储蓄领款等债券进出账目。当在议定维持公债最低市价时,发生分歧,或主张以 66 元为最低价格,或主张应为 73 元,究以何种价格为最低,经请示国民政府军事委员会总裁蒋介石裁夺后,最终确定以八月期丁戊两种 70 元为最低价。7 月 22 日,财政部将此办法急电上海中央银行副总裁陈行,委托其分别密转中、交等五行知照,并由陈行主持,委托六行买进维持,所有此项维持债市损益,概由财政部负担,同时请副总裁陈行将每日进出债券种类、数量、价格制成详表,一份密呈委座(蒋介石),一份呈送财政部。[①]

7 月 28 日,浙江旅沪同乡会致电蒋介石,称:"自卢沟桥案发生以来,国债市价连日暴跌,若无奸商操纵投机,决无此种异状,再不设法制止,必引起全国金融风潮,倘国债市价继续下流,中小银行定有倒闭,存款必向外流,为特电呈钧座迅令财政部制止证券交易所经纪人不得接受空头交易,否则严惩,一面令饬中国、交通、中央三银行尽量套利以维国信而安人心,临电不胜迫切之至。"7 月 29 日,军事委员将该电文转函财政部钱币司、公债司,要求严予查处。这样,8 月 1 日,财政部正式向上海华商证券交易所发出训令,一方面,要求其对于操纵债市、乘机牟利的不肖之徒,严予取缔,以维债市,而安金融;另一方,面宣布自 8 月 2 日

---

① 中国第二历史档案馆馆藏档案,档号:三(2)—253。

起,该所八九月期统一公债各种交易,以丁、戊两种每票面百元开价70元为最低价格标准,甲、乙、丙三种之最低价格比照平时差价推算,如所开市价低于所定标准价格时,即为无效,并不准私在场外交易,如有违反,一经查明,依法严惩不贷。[1] 与此同时,又致电中央银行副总裁陈行:在限价公布之后,"所有前定委托买进维持办法,自应停止,惟维持开价,贯彻政令起见,对于各该公债仍请体察情形,由中央银行逐日小额购买,每种以票面5千元至1万元为度,以免该所多挂黑牌,影响人心,其损益仍由本部负担,并将每日买入债券种类、数量、价格制成详表报部备查,每一星期汇报一次"。[2] 据不完全统计,沪抗日战争时,中、中、交三行为维持债信而购买公债,三行共买进八月份统一公债票面2 455万元,计金额19 887 745. 92元;中央银行单进七月份统债票面257.5万元,计金额1 736 245.85元,九月份统债票面10.05万元,计金额76 435元,佣金均未计。[3]

8月11日,华商证券交易所奉令停业,然而"八·一三"事变爆发后,公债的善后事宜并未结束。按照华商证券交易所的规定,上海市银行业同业公会各会员银行所做8月份公债,应于8月30日交割,但到时并未实行交割,到了9月20日,关于8月份交易如何办理亦没有只字通知,使各方资金长久搁置,不能活动。为此,华商证券交易所称奉财政部命令,照8月13日记账价格,按月息一分,掉期至9月份。但各会员银行对此并不满意,9月21日上海银行公会召开全体银行业会议,认为延期交割办法仍系暂时性质,并呈请财政部应尽快制定统筹解决之方,以免长此拖延。财政部曾批令华商证券交易所将掉期至9月份全部交易如期办理交割,但华商证券交易所并未照此办理,后经政府银行、华商银行、华商证券交易所及经纪人各方代表共同会商,于1937年10月底达成协议,由于交割困难,银行业作出让步,愿将各银行应交之额约9 000万元左右,照部定限价收回,而其余四五千万元,采用其他变通办法办理,交易再次延期至1938年2月1日交割,利息按月息一分计算。然而,到1938年2月,由于沪市环境仍然恶劣,展期的期货交易办理困难,财政部只得批准上海华商证券交易所照1937年8月13日记账价格连同九六公债结价了结。[4]

在整个"孤岛"时期的上海华商证券市场上,公债的交易虽失去了往日的辉煌,却并没有完全退出证券市场,其暗盘交易一直存在,这主要同国民政府在战

---

① 中国第二历史档案馆馆藏档案,档号:三(1)—2731。
② 中国第二历史档案馆馆藏档案,档号:三(2)—253。
③ 中国第二历史档案馆馆藏档案,档号:三(2)—4653。
④ 上海市档案馆馆藏档案:档号:S173—1—321。

争期间竭力维持公债债信有关。1938 年 1 月,行政院长兼财政部长孔祥熙对路透社记者发表谈话,明确表示中国政府将坚决履行偿债义务:中国虽军事迫切而政府财政亦感困难,但已完全迅速履行应付内外公债之义务。近年来中国财政与货币机构,已置有坚固基础,能使国家应付艰巨,非从前可比,因此中国信用易于维持。① 为取信于民,立即付诸实际,将一月底到期的统一公债第四次应还本息款项由财政部拨足,交经理银行备付;二月底到期的复兴公债第四次应还本息款项,也已拨存经理银行备付。② 尽管如此,在 1939 年欧战爆发之前,由于军事及政治变动的影响,加之还本付息问题亦时起纷扰,公债市价的变动仍然较大,此后,国民政府对于维持债信始终如一,且确定付息地点,到期本息由经付机关按期付给,从未延期。这样,上海公债市场的暗盘交易得到了基本稳定与维持,其变动幅度逐渐缩小,如统一甲种公债暗盘市价从 1939 年下半年至 1940 年下半年徘徊于 55~56 元之间长达一年之久,③并且其间还时有上涨。到 1941 年年初,公债市况呈直线上升之势,统一五种债券俱逐日发现新高价,甲种已穿出"八·一三"事变前政府挂牌法定限价 76 元以上,因为此种公债第 11 次抽签,将于 2 月 10 日举行,抽签支数,骤增至 36 支,为期亦逾趋逾短,故比他种为特优。在中国当时战事状态下,公债上涨至少说明两点,其一,在政治上表示人民对于政府抗日战争信心的加强;其二,在经济上表示人民对于国债信心的加厚。④ 但是,无论如何,"孤岛"时期的上海公债市场,已降居附属地位,在金融活动中并未产生如从前一样的重大作用,此时从事公债交易活动的多数均为"职业上"之公债投机户,在小范围之内的活动,而抗日战争前从事公债买卖的银钱业此时亦将目光转向了更能获利的外汇与股票市场中,因为从事外汇与股票的经营为利之厚远非从事于价格呆定之公债买卖可比。

沪战结束后,国民政府虽退出了上海,但仍留办事处,对上海的工商金融等业尽其所能的加以管理。如 1938 年,日商与法、意商人均拟在沪另设非法交易所,以图操纵市面。国民政府经济部与财政部作出决定,一方面电饬上海交易所监理员、上海市商会转饬上海交易所联合会各所、经纪人公会及各业同业公会分别告诫各同业,不得参加此项非法组织,如有违反,除受各公会同业会章的严厉制裁外,还须送交法院依法究办;另一方面会函司法、行政部门转饬上海特区法

---

① 《中国财政基础巩固—内外债仍照常偿付》,《银行周报》第 22 卷第 2 期(1938 年 1 月 18 日)。

② 《到期内债本息照常偿付》,《银行周报》第 22 卷第 3 期(1938 年 1 月 25 日)。

③ 重庆市档案馆馆藏档案,档号:0020—0101—141。

④ 《一周金融》,《银行周报》第 25 卷第 1 期(1941 年 1 月 14 日)。

院坚拒违法组织交易所,并对于非法交易所经纪人之买卖纠葛案件一律认定无效,对非法加入交易所的华商依法严办,以此加以制止。① 经济部以交易所为特种营业,应受主管官厅严密监督,方可以杜绝操纵,免除流弊。下令沪上自行政机关撤退后,各交易所均停止营业,并由经济部会同财政部拟定维持办法,切实办理。下令……非经呈准,一律不许复业。② 在国民政府的干预下,整个"孤岛"时期,上海的各类交易所均未正式恢复营业。

1938年6月,财政部训令上海证券交易所监理员,对三丰证券号的违法行为进行调查处理。该号既非华商证券交易所经纪人,亦非该所经纪人公会会员,竟自称证券号,刊发代理买卖有价证券字样账单,擅自代理买卖统一公债戊种债票,于1938年4月6日将具呈人抵质借款之内质物~统一戊种公债49 700元,以每票面百元作价48.2元卖出,不但不合《交易所法》规定条文,且抗违财政部所规定之统一公债各种交易最低价格标准的限令,抑低公债价格,并公然在场外进行交易,乘机牟利,扰乱金融。③ 财政部对其的查处,表现了政府当局力图控制上海华商证券市场的决心。

由于当时国民政府不允许交易所复业,在整个孤岛时期,华商股票交易虽然在洋股的带动下开始了恢复与发展,但总体而言还是相对较弱,当时经营华商股票的公司仅永昌、裕兴、福康、中国及中国股票推进会等数家,同业阵容十分薄弱,其管理也是各家股票公司各自为政。

总之,在"七·七"全面抗日战争爆发后,以及"孤岛"时期,仍由国民政府行使对上海华商证券市场的管理,"八·一三"事变前,国民政府对上海证券市场的竭力维持,表明其对上海经济地位的重视,国民政府对上海经济的直接掌握在当时具有经济上与政治上的重要性,上海的证券市场是一个十分重要的金融市场,其投资者十分广泛,涉及社会的各个方面,其中银钱业是最主要的机构投资者,这样上海证券市场的稳定对于上海经济与金融的稳定就显得十分重要。而当1937年11月国民党军队退出上海,上海沦为"孤岛"后,国民政府的行政机关尽管撤出了上海,但并没有放弃对上海"孤岛"的管理,相反,国民政府还利用"孤岛"的特殊地位,同日伪在上海展开了一场特殊而激烈的经济战、金融战,为了更有利的打击日伪的经济势力,国民政府一方面尽力阻止日伪对上海证券市场的

① 中国第二历史档案馆编:《中华民国史档案资料汇编》第五辑第二编(财政经济)(五),南京:江苏古籍出版社1994年版,第112~113页;上海市档案馆藏档案,档号:Q201—1—655。
② 《交易所非经呈准不许复业》,《银行周报》第23卷第33期(1939年8月22日)。
③ 中国第二历史档案馆馆藏档案,档号:三(2)—4653。

控制,另一方面加强对投机商违法行为的管制,严厉禁止包括证券交易所在内的各类交易所的复业,从全局的观点来看,国民政府的这一措施是无可厚非的,因为证券市场是一个十分敏感而又充满投机性的市场,不易控制,也很容易为日伪所利用。也正是由于国民政府对上海证券市场的严厉监控,禁止各类交易所的开办,使当时华商股票公司的创立成为非法,加之当时盛极一时的洋商股票市场吸引了大量的游资,这时的上海华股市场仅处于复苏阶段。然而,随着战事的发展,国民政府在上海势力的逐渐收缩,其对上海华商证券市场的管理与控制也日趋衰弱,直至太平洋战争爆发而最后丧失。

二、汪伪统治时期政府的证券监管

1940 年 3 月,汪伪政府建立后,上海华商证券市场的管理主要归属于伪工商部与伪财政部。当 1941 年 8 月,伪工商部与伪农矿部合并为伪实业部后,其管理就归属到了伪实业部与伪财政部,而伪上海市则由伪社会局、伪经济局及伪社会运动指导委员会负责管理。

太平洋战事发生后,随着新兴股票公司的迅速发展,上海华商证券市场呈现极端混乱状态,股票交易既没有正式的市场,同业又无业规,组织上更没有统一的系统,而股票商与厂商联手翻云覆雨使新股纷纷上市,筹码急剧膨胀,"空头股票"给投资者带来极大的损失。

面对上海华商证券市场的紊乱情况,1942 年 8 月初,汪伪实业部拟具管制措施:

一、由官厅筹设华股市场办理买卖股票;

二、准许正当商人筹设证券交易所受政府严格监督,其办法另定;

三、由官厅责成华股同业公会实施下列监督,其详细办法另定;

甲、各股票公司应于 15 日内一律遵章注册;

乙、各股票公司应向官厅缴纳相当保证金(存于官立银行),若违法属实即没收充公;

丙、凡未经呈准立案之新设立公司行号一概不得为股票买卖;

丁、凡已经立案之新设公司行号得由官厅会同华股同业公会组织审查委员会审查资格再行允为股票买卖;

戊、所有股票买卖一律须现款现货由股票公司将买卖两方之款项股票悉数交入官立银行先行制给收据,俟收现次日后再为交割,以资证明。[①]

---

① 中国第二历史档案馆馆藏档案,档号:2012～2167。

根据这一意见,伪实业部进而出台了《取缔买卖华商股票规则》12条,于8月26日正式颁发,其主要内容为:(一)股票商应办登记,并缴纳保证金,否则不得营业。凡在上海区内自资经营或代客买卖各种华商股票业商,自本规则公布之日起15日内,呈报上海特别市社会局申请注册,再由市社会局将核准之业商造具清册呈报上海特别市政府转咨实业部备查。其核准注册后的股票商,应依照资本额10%缴纳保证金于市社会局所指定之官立银行,方可营业。(二)凡上市股票,应经法定机关审定,不合格者,禁止流通。(三)交易情形,应陈报备核。股票业商买卖华股,应一律使用现款现货,不得为期货之买卖,不得有操纵市价或垄断居奇之行为。股票业商每届月终应将经营情况,依照股票种类分别列表呈报上海特别市社会局核查,再由社会局汇报市政府转咨实业部备查。(四)违反本规定者,处100元以上500元以下之罚金,其情节重大者,勒令停业。[①]

为了配合该条例的实施,上海特别市社会局特拟定《取缔上海股票业商买卖华商股票暂行规则施行细则》6条,并呈汪伪实业部批准。该实施细则进一步明确规定:凡未经社会局核准注册之股票业商不得经营华商股票业务,其兼营者亦同。股票业商除商立银行、银号、信托公司等兼营者外,均应依照规定缴纳保证金。前项保证金一律由中央储备银行、中国银行、交通银行或上海特别市复兴银行经收存储,并照章给予年息。如有新设之华商公司股票上市,股票业商应先呈报社会局,经核定后方得买卖。1943年4月后,其管理权由伪上海社会局移交给伪经济局。[②]

与此同时,在日军操纵下的公共租界与法租界也采取了相应的措施,配合汪伪政府对华商股票市场的取缔。但汪伪实业部的取缔令对于已经勃兴起来的华商股票市场而言,等同虚文,所谓禁者自禁,做者自做,而整个股市仍然陷于浓厚的投机气氛之中,刺激物价,间接威胁市民生活。于是,在日军控制下的租界当局开始出面干预,首先,工部局针对当时新公司股票层出不穷,不少股票公司与新成立的公司厂家狼狈为奸,通过虚假宣传,将新公司股票上市买卖,抬高其股票市价,并照票面加数成抛出,一般顾客,不知实情,受欺高价买进后,市价一落千丈,永无上升之日,给社会造成极大危害等情况,警告市民,勿盲目投资购股,并于1942年11月21日发出公告:"查近有若干不法商人,创设滑头公司,一面捏造消息,复凭无谓号召,将其股票推行市上,若干公司,其营业亏折,已为人明晓,但仍在市上推行股票,虽公司经济情形欠佳,然由于有人从事垄断,股票价值

---

① 杨德惠:《上海的华股市场(下)》,《商业月报》第22卷第2号(1946年6月)。
② 中国第二历史档案馆馆藏档案,档号2012~2167。

竟于一星期内,告涨 25%～30%。此外若干新公司之股票,其价值与前途,并不可靠,但亦凭虚伪之宣传,推行市上。本局有鉴于此,为保障市民之利益起见,向一般利用本埠情势图获暴利之徒,发出警告,投资之人,为自身利害计,尤宜于投资购股以前,详查该公司之资产负债表、损益计算书以及营业报告等等,彼真正可靠经济健全之公司,无不乐于宣布公司真实情形。反之,一般专以图获暴利为目的之虚伪组织,决不愿将其内容真相对外泄露也。无论何人,倘认为有受骗于某公司之情事者,为公众利益着想,应即就近报告捕房,以凭查就。"①接着,公共租界与法租界还采取了相应的措施,配合汪伪政府对华商股票市场的取缔。1943 年 2 月 18 日,工部局以股价步涨不回,刺激物价为由,查封两大股票商永昌与中国,使其全部交易暂停。3 月 2 日,工部局又发出布告:"一切人士,合伙商行公司或组合,不论国籍,自即日起,如有未向本局领照而擅自从事有价证券之交易者,当受封闭营业处所,及其严峻之处分。"布告发出第四天,3 月 6 日又对未获许可而继续经营的股票公司 65 家,予以查封处分。法租界当局,也对界内经营有价证券提货单等代客买卖商人,规定期限申报,未得许可而经营上述交易者,处一万元以上五万元以下的罚金,并没收证券及封闭其营业机关。②

在日伪政府以及租界当局的严厉打击下,混乱的华股市场开始收敛,股票商们不得不向伪政府进行登记,据统计,1943 年 3 月～6 月底止,陆续向上海市经济局申请注册的股票公司共 267 家,5 月 19 日,首批获准注册的永昌等 15 家股票公司正式复业,到 5 月底止,经伪上海市经济局审核合格颁发注册执照者共计35 家,其余已申请而未核准之股票业商 232 家。③

从汪伪中央与上海地方政府及租界当局对上海证券市场的取缔措施来看,其核心不外以下三点:(一)股票商应办登记,缴纳保证金。(二)买卖股票,须经审查委员会审定,不合格者禁止流通。(三)交易情形须呈报,便于明了股票商的营利。必须指出的是,汪伪政府的这些措施表面上看是为了规范证券市场,然而其真正动机却并非如此,而是在于利用整顿证券市场之机搜刮钱财,以弥补伪政权财政的亏空。如查抄永昌和中国两家股票公司时,竟将两家公司银箱里的所有股票账册款项,统统囊括一空,从"永昌"带去的股票,依当时价值估计约值1 000 余万元;自"中国"带去的股票约值伪币 300 万元。此后,为了复业,各股票

---

① 吴毅堂编:《中国股票年鉴》,1947 年 1 月初版,第 11 页。
② 杨德惠:《上海的华股市场(下)》,《商业月报》第 22 卷第 2 号(1946 年 6 月)。
③ 中国第二历史档案馆馆藏档案:档号:2012～2165。

公司也花了不少交际费。[①]

1943 年 7 月,汪伪政府下令同意伪上海华商证券交易所股份有限公司筹备"复业",财政部与实业部会同命令上海市政府废止《取缔上海股票业商买卖华商公司股票暂行规则》及其施行细则。

然而,这一命令,却遭到当时众多股票公司的强烈反对。中央信托股份有限公司等 31 家股票业商号认为,华商证券交易所过去营业范围,虽包括公债及股票等项,但实际经营几全为公债一项,股票营业只是偶一为之,数量既小,范围亦狭,而今复业,亦并营股票,这将使已经获取上海市经济局核准注册的股票商们的利益遭受损失,因此联名请求政府保护,要求政府限制该交易所复业后对于股票不得兼营。伪实业部对此作出批示:要求原已申请注册的股票商直接与华商证券交易所切实联络协商,参加合作。[②] 9 月初,伪实业部对所收到的伪上海市经济局核准第三批注册股票业商清册作出决定:发还保证金,以资结案。同时批准伪上海市政府制订有关善后办法三项:一、已申请未核准之股票商暂缓审核;二、未核准之股票商注册费等予以发还;三、已核准注册之股票商自当有效,保证金不必退还。[③] 至此,汪伪政府由对上海华商股票业的取缔与严禁,进入到恢复股票市场并对其实行严格监管的时期。

1943 年 9 月 29 日,汪伪华商证券交易所举行"复业典礼"。11 月 8 日,正式开拍华股,并按成交额万分之六代征交易所税。从此以后,汪伪政府开始对上海证券市场的全面管理。

首先是确定了管理机构。1943 年 9 月～1944 年 9 月,主要由汪伪财政部钱币司与实业部商业司共同实施领导,由两部会同设立证券监督管理委员会进行具体的监督管理,汪伪财政、实业两部设立的"交易所监理委员会",委员俱为两部所派,主任委员陈之硕,委员陶国贤、李尚铭、陈中、钟家骧、薛光铖、徐天深等6 人,其任务是监督交易所的业务行动。[④]

根据现存伪交易监理委员会的部分工作报告及常会会议录等有关档案资料显示,伪交易所监理委员会在存在的一年时间里,主要做了以下几个方面的工作:

第一,对发行、上市股票进行审核。凡需通过华商证券交易所上市的股票,

---

① 陈善政:《八年来的上海股票市场(续)》,《银行通讯》新 4 期(总 29 期)(1946 年 3 月)。

② 中国第二历史档案馆馆藏档案:档号:2012～2165。

③ 中国第二历史档案馆馆藏档案:档号:2012～2167。

④ 杨德惠:《上海的华股市场(下)》,《商业月报》第 22 卷第 2 号(1946 年 6 月)。

均需按照上市规定首先向上海交易所监理委员会申请核准,未经批准,不准上市。

1944 年初,泰山地产股份有限公司未经伪上海交易所监理委员会核准登记即发行股票,并上市交易,伪上海交易所监理委员会 2 月份令饬交易所自奉命之日起应即停拍泰山公司股票,听候核定。并对未经本会审查核准之钙奶生等 27 家股票擅自上市开拍给予警告,勒令停拍听候处理。同时,交易所致函监理委员会,要求修改上市股票审查原则第二条规定公司成立营业一年以上者其股票始得上市,认为此项限制影响新近工商业社会金融暨交易税收甚巨,请求删去限制,因各公司申请上市股票逐日递增,要求先上市后呈报,通融办理,对于此二项要求,监理委员会给予否定。① 截止到 1944 年 10 月 31 日伪交易所监理委员会结束时止,通过其核准上市的股票公司共计 200 家,另有经申请办理而未合原则之各公司 44 家。②

第二,密令交易所对操纵市价的不法投机商人,随时严密查报。监理委员会为了明了各经纪人业务情形起见,特制发各经纪人业务成绩调查表,通饬各经纪人依式查填,根据经纪人所填报的情况,汇成统计表以资参考。

第三,对上市股票公司进行规范,为明了上市股票各公司的情况,特通令经监理委员会核准上市股票之各公司造具 1943 年度资产负债损益计算书、财产目录、营业报告书以凭核查。③

1944 年 9 月,伪财政部与实业部会同呈奉伪行政院核准,将保险公司及证券交易所之监督指挥事项划归财政部专管,具体业务归钱币司职掌,并在该司原设三科之外,另添设第四科专负其责。④ 于是,从 1944 年 10 月～1945 年 8 月战争结束,汪伪政府将上海证券交易所的监督管理权直接划归伪财政部主管领导,由伪财政部设立的证券交易所监理员具体监督管理。10 月 14 日,财政部派陈之硕、钟家骧、陆聪祖为上海证券交易所监理员,并指定陆聪祖常驻所办事。原上海交易所监理委员于 1944 年 10 月 31 日将所有事务全部结束,分别造具清册,办理移交。⑤

其次,在证券的基本法律体系上,汪伪政府仍然遵循国民政府 1935 年颁行的《交易所法》及其实施细则。如当 1944 年 11 月伪上海华商证券交易所呈请该

---

① 中国第二历史档案馆馆藏档案:档号:2063～2889。
② 中国第二历史档案馆馆藏档案:档号:2063～2732。
③ 中国第二历史档案馆馆藏档案:档号:2063～2889。
④ 中国第二历史档案馆馆藏档案:档号:2003～3563。
⑤ 中国第二历史档案馆馆藏档案:档号:2063～2732。

所股票上市做现货交易时,伪实业部与财政部及行政院均以与《交易所法》第 29 条之规定不合,而予以否定。[①]

依据《交易所法》及其施行细则等基本法规,汪伪政府还制订了一系列规范上海证券交易所的章程、规则。1943 年 9 月伪实业部与财政部制定了《上海交易所监理委员会组织规则》(17 条),规定上海交易所监理委员会(以下简称监委会)的权力是承实业、财政两部之命,依法执行交易所一切监督检查事宜;凡各种有价证券,非经监委会之核准,不得登场;监委会得随时监察交易所及经纪人的一切营业,凡有违反法令之行为,据实呈报实业、财政两部核办;监委会认为必要时得令交易所及经纪人编制营业概况及各种表册;交易所职员或经纪人对于监委会之命令或查询,有不服从或故意延宕者,监委会可依法严予处分,呈报实业、财政两部备案;监委会每月编造工作报告于次月 10 日以前呈报实业、财政两部查核。同时还规定监委会职员不得参与交易所买卖,违者以渎职论。规定了监委会的组织情况及内部分工。设主任委员 1 人,委员 4～6 人,均由实业、财政两部会同指派,监委会下设总务与稽核两组,总务组,办理文书、会计、庶务等事宜;稽核组,办理交易所应造之表册,检查经纪人之业务簿据、财产等及检讨市场价格变动之原因。[②]

同时,还颁布了《修正交易所监理员规则》(12 条),该规则依据 1931 年 7 月 16 日国民政府实业、财政部会同公布之《交易所监理员暂行规程》加以修正,修正后的规则与原规则基本一致,1941 年 11 月 7 日,由汪伪财政部与实业部呈请行政院批准正式颁布。规定:监理员的职责是随时监察交易所及经纪人关于营业的一切簿据文件及一切行为,如发觉有虚伪及违法情事以及对于交易所一切事项认为有应行纠正或取缔必要时,应随时据实呈报实业、财政两部核办。须将每月工作情形编成报告于次月 10 日前呈报实业财政两部查核。监理员不得参加交易所买卖,违者以渎职论,监理员得酌用办事员若干人,其名额薪给呈由实业财政两部核定。[③]

综上所述,上海华商股票市场在"孤岛"的后期开始兴起,到太平洋战争爆发后达到空前繁盛,日伪政府对其的管理经历了一个从严厉取缔到控制、利用的过程,新兴的华商股票市场也相应经过了从混乱到有序和统一的时期。客观而论,

---

① 中国第二历史档案馆馆藏档案:档号:2003～3719。
② 上海市档案馆馆藏档案:档号:R1—14—448。
③ 中国第二历史档案馆馆藏档案:档号:2003～3688。

汪伪政权在政治、军事、经济上的总体政策是反动的,但单就政府对股票交易市场管理本身而言,确实取得了一些重要的值得肯定的经验和成效,其一,使华商证券市场产生了根本性的转轨,把交易对象从抗日战争前以公债为主转为以华商企业股票为主,这是突破性的飞跃,是上海证券发展史上的一个巨大转变,抗日战争前的证券市场以公债为主,实质上是政府的财政市场,而沦陷时的证券市场以华商股票为主,才开始了向资本市场的转变。其二,建立了一整套的规章制度,极大地完善了证券市场的管理体制,虽然其管理的诸多方面还存在不少缺陷,而且由于受政治、军事、经济形势的制约,不能充分发挥其应有作用,但从这些规章制度的本身看,基本是合理的、符合市场发展规律的,并为抗日战争胜利后新的证券市场的恢复与发展奠定了一定的基础,提供了有益的借鉴。

三、抗日战争胜利后政府的证券监管

抗日战争胜利后,上海证券市场的管理权又重新归属国民政府经济部和财政部。而上海市则主要由社会局负责,其他部门如警察局、公用局、财政局等给予配合,共同协助中央政府对上海证券市场进行管理。

战争刚一结束,经济部就公布《收复区公司企业处理办法》11条,为防止敌伪资本及未经政府核准发行之股票或公司债票的移转,规定股份不得作任何转让变更,有价证券亦应一律停止买卖抵押转让,一概听候政府另订办法处理。接着,经济部抗日战争时生产局苏浙皖区特派员办公处建立,直接负责管理上海证券市场,奉经济部训令,将伪证券交易所接收,汪伪时期开业的华商证券交易所于 1945 年 8 月 18 日停止营业后,即宣告解散。自此以后,一切证券的交易买卖均为黑市。1945 年 10 月间,国民政府财政部驻京沪区财政金融特派员通令上海各交易所:“交易所非得财政部命令不得开业”。同时对日伪设立、经营的交易所加以接收,对私营交易所进行清理。生产局特派员曾与财政部特派员会同函请上海市政府将股票黑市买卖及一切非法类似交易所之买卖设法取缔查禁,11月 18 日,沪市政府发出查禁布告,并令社会与警察两局协同执行。[①] 虽然政府禁令不断,然而股市的暗中买卖仍十分猖獗,股价在投机冲动下再度猛升,1946年 2 月 19 日,市政府奉财政部京沪区金融特派员办公处之命召集有关方面开会,提出根除证券市场非法投机交易的四项办法:(1)勒令停业;(2)责成证券交易所理事会执行;(3)拆除电话;(4)随时派警察巡查。2 月 23 日上午,证券大楼内 1 100 多部电话全部被拆除。① 经查上海证券大楼内各字号及经纪人共有 143 家,(一)确仍有代客买卖黄金、证券,经提出账册检查者共 88 家;(二)确仍代客买卖黄金、证券,拒绝检查账册或隐匿账册者共 31 家;(三)室内无负责人,无法查询者共 5 家;(四)已行停业或尚未开业者 8 家;(五)其他商号 11 家。② 为取缔黄金外汇证券投机,国民政府还下令将证券大楼各商号勒令停业,然而该大楼以外的金号钱兑股票却仍照常营业。整个财政部驻京沪区财政金融特派员办公处的工作到 1946 年 4 月底结束,自 5 月 1 日起由财政部各主管司署分别接办。③

与此同时,公债黑市上统债更是成为投机家的得意法宝。因为政府宣布 1941 年以后所发公债照常还本付息,1941 年以前的公债另案办理。投机家们借此宣传"另案办理"即政府将考虑照关金付息,甚至故意谣传政府将用发行孙票兑付抗日战争前公债本息,以为抬价获利张本。1946 年 1 月 8 日,财部部长俞鸿钧不得不对此做出书面答复:"查上海证券市场,自沦陷后,停顿已久,最近上海证券市场与黄金外汇市场,均为黑市,谣言甚多,其他孙票兑付抗日战争前本息一节,全系谣传,本人曾已一再发表谈话,否认本部有发行孙票之计划。至所询对抗日战争时公债一概还本付息,抗日战争前公债则另定办法一节,事实并非如此。按本部规定系民国三十年起,所行各债先在收复区照常继续候付本息,至三十年以前发行各债,俟另定办法,因三十年以后所发行各债,系在后方发行,债票并未流入沦陷区,故无因战事而遭刦失之情事,持票人如已携回收复区,为便利偿付起见,自应准予就地照付。至三十年以前发行各债债票,各持票人多未带出,而为敌伪刦失,如因战事损失,似查明劫失情形,办理登记手续,方得恢复偿付。有本部汇核各银行报告,拟定处理办法,不久即可公布。以上办法为行政上应有之手续,并非对于抗日战争前公债不予偿付。"④ 然而,市场并未理会,统一各债继续上冲,直到 1946 年 6 月 19 日行政院长宋子文声明统债依票面还本付息后,引起公债价格暴跌,6 月底债市从高峰 8 千元直泻至千元关内。⑤ 受此影响,大亚银行终因投机公债失败而于 6 月底前夕宣告停业,风声所播,人心惶惶,于是银根紧势变本加厉,不稳行庄,有摇摇欲坠之势,如此蔓延了一月之久,上海市因公债投机关系,有 100 余家行庄几难维持,而宣告破产者不知多少,金融界

---

① 任建树主编:《现代上海大事记》,上海:上海辞书出版社 1996 年版,第 930 页。

② 上海市档案馆馆藏档案:档号 Q1—9—156。

③ 《财政部驻京沪财政金融特派员办公处公告于四月底结束》,《金融周报》第 14 卷第 18 期(1946 年 5 月 1 日)。

④ 《战前公债处理办法》,《财政评论》第 14 卷第 4 期(1946 年 4 月)。

⑤ 洪文里:《内国公债的检讨》,《商业月报》第 23 卷第 4 号(1947 年 4 月)。

损失达 1 500 亿元以上。各行庄直接遭受风险的原因,是公债狂跌,客户退票数额过多,因此周转不灵,无法调度,7 月 3 日一日中,各行庄票据交换所缺头寸,竟达 217 亿元之巨,于是金融业呈现空前未有的混乱状态。[①]

正是由于这种经久不衰的黑市证券交易,与国民党统治区的其他金融性物品交易交织在一起,构成了通货膨胀下投机活动的交响曲。

面对此种情形,国民政府既禁止不住,又取缔不了,转而采取重新设立证券交易所的政策,企图运用证券市场,以控制金融活动,抑制通货膨胀和刺激经济的振兴,于是,1946 年 6～9 月,由国民政府财政、经济两部具体组织、指导筹建新的上海证券交易所。

同时,财政、经济部为管理上海市证券交易所业务又设置上海市证券交易所监理委员会(以下简称监委会),规定监委会设委员 15 人,由财政部经济部会派:财政部代表 4 人,经济部代表 3 人,中央、中国、交通、农民银行代表各 1 人,工商界代表 2 人,证券业同业公会会员代表 2 人。监委会下设总务、审查、调查三科,依法执行对证券交易所一切监督检查及稽征交易税事宜,其职权如下:上市证券的调查审定;证券业同业公会会员字号数额及资格的调查审定;证券交易所章则规程之审定;上市证券公司厂商财务业务的调查审核;交易业务的监督管理;交易税的稽征;财政部经济部临时交办以及其他有关监督管理事宜。[②] 而且还沿袭了抗日战争前由中央向地方派驻交易所监理员的做法,财政部于 1946 年 9 月 4 日派王鳌堂为上海证券交易所监理员,经济部也于 9 月 7 日派吴宗焘为上海交易所监理员,并重新颁布了《修正交易所监理员暂行规程》。该规程与 1931 年 7 月 16 日颁布的《交易所监理员暂行规则》相比较,除将交易所监理员的派遣与管辖权由抗日战争前的财政部与实业部改为抗日战争胜利后的财政部与经济部外,其余内容基本一致。10 月 1 日,财政经济两部上海交易所监理员办公处正式办公,监理员吴宗焘、王鳌堂同时到职视事。[③] 可见,监理员制度成为政府对上海证券市场重要的监管制度。1948 年 7 月,经济部改为工商部,7 月 13 日,原财政经济部上海交易所监理员办公处奉命改为财政工商部上海交易所监理员办公处,10 月 22 日财政部原派监理员王鳌堂呈请辞职,由该处秘书王传福暂行兼代。1949 年 3 月 8 日,奉财政部通知,派上海金融管理局局长毕德林兼上海

① 《上海金融风潮纪实》,《银行通讯》新 8 期(总 33 期)(1946 年 7 月)。
② 中国第二历史档案馆馆藏档案:档号:三(2)—3187。
③ 上海市档案馆馆藏档案:档号:Q327—1—5。

交易所监理员,3月9日工商部派杨庆簪为本部上海交易所监理员。①

尽管如此,上海的证券黑市并未因上海证券交易所和政府监管机构的建立而消失,场外黑市交易仍延续不断,十分猖獗,使场内交易发生剧烈波动,证券黑市成为困扰上海证券市场的一大顽症,因此,取缔证券黑市交易也就成了这一时期国民政府管理上海证券市场的主旋律。

1946年10月,刚建立不久的上海证券交易所致函上海市市长吴国桢,强烈要求取缔证券黑市,并上呈紧急处置办法五项:(一)由本所负责调查上海市违法经营黑市证券交易字号;(二)由上海市警察局协同财经两部上海交易所监理员办公处,并由本所陪同查封经营证券黑市之交易字号,其情节严重者,送请法院依《交易所法》惩处;(三)由上海市公用局、警察局将经营黑市各号私装对讲电话一律拆除;(四)由警察局传讯经营黑市各号负责人,并令取保、停止营业、限期清理,保证以后不得再营黑市交易;(五)由市政府及警察局公告严禁证券黑市交易,且要求转饬警察局、公用局协同办理。11月13日,吴市长立即致函警察局,要求协助证券交易所对场外交易予以取缔。② 同时,上海证券交易所还与交易所监理员办公处会同呈请财政部对场外黑市给予严厉打击与取缔,为此,财政部下令严厉取缔此种违法行为,并函请上海市转饬治安机关随时予以协助,切实负责以杜黑市。③ 11月15日,上海市政府发布《取缔证券黑市交易布告》:"查本市自证券交易所复业以来,场外证券黑市交易依然猖獗,并有变本加厉之势,此种场外交易,多属不良之证券号间利用私装电话,买卖市上交易较繁之证券,经营不须交割,而买卖数额极巨,所谓对敲交易,不啻变相之赌博。查交易所法规定凡买卖有价证券之市场均认为交易所,非依法不得设立,今场外证券黑市交易显属扰乱金融,影响税收,且足助长投机,妨害治安,自应严厉取缔,除分令社会、警察两局,饬属随时查察取缔外,合亟布告周知。"④同日上午,由警察、社会两局派员协同监理员办公处及上海证券交易所人员陪同分10组出击,抄查经营证券黑市字号,查出协兴、永泰、康恒、宏庆、永兴昌、万隆、泰丰、安利、源昌、福康等9家证券号在交易所外以差金买卖证券,证据确凿,当即勒令停止该项买卖,由公用局拆除电话,停止营业。⑤ 然而,黑市交易仍禁而不止,不久又见猖獗,上海交易

---

① 上海市档案馆馆藏档案:档号:Q327—1—48。
② 上海市档案馆馆藏档案:档号:Q327—1—267(1)。
③ 中国第二历史档案馆馆藏档案:档号:三(2)—3188。
④ 上海市档案馆馆藏档案:档号:Q1—9—156。
⑤《场外交易在严厉取缔中》、《取缔场外交易——9家证券号停业》,《证券市场》第1卷第2期(1946年11月30);上海市档案馆馆藏档案:档号:Q1—9—156。

所监理员王鳌堂对此表示：对于场外交易，决本彻底扑灭之初衷，将继续出动干员，予以周密查究；同时对于经纪人亦经常抽查账册以免逃税逃佣。上海市市长吴国桢再次签发公告要求严加查处："查本市证券交易所早经成立，凡证券买卖，自应在交易所内遵章办理，不得在场外交易，前经布告通知在案。乃查有协兴、永泰、康恒、宏庆、永兴昌、万隆、泰丰、安利、源昌、福康等号竟敢在交易所外，以差金买卖为目的，经营类似交易所之市场，买卖证券，均经查有实据，显属违反交易所法，本应从严惩处，此次姑念初犯，从宽勒令停业，着即自行清理债务。嗣后如再有其他商号故违法令，经营黑市者，一经查实，定予依法严惩，决不宽贷，合行布告，仰各知照。"[①]

上海市社会局对于证交场外不法交易更是采取行动积极配合，严加取缔，根据证交监理员的报告，对存在可疑情况的泰来、萃富、炳记、三泰、新华、泰丰等证券号，社会局派员会同警察局前往调查，并检察账册及交易情形。经查确有非法交易行为，勒令停业。同时通知公用局，拆除其电话，令各字号到社会局具结，保证以后不再从事非法交易。[②]尽管政府对非法证券黑市交易采取了严厉的取缔措施，然而各该证券号暗中仍有场外交易者，如汉口路422号证券大楼七楼506号的兴昌证券号已被勒令停业，在牌号卸除后，竟以白纸书写"229号经纪人兴昌营业分处"牌号，照常营业。[③]

1947年初，在证券交易所市场异常火爆的同时，场外交易仍然繁盛，足与场内媲美，许多已上市的股票，往往不经证交之手，而在场外由经纪人私自对做，形成了黑市的再次猖獗。为此，从3月起，国民政府与上海市政府、证券交易所采取一系列措施严厉打击证券黑市：

3月5日，由上海市警察局、警备司令部、社会局等先后派人前往证券交易所监视，并抽查若干行号账目，发现市场中不少买卖股票者均系以前金业中人物，且有不少人私做公债交易，还查出荣茂、太丰等字号，利用对讲电话从事"对敲"交易，当场减断电话线，逮捕一名违法分子。次日，上海证券交易所代总经理王志莘以"肃清证券黑市，维护合法交易"为题发表谈话，对此表示拥护。[④]

为配合当局取缔场外对敲交易，1947年3月5～7日及10～11日，由上海

① 《场外交易决彻底扑灭》《市府发出公告取缔黑市交易》，《证券市场》第1卷第3期（1946年12月15日）。

② 《证券号非法交易勒令停业》，《证券市场》第1卷第4期（1946年12月31日）。

③ 中国第二历史档案馆馆藏档案：档号：三（2）—3188。

④ 《取缔"对敲"禁止黑市，证券市场风浪滔天》《肃清证券黑市，维护合法交易》，《申报》1947年3月6日。

证券交易所会交同易所监理员办公处所派人员,对证券大楼各层私装电话分组调查,查得非法私装对讲电话 246 具,包括电话公司对讲、小对讲及自称业已损坏或拆除之电话在内。① 4 月 1～4 日,上海市社会局会同警察、财政、公用三局人员执行取缔证券经纪人私装电话以杜黑市对敲非法交易,1 日至证券大楼,3 日至华侨大楼,4 日至纱布大楼,证券大楼拆除未经核准之私装对讲电话 16 具,华侨大楼共拆除私装对讲电话 23 具,纱布大楼拆除私装电话 18 具。②

然而,证券场外交易虽经政府一再查处,但仍屡禁不止,为此,1948 年 2 月 16 日及 5 月 11 日,由上海市警察局出面召集上海证券交易所、财政经济部上海交易所监理员办公处、上海金融管理局、上海市社会局、公用局等各有关方面连续两次商讨对策,议决:(一)证券场外交易,多赖对讲电话,凡私装对讲电话概应予以拆除,并对违犯者加重处罚,具体规定为,2 月 16 日以前装置者,无证券交易所核准证,由警察局会同公用局一律拆除;2 月 16 日以后已向证券交易所申请者先予查封,限 10 日内提出核准证证明后方得使用,无核准证者,由警察局会同公用局拆除。(二)场外非法交易,由证券交易所将全部经纪人姓名、号址抄送警察局备查,凡非经纪人而经营证券者,由警察局依法严予取缔。经纪人倘有场外交易情事,由财经两部派驻上海证券交易所监理员办公处查明处分。③ 为切实取缔证券黑市,2 月 28 日,上海交易所监理官会同上海证券交易所,又召集经纪人公会负责代表 30 余人谈话,面谕各经纪人切勿经营场外交易,否则政府将从严处罚,永远取消其资格。④

即使在 1948 年 8 月 19 日后因政府进行币制改革而宣布证券交易所停市的日子里,场外黑市交易并没有因此而停顿,仍十分活跃,每日上午十时以后,证券大楼及三马路证券大楼门前一带三两成群交头接耳,进行极秘密之交易。⑤ 对于场外交易,政府始终无主动控制或抗衡方策,虽曾数度严厉取缔,结果依然如故。

同以往一样,公务员参与投机仍然是令国民政府头痛并难以解决的顽症,1948 年 8 月 21 日上海《大公报》本市新闻栏《币制改革的事前迹象》一文披露:8 月 19 日上午有某隐名士之人从南京乘夜车抵沪,一个上午向市场抛售三万股永

① 上海市档案馆馆藏档案:档号:Q327—1—267(1)。
② 上海市档案馆馆藏档案:档号:Q6—2—824。
③ 上海市档案馆馆藏档案:档号:Q327—1—267(2);《当局商讨切实办法,取缔证券场外交易》,《申报》1948 年 2 月 17 日。
④ 《证交监理官召集经纪人谈话》,《申报》1948 年 2 月 29 日。
⑤ 上海市档案馆馆藏档案:档号:Q1—9—156。

纱,获利四五千亿元。8月27日,财政部电令上海金融监理局及上海交易所监理员,限其于电到三日内将事实真相详细查明报部,不得延误。[①] 同日,监察院也派出委员唐鸿烈、孙玉琳、参事范体仁,赶赴沪地调查。[②] 最后经各方协调,查明事实真相为,为任职财政部主任秘书徐百齐将政府重要机密泄露给资料室秘书的陶启明,致使其走漏消息,非法投机牟利所致。[③]

　　总之,抗日战争胜利后,国民政府对上海证券市场的管理集中在三个方面:接收清理汪伪华商证券交易所;重建立新的上海证券交易所及恢复并加强对上海证券市场的监管机制;打击证券黑市。其中打击证券黑市是整个抗日战争胜利后政府管理上海证券市场的长期而艰巨的主要任务,各级政府对此投入的时间与精力最多,但却收效最微。抗日战争胜利后初期的黑市交易,是在持券者对变现需求与没有公开交易市场的矛盾冲突中产生的,但当证券交易所成立后,有了正式的公开的证券交易市场,证券黑市不仅没有随之消失,反而愈演愈烈,甚至是屡禁不绝呢? 其根本的原因就在于通货膨胀使然也。

---

① 中国第二历史档案馆馆藏档案:档号:三(2)—3190。
② 《抛售股票隐名士,监委在沪彻查中》,《中央日报》1948年9月1日。
③ 《陶案调查报告书(监察院发表)》,《中央日报》1948年9月18日。

第三章　近代上海华商债券市场及其管理

　　本章所论债券(Bond)包括两个部分,一是政府发行的公债,一是公司企业发行的债券。由于政府公债是国家发行的,且与政府的财政密切相关,为政府财政收入的一个主要方面,不管是北京政府还是南京国民政府都极为重视,而公司债相当的不发达,在近代不仅发行较少,且从来就没有在上海华商证券市场上市交易过,虽然,在1946年上海证券交易所筹备建立时,也曾制订了公司债的上市规则,但由于条件所限,公司债仍没有上市开拍。因此,在本章的论述中,政府公债是债券市场的主要构成部分,债券的发行市场包括政府公债和公司债券,且重点放在公债的发行上,而债券交易市场的研究对象则仅指政府公债而已。

　　所谓公债(Government bonds):意指公共债务,即一国政府的负债和债务。根据债务主体的不同可分为中央政府的债务和地方政府的债务;而根据债权方的不同又可分为国内公债(简称内债)和国外公债(简称外债)。

　　本章所涉及的公债,仅以与上海华商证券市场有关者为准,并非近代中国任何时期所发行的所有公债。虽然民国年间各省地方政府也发行了大量的省地方公债,有时也在各地方开设证券市场交易,但却从未在上海华商证券市场上市交易过,即使是上海市政府发行的市政公债,也仅在西商众业公所上市交易,至于外债,就更没在国内证券市场上交易过了。

　　纵观整个近代中国的内国公债发行,虽然早在晚清时期即已出现过:1894年的甲午募集商款,1898年的昭信股票,1911年的爱国公债等,但由于当时中国缺乏发行公债所必须具备的条件,几次公债发行均告失败,人民视购买公债为输捐,并不把它当作一种投资,发行方式采取直接发行,既没有以近代金融机关为中介,发行后的公债更没有在市场上流通,而此后的广东和武汉国民政府时期(1926～1927年),为支持北伐革命发行过几次公债,抗日战争时期(1937～1945年),国民政府在大后方也发行了不少公债,由于特殊的历史原因,均未能在上海市场发行与上市交易,因此,这些时期所发行的内国公债均不在本章的讨论之列。本章主要以北京政府与南京国民政府所发行的、在上海华商证券市场上流通交易的中央政府公债与库券为研究对象。

一般来说,政府债券的发行具有特殊性,与公司股票或公司债不能等同而论,即发行过程不受证券主管机关干预,属于豁免证券。因为政府资信能力是无限的,因此,政府债券的发行办法通常是由政府直接制订,由财政部具体管理执行的。

政府发行公债的办法通常有两种形式:一是国家直接向金融市场发行,或直接向人民募集,谓之直接发行。采用这一方法,由于没有中介者,发行者必须自行承担复杂的发行事务。另外,应募额若不能达到当初预定发行额的话,则风险自己负担。二是由国家向银钱业承借,即先使银钱业承受公债,再由银钱业斟酌金融市场的情况而卖出,此为间接发行。采用这一方法,发行者与投资者之间由于有专门的中介者,且中介者一般为有组织的认购机构,因而债券发行能较为顺利的进行。而具体的发行方式通常有三种:一为平价发行,即照票面收款,所谓不折不扣;二为折扣发行,即发行价值在票面以下、而周息较低;三为溢价发行,即付较高之息而在票面以上发行者。就近代中国中央政府所发行的公债来看,主要都是依靠金融机关进行间接发行,在发行方式上除少数公债采取平价发行外,其余绝大部分的公债均采取折扣发行,至于溢价发行的公债几乎没有。

第一节 北京政府时期的公债发行与管理

一、北京政府公债发行的主管机构及发行方式

公债的募集与偿还,属于国家财务行政的重要事项,均设有专门机关主管其事,在北京政府时期,由政府所发行的公债(包括内债与外债)主要有两部分,财政部发行的公债与交通部发行的公债。就数量而言,前者占 3/4,后者占 1/4。但由于交通部所发行的公债主要是外债,内债的比重极少,且几乎未在上海的证券市场上市交易,相反,财政部所发行的内国公债几乎大部分都在上海市场上市交易,因此,本章仅以财政部所发行的内国公债为主要研究对象。

财政部所发行内国公债的主管机关为财政部及由财政部所建立的内国公债局,它们是总持内债发行的总机关。财政部各司所掌事务,如公债司、库藏司及

会计司,均与公债事务有关,其中公债司是最核心的机构,主要职权为:公债的募集发行、出纳管理、还本付息、注册更名、登记与计算、整理与稽核等一切有关事项。1914 年 8 月,为筹募内国公债,财政部呈请大总统批准筹设立内国公债局。8 月 10 日正式开局,该局为公债的发行机关,设于北京西堂子胡同税务学堂旧址,当时设局用意,主要为促使办理筹募民国三年内国公债事务顺利进行,拟具章程 14 条。参用华洋人员设立董事会,梁士诒为该局总理。董事会组成人员如下:财政部 1 人、交通部 1 人、税务处派税务司洋员 2 人、中国银行总裁、交通银行总理、中法银行经理洋员、保商银行经理洋员各 1 人、华商殷实银钱行号经理 2 人、购票最多者 6 人(其中华人最多占半数),在这 16 名董事中,外国人几乎占了一半,他们是洋税务司 2 人,中法银行、保商银行代表各 1 人,购买公债票最多者 6 人中的至少 3 人。同时由董事会提议,推定公债局协理总税务司安格联为经理专员,定名为会计协理,该局收存款项及预备偿本付息及支付存款,均由安格联经理,以专责成。一切关于公债款项出纳事务,除经总经理签字外,仍均由安格联副署。还规定内债发行方式:由该局联络国内中外银行及资本家以包卖及其他方法销售债票,并给予承包银行及资本家 6% 以内的经手费,在发行债票时,斟酌情形,委托中国、交通总分各行,联合交易所代卖债票。[1] 虽然吸收洋人参加的目的,一是与还债基金的来源有关,二是要请中外银行家以包卖或其他方式销售债票。但这也说明北京政府的内债发行权实际上操纵于外国侵略者之手。这一机构建立后,即成为了北京政府主持内国公债发行的常设机构。1917 年 5 月 26 日,财政部在陈报结束五年公债之际,为统一事权,节省经费起见,将内国公债局暂行裁并财政部办理,公债局所设之董事会,因一时尚难裁并,而移设财政部中照常进行。1920 年 3 月 30 日,内国公债局又重新得以恢复,仍以梁士诒为总理,仍参用华洋人员,设立董事会。而此时设立的用意,主要在于整理旧债推行新债,其重要职责有三,一为劝募,二为收款,三为付息。其职权实兼财政部之会计、公债、库藏三司而有之。[2]

与公债发行相关的机构,在北京时期还建立有两个,一是 1921 年 3 月,财政部呈准设立的经理内债基金处,专门负责内债基金的保管。统一按照三年、四年、七年短期公债办法,由各该机关商定拨款手续,拨交总税务司安格联,由内国公债局暨银行方面,推举代表与总税务司会同办理。北京银行公会因即按照此项规定办法,推举中交两银行为银行代表,组织内债基金经理处,会同总税务司

① 千家驹编:《旧中国公债史资料(1894~1949 年)》,北京:中华书局出版 1984 年版,第 39~42 页。
② 徐沧水编:《内国公债史》,上海:商务印书馆 1923 年版,第 28~32,34~42 页。

办理保管基金事宜,并定名为总税务司经理内债基金处。[1] 二是 1923 年北京政府为整理内外各项债务,在国务院内设一整理内外债委员会,该委员会设委员长 1 人,由大总统特派,副委员长 2 人,由大总统简派。委员分别以外交次长、财政次长、交通次长、税务处会办、审计院副院长、财政部公债司长、公债局各 1 人充任。委员会聘任富有财政学识经验的人员,为顾问谘议。委员会召开时需邀请中外债权人推举代表若干人出席,或听取其书面陈述意见。[2] 因此,整理内外债委员会系属临时性质,为讨论机关之一。

公债的经理机关,系受财政部及内国公债局之委托,以经理还本付息事宜为主。根据《内国公债局经理规则》规定:内国公债的募集及偿本付息一切事宜,由财政部及内国公债局所指定的经理处经理,而经理处的名称、地点,另由财政部及内国公债局公示。再根据《内国公债付息施行通则》规定:债票付息,以财政部内国公债局认定的下列各机关为总机关:(一)各省财政厅;(二)中国、交通两总银行。以上经理付息总机关,由财政部、内国公债局直接委托办理。除各总机关外,以财政部、内国公债局认定的下列各机关为分机关:(一)各省县知事公署;(二)各省中国、交通分银行。在以上各经理机关中,每届经付还本付息款数,仍以中、交两行占大多数。[3]

北京政府时期的公债发行,以包卖发售债票的间接募债为主要发行方式,一是通过内国公债局联络国内各银行及资本家,以包卖及其他方法销售债票;二是由内国公债局委托中国、交通总分各行暨其他著名银钱行号及证券交易所代售债票。且每一次都订立有包卖合同,以确保公债的顺利发行。对于历年所发行的内债,除以现金募集外,其募集形式还有两种:一为纸币交换,如金融公债,系按照票面价格发售,专收北京中国、交通银行钞票。二为债票换发,如储蓄票换发五年公债办法,凡未中签之储蓄票,可照票面数目,换领公债票;如元年六厘公债换发整理公债六厘债票办法,凡元年公债,概照票面数目,每百元实换整理公债六厘债票 40 元;如八年七厘公债换发整理公债七厘债票办法,凡八年公债,概照票面数目,每百元实换整理公债七厘债票 40 元。这两种方式系以债票收回停兑纸币及以债票换发它种债票。[4]

公债包卖是北京政府时期内国公债发行的主要方式,开始于民国三年公债

---

① 徐沧水编:《内国公债史》,上海:商务印书馆 1923 年版,第 33 页。

② 《整理内外债委员会章程》,《银行周报》第 7 卷第 17 号(总第 297 号)(1923 年 5 月 8 日)。

③ 徐沧水编:《内国公债史》,上海:商务印书馆 1923 年版,第 33 页。

④ 徐沧水编:《内国公债史》,上海:商务印书馆 1923 年版,第 5~7 页。

的发行,北京政府专门制定了《内国公债包卖章程》11 条,主要内容为: (1)包卖人资格的确定及职责:凡包卖人不论官吏、中外人民、银行团体皆称经理,凡欲包卖者,须先通过函电与北京西堂子胡同内国公债局联系,其资格由公债局审查确定后,再由公债局与包卖人订立合同。包卖人可再招第二级零星承包人,也可自派人员或出广告分别招募,一切办法不得与公债局各项规定相抵触。但公债局只认第一级的包卖人,一切责任均由第一级包卖人负担。(2)包卖公债的具体规定:包卖数不得低于 10 万元,包卖人应照包卖之数先缴票面 1/10 的保证金,如到期债款分文未交,即将保证金全数充公。包卖人缴保证金后,可由公债局酌情确定先领预约券若干。经手费共分五等,凡包卖满 10 万元者给 4% 的经手费,满 25 万元者给 4.5% 的经手费,满 50 万元者给 5% 的经手费,满 75 万元者给 5.5% 的经手费,满 100 万元者给 6% 的经手费。包卖人限两个月内将包卖债款一律清缴公债局指定地方。[1]

由以上内容可见,参与公债包卖者既可以是团体,也可以是个人。这一方式在民国三年以后所发行的公债中均得以延续与运用,直到 1922 年十一年公债发行时才发生了改变,由于十一年公债受到全国各界的强烈反对,政府被迫改变了以往的公债发行方式,为维系债信及保持债价,对公债发行的包卖办法进行了修改,由财政部与中国银行一家签订包卖合同,以财政部委托中国银行独家包卖的形式发售,其主要办法为:(一)中国银行担任包卖十一年八厘短期公债全额 1 000 万元整,由中国银行自由转包或分售,但须负其责任,财政部不得另包,或直接间接出售。(二)财政部应将此项债票全数交存中国银行,中国银行分别于 10 月 5 日、11 月 15 日,12 月 1 日以前,各售出票面 250 万元,其余 250 万元,应于 1923 年 1 月 31 日以前售出。(三)中国银行售出债票,随时报告财政部及内国公债局,列收财政部专户账册,听候财政部支付,不得抵扣他项之款。(四)中国银行如能依照所订分期,将包卖债票全数售出,得享受经手费 6%,其经手费于交款时扣除。此项经手费,除中国银行转包与其他银行或经纪人,得由中国银行酌定给予经手费外,其余完全归中国银行应得之利益。(五)债票发行价格遵照公债条例,为 90%,不得低减,包卖人所得之经手费,不能私自让与买票人,至票价低落,有损债票信用,如查有上项情事,财政部得酌量从重议罚。(六)中国银行可自派人员或出广告,分别招募,但一切办法,不得与财政部所订办法有所

---

[1] 中国第二历史档案馆馆藏档案,档号:1027—69。

抵触。① 此次的包卖办法，同过去不同之处在于：（一）发售总机关指定中国银行一家，不致因兜售滥卖，暗中低减折扣，（二）所有发售债票的经手费，完全为中国银行之利益，除中行转包与其他银行或经纪人，由中行酌给经手费外，无论何人，不得在此经手费内支取分文。（三）所有债票限期出售，届期得以指定款项，分配用途。（四）分配四个月用途清单，按月支付，不得抵扣他项之款，寓有事前监督之意。②

北京政府采取的这种包卖方式，将公债发行的风险转嫁给了承包人，承包人不论能否顺利卖出公债，都必须将承包的公债款项按时交给内国公债局。由于银钱业是主要的公债承包主体，它们在销售不出公债时，只得自己购买，这样尽管加大了金融业的经营风险，但也有助于公债的发行。

二、北京政府的公债发行概况

北京政府时期的公债发行，可以分为三个时阶段，第一阶段 1912～1916 年；第二个阶段 1917～1921 年；第三个阶段，1922～1925 年。下面将分别加以论述。

（一）1912～1916 年的公债发行与管理

民国以来的公债发行，始于八厘军需公债及元年六厘公债，然而这两次均非正式募集，而内债的真正发行实起于三年、四年公债。

1912 年南京临时政府建立，1 月 8 日经参议院议决，临时大总统批准发行的第一笔公债是八厘军需公债，定额 1 亿元，财政部主持发行，由即将成立的中国银行承担销售责任。中国银行虽于 2 月 5 日在上海汉口路大清银行旧址宣告成立，对外营业，但 1 月 31 日已在上海的各报纸登载广告："现在民国发行军需公债票，由本行经理出售，如欲购者，请与本行接洽。"可见中行在尚未正式成立开业前，即已承担起了销售公债的责任。③ 但此次直接募集款项不过 5 百万元，大部分还是南洋华侨购买的。此后不久，南京临时政府与袁世凯妥协，实现"南北统一"，此项公债与 1911 年清政府发行的爱国公债一样归北京政府继续承担。

① 《中国银行与财政部订立包卖十一年公债合同》，《银行周报》第 6 卷第 41 号（总第 271 号）（1922 年 10 月 24 日）。

② 贾士毅：《国债与金融》，上海：商务印书馆 1930 年版，第 24 页。

③ 中国银行行史编辑委员会编著：《中国银行行史（1912～1949）》，北京：中国金融出版社 1995 年版，第 41 页。

1913 年,袁世凯政府拟发行民国元年六厘公债,定额 2 亿元,期限 35 年,以全国契税印花税为担保,其用途为拨充中国银行资本,整理各种零星短期借款及各省从前发行的纸币,结果仅发行 1 亿 3 598 万 570 元,实收金额 5 000 余万元,余额后用来赔偿南京、汉口商民损失,收买烟土和拨抵欠饷及政费等项。①

民国三年内国公债发行时,政府对公债的发行十分重视,其付息、偿本、担保、准备各项办法均规定明确,债票定额 1 600 万元,期限 12 年,利息除指定财政、交通两部筹足一年利息 96 万元拨存外国银行外,每月指拨 8 万元确保付息信用。以京汉铁路第四次抵押余利为担保。还本付息机关指定为中国、交通两银行及各关税务司,并由公债局具体管理。② 不仅如此,还颁布了经理规则——《民国三年内国公债经理规则》15 条,规定了对有关妨害公债信用的处罚令——《内国公债信用妨害令》6 条,又制定了有关募债的奖励规则——《民国三年经销人奖励规程》7 条,总之是想尽一切办法让购买者放心。③ 这样,民国三年公债的销售成绩异常良好,据当时政府文告,发行不到三月,所募债款已超过定额,政府又扩募 800 万元,很快又是销售一空,截至 11 月底止,共募债额 2 543 万 4 480元,溢额 143 万 4 480 元。不过,此次发行采取折扣制,定为九四发行,对第一期缴款者,奖一年利息,名为九四,又折至八四出售(经理机关从其应得之经手费六厘中让出四厘与公众),最后政府实际净得 82%,即国家付 2 543 万 4 480 元债务,实收债款仅 2 042 万 4 321 元 7 角 8 分 4 厘,可见,政府为推行内债,不惜以厚利出让,折扣多而利息厚,募集自非难事。募集机关分三大部分:(一)各省财政厅自行承包认募;(二)资本团体的承包,如中国银行实募 280 万元,交通银行实募 633 万 8 375 元,中法银行 50 万元,殖边银行 10 万元;(三)其他特别机关的认募,如各部署及各省公署局所的直接购买者。其中,除第二项略具营业性质外,其余两项,则系官署性质。④

1915 年,正值欧战方酣之际,税收损失颇巨,除中央所负长期外债,可用盐、关税款抵付外,应付短期债款达 1 900 余万元,其中按年分还短期债款 4 900 余万元,尚不在内,统计 1915 年度国家概算收支不敷之数,共有 4 000 万元左右。财政部照三年内债成案,另募四年内国公债,以此整理旧债补助国库。4 月 1 日公布公债条例:债额 2 400 万元,九折发行,年息 6 厘,期限 8 年。应付本息,指

① 〔日〕木村增太郎:《支那の经济と财政》,东京大阪屋号书店,大正十二年三月二十日发行,第 357～358页;千家驹:《论旧中国的公债发行及其经济影响》,《文史哲》1983 年第 4 期。
② 中国第二历史档案馆馆藏档案,档号:1027—20。
③ 〔日〕木村增太郎:《支那の经济と财政》,东京大阪屋号书店,大正十二年三月二十日发行,第 362 页。
④ 《民国三四五年内国公债纪》,《银行周报》第 2 卷第 7 号(总第 38 号)(1918 年 2 月 26 日)。

定由全国未经抵押债款的常关税及张家口征收局收入、山西全省厘金作为担保，合计 490 万元，先由财政部筹足一年利息 144 万元，作为保息，另由财政部按月拨款 12 万元，以备每届付息之用。发行办法除仿照三年公债实行包卖外，又与英国汇丰银行订立条款，汇同中交两行合募四年公债。委托汇丰承募，不仅可吸收外资，且便利海外华侨的应募，于是，四年公债由汇丰与中交两行合募，开创了外国人投资中国内国公债的先河。为扩大债券的销售，不仅强制性给各省下达了募集金额，向南洋各地派出官吏劝购，还对应募者给予奖励，规定 5 万元以上者给予表彰，40 万元以上者授予最高勋章——一等嘉禾章。① 正是由于外国银行的参与和北京政府的极力劝募，此次的募集成绩超过了三年公债，实际募得债额 2 610 万 5 245 元（其中，中国银行实募 265 万 9 900 元，交通银行实募 313 万 7 685 元，汇丰银行实募 113 万 7 490 元），约逾定额 200 余万元，实收债款共为 2 148 万 3 777 元 8 角 1 分 8 厘，中国、交通、汇丰三银行经募最多，在各省经募者中以闽广两省较多。②

1916 年，财政部发行五年六厘公债，募集总额 2 000 万元，九五发行，三个月缴足，奖一厘，即每百元实收 94 元，期限 4 年，自第二年起每年抽签两次，每次抽还债额 1/6。指定全国烟酒公卖岁入 1 168 万元专款为担保，应付息银由财政部按月备款 10 万元交银行存储。然而，五年公债发行之际，正值护国战争爆发，政局变动，所募债款仅 775 万 5 120 元，尚须扣除经手费 45 万余元。其募集方法，虽与民国三年、四年公债相同，但经理机关，却以各省财政厅为主，因为此时的中交两行停止兑现，银行无力认购，仅交通银行募有 5 千余元。③

以上可见，三年、四年公债与五年公债，其发行与募集的情况有很大不同。就公债发行方式看，三年公债发行时，是直接与间接两种方式并用，在劝募之外，兼采包卖办法，如联络国内中外各银行及资本家以包卖及其他方法，销售债票，即为间接募集；委托中国、交通总分行代卖债票，即为直接募集。同时，政府不惜以厚酬经手费，以期足额，三年公债募集时，规定包卖满 100 万元以上，给 6% 经手费，募集四年公债时则降为包卖 50 万元以上，即给 6% 经手费。三年、四两年所收债款，均以中交两行为汇归之所，并直接解交公债局，不存在外省截留情况，而五年公债发行时，因主要由各省财政厅经理募集，又值国家多事之秋，故有各

---

① ［日］木村增太郎：《支那の经济と财政》，东京大阪屋号书店，太正十二年三月二十日发行，第 367 页。
② 《民国三四五年内国公债纪》（续），《银行周报》第 2 卷第 8 号（总第 39 号）（1918 年 3 月 5 日）。
③ 《民国三四五年内国公债纪》（续），《银行周报》第 2 卷第 8 号（总第 39 号）（1918 年 3 月 5 日）。

省截留债款不汇交中央的事发生。①

总之,在袁世凯统治时期,由于政治局势相对稳定,北京政府的公债数额不大,发行管理有序,债信良好,公债发行得到银行的大力支持,特别是三年、四年公债的发行均超出原有定额,更是近代公债发行史上绝无仅有的,除 1916 年因中交两行发生停兑风潮外,银行都是政府公债的主要经销与承购者,因此,1912～1916 年是北京政府公债发行信誉和募集成绩较好的一个阶段。

(二) 1917～1921 年的公债发行与管理

在这一阶段中,除 1917 年北京政府未发行公债外,1918 年发行七年长短期公债(长期 4 500 万元,短期 4 800 万元)9 300 万元,1919 年发行八年公债 5 600万元,1920 年发行整理金融短期公债 6 000 万元,赈灾公债 400 万元,与前一阶段相比,公债的发行日益困难。

1918 年 4 月,财政部为整理京钞,维持金融,呈准发行七年短期公债 4 800万元,直接抵销中、交两行欠款。但由于政府欠两行之款已达 9 300 万元,因此,用 4 800 万公债收买京钞,京钞仍不能完全整理,只得又发行七年长期公债4 500万元,两项债额共 9 300 万元。② 在发行时,以长、短期两种搭半销售,自募债开始将及两月,仅募得 700 余万,不过全数 1/13。滞销原因归结如下:(一)时局的影响。兵祸蔓延,工商停滞,沿江诸省,商事黯然无色,北方各埠,又承水灾疲疠,而宣告自主的西南数省,与中央声气隔绝,使债券无从推销。(二)商情疑沮。当短期公债募集章程颁布之际,并未明定购债准纳京钞,亦未公开募集,商民纷起反对,商会联合会会员赴平政院起诉,政府才在短期公债外,另外发长期公债,然而,长短期债券兼搭,与商民近利之心相背而驰,因为长短期各搭半数,不如由市上购买旧债合算。(三)旧债抽签愆期,动摇债信。过去募债,上海一地销量最大,四年公债原定 3 月 31 日抽签还本,五年公债原定 4 月 12 日抽签,均未实行,以致票价跌落,信用既坠,群疑莫释。③ 在以上原因影响下,七年公债的募集情况很不理想,初由中、交两行发行,长短期两种债额各 2 215 万 9 950 元,两共4 431万 9 900 元,继由公债局直接出售,长短期两种债额各 1 324 万 3 520 元,共计 2 648 万 7 040 元,统计前后所售总计 7 080 万 6 940 元,尚余债票 959 万 6 530

---

① 《民国三四五年内国公债纪》(再续),《银行周报》第 2 卷第 9 号(总第 40 号)(1918 年 3 月 12 日)。
② 贾士毅:《国债与金融》,上海:商务印书馆 1930 年版,第 18 页。
③ 《论七年公债滞销之原因》,《银行周报》第 2 卷第 21 号(总第 52 号)(1918 年 6 月 4 日)。

元,只得由财政部收回,改作他项借款押品之需。[①]

1919年发行民国八年七厘公债5 600万元,以全国未经抵押的货物税作抵,为推销该项公债,北京政府财政部拟定经募及承购八年公债奖励办法:凡京外经募及承购人员,奖励分特奖、部奖两种,经募公债10万元以上者为特奖,经募5万元以上者为部奖。此外,公共团体承购数目与特奖资格相符者,由部另案核奖,各省军民长官及财政厅长劝募数目最多者由部专案呈奖。[②] 即便如此,此次公债的发行仍极不顺利,实际仅募得3 400万元,其余2 200万元只得充作借款抵押品用。[③]

1920年9月,财政部以中交北京钞券停兑以来,银行信用大减,金融周转不灵,通货缺乏,而发行整理金融短期公债6 000万元,期限七年,年息六厘,十足发行,专收中交两行停兑京钞,首先提出2 400万元,一部分留充财政部清理京钞押款,一部分拨与交通部赎回抵借现款之京钞,其余3 600万元由内国公债局从11月开始发售,到1921年1月30日截止,公债发行后所收京钞一律切角销毁,并将每次销毁数目送登政府公报,此次公债最后全数发行,如期截止。[④]

这一年,由于直鲁豫等省雨旱成灾,筹备赈济,发行赈灾公债400万元,募集办法,除划一部分由中外各机关购募外,其余债额由财政部同内务部酌量各省情形,分别摊派。[⑤]

以上可见,北京政府公债的发行规模越来越大,且均为定期偿还,而其募集的用途又大都用于非生产方面,这就造成滥发公债的状况,给社会带来严重的影响,据统计,从民国成立(1912年)到民国9年(1920年)止,除民国6年(1917年)政府未发行公债外,其余年份共计发行公债3.99亿元。由于大部分公债没有落实还本付息基金,到后来应还未还的公债余额高达3.17亿元,如民国5年(1916年)六厘公债还本误期长达5年,以致公债信用十分低落,债券市价一般起落于二至四折之间,民国元年六厘公债竟跌至一五折,使一般购债平民及慈善教育机关本利无着,怨声载道。[⑥] 仅就1921年应付各种内国公债本息数目而言,除七年短期与三四年公债本息外,余如遵照公债条例,按期偿付本息,即需

① 贾士毅:《国债与金融》,上海:商务印书馆1930年版,第19页。

② 《专电》,《申报》1919年3月6日。

③ 贾士毅:《国债与金融》,上海:商务印书馆1930年版,第20～21页。

④ 贾士毅:《国债与金融》,上海:商务印书馆1930年版,第21～23页。

⑤ 贾士毅:《国债与金融》,上海:商务印书馆1930年版,第30页。

⑥ 中国银行行史编辑委员会编著:《中国银行行史(1912～1949)》,北京:中国金融出版社1995年版,第42～43页。

3 970万元之多,按当时的财政状况,根本无力偿付。① 滥发公债的结果,不仅抽签还本要延期,甚至连付利息的钱也没有着落,最后不得不进行整理。

1920年,全国银行公会联合会议向政府提出建议,请将所发内国公债加以整理。得到北京政府的赞同,指定由中国银行副总裁张嘉璈拟具整理办法及全部计划。② 张嘉璈提出方案如下:一、要求政府指定财源,由各银行组织债权团代表持票人管理。由一位与国内政治关系较少的人,如总税务司,负责公债的还本付息事宜;二、将无确定还本付息基金的公债通盘筹划,使所有发行的公债都有还本付息的保障;三、对贱价发售和时价下跌的公债确定相当折扣和还本时间,提早抽签还本;四、将发行额为数不多的公债酌定折扣,立即偿还;五、基金来源主要从关盐税、烟酒税等收入中划出部分作为基金交总税务司转银行专款存储,如基金偶有不敷时由各银行设法协助解决。③

上述方案经银行公会同意,上报财政总长周自齐,得到全部采纳,财政部还就整理内国公债确定本息基金补充了具体实施办法,于1921年2月上呈大总统,3月3日核准施行。紧接着,3月30日,财政部据此制定出了详细的整理办法。于是,中国内国公债史上第一次整理在财政部与银行界的切实合作下得以进行。在整理中,对各项公债都有规定,其中对元年及八年公债进行了重点整理,因为两债市价仅及票面的2/10,若照票面十足偿付本息,不仅国家损失惨重,而且还款基金也很难筹足。整理的办法是照三年、四年、七年短期公债办法进行,每年从中央财政固有收入盐余中拨银1 400万元、烟酒税费中拨银1 000万元(此费在整理收效前,先由交通部在交通事业余利项下借拨抵足),每年2 400万元组成基金,此外海关余款除偿付三年、四年及七年短期公债外,所有余款也尽数做抵,此项基金由各机关直接拨交总税务司安格联,如数分存津沪中交两银行总税务司整理公债基金户,专款存储,以资应付。明确规定公债基金的保管仿照三年、四年公债及七年短期公债办法,指定由财政部会同内国公债局,督率总税务司安格联及中国、交通两银行,认真办理。④ 除七年长期公债、整理金融公债仍照原条例办理外,原以京钞计算的爱国公债,改以七成现洋计算,于1921年内如数偿清;已延误五年的五年公债,重定抽签还本期限,自民国十五年后,分三年六期抽签,并以还清的三年、四年公债所指拨之抵款转充其还本付息基金;元年债票由政府另发六厘新债,100 元旧债换新债票 40 元,从 1921 年起即行抽签还本,分 10 年还清;八年公债由政府另发七厘新债,100 元旧债换新债票 40 元,自 1921 年起分 10 年偿清。[①] 1921 年 4 月,由内国公债局与财政部、中交两行,照原呈保管基金办法,会同总税务司一再讨论,决定由总税务司安格联负责保管基金,在北京东长安街特设专管机关——整理内债基金处,派秘书艾瑞时君(时兼充公债局顾问)办理基金一切账目。[②]

自内国公债整理案于 1921 年 2 月 19 日通过阁议后,国内外报章就有不少评论,主要集中在政府信用与根本整理方案两点:对于前者,上海《字林西报》评论说:此项计划,实属骇人听闻,自投机人方面言,固可图一时之私利,而自国家信用言,则不啻北京政府否认国债之六成,维持国信之为何? 况中国债票,外人亦多购之者,其一部分之发行额,似系 60%,若不征其意见,而强欲以四折偿还,则他国人士之有资可投者,将群视中国国债为畏途,而中国国际上之财政信用,将何以善其后也。对于能否根本整理,舆论普遍认为政府拟就的各项公债基金,可分为三部分:(1)关余;(2)盐余;(3)烟酒收入。而实际上,第二第三部分基金,早已落空。盐余方面,自川滇粤三盐区独立后,政府每月所收,不足 400 万元。内外债以此为抵押者甚多,所余甚少。常关收入,各省截留后,所剩无几。烟酒公卖税,为中央专款,本较可恃,但中央政费,常取给于此。可见政府所谓的整理基金,仅是纸上之基金,所谓内债整理,也是纸面上之整理。抨击政府者,甚至认为除将元八两年公债以文字改定四折偿还之外,别无根本整理之方。[③]

由此可见,1921 年的公债整理收效甚微,并未得到当时中外各方的赞同与肯定。而实际的情况也是如此,整理案实施仅一年,即出现重重困难,从 1921 年 4 月 1 日～1922 年 3 月 31 日,盐余、交通两项应拨之款未能如数拨足,所有应还公债本息,虽勉由关余支付,已属万分拮据,且又发生奉直大战,以致基金无着,到期公债本息,均有停付之虑。[④]

(三) 1922～1926 年的公债发行

在此阶段,由于公债发行不受欢迎,北京政府转而改发变相的国库券,因此,

① 《财政部整理内债之呈文(附整理内债之拟具办法)》,《东方杂志》第 18 卷第 8 号(1921 年 4 月 25 日)。
② 《整理内债要闻》,《银行周报》第 5 卷第 14 号(总第 194 号)(1921 年 4 月 19 日)。
③ 《内国公债之整理观》,《东方杂志》第 18 卷第 4 号(1921 年 2 月 25 日)。
④ 《整理公债基金之危机》,《银行周报》第 6 卷第 15 号(总第 245 号)(1922 年 4 月 25 日)。

本阶段所发行的公债仅 1922 年的偿还内外短债八厘债券 9 600 万元，即"九六公债"，民国十一年八厘短期公债 1 000 万元，1925 年的民国十四年八厘公债 1 500 万元，其余均为国库券。

从 1919 年以后，外债内债均难办理，于是政府开始向国内外银行零星短期借款，初以印花税及元、八两年公债为抵押，后扩展到以盐余为抵押，到 1921 年除他项抵借债款不计外，仅以盐余抵借款而论，内债积欠 7 000 余万元，外债积欠 2 600 余万元，两共约计 9 600 余万元，此等借款条件颇为苛刻，期限短，利率高，日积月累，负债愈多，偿债愈难，到期应偿本息每月约需 700 余万元，一年即需 8 000 余万元，而岁收盐余不过 4 000 余万元，即令尽数支配，不敷尚巨，是以顾此失彼，一再展期，利转成本，本复加利，债债相引，难已收拾。[①] 同时，北京政府在外债之途已绝的情况下，又大借内债，其间担保则为盐余，因此，盐余除用于外债担保外，又大量用于内债，致使盐余担保之内债总数，超过盐余数倍。1921 年京津间忽起金融风潮，12 月由北京银行公会邀集全国银行公会各银行，公同决议，不再以盐余抵押政府款项，同时要求政府从速整理从前旧债，财政部于 1922 年 1 月 19 日呈准大总统妥筹清理办法，由与盐余有关系各银行号，会同组织盐余借款联合团，与政府磋商发行债券，以债还债。1 月 26 日各银行号与财政总长张弧签订合同，发行 8 厘债券 9 600 万元，偿还政府短期债券，故又称"九六"公债。

民国十一年八厘短期公债，为筹措中央紧急军政各费而发，定额 1 000 万元，九折实收，本息基金指定由庚子赔款展缓期满之停付俄国部分赔款项下按期拨付，由总税务司储存指定银行，于每届还本付息到期前一个月交中国银行备付，期限五年，发行方式最初定为由财政部内国公债局委托中国、交通两银行及京外各大银行暨殷实商号为经募机关，分期代募。后由于遭到全国各界，特别是金融界的反对，而改归中国银行一家包销。[②]

1925 年，北京政府中央财政日趋枯竭，从前所赖以周转之关盐余款已抵拨无余，当时紧急政费及使领经费均告匮乏，在此情况下，北京政府只得再次发行民国十四年八厘公债 1 000 万元，九折发行。发行办法：由中国、交通、盐业、金城、中南、大陆、新亨、中华汇业、中华懋业、北京商业等 10 家银行，全数承募足额，本息基金委托总税务司保管，以固信用。[③]

① 中国第二历史档案馆馆藏档案，档号：1027—23。
② 贾士毅：《国债与金融》，上海：商务印书馆 1930 年版，第 24 页。
③ 贾士毅：《国债与金融》，上海：商务印书馆 1930 年版，第 25～27 页。

公债与库券本有严格区分,然而,在北京政府时期,政府却将二者混同发行,使得公债与库券界限不清。即使按照库券发行办法,北京政府时期的库券发行也与之不符,当时国库券发行规则为:(1)岁计必要时得发行国库券;(2)发行额不得超过预算岁入额;(3)发行价格不得与票面价格相差;(4)利息周年计算不得过7.5%;(5)收回时期不得逾一年度;(6)证券满期与现金相同得完纳各种租税;(7)证券得充各银行发行纸币保证准备之用。① 据此,我们再对照北京政府时期所发行的库券,可以发现基本上没有在实际中遵守该原则,如1926年财政部发行十五年春节特种库券,规定:此项库券定额为银元800万元,利率定为周息8厘,按八二折发行;前二年只付利息,由财政部专款拨付,自民国十七年起,按照附表所载日期数目还本付息,至第六年止,全数清偿,以关余项下业经指定拨充之整理内债基金年约2 400万元所余之款为还本付息基金,由总税务司保管,每届还本付息时,由总税务司径交经理银行备付。②

以上可见,十五春节特种库券与国库券发行规则,多有出入,国库券的发行,以调节本年度中每月收支不适为目的,通常期限不超过一年,而春节特种库券长达6年之久,且其用途,并不指定以该会计年度预算案内之支出为准,而其基金也并非以该会计年度旺月之收入为限,可见该库券,皆系公债性质,并非库券。总计这一时期,北京政府所发行的国库券主要有:"教育库券"、"四二库券"、"一四库券"、"使领库券"、"春节库券"、"秋节库券"、"治安库券"、"二四库券"等等,这些库券有以盐余、关余为担保,有以崇文门税收为担保,有以停付庚款为担保,其用途有的是应付使领馆经费,有的是清发积欠学校的薪金,有的是充北京政府节关的政费或治安维持费,每逢过年过节都发行一次,发行额从100万元到200万~300万元不等,最高额也不过1 400万元,真可说是名副其实的"借债度日"。③

一般而言,公债的发行总是与政府的财政状况密切相联,而北京政府时期的财政捉襟见肘,完全靠四下借债度日:一则强迫银行借垫政费,二则滥发公债与国库券,三则以官有财产抵押变卖,四则创设新税并加征各项捐税,五则向国内外借款。④ 在这种财政状况下所制定的公债发行政策及目标必然是扭曲的,其滥发公债和国库券,严重破坏了整个市场的供求平衡,公债市场的价格不反映资

---

① 沧水:《国库证券之本质及其与银行之关系》(上),《银行周报》第3卷第42号(总第124号)(1919年11月11日)。

② 《吾国内债亟应注意之几点》,《中外经济周刊》第161号(1926年5月8日)。

③ 千家驹:《论旧中国的公债发行及其经济影响》,《文史哲》1983年第4期。

④ 沧水:《财政上无办法之办法》,《银行周报》第6卷第12号(总第242号)(1922年4月4日)。

金供给的正确信息,政府的这种剜肉补疮、寅吃卯粮的政策,造成了整个市场严重紊乱,使之无法正确反映公债市场的供求关系。从经济学的观点来看,其强迫银行借垫政费、增加新税种并加征各项捐税,增加了整个市场交易的成本,增加了银行、投资者的参与成本,必然会造成整个公债市场的无效率或效率低下,进而影响了整个市场的健康发展。

第二节　国民政府时期的公债发行与管理

从 1927 年国民政府在南京成立,至 1949 年败退台湾,其间发行了大量公债,大致可划分三个阶段:即 1927～1937 年为第一阶段,1937～1945 年为第二阶段,1945 年～1949 年为第三阶段。其中第二阶段抗日战争时期,除 1937 年的救国公债的发行与上海证券市场有关外,这一阶段的公债发行与交易均与上海证券市场无关,因此,对抗日战争阶段国民政府的公债发行情况,本文中暂不涉及,所论述的仅是第一阶段与第三阶段与上海证券市场有关的国民政府的公债发行。

一、国民政府公债发行的管理机构及发行方式

1927 年 4 月南京国民政府成立后,鉴于北京政府时期,政府举债名目繁杂,稽核维艰,决定进行改革,加强对内债发行的管理工作:

首先是规范公债的发行,划一公债发行机关,确定公债发行原则与具体办法。与北京政府时期不同的是,国民政府时期的任何公债的发行必须通过财政部,由财政部统一归口管理,1928 年 7 月,财政部制定了《发行公债及订借款项限制案》,规定凡属国家债务,由财政部明确用途指定确实基金,提呈国民政府议决办理,专由财政部经理发行订借,政府其他各部不得自行举办;省市债务,由省市政府详确用途指定基金,分别函转财政部核明,并提呈国民政府议决办理,由省市政府财政厅经理订借,其他各厅局不得自行办理。[①] 国民政府的债券发行权由财政部公债司掌管,具体由财政部部长或次长,或公债司司长与各银行接洽抵押,推行有关安定公债、扩大公债消化量、减轻国家负担等计划,责成中、中、交

---

① 财政部财政科学研究所、中国第二历史档案馆编:《国民政府财政金融税收档案史料(1927～1937年)》,北京:中国财政经济出版社 1997 年版,第 154 页。

三行先行垫款,然后流向社会。到 1935 年 5 月,国民政府公布实施《中央银行法》,其中规定,"国民政府募集内外债时,交由中央银行承募,其还本付息事宜,均由中央银行经理。但于必要时,得由中央银行委托其他银行共同承募或经理之。"①这样,改变了过去由中、中、交三行共同承销的局面,中央银行在法律上获得了独家经理公债的特权,其他银行经理公债,不过受中央银行之委托而已。

1928 年 7 月,全国财政会议通过决议,明确规定举债用途,专限与建设有利事业,不得用于消耗途径。② 依据此原则,1929 年 4 月 22 日,经国民政府立法院第 20 次会议通过《公债法原则》11 条,规定凡政府所募长短期内外债及政府借款或发行国库券,期限满一年以上者,均依照本办法执行。主要内容为:(1)中央与地方政府所募公债,均不得充经常政费,其用途仅限下列三种:生产事业上的资产投资,如筑铁路、兴水利及开发富源等;国家重要设备之创办,如大规模之国防设备、教育设备、卫生设备等;非常紧急需要,如对付战争及重大天灾等。(2)凡中央政府所募内外债,需按要求编拟条例,经财政部审核后,由行政院提交立法院议决通过,呈国府公布,始发生效力;地方所募公债,省府非经中央政府核准,不得募集 100 万元以上之公债,县府非经上级政府核准,不得募集 5 万元以上之公债。(3)各项公债的发行总额最高限度,以不致紊乱财政,妨碍其他政务及按期偿还本息为准则。(4)各项公债收支均须编入预算决算,由募集机关与检察院每年会同报告一次,并公布之,公债基金由公债基金委员会保管,债权人于必要时得推举代表申请参与稽核。③

为了更好地推销公债与库券,国民政府还成立了财政部劝募委员会,办事处设在上海四川路香港路转角 216 号四楼。1929 年,国民政府发行编遣库券 7 000 万元,即由劝募委员会邀集各商业银行团体或领袖联合各团体各同志扩大组织,广为宣传劝募。④ 1930 年,在发行十九年关税短期库券时,财政部要求劝募委员会分别致函沪埠各商业殷富劝募认购外,还进而要求各劝募委员特抄其名单,分赴各处,切实劝导,务使咸知此项库券攸关国用,基金极稳固,利息尤为优厚,按月拨还本金,期限甚短。⑤

① 中国第二历史档案馆、中国人民银行江苏省分行、江苏省金融志编委会合编:《中华民国金融法规档案资料选编》,北京:档案出版社 1990 年版,第 599 页。
② 《发行公债及订借款项限制办法》,《钱业月报》第 8 卷第 9 号(1928 年 10 月)。
③ 财政部财政科学研究所、中国第二历史档案馆编:《国民政府财政金融税收档案史料(1927~1937年)》,北京:中国财政经济出版社 1997 年版,第 156 页。
④ 中国第二历史档案馆藏档案:档号:三(2)—5001。
⑤ 中国第二历史档案馆藏档案:档号:三(2)—4960。

　　其次是集中保管债券基金,收回内国公债基金的保管权。从晚清以来,关税主要用于外债担保,民国以来,以一部分关税及全部关余作内债担保,但所有基金由政府委任总税务司管理,并悉数存放在华外国银行,同时,由于基金的动摇,时常引起债券风潮。有鉴于此,国民政府建立后,对基金的保管十分重视。1927年4月20日,国民政府组织成立江苏兼上海财政委员会,以上海商业储蓄银行总经理陈光甫为主任委员,负责苏沪财政事务,实际上是蒋介石的筹款机关。5月1日,经南京国民政府核准,以江苏兼上海财政委员会的名义,发行江海关二五附税国库券,该委员会中的银行家陈光甫、钱新之等人鉴于北京政府时期公债基金保管办法不妥,建议政府颁布基金管理条例,由各团体推派代表,政府派员参加,组织基金保管委员会,完全独立行使职权,维持债信,保护持票人权利。得到政府批准,指定由江苏兼上海财政委员会会同中央特派委员、银钱两业与商会等推举代表组织基金保管委员会,该委员会委员共计14人:中央特派3人:邓泽如、张人杰、林焕庭;江苏兼上海财政委员会2人:徐安国、虞和德(洽卿);上海银行公会2人:李馥荪、叶扶霄;上海钱业公会2人:谢韬甫、王伯埙;上海商业联合会2人:吴蕴斋、吴麟书;上海总商会1人:林康侯;上海县商会1人:朱吟江;闸北商会1人:王晓籁;并设常务委员5人。专项负责基金的收入、保管及库券本息的支出,每月结算一次,呈报财政委员会并登报公布。①5月13日,"江海关二五附税国库券基金保管委员会"正式成立,5月24日召开第一次委员会,拟定《二五附税库券基金保管委员会宣言》,明确指出:"国民政府以改造国家为己任,政府当局深知财政为庶政枢纽,3 000万库券事小,今后之建设事大,必须卓立信用,昭示中外,特设委员会专事保管此项基金,业已按照颁布条例组织成立。本会对于国家,对于持票人,均负重大责任,敢不审慎将事,以慰众望。兹特郑重声明,政府已令主管机关,将江海关逐日所交二五附税,已于五月一日起尽数拨交敝会,以现款存贮银行公会公库保管。每届还本付息之前,即由本会以十足准备之现金,公告支付。窃愿国民严予监督,以树不拔之基,国家前途实利赖之。"②显然,在二五库券基金保管委员会中,上海金融界和商界团体代表占大多数,这有利于代表和维护资本家的利益,同时他们所发表的宣言更是表明了上海资产阶级支持南京政府的政治倾向。

　　基金保管委员会成立后,成效卓著,基本上确保了江海关二五附税库券以及续发二五附税库券的如期还本付息,使得债票价格基本维持稳定,一改北京政府

---

① 上海市档案馆馆藏档案,档号:S173—1—29。

② 上海市档案馆编:《一九二七年的上海商业联合会》,上海:上海人民出版社1983年版,第76页。

时期市价动荡不定的局面。1928年7月全国财政会议将该委员会的管辖范围扩大到其他公债、库券的保管事宜,除津海关二五库券、海河公债和印花税担保的军需公债外,到1932年4月正式改组为国债基金保管委员会前,此间国民政府所发行的债券21种,额定总发行达10亿余元,几乎都由该委员会保管,因此,"江海关二五附税国库券基金保管委员会"成为了国民政府这一时期最主要的内债基金保管机构。

同时,国民政府还将北京政府时期由海关总税务司保管的内国公债基金权收归了中、中、交三行。1928年11月13日,财政部训令海关总税务司将其代管关余项下内国公债基金原存于汇丰银行者,移存中、中、交三行。16日,汇丰银行将该项基金600万两移300万两存于中央银行,其余300万两交中国、交通两行办理。从1929年起,一向存于外国银行的内债基金,亦改存中央银行。①

公债的偿还由国债基金保管委员会负责后,1933年5月5日国民政府立法院第16次会议通过《国债基金保管委员会组织条例》14条,规定该委员会由15人组成,分别为财政部公债司长、关税署长、总务司长、主计处主计官、审计部审计各1人;全国银行业同业代表3人;全国钱业同业代表2人;全国商联会代表3人;华侨代表2人。每月至少开大会一次,由财部转饬总税务司或其他征税机关,将各种公债库券基金,每月如数拨交国债基金保管委员会,保管备付。国债基金存放机关,由国债基金保管委员会指定,报告财政部转呈国府核准备案。各种公债库券,届时应付本息,由国债基金保管委员会按照数额,拨交代理还本付息之银行照付。国债持票人,于必要时,得推举代表,申请参与稽核。②

第三,变通了内债的发行方式。北京政府的内债发行方式主要是依靠内国公债局与地方财政厅的直接发行与借助银钱业等金融机构承购转售的间接发行相结合,而南京国民政府在1937年抗日战争全面爆发前的十年时间里,其内债发行的主要方式则与之有所不同,既不是由政府直接发行,也不是靠金融机构承购转售,最初发行债券由政府向银行钱庄摊派,但收效甚微。后来依靠的是抵押借款方式,通常先以所发债票(债票未印就前甚至以预约券形式)向上海的银行或钱庄订立借款合同,规定抵押条件,进行抵押借款。合同规定用作抵押品的政府债票一般按票面价格的5到8折抵借现款,利息为8厘到1分不等,时间一般

---

① 转引自:刘慧宇:《中国中央银行研究(1928～1949)》,北京:中国经济出版社1999年版,第145～146页。

② 《立法院通过国债基金保管委员会组织条例》,《钱业月报》第13卷第6号(1933年6月)。

限于半年以内。[①] 同时,由财政部命令上海华商交易所将债券"上市",使其可在市面流通,一俟押款到期,即照到期日交易所开出的此项债券的行市,和押款行庄结算,还清本息。为了讨好行庄,便利续做交易,财政部对行庄的结价,往往比交易所开的行市低半元或一元。这样以来,行庄承受债券,除照市价折扣外,还可以便宜半元或一元,实际获得利息甚优;债券既有市价,需用款项随时可以在证券交易所卖出,对于资金调拨甚为便利,一举数得,行庄当然愿意。当时公债库券一般利息为周息8厘,证券交易所新开的市价为票面的七折或八折,即票面100元,市价只需70元或80元就可以买进,而还本要照票面价值十足偿付,利息也照一百元计算,是一种变相的高利贷。[②] 为此,银行钱庄承受债券愈来愈多,通过证券交易所或银行钱庄也流入商人或资本家手中。这是国民党政府在抗日战争前十年时间,能发行大量债券的主要原因之一。

抗日战争胜利后,由于国民政府已改变了抗日战争前以发行公债为主的财政政策,主要依靠发行纸币与举借外债,因此,这一时期虽然国民政府仍发行过几次公债,但主要的目的已不是为了解决财政困难,而是为了吸收游资,调剂、稳定金融,充实外汇基金,调剂对外贸易等等,而发行方式也与抗日战争前有所不同,一改过去的折扣发行,或采取十足发行,或视市场资金供求情形,采取升值或折扣发行。没有建立统一的专门基金保管委员会,而是每一次债券的发行几乎都建立有自己单独的基金管理委员会,如1947年在发行短期库券与美金公债时,在上海建立有民国三十六年短期库券、美金公债基金监理委员会,该委员会由15人组成:财政部代表2人、审计部代表1人、全国商会联合会代表2人、全国银行业同业公会代表2人(在全国银行公会未成立以前,由上海银行公会推举)、全国钱业同业公会代表2人(在全国钱业同业公会未成立前,由上海钱业公会推举)、财政部聘请之其他机关社团代表6人。[③] 其发行机构统一由中央银行及其委托行庄经理。

二、国民政府的公债发行概况

纵观除1937~1945年抗日战争时期之外的国民政府公债发行情况,大致可

---

① 转引自吴景平主编:《上海金融业与国民政府关系研究(1927~1937)》,上海:上海财经大学出版社2002年版,第134页。

② 戴铭礼:《孔祥熙出长财部时的财政与金融》,见寿充一主编:《孔祥熙其人其事》,北京:中国文史出版社1987年版,第45页。

③ 千家驹编:《旧中国公债史料(1894~1949年)》,北京:中华书局1984年版,第342页。

以分为如下三个阶段：1927～1932 年为第一阶段，1933～1937 年为第二阶段，1945～1949 年为第三阶段，以下将分别予以论述。

（一）1927～1932 年国民政府的公债发行

1927 年 5 月 1 日到 1931 年的 5 年中，国民政府财政部共计发行 25 种内债，合 10.58 亿元。[1] 这些债券以 1928 年 6 月北伐战争的完成为分界线，呈现出两种不同的发行状况。

1927 年 5 月，南京政府以江海关二五附加税为担保，发行"江海关二五附税国库券"3 000 万元；10 月 1 日，发行"续发江海关二五附税国库券"2 400 万元，1928 年 1 月加募"续发江海关二五附税国库券"1 600 万元，两共合计 4 000 万元；1928 年 4 月 1 日，以卷烟税为担保，发行 1 600 万元的"卷烟税国库券"，5 月 1 日和 6 月 1 日以印花税为担保分两期发行 1 000 万元的"军需公债"；接着又在 6 月 30 日以煤油特税收入为担保，发行"善后短期公债"4 000 万元，合计从 1927 年 5 月 1 日～1928 年 6 月 30 日的 14 个月中，国民政府发行了 1.36 亿元的内债。这些内债几乎都是采取强硬手段，强制发行的办法，除强行派购外，甚至还用逮捕、绑架等恐怖手段相威胁，强制推销公债。

二五附税国库券销售时，其市场售价低于票面额 20%。[2] 国民政府将应募对象集中于上海银钱业，由江苏兼上海财政委员会召集上海银钱业各行庄开联席会议，商量如何承销库券。续发二五附税库券 4 000 万元的劝募对象稍有扩大：（一）政府方面除特别应募者外，所辖各机关及省政府市县政府之所属职员均一律以薪俸一个月应募。（二）商界方面除个别特别应募者外，凡经营行号店铺及工厂所有职员均以薪水一个月应募，但各职员为赡身家周转起见，得由各行号店铺工厂代为缴纳，俟本利清偿时，即为销账。（三）各收款机关为经募机关指定各银行钱庄。（四）由各商业团体及各马路商联合会尽力劝募，并请由各行号店铺自行缴纳各自提倡。财政部成立劝募债券委员会，上海成立商界劝募二五附税库券协会，派劝募员前往各商店厂家劝募。[3] 在二五库券的发行中，财政部要求上海银钱业承销 500 万元，但银钱业对此表示难以接受，1927 年 5 月 5 日银钱两业联席会议，议决银钱两业只能合销 250 万元，然而财政坚持原意，5 月 11 日，银钱两业再次召开联席会议，不得不做出退让，答应承销 300 万元，并称：

① 千家驹：《论旧中国的公债发行及其经济影响》，《文史哲》1983 年第 4 期。
② 张公权：《中国通货膨胀史（1937～1949 年）》，北京：文史资料出版社 1986 年版，第 77 页。
③ 上海市档案馆馆藏档案：档号：S173—1—29。

"本届承销团体在钱业虽系全体,而银行方面仅在会会员25家,共同认销至300万元之巨,实于无可如何之中,勉图合力分担之计。自经此次认销之后,无论任何机关借款,银钱两业均已无力再行担负,尚望曲加原谅,呈明总司令通行各机关查照。"但财政部并不买账,坚持要上海银钱业承销500万元,最后,5月20日的银钱两业联席会议,经过讨论,大多数仍执意只能认购450万元。[①] 同时,蒋介石要求中国银行上海分行垫款1 000万元,遭到中国银行上海分行宋汉章等的反对,一面强调经营之艰难,一面指出前已垫款200余万元,"务乞均座设法维护,俾财政金融日臻健全,银行幸甚,大局幸甚。"对此,蒋初以中行"上年(1926年)以大款接济军阀,反抗本军"相警告,继以"贵行在汉竟给共产政府1 800万元之报效,使其尚敢负隅一方,荼毒同胞,殊堪痛惜"相威胁,并限定5月23日以前垫足1 000万元,后经江苏兼上海财政委员会陈光甫等调节,中国银行表示可再垫200万元,前后共计400万元,其余600万元允负责代为劝销。[②] 1928年3月,北伐需款甚急之时,财政部函商上海交易所联合会借洋100万元,经各交易所开会讨论,推代表与财政部磋商往返数次,最终达成协议借洋25万元,请律师拟稿订立合同以续发二五库券票面50万元作抵押品,期限3个月,月息八厘,此项借款归各交易所分摊,其中证券物品交易所分担2万5千元。[③] 由此,我们不难看出,在二五库券的发行中,政府赤裸裸的强要硬索,同时上海银钱业、交易所虽对此作了一再的让步,但并不是愈取愈给,而是退让中有抗争,竭力维护自身的商业利益。

1928年,财政部发行善后公债4 000万元,并委托江海关二五库券基金委员会保管基金,第一批先发行2 000万元,要求上海银钱两公会各认购150万元,银钱两业召开联席会议,一致认为,两业年来担任借款数额甚巨,流通资金日濒枯竭,而财政部对旧欠虽经陆续抵还,然以库券拨转为多,各行庄收回债本远在数年之后,若再担任整数巨款,实属力有未逮,只能向各处尽力劝销,集有成数,随收随缴,或由两公会登报公布,凡认购上项公债者得向敝两会接洽领购。在遭到拒绝后,转而提出以该项债票150万元先向钱业公会押洋100万元,借款以3个月为期,月息9厘,又遭拒绝,在万般无奈的情况下,钱业只得竭力凑足50万元,请财政部以善后公债票面100万元作抵。[④]

---

① 上海市档案馆编:《一九二七年的上海商业联合会》,上海:上海人民出版社1983年版,第92~94页。
② 上海市档案馆编:《一九二七年的上海商业联合会》,上海:上海人民出版社1983年版,第95~96;105~108页。
③ 上海市档案馆馆藏档案:档号:S444—1—29。
④ 上海市档案馆馆藏档案:档号:S174—1—42。

此间,在蒋介石的高压下,江苏兼上海财政委员会不敢抗命,按蒋的旨意,派专人到上海,坐镇督促,派销公债。承购者稍有勉强,就会遭到上海黑社会青红帮组织的暗算。据美国国务院档案中的上海领事馆报告,1927 年七起逮捕绑架案,共勒索赎金 212 万元,这样的恐怖事件笼罩在上海滩的大街小巷,几乎"每天都有人被捕、交款及释放"。如 1928 年,棉纱面粉大王荣宗敬,对所派库券态度迟疑,蒋介石授意御用文人发表文章编造其支持军阀孙传芳的谣言,下令查封荣的产业,通令各军侦缉,荣宗敬托同乡吴稚晖疏通,蒋给吴一个面子,以荣氏答应承购库券 25 万元,方才换得取消通缉令。上海总商会会长、著名富商傅筱庵,因不允财政部向他募集的 1 000 万元贷款,也被蒋介石下令逮捕,并要没收其财产,最后以向"国库交了一大笔捐款"而了事。还有家住法租界的富商席宝顺之子忽以"反革命罪"被捕,席氏答应"捐赠"20 万元后获释。先施公司老板欧炳光3 岁儿子被流氓绑架,以 50 万元赎金生还。棉纺业主许宝箴的儿子以"共产党"的罪名被捕,以 67 万元赎回。[1] 再如 1927 年北伐军到上海,急需款项,蒋介石强行指派银钱业分垫 800 万元盐余库券,除中交两行认垫 1/3 外,其余由银钱两业各垫 1/3,浙江兴业银行被指派借垫 40 万元,董事长叶揆初申言无力认垫此数,执意只认 25 万元。国民党财政当局认为浙兴有意作难,不愿帮助政府克服困难,顿时谣琢四起,对浙兴施加压力。经交通银行胡孟嘉等上门切劝,叶揆初加了 5 万元,认垫 30 万元,仍不肯认 40 万元。财政当局一面命令交行将 30 万元退还浙兴,一面禀报蒋介石。蒋知道后极为恼火,拍案骂娘说,它不帮我,我请它关门,后来,经好友多方劝解,陈光甫上门劝说,浙兴才不得不暂时屈服。[2] 国民政府就是通过以上种种非法强制手段,勉强推销了早期的几笔公债。

北伐结束之后到 1932 年内债整理之前,国民政府共发行债券 20 种,共计9.22 亿元,而且在发行方式上也有了较之以前明显的不同。它们分别是:1928年的津海关二五赋税国库券(900 万元)、民国十七年金融短期公债(3 000 万元)、民国十七年金融长期公债(4 500 万元);1929 年的十八年赈灾公债(1 000万元)、十八年裁兵公债(5 000 万元)、续发卷烟税库券(2 400 万元)、疏浚河北省海河工程短期公债(400 万元)、民国十八年关税库券(4 000 万元)、民国十八年编遣库券(7 000 万元);1930 年民国十九年关税公债(2 000 万元)、民国十九年卷烟税库券(2 400 万元)、民国十九年关税短期库券(8 000 万元)、民国十九年善

---

① 转引自虞宝棠编:《国民政府与国民经济》,上海:华东师范大学出版社 1998 年版,第 72~73 页。
② 盛慕华、朱镇华:《浙江兴业银行的盛衰》,《上海文史资料选辑》第 60 辑《旧上海的金融界》,上海:上海人民出版社 1988 年版,第 112 页。

后短期库券(5 000 万元);1931 年的民国二十年卷烟税库券(6 000 万元)、民国二十年江浙丝业公债(800 万元)、民国二十年统税短期库券(8 000 万元)、民国二十年盐税短期库券(8 000 万元)、民国二十年赈灾公债(8 000 万元)、民国二十年金融短期公债(8 000 万元)。[①] 这一时期的公债发行方式与北伐结束前不同的是放弃了强迫手段,国民政府开始注重改善与上海工商界的关系,采取大折扣、高利率的发行方式,先将债票向银行、钱庄抵押,获取现款,待债票售出,再行归还,从而重新取得上海资本家在公债发行问题上的支持与合作。如 1929 年发行十八年赈灾公债 1 000 万元,因赈灾需款甚急,在债票尚未印就前,先由财政部发预约券,由赈灾委员会商请中国银行暂行押借 10 万元,交通银行押借 5 万元,上海银行公会押借现金 35 万元,共计押款 50 万元,借期 3 个月,月息 8 厘,一俟公债募集后即行取赎。[②] 1930 年 11 月,财政部以十九年善后短期库券 800 万元作押品,向上海钱业公会借款 400 万元,借期 6 个月,月息 8 厘。后经钱业与财政部讨价还价,最后钱业答应承借银 200 万元,以十九年善后短期库券 400 万元作押品,借期 6 个月,而月息则照银行 1 分计算。[③]

政府向银行及承购单位销售债券时,除民国十九年卷烟税库券、民国十九年建设委员会电气事业长期公债与短期公债是按票面发行外,其余债票几乎不按票面计算,一般以六七折,甚至三四折出售,到期兑付时则按票面十足计息,因此,在正常情况下,银行及承购单位实际所得利息,常在年利一分五厘以上,甚至高达三四分之多。如 1929 年 6 月,财政部发行关税库券,即令上海银钱两业承销,银钱两业屡次召集同业开会讨论,最后决议:银行方面承销票面 1 千万元,各银行(非会员银行不在分认之例)照范围大小量力分认,以对折作现,故银行业须扯集现洋 500 万元,其中,中交两行认额最巨,其余各银行认现洋 12 万元,即库券票面 24 万元,不敷之处仍由中交两行补足。钱庄方面,承垫 100 万元,南北会员同业共 78 家,每家承押现洋 1 万 2 800 元,即库券票面 2 万 5 600 元,共为99 万 8 400 元,尚缺 1 600 元,由承裕庄加垫。期限 6 个月,利率 9 厘。[④]

1927～1931 年,国民政府在不到五年的时间里所发债券共达 10.58 亿元,较北京政府 16 年内所发行的债券几增加一倍左右,但其发行却比北京政府时期更加顺利,除上述国民政府采取的种种促销措施外,还有一个不容忽视的根本原

---

① 千家驹编:《旧中国公债史资料(1894～1949 年)》,北京:中华书局 1984 年版,第 370～373 页。
② 上海市档案馆藏档案:档号:S173—1—227。
③ 上海市档案馆藏档案:档号:S174—1—42。
④《上海银钱业垫缴库券现款》,《银行周报》第 13 卷第 25 期(1929 年 7 月 2 日)。

因在于社会资金的大幅增加,货币供应量的增加当然要促使投资的活跃,从而推动证券市场的发展,反之亦然。20 世纪 20 年代末的"金贵银贱",导致白银大量涌入中国,上海大量充斥的游资,这为有着现代理财观念的宋子文提供了发行公债的温床。政府公债额的发行,既解决了上海金融界的游资出路,也为他们带来了可观的收益预期。

不过,到 1931 年,国民政府每月为了偿付公债本息所需要的基金款额已达 1 600 万～1 700 万元之巨,全年约 2 亿元,而当时国民政府每年的收入总额不过 3 亿～4 亿元,还要偿还外债赔款和支付军政各费,关税收入虽自 1929 年后略有增加,但也绝对应付不了这样逐月增加的债券本息。[1] 在公债的发行问题上,国民政府铸成两大错误:(1)还本付息期规定得太短;(2)利息规定得太高。再加之,九·一八"事变与"一·二八"事变相继发生后,上海证券市场的公债价格持续暴跌,银行资金周转不灵,于是,国民政府借口"国难"严重,于 1932 年 2 月 24 日发出关于变更债券还本付息条例的命令,并通过"持票人会对于内债之宣言"的方式,宣布改变债券还本付息的办法,从而开始了国民政府建立以来的第一次公债整理。

此次公债整理的主要内容为以下四个方面:(一)减少利息,大体以常年六厘为标准,库券每月付息者,以月息五厘计算,公债三个月付息一次者,以年息六厘计。(二)延长还本日期,即减少还本数目,原定还本 100 元者,以四成为标准。(三)每月应付本息基金,由总税务司按月在海关税收入项下划出 860 万元,径拨国债基金管理委员会。(四)宣布整理案乃政府与民众维持债信调剂金融之最后决定,一经令行,永为定案,以后无论财政如何困难,不得将前项基金稍有动摇,并不得再有变更,以示大信。[2] 经过对公债的整理,使国民政府每年的还本付息金额大大减轻,在 1932 年 1 月以前,每月偿还本息数目,约需 1 400 万～1 500 万元左右,自整理以后,规定每月由关税项下拨出 860 万元,充作公债基金本息,总计全年付出本息数目较以前减少约四五千万元之巨。[3] 但是,公债整理却造成了银行家们的重大损失,同时使公债价格继续下跌。

(二) 1933～1937 年国民政府的公债发行概况

1932 年整理公债之后,国民政府通过改组银行和币制改革逐步控制了金融

① 千家驹编:《旧中国公债史资料(1894～1949 年)》,北京:中华书局 1984 年版,第 20 页。
② 余英杰:《二十一年份之内国债券》,《中行月刊》第 6 卷第 1、2 期(1933 年 1、2 月)。
③ 罗从豫:《二十四年份财政部现负有确实担保内外债款之清算》,《中行月刊》第 12 卷第 1、2 期(1936 年 1、2 月)。

界,内债发行的利息几乎全部为年息 6 厘或月息 5 厘,折扣多为九八折和九六折,也有十足发行的。从而以较低的利息和较小的折扣顺利地发行了大批债券,使债券规模得到较大的扩展。自 1933 年起到 1935 年底止,国民政府又发行新债 10 种,共计 5 亿 7 800 万元的债券,其中 1933 年发行 3 种,1 亿 2 400 万元,1934 年发行 4 种,1 亿 2 400 万元,1935 年 3 种,3 亿 3 000 万元。① 而截至 1936 年 1 月底止,国民政府从 1927 年以来,历年发行各种内国公债库券凭证等,共负债 14 万 6 千万元,每月应付本息基金达 1 500 余万元。② 然而,与前一阶段相比较,这些公债,几乎每一期都不能如期偿还本息,债信又一次宣告破产,1936 年,国民政府不得不再次被迫"整理"公债,"整理"的方式是采取发行一种新的统一公债,换偿所有拖欠的旧债券。

1935～1936 年初,国民政府内外交困,在内不仅连年内战不息,且天灾不断,在外受世界经济恐慌的波动,加以银价高涨,农村凋敝,工商停滞,百业不振,全国金融陷于崩溃景象,政府各种税收,均形减色,指充债券本息基金之关税,短收尤巨,据确实调查,1935 年 7 月以后,关税逐月短收,除拨付外债及赔款外,内债本息基金,平均每月短少约 400 万元。③ 而内国公债,大部分用关税收入作还本付息基金,关税收入递减,当然使政府对于维持债信一点,殊觉窘迫。以下为1931～1935 年五年间关税收入的统计:

表 3-1　1931～1935 年关税收入统计表

年度	关税收入(百万元)	百分比	年度	关税收入(百万元)	百分比
1931	370	100	1934	334	90
1932	326	88	1935	315	85
1933	352	95			

资料来源:潘文安:《换发公债政策之检讨》,《银行周报》第 20 卷第 5 期(1936 年 2 月 11 日)。

由表 3-1 可见,1935 年度比 1931 年度,关税收入递减竟达 5 000 万元之多,又因为推行法币和欧美各国备战急迫,需要更多占用品原料等关系,关税收入也许还有继续下降的趋势。

而国民政府的财政赖以借债度日,内债年年增加,政府每年所支付的债务费一项,为数可观,下为 1931～1935 年五年间债务费的膨胀情况:

① 千家驹编:《旧中国公债史资料(1894～1949 年)》,北京:中华书局 1984 年版,第 22 页。
② 《财政部发行统一复兴两公债》,《金融周报》第 1 卷第 6 期(1936 年 2 月 5 日)。
③ 《财政部发行统一复兴两公债》,《金融周报》第 1 卷第 6 期(1936 年 2 月 5 日)。

表 3-2　1931～1935 年国民政府债务费统计表

年度	债务费(百万元)	百分比	年度	债务费(百万元)	百分比
1931	270	100	1934	257	95
1932	210	78	1935	274	100
1933	244	90			

资料来源：潘文安：《换发公债政策之检讨》，《银行周报》第 20 卷第 5 期(1936 年 2 月 11 日)。

由表 3-2 可知，庞大的债务费，确是中央赤字财政的重要因素，而关税收入，又不断减少，如此，财政前途难以为继。1935 年 11 月 4 日公布的法币政策，解除了货币与白银实际上的联系，这一制度能否顺利推行，关键在政府能否平衡财政预算，因此，财政部长孔祥熙，曾有 18 个月内平衡财政收支的宣言。因为在纸币不兑现的前提下，财政如有亏空，极易招致通货过度的膨胀，所以要奠定法币基础，必先平衡预算，削减债务负担，于是，政府推出换发公债，作为削减债务负担的具体实施手段。

对于发行统一公债，其实早在 1933 年就有人提出来了，当 1932 年整理公债实施一年后，债市日趋巩固，人心渐趋乐观之时，有人以为不如乘此时机，通盘筹划，将各种债券，择其还本年限相差无多者，合并换发一种公债或库券。[1] 只是这一建议在当时并没有引起国民政府的足够重视而被采纳。到 1936 年前后，这一政策才又重新提出。因为当时的中国正遭受着空前的金融危机，政府每月平均须筹集 400 万元款项，以弥补发还旧债本息。而举借新债，又不易觅得基金，于是政府必须制定新的公债政策。

从 1935 年底到 1936 年 2 月前，上海债券市价，呈现剧烈变动，本来公债市价的涨跌，不仅可以测量经济界的变动，而且也是政治的寒暑表，所以每次债券的剧涨剧跌，都预示政府将有非常措施。当此次公债市价剧跌时，沪市商会，即请政府切实宣示办法，以保债信。而政府的答词，除委过于投机者的造谣生事外，并无明白表示，可见其正在酝酿新办法，且将以迅雷不及掩耳的手段推出。1936 年 2 月 1 日下午，财政部长孔祥熙在上海中央银行召集金融界、商界领袖及持券人公会代表杜月笙、俞佐庭、林康侯、周作民、唐寿民、宋子良、陈光甫等，共同商议复兴经济，调剂金融，维持债券信用的办法，议决发行统一公债、复兴公债，一以收换旧发债券，一以健全金融组织，扶助生产建设。[2] 当晚，持券人公会即发表拥护宣言，一面赞扬政府的维持债信，一面申述持券人不能不竭其力量，

[1] 菊增：《统一债券发行刍议》，《钱业月报》第 13 卷第 4 号(1933 年 4 月)。
[2] 《财政部发行统一复兴两公债》，《金融周报》第 1 卷第 6 期(1936 年 2 月 5 日)。

拥护政府的理由,表现出一种和衷共济的精神:"政府于此财政万分困难之中,苦心支撑,洵足感佩,而持票人于此力顾债信下实已受惠独多。上年政府施行法币政策,以自力更生,谋达复兴经济之目的,果能依照孔部长上年11月4日宣言,对于完成法币之推行,健全金融之组织,扶助生产建设,平衡国库收支诸大端,分头进行,行见社会经济整个的平均发展,则将来社会所得之利益,何止千万倍。吾人分属国民,凛匹夫有责之义,亟应一德一心,上下合作,拥护法币之成功,使金融稳定,市面活泼,援助政府平衡收支,俾有资力从事于建设之大计,以保我民族之生存,使游资复归于生产事业,减少如潮,解除全民之痛苦,以达利国富民之目的。况国难严重,人民尤应竭力扶助政府。政府多有一分之力量,即人民减少一分之负担,加强一分国计生存之效率,其理至明,吾人所宜共为猛省者。"最后强调指出,政府"以上办法,至为稳妥,既聊尽国民爱国之天职,而个人利益复得长久之稳固,所谓利国福民者已在于此。特此宣言。"①在征得持券人会的同意后,经行政院4日例会通过,中政会决议核准,立法院先后通过《统一公债条例》及《复兴公债条例》,国民政府正式决定发行统一公债14亿6千万元以偿付历年发行公债库券等,将所有的各种杂色公债都在"统一"这一个名字下发行。发行复兴公债3亿4千万元,用以作为平衡收支,安定汇市的基金。

　　两公债的发行原则为:(一)政府历年发行内国公债库券等截至1936年1月底止,共尚负债14亿6千余万元,名称30余种,期限长短不一,应发行统一公债,各按旧有债券实欠债额,以同额统一公债,如数调换偿清,统一公债总额14亿6千万元。(二)旧有各债券,各依其原定清偿年限长短,分为甲、乙、丙、丁、戊五类,甲种债票12年,乙种债票15年,丙种债票18年,丁种债票21年,戊种债票24年,每年1月31日及7月31日各抽签还本一次。(三)统一公债,于2月1日发行,新旧票换偿事宜,应于4个月内办理完竣。(四)为完成法币政策,健全金融组织,扶助生产建设,平衡国库收支及拨存平准债市基金之用,发行复兴公债3亿4千万元,也于2月1日发行,年息六厘,期限24年,每六个月抽签还本付息一次。(五)两公债之还本付息基金,仍在关税项下除拨外债及赔款外所余之税款及退还赔款之原抵押部分支付,由财政部命令总税务司每月平均拨交国债基金管理委员会存储备付。

　　由此整理方案可见,政府此次债券整理侧重在清偿期的延长,新债较旧债之偿期延长十年以上,以展缓国库的支出,而不是注重减低债息,以减轻国库的负担。统一公债发行后,即将各旧债一体换回。同旧债相比,新债利息未减,而且

---

① 《发行新债整理旧债》,《国闻周报》第13卷第5期(1936年2月10日)。

基金仍旧。

在 1936 年的公债整理中,不属于统一公债收换的公债,主要有三类,一类是前北京政府发行的本息愆期,基金无着的 6 种:(一)元年公债与八年公债第二次整理债票,前者票额 2 560 万元,后者债票额 880 万元。(二)民国九年赈灾公债定额 400 万元,实发 216 万 8 475 元。(三)九六公债定额 9 600 万元。(四)一四库券额 1 400 万元。(五)交通部借换券 800 万元。(六)秋节库券定额 300 万元。另一类是南京国民政府发行的债券:(一)1928 年 7 月发行的善后短期公债,将于 1936 年 3 月底本息全数偿清,剩余无多。(二)1928 年 11 月发行的十七年金融长期公债,总额 4 500 万元,利息 2 厘半,1943 年 9 月本息全数偿清,因原定利息颇低,期限本长。(三)1929 年 4 月发行的海河公债,总额 400 万元,月息 8 厘,1939 年 4 月 20 日止本息全数偿清,基金由津海关值百抽五税项下附征 8% 之收入作抵。第三类是地方债券及各种建设债券,如江苏、浙江、湖北、湖南等各省建设公债,上海市政公债,复兴公债,铁道部第一第二两期建设公债,交通部电政公债,玉萍铁路公债、建设委员会电气事业长短期公债,续发电气事业公债,廿一年丝业公债等,亦均仍照旧案办理,不在统一之列。[1]

总之,从 1927~1937 年的十年间,南京国民政府除 1932 年因整理内债,未发行公债外,其余每年都有公债发行,这期间共发行约 25 亿元内债,1932 年整理前的五年发行了 10 亿多元,整理后发行了约 15 亿元。由此可见,国民政府统治的前十年,发行的公债与库券的数量是惊人的。

当然,政府发行债券所付代价也是很高的,虽然不知道政府与银行交易往来的全部细节,无法提出确切数字。一般认为国民政府在 1927~1934 年发行公债收到的现金,不超过债券票面价值的 50%~60%。但另据国民政府财政部顾问杨格的观点,"这种责难所根据的材料是不正确的。在那些混乱的年代,所得比率大约在 60%~75% 的范围内,1935 年~1937 年有所改进。"[2]

抗日战争爆发以后,国民政府的公债发行方式也进入到一个新阶段,同抗日战争前相比,主要呈现下列几个新的特点:(1)平价发行。(2)多数指定确实税收为担保。(3)仅少数债票在市面流通,政府所发战债,实际上印成债票,向公众发售并在市面流通者,仅救国公债、国防公债、金公债等 3 种。通常情况下,抗日战争时公债发行,仅做到"发"的方面,尚未做到"销"的方面。(4)大多数公债,以

---

[1] 羊冀成:《统一公债及复兴公债发行之经过》,《社会经济月报》第 3 卷第 3 期(1936 年 3 月)。

[2] [美]阿瑟·恩·杨格著,陈泽宽、陈霞飞译《一九二七至一九三七年中国财政经济情况》,北京:中国社会科学出版社 1981 年版,第 106 页。

"总预约券"方式,向银行抵押。当政府抗日战争需款甚急时,皆用"总预约券"方式,交与四行,作为担保,再由四行放款政府,收取利息。① 抗日战争时国民政府所发内债除 1937 年的救国公债在上海发行外,其余几乎与上海市场无关。

1937 年"八·一三"事变爆发后的第三天,应上海市各界抗敌后援会请求,国民政府发行救国公债,总额 5 万万元,9 月 1 日起照票面额发行。年息 2 厘(后改为年息 4 厘),自 1938 年起,每年 8 月底一次付给。自 1941 年起还本,分三十年还清,每年抽签还本一次。② 1937 年 8 月 24 日救国公债劝募委员会成立,总会设在上海,国内外设有分会。会长宋子文,副会长陈立夫,常务委员孙科、宋庆龄等 27 人。③ 关于经募机关,总会方面委托中、中、交、农四总行及邮政储会总局担任,此外另行委托上海市内中南、大陆、上海、新华等 21 家银行及福源、同馀等钱庄分任。该债自劝募以来仅一月,上海市金融业及 21 省市认购数合计已达 2.1 亿元,约占该债总额 40% 强,其中上海市银钱业认购救国公债数额总计 60 994 310 元;发行银行:中、中、交、农四行合计 50 000 000 元;其他如大陆、上海、中南、中孚、中国通商等 31 家银行合计 9 082 310 元;钱业合计 1 912 000 元。④ 此次公债募集之迅速,主要是得益于民众高昂的救国热忱。

(三) 1945～1949 年国民政府公债发行概况

抗日战争胜利后的政府公债发行与抗日战争前及抗日战争时都有明显不同,该时期由于通货膨胀加剧,法币贬值如同废纸,使得国民政府的前期债务一下子清还,但也失去了民心。虽然公债政策已不是国民政府这一时期解决财政困难的主要政策,但政府还是变着花样,发行了几次以美元、金圆、稻谷甚至黄金为本位的内债,其中,1947 年以美金为本位的民国三十六年短期库券与美金公债、1948 年以金圆为本位的民国三十七年整理公债以及 1949 年以黄金为本位的民国三十八年黄金短期公债,这些均在上海证券市场上市交易.

1947 年初,国民政府在财政方面表现出两种危机:(一)通货继续膨胀;(二)法币不能回笼。政府用尽可能的方法出售黄金物资,待黄金物资售尽,而法币依然充斥市面。据专家估计,就上海一地市面而论,商业行庄存款约 4 千亿元,国家银行存款大约 9 倍于此,计 3 万 6 千亿元,合计共有游资达 4 万亿元。

---

① 朱契:《战时公债与我国财政前途》,《财政评论》第 4 卷第 3 期(1940 年 9 月)。
② 陈钟颖:《救国公债之发行与募集》,《中行月刊》第 15 卷第 2、3 期(1937 年 8、9 月)。
③ 任建树主编:《现代上海大事记》,上海:上海辞书出版社 1996 年版,第 678 页。
④ 陈钟颖:《救国公债之发行与募集》,《中行月刊》第 15 卷第 2、3 期(1937 年 8、9 月)。

就黄金美钞来说,上海市场上的黄金存量约200万两,美钞约1亿元。[1]据此,国民政府认为民间对债券的销纳力量不成问题,决定利用库券与公债来收缩通货。

1947年3月26日,国防最高委员会通过发行三十六年短期库券3亿美元暨美金公债1亿美元,定于4月1日及10月1日各发行半数,十足发行。库券利率年息2分,分3年偿清,每半年还本付息一次,按照支付日央行美金牌价折算付给法币;依中央银行美金牌价以国币折合美金发售;用途为稳定金融;本息基金以国营生产事业及接收敌伪产业中指定若干单位为担保。公债利率年息6厘,分10年偿清,每半年还本付息一次,一律以美金外汇给付;用途为充实外汇基金调剂对外贸易;以美金存款或美金现币缴购或以其他外币存款或现币及黄金依照央行牌价折合美金缴购;由政府令饬央行就外汇基金项下按期预拨同数之美金外汇存储备付;由财政部、全国商联会、银钱业公会组织基金监理委员会,负责办理基金的监理事项。[2]该项库券与公债的推销方式采行自由认购办法,推销力求普遍,便利各地各界购买。

国民政府认为此项债券发行有三种意义:(一)以美金库券吸收散在社会之国币,依央行牌价折合可收回国币3万6千亿元;(二)以美金公债吸收包含美金在内之一切外币存款及现币,若以美金5千万元计算,合国币6千亿元;(三)以美金公债吸收散在社会已遭冻结之黄金,若以美金5千万元计,可收回黄金125万两,亦合国币6千亿元。三者合计共值4万8千亿元,约1947年度国家岁出总额之半数,又约与全国游资总量相等。[3]

中央银行总裁张公权在公债基金监理委员会第一次开会时就说:"此次发行公债实为一大试金石,由此可以测验人民对国家债券是否信任。"[4]为此,曾想尽办法进行推销,例如,允许公债库券可以作为银行准备金,并在基金监理会及募销委员会中安排了银钱业占1/3左右的代表。又成立了所谓募销委员会,聘请金融业及社会方面头面人物担任委员,大张旗鼓地不断进行广播与文字宣传,印刷彩色标语,制定会徽,在电影院放映幻灯片,组织学生进行街头宣传,举行各种招待会及游园会等,场面拉得很大。4月7日,上海市市长吴国桢以身作则,带头认购短期库券第一号预约券,吴氏共认购票面关金1 000元,上海市中央银行全体同人,也决定以一个月的薪金全部(约合国币10余亿元)认购债券,其他中

[1]《四亿美金公债》,《经济评论》第1卷第1期(1947年4月5日)。
[2] 冯子明:《美金证券之发行》,《商业月报》第23卷第3号(1947年3月)。
[3] 冯子明:《美金证券之发行》,《商业月报》第23卷第3号(1947年3月)。
[4] 寿充一、寿乐英编:《中央银行史话》,北京:中国文史出版社1987年版,第47页。

国、交通、农业三行及中信、邮汇两部同人闻讯后,亦作出同样表示。① 4月9日上海市政府组织成立了民国三十六年短期库券、美金公债上海募销委员会,设办公处于上海外滩15号,专门负责此次公债与库券的推销。并由上海行庄80余家代理经募。②

新债券的发行声称以自动购买为原则,不采取强派办法,但在实际的推销中却并非如此。在美金公债募销中,社会舆论曾盛传上海市行庄(包括三行二局)承销债券总额1/5,折合法币计9 600亿元,而当时行庄存款仅7千亿元,虽全数相抵尚差2 600亿元。对此,4月14日,国民政府主席蒋介石过沪,专门就此事询问了美金公债劝募委员会主任委员钱新之,据钱氏称,美金债券推销情形颇为良好,采取的发行方式为公开发行,行庄认购债券,该会均视各行庄本身力量而定,并非吸收现有存款,余额仅由行庄负责向外募销而已。四行两局由四联总处指定配额,商业行庄配额则由公会决定。但为了发行的顺利,对公营及民营生产事业向各行局贷款者,均劝导其募销一部分公债或库券,在急需时可将该项债券向银行抵押,同时国行贴放委会,对今后生产贷款厂商,亦希望能自动承销,并不强迫募债。4月15日,中央银行总裁张嘉璈谈话称:"美金债券募销委员会秘书处负责人称:旬来美金公债及短期库券之销售,据各行庄向中央银行报告统计,共达40万美金,折合国币约50亿元。"③据统计,到4月底,上海市各商业行庄纷纷向中央银行申请代销美金短期库券及美金公债的募销行庄,共计40家。④ 根据新债券上海募销委员会4月28日发表的统计数字,由各行庄经募的短期库券为美金22万5 520元。自4月1日以来,债券募销总额,共计短期库券美金245万4 300元,美金公债美金26万4 850元,两共美金271万9 150元。⑤

为扩大销售,一方面,财政部于5月5日发布命令,允许各地银行、钱庄及信托公司将交存中央银行的存款准备金,其半数可以行庄公司自有的卅六年度短期库券作为代替品,⑥另一方面,又决定将上海证券交易所经纪人证据金代用品及递交保证金改用美金债券缴纳,按票面额七折计算,在美金债券未洽购前,可以现金抵充,并限6月15日前洽购完善。自6月16日起,均须以美金债券缴

① 《美金债券认购踊跃》,《申报》1947年4月8日。
② 上海市档案馆馆藏档案:档号:Q6—2—1112;S174—1—167。
③ 《美金债券之募销》,《金融周报》第16卷第17期(1947年4月23日)。
④ 《美金债券募销工作积极展开》,《金融周报》第16卷第18期(1947年4月30日)。
⑤ 《债券募销成绩》,《申报》1947年4月29日。
⑥ 《美金库券充准备金,财政部规定办法》,《申报》1947年5月6日。

纳。① 据政府方面的计算,身份保证金部分改缴库券,以每一经纪人纳 4 300 万元计算,则 250 个经纪人共可缴 100 余亿元。另递交证据金如交易数额不变,预计可推销库债 700 万美元,两项约占第一期发行额的 4%。然而,这一政策的出台却在证券市场引发一场不小的风波,5 月 17 日,当上海证券交易所接到财政部命令时,引起全体经纪人的强烈反对,证券市场曾经发生一度纷扰而陷于停顿。其后虽恢复买卖,但行市惨跌,成交减少,当 5 月 31 日部令到来,限保证金于 6 月 4 日前办竣,代用品于 15 日前缴纳时,场内跌风再起,永纱曾由 5 月 30 日的 7 260 元,猛跌至 5 600 元左右,其他股票亦一致响应。同时场外交易又恢复昔日的繁荣。据业中人士传闻,最高的成交额约及场内的 3 倍,可见投机活动,仍然存在。所不同者,由场内移至场外,不仅增加了当局方面管理的困难,而且使政府债信受到极大损害。② 1947 年 7 月,美金公债上海募销委员会致函上海钱业公会,要求该会转商各行庄全体职员,踊跃认销债券,每人最低以所得薪金一个月为标准,应缴债款最好先由各行庄酌为扣还。同时还要求各行庄以存款准备金之半数移购三十六年美金债券,各行庄尚有未曾办理者从速解交。③

过去发行公债券,每次都依靠金融业为主要认购对象,先由银行承购,再把一部分转到市场,由于银行认购公债一般都有利可图,所以银行乐于承购。但到这个时候,情况大不相同,首先是通货膨胀,币值猛烈下跌,其次是抗日战争胜利后公债并未在上海证券交易所上市交易,不仅市民对于公债、库券完全失去信心,尽管用了"美金"这个名词,金融业也感到无利可图,反而要承担很大风险,因此认购的极少。

于是,国民政府任命钱新之为美金公债劝募委员会会长,企图把资产阶级所储存的美元和黄金动员出来,作为国民党政府进行垂死挣扎的资本。钱新之声称,自己代表金融界认购公债总额的 1/4,中小银行和钱庄就纷纷抗议,不予承认。④

在这种情况下,尽管经募的花样层出不穷,但却收效甚微。美金债券销售数额,传说不一,据统计,截至 1947 年底为止,美金公债已募销数为 25 818 550 美元,尚未销出数 74 181 450 美元,短期库券已募销 30 956 530 美元,尚未售出数

① 《证交保证金改用美金债券》,《金融周报》第 16 卷第 23 期(1947 年 6 月 4 日)。
② 《证交保证金改用美金债券纳缴》,《经济评论》第 1 卷第 11 期(1947 年 6 月 14 日)。
③ 上海市档案馆馆藏档案:档号:S174—1—162。
④ 杨培新编著:《旧中国的通货膨胀》,北京:生活·读书·新知三联出版社 1963 年版,第 81 页。

269 043 470 美元,上项债券销售额仅及发行额 14% 强。① 又据统计,1947 年 8 月,认购公债和库券数仅为 25 819 550 美元,其中 1/4 的认购者是主要商业银行和棉纺织厂。而就整个认购情况看,从 1947 年 4～12 月期间,短期库券的认购数为 5 142.25 亿元,约计 30 834 680 美元,1948 年第一季度其净售数为 33 555.16 亿元,合计为 11 635 660 美元。出售各项公债的收入,仅占总收入的 4.3%。② 另据统计,自 1947 年 4 月 1 日起至 1948 年 3 月底止,短期库券实销 2 710 万美元,美金公债实销 2 355 万美元。而这为数有限的数额也是空的。例如美金公债实销 2 355 万美元中,中国、交通、中农及邮汇局四个单位就认购了 1 900 万美元,其中中国认购 1 000 万元,交通认购 500 万元,中农及邮汇各认购 200 万元。这些数字实际上是内部转了一笔账。中国认销 1 000 万元时,双方约定:(1)在中国银行外汇头寸紧张时,可用美金公债按七折向中央银行作抵,订立透支契约。(2)各地推销美金公债所收外汇资金,均须存入纽约及伦敦中国银行。(3)中央银行在国外存款增加,应加拨一部分存入中国银行。从这个约定来看,所谓认购公债只不过摆摆样子而已。至于短期库券,中央银行以控制上海市面为理由,于 1947 年一次购进库券第二期票面 1 000 万美元,按 3 月 25 日牌价,连同贴息共支付法币 27 896 亿元。③ 如此这般,用国库的钱,用印刷厂印发的钞票,来购买自己发行的库券,这对回笼通货,弥补财政赤字有什么作用? 对于恢复债信又有什么效果?

1948 年 3 月 26 日,国务会议通过发行短期库券案,此案由中央银行张嘉璈总裁建议,该项库券为不记名式,发行总额无限制,期限分一个月、二个月、三个月三种,为流通便利,由中央银行在公开市场发行,发行目的为吸收游资,稳定金融市场,利息为月息 5 分,较市场利息为低。④ 根据条例规定,由中央银行在公开市场,根据市场资金供求情况,采取升值或折扣发行,并于未到期前向市场回购。这实际上是中央银行想通过公开市场操作来调控货币供应量,利用库券作为控制市场的武器。在物价继涨的局面下,无论长期和短期债券,是不容易推销出去的,从抗日战争时期以来,政府无法利用发行公债作为财政的收入,就是这个原故。但这次的库券发行有两个特点,第一期限特短,只有一个月、两个月、三个月三种;第二可以折扣发行,如库券按八折发行,虽然券面规定月息仅 5 分,而

---

① 中国第二历史档案馆编:《中华民国史档案资料汇编》,第五辑第三编,财政经济(一),南京:江苏古籍出版社 2000 年版,第 289 页。

② 张公权:《中国通货膨胀史(1937～1949 年)》,北京:文史资料出版社 1986 年版,第 110 页。

③ 寿充一、寿乐英编:《中央银行史话》,北京:中国文史出版社 1987 年版,第 47～48 页。

④《国务会议通过发行短期国库券》,《金融周报》第 18 卷第 15 期(1948 年 4 月 7 日)。

实际利率已为月息三角以上，必要时折扣还可压低，直到发行折扣与券面固定月息和基近于或等于黑市利率为止，故库券售出是不成问题的，因为不但利息优厚，而且购券人在库券到期前需要资金运用，又可在公开市场出售，也不致怕资金冻结，这是极能满足一般放款投资者条件的。中央银行过去与金融市场的关系，只能在市场银根紧枯的时候，放出贷款救济工商业，迫贷款放出游资增加引起物价上涨，工商业又感银根奇紧，中央银行又不能不再作放款救济，于是贷款、游资、物价三者成为一个恶性循环。其中关节之点，就是在央行只能被动的放款出去，而不能主动把市场游资吸收回来，政府以往也曾利用抛售黄金实物等以收回游资，但黄金实物的数量终是有限的，结果是石投大海，不见踪影。现在利用库券来吸收游资，条例上规定库券发行总额可以无限制，目的是想将发行库券作为央行控制金融市场的有效工具。[1] 正因为如此，这次的国库券发行效果相对较好，第一批发行的国库券的售价为票面额的 87.3%，购买者每月就可获得19.5%的收益。5 月间国库券的售价降至 84.5%，后又降至 83.8%，购买者收益即可提高到 23.3%至 24.3%，国库券发行的第一个月，共售出 1 000 亿元，到五六月间，出售额达到 2 000 亿元。[2]

自 1948 年 8 月 19 日宣布币制改革后，关于以前所发的法币公债如何处理，国民政府颁布《政府法币公债处理办法》10 条，决定对政府历年发行之法币公债实销部分尚未清偿者 17 种，一律于 10 月 1 日起提前清偿。规定凡在 1948 年 8 月 20 日以后到期者，照各债原定利率至 9 月 30 日为止，一并予以偿付，是日以后概不计息。至于清偿标准按 1948 年 8 月 19 日一般法币公债市价，依各债发行先后分级规定偿还倍数，再按其分级加倍应还法币数目，照法定折合率折付金圆，持票人应即持同债息票及印章，于六个月内，向就近之经理银行（中央、中国、交通、农民四银行及中央信托局任何一处均可）申请清偿。逾期未兑付者，其所持法币公债一律作废。[3] 为此，财政部曾于 9 月公布《政府法币公债提前清偿办法注意事项》12 条，以便使公债持票人及经理银行申请办理时，有所依据，清偿工作顺利进行。规定以历年实际销售领发债票，在 1948 年 8 月 19 日尚未到期清偿之本息票为限，其在该日以前，业已到期者，应由持票人自行检出，照原定偿还办法，另向经理银行者合金圆兑领本息，不得混入未到期本息票内，申请加倍清偿（其未经实际销售而拨作银行借款抵押品之法币公债，由财政部另行处理，

① 《短期国库券的运用问题》，《经济评论》第 3 卷第 3 期（1948 年 4 月 24 日）。
② 张公权：《中国通货膨胀史（1937～1949 年）》，北京：文史资料出版社 1986 年版，第 170 页。
③ 上海市档案馆藏档案：档号：Q1—9—296。

不在前项规定提前清偿之列。但持票人所有之法币公债,如有充作私人借款抵押品者,仍予提前清偿。)。至于持票人申请提前清偿手续,向经理银行领取申请书,将所持债票名称、种类、张数、金额、附带息票张数,暨应兑领金圆数额,详细填明,加盖名章,并在债票右上角加盖同样名章,缴交经理银行请兑。①

这一政策的出台,无疑是对整个债权人的掠夺,使抗日战争前政府所发公债,在通货膨胀的环境下被一笔勾销。如中国通商银行在 1937 年以前承购了大量公债,到 1948 年底,还保留公债票面 807 万元。按照抗日战争前的进价,相当于黄金 5 万~6 万多两,但到 1948 年底只折成金圆券 1.66 元,等于一笔勾销。②通商银行的资本和积累在恶性通货膨胀中,陆续被国民党四大家族及其代理人以假公济私、巧取豪夺的方式抽逃殆尽。

至此,国民政府自 1935 年法币改革以后所发行的以法币为本位的各种公债库券的历史宣告结束。

为了挽救濒于崩溃的货币市场,1949 年 1 月 16 日国民政府临时政务会议中,通过废止金银存兑办法,发行黄金短期公债,交证券交易所正式开拍。黄金短期公债发行办法如下:定额 200 万市两,利息 4 厘,以黄金付给。自发行日起计算,利随本付。均为记名式,不得挂失,2 月 1 日及 6 月 1 日两期各发半数。自发行日起,每月抽签还本,两年还清。发售价格,按照中央银行每日侨汇牌价照算,黄金价格以金圆券缴购,在市场公开发售,基金半数由政府库存黄金拨付,半数由行政院美援运用委员会拨款购足,成立基金保管委员会,由政府指派代表 3 人,并选定中外金融界代表 6 人组织之。③此黄金公债,名义上虽有所谓基金保管委员会为之保障,但实质上完全依赖政府信用。而此时的政府信用已不可恃。黄金公债不但利息太低,其还期又定为两年,两年以后,局势如何,谁都无法推测。另外,国民政府发行黄金公债无非是因为停止金银存兑后,没法向人民交待,所以变一花样,企图减轻人民对政府的攻击。因此,为了推销黄金公债,国民政府决定恢复自 1948 年 8 月 20 日币制改革时奉令停业的上海证券交易所。尽管此次公债按月用黄金摊还,并按低于黑市金价出售,然而,当此中国共产党军队长驱南下之时,人民对国民党政府的信心已丧失殆尽,债券更是无人光顾。

---

① 《国内经济动态》,《中央银行月报》新 3 卷第 11 期(1948 年 11 月)。

② 陈泽浩:《中国通商银行始末》,《上海文史资料选辑》第 60 辑《旧上海的金融界》,上海:上海人民出版社 1988 年版,第 202 页。

③ 恒之:《发行黄金短期公债与证交复业》,《经济评论》第 4 卷第 13、14 期合刊(1949 年 1 月 22 日)。

第三节　近代上海公司债券的发行与管理

所谓公司债(Debenture)，即股份公司如遇资金必要时，依一定形式，从公众或某特定人，借入一定金额，并约定日期偿还的有价证券。公司债之种类主要分为二种：一为以财产为担保之公司债，二为以信用为担保之公司债。公司债的发行方式，通常分为直接与间接两种。直接发行系由发行公司，不经第三者之手，直接以债券向社会公众募销。间接发行则系由发行公司，委托银行、信托公司或其他金融机关，代理推销一部分或全部债券。间接发行又可分为两种情形：其一为承销，经募的金融机关仅居于代理人地位，代将债券发行有关事项，诸如发行数额、利率、抵押、偿还期限与方法，以及公司一般资产负债与损益状况等，作成说明书代登报刊，或由其所设立的信托部或债券代理部，向往来顾客兜销，然后将所售债款扣除手续费，汇交委托公司，至于债券能否如数募足，不负任何责任。其二为包销，经募的金融机关预先与委托发行公司议定价格，并按价购入全部或部分债券，再以较高的价格转售他人，或自行保有作为对该公司的投资，有时因债额过巨，经募机关为减少风险，常须联合其他同业合组银团，分别承担一部分债券。直接发行系产业发展初期所采用的方法，优点为手续简单，费用节省。但采取此种方式发行债券，往往分布不广，且范围狭小。间接发行因经过一层或多层中间机构的活动，故资金募集较易，且由于证券市场继续性交易的存在，债券的行销更为顺利。

一、近代上海第一只公司债——通泰
盐垦五公司债票的发行概况

在近代中国，公司债的发行大大晚于股票与政府公债，其种类通常以财产为担保之公司债为主。而在上海，公司债首次通过市场发行是从1921年上海银行公会及钱业公会联合组织银团发售通泰盐垦五公司债票开始的，其发行方式一开始即采取了较为先进的间接发行，足见上海金融界对公司债发行的重视，而此次通泰盐垦五公司债发行的成败又关系着公司债这一新生事物在近代中国的命运。

上海银钱业之所以选择通泰盐垦五公司作为首发的公司债，主要因为：该五公司——大有晋、大豫、大赉、大丰、华成五垦殖公司，为著名实业家张謇、张叔俨等创办，早在光绪二十七年(1901年)，张謇首倡将从前淮南淮北各属煮盐改

为盐垦兼营,创立了通海垦牧公司,经过 20 年经营而卓有成效,继后相继建立大有晋、大豫、大赉、大丰、华成、新南、大祐、大阜、大纲、新通、泰源、中孚、华丰、五祐各公司,统计通泰各属,可耕之地,约有 500 万亩,每亩产花,以年 60 斤计,年可收获 3 千万担,价值 6 千万~7 千万元,每亩若将来价值 20 元,可值 1 万万元,以每一佃户种 25 亩,每户人口 3 人计,可养活 6 百万~7 百万人,通泰各盐垦公司中,最大者为大有晋、大豫、大赉、大丰、华成五公司:

表 3-3 通泰盐垦五公司创立情况表

公司名	创立年	资本额	地亩
大有晋	1912	50 万元	23 万亩
大 豫	1915	80 万元	20 万亩
大 赉	1916	150 万元	50 万亩
大 丰	1917	200 万元	120 万亩
华 成	1917	125 万元	40 万亩

资料来源:《中国第一次发行之公司债》,《申报》1921 年 7 月 28 日。

到 1921 年前后,各公司收入短绌,负债日增,而兴工施垦需款甚巨,临时调汇,利率甚重,期限尤促。各公司为轻减利息负担,促进公垦,商议发行公司债。由各公司邀请上海银行界张公权到各公司参观,张回沪后邀集沪上各银行及钱业秦润卿,协同讨论,银钱业认为我国农业不振,亟待扶助,而公司债之制,在我国尤应及时提倡,使金融界实业界得以联合,互相发展,遂决议组织银团,代为经募。[1] 于是,上海银行公会、钱业公会发起承募通泰五家公司债票 500 万元,分两期招募,第一期 300 万元,第二期 200 万元,五年还清,每千元可分红田 12 亩。1921 年 8 月 6 日经募通泰盐垦五公司债票银团,在银行公会召开银团成立大会,通过章程,选举董事,当场选定盛竹书、钱新之、田祁原、宋汉章、陈光甫、倪远甫、田少瀛、叶鸿英、吴寄塵等 9 人为董事,主持银团一切事务。8 月 9 日召开董事会,推举盛竹书为主席,讨论进行事宜,并推宋汉章、田祁原两人为银团代表,会同五公司代表在公司债票上签字。该银团除承募公司债票外,还组织农事试验场,聘请中外农业专家为委员,还前往美国聘定农业昆虫技师研究改良,试验场经费,由五公司与银团分任。[2]

根据合同可见,此次公司债的发行具有如下几个特点:[3]

---

[1]《经募通泰盐垦五公司债票银团报告》,《银行周报》第 6 卷第 31 号(总第 261 号)(1922 年 8 月 15 日)。
[2]《公司债集成绩之优美》,《银行周报》第 5 卷第 31 号(1921 年 8 月 16 日)。
[3] 以下特点系根据《五公司债票述要》概括,见《银行周报》第 5 卷第 31 号(1921 年 8 月 16 日)。

一、用途明确：专充公司清偿旧欠及扩广工垦之用，不得移作别用，以保障借款用途，而使投资者安心购买。

二、监督严格：此债分配数目，虽由公司自行支配，但必须报告银团同意，并由银行团公推稽核员 5 人，分驻五公司，监察账目，所有五公司款项出入均由稽核员审查。而筹奖红地，由公司划分区域，银行团派员检定，从而确保债权者的利益。

三、担保确实：五公司未分地租及公司其他收入，尽先充此次公司债票还本付息之用，而公司所有款项收入，至少应以半数分存银行团内各行，以确保公司债的还本付息。公司每届还本付息时，应在一个月前，如数筹备，悉存银团，以备应付。如遇青黄不接，或有不敷，由公司商请银行团，暂时接济，如为数过多，可由银行团会同公司处分一部分担保品，以保障其到期可以还本付息。

四、利益优厚：除利息常年 8 厘，每半年付息一次外，公司债票末期偿清时，每债额千元，可分筹奖红地 12 亩，自 1921 年 11 月 1 日起计算，满一年即开始还本，一年之后，即可得常年 8 厘之利息，又可得地 12 亩，利益十分可观。

此次公司债的发行方式采取的是由上海银钱业公会组织银团认购一半，向社会公开销售一半。第一期发行 300 万元，由银行团各银行认购 120 万元，钱业公会认购 30 万元，其余半数，则公开向社会招募。

然而，债票的发行却并非一帆风顺，首批发行的 300 万元，按照合同，发行时间为 1921 年 7 月 1 日～10 月 31 日，虽然很快由在团各行号先后认足，看似投资积极，但实际上银团各行号分认此项债票仅属于经募性质，分认之后还必须将债票推销市面。为了达到推销目的，自 1921 年 10 月后，银团采取了种种设施，清理未尽手续，保障债权利益。首先银团公推稽核沈籁清、姚伯华、李铭侯、王文毓、翁季骧五人，监察公司账目。后因稽核分驻五公司，联系不便，又在上海组织稽核处，以沈籁清常驻上海，遇事随时赴各公司接洽。其次，银团为保全双方利益，参与公司经营，1922 年春，各公司开股东会之际，银团就调查所得，提出意见五项，供各公司参考：（一）售地须随时报告银团。（二）停发股息。（三）节省开支。（四）收束盐业，以减亏耗。（五）进行工垦，以广利源。由各公司斟酌采纳。[1] 即便如此，到 1922 年 6 月，银团仅缴款 253 万元，第一期原认未缴款项还剩约 47 万元。[2] 由此可见，银团推销公司债并不顺利，这与五公司发行债票后

---

[1] 沧水：《通泰盐垦五公司发行债票之原委》，《银行周报》第 6 卷第 41 号（总第 271 号）（1922 年 10 月 24 日）。

[2]《通泰盐垦五公司债票纪实》，经募通泰盐垦五公司债票银团印行，民国十一年十月编，第 44～45 页。

的经营不佳有密切关系。

1921年秋,通泰盐垦五公司再次歉收,到1922年6月时,不仅五公司盐务陷于困境,而且欠债日重,使银团已缴债款,亦呈险象。值此之时,公司为谋整顿,组织总管理处,江知源为主任,专程到沪商请银团招足第一期债票缺额50万元以资周转,同时提出愿将债票红地改在大有晋为交换条件,为此,银团主席盛竹书向各银团发出劝告:"此项社债在我国为创举,当提倡之时不能不加以慎重,若已发行不思补救以善其后,设五公司一旦濒于危险不可不收拾,则债票虽有地作为担保品,试问本银团将何法以处置之,且银团信用从此扫地,社债名义亦永远不能发生于中国,影响实业前途实非浅显,……竹书忝为银团主席,且屡次代表银团向五公司接洽事项,而敝行亦认募一分子,不敢安于缄默,并非代五公司设法张罗也,所希望本团诸君子对于摊认债票缺额一事加为注意,以期已投资本得有挽回,认募债票得以推销,而本团名义亦益形固结矣。"①银团同时公决,推举盛竹书赴通州接洽,而陈光甫、钱新之、吴蕴斋、叶鸿英正因事会集通州,于是共同商定合同附件九条,最后,由通泰盐垦五公司董事长张退庵,盐垦管理处处长张蔷庵,主任江知源与经募通泰盐垦五公司债票银团代表宋汉章、田祁原再次签订了《续订债票合同附件》,规定:第一期债票300万元除已交250万元外,其有认而未交50万元,仍由银团照原认之数摊认补足;公司为优待计,决定于交通便利工程完备之大有晋公司未分地内划出作为红地,其区域仍由银团指定,红地照原合同每千元酬12亩,第一期共36 000亩,现为优待,加酬4 000亩归加认各户分派,红地指定区域由该公司担任工垦,交地期限照原合同办理。此次摊认补足的50万元,其分配数目仍由五公司自行支配,但须将各公司前后实收之数报告银团,此次续订附件由五公司董事会组织的总管理处完全负责。② 第一期债票余额附件订立以后,即由在团各行如数认足,由银团委托浙江兴业银行代理收解,债票亦托浙江兴业银行照数代发,而此次提出红地共计4万亩,除第一期债票应得36 000亩外,其余4 000亩公决归续认各户分派,暂由银团向各户声明。③

通泰盐垦五公司债票,1922年下届本息,应于11月1日到期,但因各公司秋收,非待阴历11月中不及变卖得价,合同原订期限过促,不及应付,不得不将上半年付息改为阳历7月1日,下半年还本付息改为次年阳历1月1日。而1922年秋,由于迭遭风灾,收成减色,经银团与公司变通处理,1922年下半年到

① 《通泰盐垦五公司债票纪实》,经募通泰盐垦五公司债票银团印行,民国十一年十月编,第23~24页。
② 《通泰盐垦五公司债票纪实》,经募通泰盐垦五公司债票银团印行,民国十一年十月编,第25~26页。
③ 《通泰盐垦五公司债票纪实》,经募通泰盐垦五公司债票银团印行,民国十一年十月编,第46页。

期利息全付，债本先付半数，所有本届应付第一期债本半数 30 万元，利息 16 万元，共 46 万元。其余半数 30 万元，由盐垦管理处售地抵还，另提垦地 6 万余亩，暂存银团作为担保，由盐垦管理处负责赶速出售，得价归还，限期一年还清。①

二、抗日战争前上海公司债的发行概况

由于银钱业首次组织银团承募通泰盐垦五公司债票并未获得完全成功，这就严重影响到以后公司债的发行，到抗日战争前，在上海发行的公司债并不多，仅有 1929 年的三北鸿安航业债券，1934 年及 1936 年发行的闸北水电公司债、1935 年的民生实业公司债、1936 年永安公司债、1937 年永利化学公司债等。这些公司债的发行，均由银钱业组织银团进行承购、代募。

三北鸿安航业债券，1929 年 7 月，国民政府行政院批准三北、鸿安两公司准募公司债 350 万元，由政府保息 8 厘，分 7 年还清，每年还 50 万元，基金指定由新增关税项下拨充，然而，当照案令知总税务司逐月拨交基金保管会 7 年应保息银 105 万元时，总税务司却以新增关税已无余款可拨而拒绝，于是财政部长只得批示航业债券保息指定在交易所税内拨发基金。成立了三北、鸿安债券基金保管委员会，委员长秦润卿，上海福源庄经理。还本办法，自 1930 年 1 月始，按月由两公司营业收入项下每月拨出现银 4 万 5 千元，交由保管委员会保管，每 6 个月摊还总债额 1/13，一年分两次付给。②

上海闸北水电公司债，1933 年 2 月 26 日，公司为偿还旧债，扩充设备，经第八届股东会决议发行公司债，其章程经呈请上海市公用局转呈上海市政府转咨全国建设委员会批准，该公司债的担保品为 1933 年底公司资产负债表及财产目录所列之固定资产全部，共值银元 1 366 万 9 千元。根据公司法及电气事业条例规定，拟发公司债总额 600 万元。1934 年 11 月，先期募集第一期 450 万元，分为万元、千元两种，年息 8 厘，自发行日起算，每满半年付息一次。发行折扣照票面定额九八发行。还本定期 8 年，自发行日起算，每满半年，按已发行债券之数，用抽签法偿还 1/16。发行方式采取通过银行包销，公开募集：委托交通银行、四行储蓄会、浙江兴业银行、金城银行、中华劝工银行经理发行并保管债券之担保品，从 11 月 31 日开始募集，应募者以中华民国国籍者为限。担保品契据交经理银行保管，由各银行合组债券经理委员会，并推定四行储蓄会担任保管及收

---

①《通泰盐垦五公司债票发还本息纪闻》，《银行周报》第 7 卷第 4 号（总第 284 号）（1923 年 1 月 23 日）。
② 中国第二历史档案馆馆藏档案，档号：三（1）—2346。

付。[1] 1936 年 4 月，该公司又发行第二期公司债 121.5 万元(原额 150 万元,扣除 28.5 万元中签票)仍由五银行联合承购、代募,此次发行方式为：一、公开募集,4 月 30 日公募日期,由四行储蓄会门市公开售出券面 33.5 万元。二、折扣转让,依经理银行议决,按九五折计算,让与永亨银行券面 14 万元,盐业银行券面 10 万元。三、余额平均分购,余下 63 万元,由五家经理银行按九五折平均分购。[2]

民生实业公司债,1935 年 6 月,四川民生实业股份有限公司以全部船舶为抵押,在上海发行公司债,债券总额定为上海通用银币 100 万元,分为一万元 50 张,一千元 500 张,利率定为年息一分,自发行日起于每年 6 月 30 日及 10 月 31 日各付息一次,每届还本后利随本减,按票面十足发行,由上海金城银行、中国银行、交通银行、上海银行、中南银行及重庆聚兴城银行、川康殖业银行、四川美丰银行组成银团联合包销,6 月 17 日,由各经理银行在上海组织成立"民生实业股份有限公司第一次公司债持券人代表委员会",负责执管债券担保之财产并保全债权行使抵押权,此次公司债的发行主要由经募银行认募,金城银行 40 万元,中国银行 20 万元,中南银行 10 万元,上海银行、川康、美丰、聚兴诚四行各 5 万元,因交通银行最后加入,认募 10 万元,系由川康、美丰、聚兴城三行在原认募数内让足。[3]

永安公司债,1936 年 7 月,上海永安股份有限公司为偿还付欠银行短期借款及其他债务,并作该公司事业之用,发行七厘公司债券五百万元,债券为记名式,每券额定一千元,指定土地房屋及机器设备等为担保品,以上担保品共估值 1 028 万 1 027 元,超过发行债额一倍以上。由中国建设银公司承销,并以中国银行为信托人。所有保管抵押品及还本付息事宜,均由信托人办理之。此次公司债的具体发行方式为,中国建设银公司以 91.5 折购下永安司债券的全部,再以定价九四折公开向市场发行,实际约合年息八厘。[4]

永利化学公司债,1937 年 7 月 1 日,由中国、交通、金城、上海、浙江兴业、中南六家银行组成银团,为永利化学工业公司筹建硫酸亚厂代为发行比较长期而低利的公司债 1 500 万元,首先发行第一期 1 000 万元,由六银行按票面十足承募,并办理一切发行、还本、付息等事宜,其各行承募数额分别为：中国银行 200

---

① 《上海闸北水电公司募集公司债》,《银行周报》第 18 卷第 43 期(1934 年 11 月 6 日);上海市档案馆馆藏档案,档号：Q55—2—237。

② 中国人民银行上海市分行金融研究室编：《金城银行史料》,上海：上海人民出版社 1983 年版,第 459~460 页。

③ 中国人民银行上海市分行金融研究所编：《金城银行史料》,上海：上海人民出版社 1983 年版,第 434~435 页;上海市档案馆馆藏档案,档号：Q55—2—237。

④ 上海市档案馆馆藏档案,档号：Q55—2—237。

万元、交通银行 200 万元、金城银行 200 万元、上海银行 180 万元、浙江兴业银行 120 万元、中南银行 100 万元,7 月 1 日开始发行,期限 10 年。虽然合同是 7 月 1 日订立的,事实上早已用透借形式支用,"永利"支款并不直接与各行接触,统一由"承募永利公司债银团事务所"经办,该所设在上海中国银行总管理处之内,截至"八·一三"事变为止,共支用 970 余万元。[①]

　　总之,据统计,1912~1921 年,我国各种企业债券总计不过 456 万 2 千元, 1922~1931 年也不过 700 余万元,到 1934 年,增至 941 万 5 千元,截至 1935 年止其发行及计划发行者,合计达 2 400 万元。最初发行公司债券者当推启新洋灰公司,该公司于 1914 年发行 156 万元兴业债券,规定年利 8 厘,自 1921 年起,每年摊还本金 1/15,分 22 年还清,嗣后,复有通泰盐垦公司及中兴炭坑,北京电车,杭州纬成,与三北鸿安等运输公司发行公司债券,其中通泰盐垦公司,因经营成绩不良,仅至 1930 年为止,每年支付利息,偿还本金 40%,杭州纬成公司于 1932 年宣告停业,截至 1936 年 3 月止,仅偿还本金 48%,北京电车公司债券系分 6 次抽签还本,其本息亦多年未付,三北及鸿安债券,业已全部还清,中兴炭坑,则因内战影响,一时停付本息。截至 1936 年 3 月止,我国各种企业发行之债券总计为 4 137 万 7 千元,其中,工业占 39.79%,居首位,交通事业占 26.58%,居次位,其他公用事业占 17.44%,矿业占 16.19%,其详细情况如下表:

表 3-4　中国各种企业债券统计(不完全统计)(单位:千元)

公司名称	发行年度	利率	期限	发行金额	现存额
工业类					
启新洋灰兴业	1914 年	年 8 厘	20 年	1 562	——
启新洋灰七分利	1935 年	年 7 厘	20 年	1 900	1 800
永利化学	1937 年	年 7 厘	10 年	10 000	10 000
江南洋灰	1937 年	年 7 厘	15 年	1 500	1 500
美亚织绸	1936 年	年 8 厘	5 年	500	450
杭州纬成	1929 年	年 1 分	5 年	1 000	520
合计				16 462	14 270
交通事业					
江南铁路	1935 年	年 6 厘	12 年	3 000	3 000

[①] 中国人民银行上海市分行金融研究所编:《金城银行史料》,上海:上海人民出版社 1983 年版,第 429~ 430 页。

续　表

公司名称	发行年度	利率	期限	发行金额	现存额
民生实业	1935 年	年 1 分	8 年	1 000	930
三北鸿安（一）	1929 年	年 8 厘	7 年	3 500	—
三北鸿安（二）	1937 年	—	—	3 500	3 500
合计				11 000	7 430
公用事业					
闸北水电（一）	1934 年	年 8 厘	8 年	4 500	3 375
闸北水电（二）	1936 年	年 8 厘	6 年半	1 215	1 125
北京电车	1926 年	年 8 厘	11 年	1 500	960
合计				7 215	5 460
矿业					
中兴炭坑	1926 年	月 1 厘	6 年	2 000	—
六河沟炭坑（一）	1934 年	月 1 厘	5 年半	1 500	1 500
六河沟炭坑（二）	1935 年	年 8 厘	11 年	2 500	2 500
大通炭坑	1936 年	年 1 分	6 年	700	511
合计				6 700	4 511

资料来源：《我国企业债券调查》，《中行月刊》第 14 卷第 4 期（1937 年 4 月）。

从以上叙述及表格 3 - 4 统计中，我们可知，到抗日战争前，无论与政府债券还是与企业的实际需要相比较，整个中国企业债券的发行是十分微弱的，其中在上海发行的仅有通泰盐垦五公司债票、三北鸿安、闸北水电、民生实业、永安公司债、永利化学等，而且根本未在上海证券市场公开交易，正是由于近代中国产业证券市场的不完善，银行承受公司所发债券以后，大都全部自行购入，仅将少数分售与熟稔之顾客，无形中增加了银行的经营风险，其与英美等世界各国承销业务颇有出入，而且，近代中国所发行的公司债几乎均为抵押债券，这也极大地限制了公司债的发行规模与进展。虽然在 1935 年 12 月底，上海商业储蓄银行为扩张业务，也开始筹划公司债的信用发行与承受，以替代原有的厂基押款，并计划选择信用卓著的公司劝令发行债票，同时还寻求与华商证券交易所合作，使公司债能在证券市场上公开拍板，以期债票流通市面，债票在交易所拍板后，即可逐渐流入一般投资者之手，而交易所既有公定市价，缓急之际亦不难以抵押方式取得资金通融，减少了厂基押款的呆滞，如此种债券为额甚巨，不妨与同业合作承受，必要时更不妨保本付息，视发行公司之情况而定。[①] 1937 年 5 月，上海华

---

① 中国人民银行上海市分行金融研究所编：《上海商业储蓄银行史料》，上海：上海人民出版社 1990 年版，第 384 页。

商证券交易所,更是决定将原有资本 120 万元,再增 180 万元,扩大到 300 万元,准备在增资后开拍各项股票与公司债,实行调剂市场之使命。[①] 然而,这些计划均因抗日战争爆发,失去了发行的客观环境而中止。此后直至国民政府在大陆统治的结束,公司债也未能在上海证券市场上市开拍。可见,在近代中国实际上没有工业债券的投资市场。工业资本家大多数人主要是依靠银行贷款来维持的,贷款常常也是以工业产品、原料、厂房和厂地来作抵押的。

第四节　公债交易市场及其管理

公债交易是指一切买卖、转让既发公债的活动,而公债交易市场则是指既发公债买卖、转让的场所。一个高度灵活、发达的公债交易市场是公债机制正常运行和稳步发展的基础和保证。

由于政府公债的发行者是政府,政府债券通常享有豁免权,可直接在证券交易所上市交易,因此,对于政府公债是否能上市交易,主要根据政府当局的意图,通常情况下,从事证券交易的场所是没有权力决定公债能否上市的,只要政府同意,证券交易场所就可以进行交易,证券交易所规定的只是公债上市交易的具体交易原则。这种交易规则,在不同的时期,不同的证券交易所,其规定是有所不同的。虽然从晚清开始,政府已发行过几次内国公债,但并未上市交易,进入民国以后,政府内国公债在上海华商证券市场上首次交易的准确时间虽无从考证,但大致在 1914 年前后,即民国三年公债发行之时,在上海股票商业公所的市场上即开始出现了政府公债的交易。1937 年沪战爆发后,由于上海华商证券交易所被迫停市,公债市场从此进入暗市交易,直到抗日战争结束后,1948 年 5 月 31日,国民政府才允许重新建立的上海证券交易所开拍政府公债,因此,上海的公债交易市场主要分为两个时期:第一个时期,1914 年~1937 年 8 月,公债交易的辉煌时期;第二个时期 1948 年 5 月~1949 年 5 月,公债交易的没落时期。

一、抗日战争爆发前的上海公债交易市场及其管理

北京政府时期的政府公债以北京为发源之地,上海为集散之处,两地买卖最为繁盛。大约在民国三四年左右(1914~1915 年),随着北京政府公债的发行,

---

① 《国内外金融经济概况·内债》,《中行月刊》第 14 卷第 6 期(1937 年 6 月)。

在上海的市面上便开始有了政府公债的交易,1921 年"信交风潮"后逐渐成为了上海证券市场的主要品种,到南京国民政府统治的前十年(1927～1937 年),由于政府公债的大量发行,上海公债市场更是达到鼎盛时期,而上海公债市场的繁荣,反过来刺激了投机者的胃口,从而又保证了政府公债的发行与销售。

在证券交易所建立以前的公债交易主要以现货为主,从 20 年代初期,证券物品交易所与华商证券交易所分别建立以后,到 1937 年沪战爆发,上海华商证券交易所停业前,上海华商证券市场上的公债交易主要有现期交易和定期交易两种。

现期交易:又称现货买卖,是证券市场上最盛行的一种交易,也是贯穿公债交易始终的一种交易方式。其交易规则在各个时期及各个不同的证券交易所均有不同规定,但出入并不是太大。上海证券物品交易所开业之初颁布的营业细则中规定,现期买卖以相对买卖,或投标买卖,或竞争买卖之方法行之,其契约期限,证券七日为限,不得转卖或买回,未经本所承认者,不得解约。[1] 对于证券交易,经纪部与交易所常务理事议决,公债票买卖佣金为 2.5%,保证金照价值 6% 征收。[2] 1920 年 7 月 2 日正式开始营业,即制定出证券部公债交易现期买卖暂时试办规则,宣布从 7 月 7 日起实行:一、时间,前市上午 9 时 30 分起,后市,下午 1 时 45 分起;二、交易数量,公债至少票面百元;三、交割日期,暂定成交日之次日为交割日期,如遇休假,展期 1 日,买卖双方如另有声明,得特定交割日,但最多不得超过 7 日;四、交割地点,在本所场务科,双方同意,可自行交割,但须报告本所;五、交割时刻,交割日午后 1 时,双方应将货价或物件缴纳本所。[3] 1921 年 5 月 2 日,又对现期买卖规则做了修订,特设现期经纪人,并指定第二市场专营现期交易。其《证券部现期买卖纲目》中规定的公债现期买卖规则,在交易数量、交割日期,交割地点方面与以前基本一致,同时做了如下修订:一、时间,前市,上午 9 时 30 分起,后市,下午 2 时起;二、交易方法及顺序,依相对买卖方法行之,其顺序分为开盘、二盘、三盘、收盘,每一种类开场买卖及完毕时,均以拍板表示之;三、具体确定了公债票现期买卖种类:元年六厘公债上海付息、元年六厘北京付息、元年六厘公债南京付息、元年八厘公债、三年六厘公债、四年六厘公债、五年六厘公债、七年六厘长债、七年六厘短债、八年七厘公债、九年金融

---

① 上海市档案馆编:《旧中国的股份制(1868～1949 年)》,第 257 页。
② 《证券物品交易所今日开幕》,《申报》1920 年 7 月 1 日。
③ 《证券物品交易所消息》,《申报》1920 年 7 月 8 日。

公债。①

1921 年开业的上海华商证券交易所在营业细则中规定,每日开场二次,上午 9 时 30 分至 11 时 30 分为前场,下午 2 时 30 分至 4 时 30 分为后场,现货买卖的交货时间为,前场限当日下午 1 时前,后场限次日上午 12 时前,现货买卖成交后经本所登入场簿,由买卖双方盖章为凭。② 1928 年 1 月 1 日起实行的现货买卖暂行办法主要有四个方面的规定:(一)买卖单位:各种公债至少票面 1 千元。(二)防止过度交易办法:各经纪人现货买卖的成交数,本所认为过巨时,可预向经纪人征收交割准备金,或准备交割物件后,方许登入场簿。(三)交割时间:现货买卖之交割,前场成交者,限于当日下午 2 时前;后场成交者,限于次日上午 12 时前,双方将货价或物件交纳于本所,由所方为之交割,如双方同意,可自行交割,但须报告本所。(四)经手费之征收:现货买卖,双方各缴经手费,各种公债票面每千元,洋一角,于交割时照缴于本所。③

1933 年统一后的上海华商证券交易所在其营业细则中规定的现货买卖规则,在总结证券物品交易所与前华商证券交易所经验的基础上,作了如下规定:现期买卖依相对买卖或投标买卖方法行之。为现期买卖者,须将种类、数量、价格及买卖双方经纪人之姓名或商号并其年月日报告本所,登录场账。现期买卖之期限,前市成交者,限于当日下午 2 时前,后市成交者,限于翌日上午 12 时前为满期,如遇末日为休假日,以其翌日为满期日。现期买卖不得转卖或买回,又未经本所承认者,不得解约。④ 该规则一直沿用到 1937 年 8 月沪战爆发华商证券交易所停业为止。

定期交易:又称期货交易,或称限月交易,即于预定之月期,为授受货银之日,而其间有转卖买回的自由。上海证券物品交易所的营业细则规定:定期买卖依竞争买卖之方法行之,在竞争中,须将交易者商号及交易数量登录场帐,使卖者或买者竞争价格,如本所承认其为公平时,即决定其价格,买卖并同时成立,公债叫价单位为票面百元,其定期时限,证券以二月为限。定期买卖须将物件种类、数量、价格、期限及买卖当事者商号,登入场账后,始发生效力。本所认为交易为不稳固时,可不予登录场账。在卖出者而又买进,买进者而又卖出,其买卖

① 《证券物品交易所设现期交易(续)》,《申报》1921 年 5 月 2 日。

② 杨荫溥:《中国交易所论》,见金融史编委会编:《旧中国交易所股票金融市场资料汇编(上),北京:书目文献出版社 1995 年版,第 469~470 页。

③ 杨荫溥:《中国交易所论》,见金融史编委会编:《旧中国交易所股票金融市场资料汇编》(上),北京:书目文献出版社 1995 年版,第 216~217 页。

④ 上海市档案馆编:《旧中国的股份制(1868~1949 年)》,北京:中国档案出版社 1996 年版,第 422 页。

如为转卖或买回时,须于集会终了2小时内,指定其交易物件向本所报告,不报告者,作为新买卖论。① 上海华商证券交易所则规定:定期买卖分本月份、下月份、再下月份三期,前项买卖适用阳历,以届该月底为交货日,如遇休息日,即以期前一日为交货日,交货时间以上午12时为限,成交后经本所登入场簿由买卖双方盖章为凭,除此之外,由本所填通知书送经纪人查存。② 1933年6月,统一后的华商证券交易所在综合证券物品交易所与原华商证券交易所的定期交易规则的前提下,规定,定期买卖依相对买卖方法,其期限为本月份、下月份、再下月份三期,不得超过三个月。以每月最终日之前二日为满期,如遇休假或星期六再提前一日,并预定满期日表公告之。定期买卖须将种类、数量、期限及买卖双方经纪人姓名或商号及时间登录场账,经双方核对盖印后,始发生效力。本所认为不稳固或价格不正当时,可不予登录场账。凡某种定期交易,其价格遇有较昨日记账价格涨落逾4元时,该月期交易应即停拍。在卖出又买进,买进而又卖出,其买卖如为转卖或买回时,须于当日下午闭市后2小时内,指定其交易物件向本所报告。不报告者,作为新买卖论。③

定期交易通常以买空卖空和套头为多,所谓买空卖空就是做多头或放空头的投机买卖。在公债行市看涨的时候,先买进期货,等到行市上升后脱手,叫做做多头;反之在行市看小的时候,先抛空,到市价下落后补进,叫做放空头。这两种投机买卖的目的是赚不同行市的差金。

套头交易是公债的套做,它有套利和套做两种,前者是不同期货买卖上的套做,俗称套利或套息,公债的定期买卖,因受政局变化、银根松紧、中签远近、垫款利息多寡以及投机活动等因素的影响,通常情况下,它的远期价格一般较近期为高,利用这种价格之差,进行套利。后者是两地不同市场的套做,如同一种公债,它的行市在北京或在上海,彼此未必相同,利用这个差异,发生两地间的套做。这种两地的套做方式,盛行于北京政府时期。

公债的定期交易是一种投机性极强的交易方式,也是抗日战争前上海华商证券市场上主要的交易形式,其交易量大大超过现期交易。自1923年开做金融公债,整理六厘公债期货以来,投机勃发,不可抑遏,始则金融、整六,继则九六公债、最后七年长期公债,相继开做期货,有时竟出现不开现货行市,每日成交,十

---

① 上海市档案馆编:《旧中国的股份制(1868～1949年)》,北京:中国档案出版社1996年版,第258～259页。

② 杨荫溥:《中国交易所论》,见金融史编委会编:《旧中国交易所股票金融市场资料汇编》(上),北京:书目文献出版社1995年版,第470页。

③ 上海市档案馆编:《旧中国的股份制(1868～1949年)》,北京:中国档案出版社1996年版,第423页。

之八九属于期货,多为买空卖空性质,其现货(现洋与公债票)实交者,实属罕见。[1] 又如从 1931 年的公债交易情况来看,全年公债成交总额达 3 757 百万元之巨,其中期货交易 3 341 百万元,现货交易仅 416 百万元,期货交易竟为现货交易之 8 倍。[2] 另据统计,1933~1935 年上海华商证券交易所期货成交票面总额分别为 31.83 亿元、47.73 亿元、49.1 亿元。[3] 这些足以证实买空卖空的投机交易十分旺盛,套利之优厚,当然,银行家无疑在其中充当了交易之主角。

正是由于定期交易有着极大的投机性,通常情况下,凡证券涨落过大及买卖不大、交易不繁时,证券交易所往往只将该项证券开做现货,暂不做期货交易。一种证券在最初上市时,总是首先进行现期交易,当交易逐渐成熟后,才转而进行期货交易,如上海华商证券交易所于 1928 年 7 月 11 开拍卷烟库券现期交易,相隔半载有余,到 1929 年 2 月 1 日,始行开做期货。[4] 在 1936 年 2 月 1 日国民政府发行统一公债 14 亿 6 千万元调换旧债券办法公布以前,上海华商市场上流通之政府公债库券,共有 30 余种,其中在证券交易所开拍期货者仅有 16 种。[5]

鉴于有的公债因为一些特定的原因,而在证券市场上出现涨跌幅度过大的问题,因此,为了稳定市场,政府或交易所根据情况,也临时制定有特别处理公债交易规则。如 1926 年对“九六”公债就进行过特别处理。该公债自 1922 年 1 月发行以来,由于票面较大,交易所把它作为交易筹码,价格忽涨忽落,成为投机的主要对象。当时银行界不但买“九六”公债的多,而且做空头的很多。“九六”公债从发行开始,不论是在北京政府统治时期,还是在之后的南京国民政府统治时期,一直就麻烦不断,风潮迭起。为此,交易所曾制定了专门的九六公债交易规则,如 1926 年 1 月,华商证券交易所制定了《九六公债现货暂行办法》,企图通过限制交易时间、交易额和处罚违规经纪人等办法来稳定市场,防范交易风潮的发生,规定:每一经纪人,每场买卖以票面 5 万元为限,由交易所发给买卖票共 5 万元,凭票登账。每日仅开前场一场,自上午 11 时~下午 1 时。每日于下午 1 时~3 时,买卖双方须持货款到所交割,即各填具了结报告单交所,如遇停市时,其办理清结,至迟不得过下午 2 时,过时作违约论。违约物的处分,由本所于当

---

[1]《吾国内债亟应注意之几点》,《中外经济周刊》第 161 号(1926 年 5 月 8 日)。

[2] 李紫翔:《中国银行之特质》,《东方杂志》第 30 卷 21 号(1933 年 11 月 1 日)。

[3] 关国华、汪福长、葛意生、戴云芳编译:《公债与股票》,北京:中国财政经济出版社 1988 年版,第 387 页。

[4] 杨荫溥:《中国交易所论》,金融史编委会编《旧中国交易所股票金融市场资料汇编》(上),北京:书目文献出版社 1995 年版,第 216 页。

[5] 陈善政:《我国证券市场之发展史》,见陈善政主编:《证券内容专刊》,1946 年 9 月 16 日刊行,第 36 页。

日下午通知经纪人公会召集经纪人来场,(至少 10 家以上)经本所选定经纪人为买卖,差之数连同责任金,统在违约人保证金项下一并扣除,不足仍向违约人追偿。违约者除照前条将该违约物处分外,每额面 1 万元,并科以责任金 500 元,其被违约人应得应交之款或货,由本所收交。市场买卖,由本所与经纪人公会两方各派数人在场监视,其经纪人公会所发之记账小册,监视人得随时调取核对。此项暂行办法,得由所体察情形,提出理事会停止。与此同时,发出临时布告二则:一、现在市场集会,每日仅一场,所有停止集会办法,暂以每场开盘行市为标准,涨落至 200 元时,即暂停市场集会。二、前发给经纪人之九六公债交易票20 张,本分买进卖出两种,此次改定办法,仍系凭票记账买卖,共以 5 万为限,所有前发之票,应即缴还 10 张,即日送交本所,其原发之红色票,买卖均暂通用,一俟新票制就,再行换发。[①]

　　通常情况下,公债从发行到正式在交易所挂牌上市要经历一段时间,不过,北京政府时期,公债上市的时间与办法并没有严格、统一的规定,主要由买卖双方自行议定,而到南京国民政府时期,政府才对公债的上市有了一些具体的规定。从总体上说,国民政府发行的公债在上海华商证券交易所上市交易是较为规范和迅速的,政府发行的第一种公债是江海关二五附税库券,从 1927 年 5 月开始筹备发行后,到 1928 年 3 月 21 日就在上海华商证券交易所正式开拍,用了不到一年的时间。华商证券交易所鉴于二五库券,还本付息,从未延期,信用卓著,市面流通,买卖日多,认为有开拍必要,经交易所理事会议决,自 3 月 21 日起,试行开做第一次二五库券现货交易,并拟就上市办法如下:试办开做第一次二五库券现货交易,票面以 1 千元为单位;每日涨落,比较上日市价以 4 元为限,遇限停市;该项库券得充作本证据金代用品;余均依照本所已经公告之现货买卖条文办理。[②] 此后的续发江海关二五附税库券,也于 1928 年 6 月 18 日在华商证券交易所正式开拍,除开做现货交易外,还开做了本月期与下月期两个月期货交易,现货交易办法与二五库券同,而期货交易规定如下:(一)票面以 5 000 元为单位;(二)交易证据金,暂定为每票面 10 000 元,缴纳本证据金 400 元,特别证据金 600 元,追加证据金每涨落 2 元追缴一次,遇有每市市价涨落 4 元时,仍即停拍,以昭限制;(三)该项库券充作本证据金代用品,买卖双方适用,暂以每百元作价 55 元计算。[③] 民国政府发行的卷烟税国库券,当募足后,其现货交易也很

① 《九六公债现货暂行办法》,《钱业月报》第 6 卷第 1 号(1926 年 1 月)。
② 《华商证交开做二五库券》,《钱业月报》第 8 卷特刊号(1928 年 4 月)。
③ 《证交开拍续发二五券交易》,《钱业月报》第 8 卷第 5 号(1928 年 7 月)。

快于 1928 年 7 月 11 日在华商证券交易所开始交易。其开做办法也基本与此前的二五附税库券一致。① 据统计,在 1936 年 2 月 1 日国民政府发行统一公债 14 亿 6 千万元调换旧债券办法公布以前,国民政府所发行的中央公债库券,共有 30 余种,几乎都在上海证券交易所上市流通。②

　　1936 年的统一公债,从条例的颁布,到在上海证券交易所正式挂牌交易,还不到 1 个月的时间。经上海华商证券交易所理事会议决,2 月 25 日发出公告,自 2 月 28 日起,开拍统一公债三四月份现期货交易,规定开做办法八项:(一)开做统一公债甲、乙、丙、丁、戊五种现货及三月份、四月份两个月期货交易;(二)现货交易,票面以一千元为单位;期货交易,以五千元为单位;(三)现货买卖办法,依照本所公告办理;(四)三四月份期货,每万元买卖,双方各缴纳本证据金 400 元,特别证据金 400 元;(五)票面五千元者,交割时与千百元票一律通用;(六)该项公债可充本证据金代用品,买卖双方均通用;(七)市价涨落比较上日记账,概以 4 元为限,逾限暂行停拍,办理追加证据金;(八)本办法自 2 月 28 日起实行。由于新旧债券的调换还未完成,旧债券调换公债日期是甲种 3 月 11 日、乙种 3 月 21 日、丙种 4 月 1 日、丁种 4 月 11 日、戊种 4 月 21 日。对此,交易所的交割通用办法也相应作了变通调整,在所开拍的统一公债三四月现期货交易中,凡旧债券尚未调换新票者,可以财政部债券调换处或中央、中国、交通等银行之收据交割通用,每张票面以五千元为限。③

　　然而,统一公债上市后,由于降低了利息,废止了以前按月摊付的办法,公债市场为之震动,开市后,公债价格迅速下跌,详见下表:

表 3-5　1936 年改发统一公债前后的公债市价

公债种类	每百元统一公债的市价	
用关税担保的 六厘统一公债	1936 年 2 月 (统一公债发行的前夕)	1936 年 6 月
12 年统一公债(甲种)	76.46	63.80
15 年统一公债(乙种)	71.33	61.15

---

① 《证交开拍卷烟税国库券》,《钱业月报》第 8 卷第 6 号(1928 年 7 月 31 日)。
② 陈善政:《我国证券市场之发展史》,见陈善政主编《证券内容专刊》,1946 年 9 月 16 日刊行,第 36 页。
③ 《华商证券交易所公告开拍统一公债》,《金融周报》第 1 卷第 10 期(1936 年 3 月 4 日)。

续　表

公债种类	每百元统一公债的市价	
用关税担保的 六厘统一公债	1936 年 2 月 （统一公债发行的前夕）	1936 年 6 月
18 年统一公债（丙种）	64.26	57.75
21 年统一公债（丁种）	61.00	57.60
24 年统一公债（戊种）	61.00	57.65

资料来源：张公权：《中国通货膨胀史（1937～1949 年）》，北京：文史资料出版社 1986 年版，第 78 页。

　　统一公债发行后，大部分为银行界所吸收，即 2/3 的发行额为 28 家主要银行所持有。统一公债市价跌落，损害了银行的偿付能力和资产价值，从而使其对政府公债发行不愿作进一步的支持。

　　那么，政府债券在上海华商证券市场上的收益如何呢？由于没有完整的资料，作者无从进行系统的统计，但在此，仅借助当时国民政府财政部的美国顾问杨格的研究加以简要说明，除 1932 年和 1933 年的非常时期之外，上海证券市场上政府债券的收益，从早年直到 1933 年，徘徊于 15％～18％上下，而在 1935 年 11 月的币制改革和 1936 年 1 月进一步整理债务以后，价格开始上升。1937 年 6 月抗日战争爆发前夕，上海证券市场十分旺盛，价格升至前所未有的水平。新的统一公债的收益比率，在债券价格涨到当月最高额时，下跌到 7.75％。[①]

　　尽管在 1927 年到 1937 年的这段时间中，上海华商证券市场主要以政府公债交易为主，国民政府财政部所发行的主要公债在上市时几乎都要发布上市公告，但在整个市场中却并没有制定统一公债上市准则，这一规则的制定只是到了抗日战争胜利后，当上海证券交易所建立之时，才作了明确的规定。

二、抗日战争胜利后上海的公债交易市场与管理

　　抗日战争爆发后，由于战事的发生，上海华商证券交易所停业，公债市场从此进入黑市暗盘交易的时代，直到抗日战争结束。虽然抗日战争胜利后重新建立的上海证券交易所决定将公债、华股、外股与公司债均纳入其经营范围，但最初证券交易所仅开拍了华股交易市场，公债、外股与公司债并未同时进入交易，

① ［美］阿瑟·恩·杨格著，陈泽宽、陈霞飞译，《一九二七至一九三七年中国财政经济情况》，北京：中国社会科学出版社 1981 年版，第 105 页。

当上海证券交易所复业之时,财政部准备选择抗日战争时曾向民间大量发行的各种公债,呈请令准上市开拍。经呈奉行政院指令暂从缓议,而未办理。[①]直到1948年5月,民国三十七年短期库券发行后,上海证券市场才又重新开始了公债的交易。

抗日战争胜利后公债市场之所以迟迟没有得到恢复,主要原因在于:(一)此时的公债已不是政府的主要财政依靠对象。抗日战争前政府的财源,一赖税收,二赖内外债。但抗日战争胜利后,一面固然依赖田赋征实和重税(约占支出20%),更重要的还是依赖通货膨胀,发行钞票每月膨胀二千亿是很容易办到的,但举债只能在百亿以内,无济于事。(二)抗日战争胜利后政府债信极低。放任统丙风潮,置债权者于烽火中,又一次荡尽了人民的幻想。纵然发行新债,民间必然观望。抗日战争前公债市场以六折发行,周息六厘,尚有人愿意投机。但抗日战争胜利后政府威信扫地,已失去工商界的信任。(三)抗日战争胜利后通货膨胀,日甚一日,纵有高利,亦未必能保本钱的原值,使得公债市场无法维持。(四)上海公债市场上交易的公债品种极为有限,除抗日战争前发行的统一公债五种外,抗日战争胜利后发行者为数已经很少。

正是在这种局势下,当上海证券交易所建议国民政府准予将公债上市时,财政部令中央银行经济研究处拟具意见。该处认为公债利息仅五六分,而黑市利息已远远超过公债利息,公债票面百元之债票,必然跌到四五元,这样,只有失于债信而无补于财政,主张不准上市买卖,当即被财政当局采纳。[②]

虽然抗日战争胜利后公债市场的恢复非常迟缓,但是有关公债交易的规则以及公司债券上市交易的规则,却在市场交易恢复前就早已制定好了。1946年,当新的上海证券交易所筹备建立时,最初决定股票、债券同时上市,在《上海市证券交易市场筹备委员会规定上市证券通则》中,不仅规定了公债的上市规则:凡属中华民国中央政府公债或地方政府公债呈奉财政部令准上市者为上市之公告,其奉部令停止或终止上市者为停止上市或终止上市之公告。更为重要的是还规定了公司债的上市规则:凡依中国公司法完成登记之中国股份有限公司、两合公司或依外国法完成登记并依中国公司法取得认许在中国境内营业的外国公司,其公司有殷实资产及获利能力,其事业与中国国民经济有密切关系,且公司内容有充分翔实的公开报告,其所发债券具有可靠担保品、确实基金及健

① 中国第二历史档案馆编:《中华民国史档案资料汇编》第五辑第三编(财政经济)(一),南京:江苏古籍出版社2000年版,第796页;《债券市场暂缓开拍》,《证券市场》第1卷第2期(1946年11月30日)。
② 寿充一、寿乐英编:《中央银行史话》,北京:中国文史出版社1987年版,第126页。

全的保管机关,而债券过户手续依合法之规定者,可予上市买卖。公司债券申请上市应具备的各项文件:上市申请书及登记事项表,公司核准登记的证明文件或摄影本,申请上市的董事会决议录,公司章程及组织系统表或组织规程,最近五年来依公司法各项表册及目前情形之报告,开业不及五年者,其表册自开业之年始,新设立公司如系发起设立应具备公司法规定之文件,公司债核准发行的证明文件或摄影本,担保品、基金之说明书及与保管机关所订之契约或摄影本。公司债券申请上市应在申请书中表明遵守下列规定:(一)公司应将每届营业年度结束时所造各表册送交本会,应接受及遵守本会公布之决议案,随时答复本会一切咨询。(二)公司应在上海市区设立债券过户机关,迅速办理过户手续,不得逾两星期。(三)公司应将债券之样张号码及过户申请书、董事会决议录送交本会存验,如有变更时,须在发行或使用前报告本会备案,债券上所载文字须符合公司法之规定。(四)公司遇有左列情形时应立即报告本会:变更担保品或保管机关,增减资本,发行优先股,加发债券。(五)申请公司发给债券本息时应于停止过户前十天通知本会。公司债券有左列情形之一时,得停止或撤销上市:所列文件发现有不实记载,公司遇有公司法规定情形发生,公司解散停业或破产,上市债券不能保持自然流通性或发现有操纵情形,违反本会公布的决议,公司内容或组织与营业范围有重大变更而不合上市标准,公司不准时缴纳上市费,本会基于其他原因认为有停止或撤销上市之必要。[1] 这一规定则表明国民政府力图将上海证券市场建成一个完整的综合性的资本市场的决心。

上海证券交易所为准备开拍公债,经第四次常务会理事会议决通过,拟定了《上海证券交易所股份有限公司开做公债各项规定》:一、成交单位,国币公债以票面50万元为单位,美金公债以票面美金500元为单位,英金公债以票面英金100磅为单位。二、叫价货币单位:无论国币、外币公债概以国币叫价。三、价格升降单位,依照现行股票办法百元以下一角,二百元以下五角,一千元以下一元,一千元以上五元。四、价格升降限度,概为前日后市收盘行市之一成。五、交易办法:一切手续仍照股票市场办法。六、交割办法:其适用递延交割者按照另订之"递延交割暂行办法"办理,其余按照现行股票交割办法办理。1946年10月17日,上海证券交易所呈请财政部核示开拍政府公债,但财政部公债司却给予否定批示:公债上市核定后再办。[2]

一年以后,1947年11月18日,上海证券交易所再次致函财政部,要求开拍

① 中国第二历史档案馆藏档案:档号:三(2)—3187。
② 中国第二历史档案馆藏档案:档号:三(2)—3188。

公债："目前政府销售美金券债,人民固已纷纷认购,然尚有因购入后一旦需款不易转让而怀观望者,如在属所上市开拍,则资金易于融通,以发行条件之优越,自必踊跃认购无疑,而于今后政府发行债券,收缩通货,调节财政,利便人民投资,均有裨益,亦符合属所奉令设立,协助政府推行国策之原意,为特重申前请。"11月29日,财政部批示:所请公债上市开拍,现正由部核拟办法,俟决定另行饬办。①

1948年4月5日,国民政府宣布停止递延交易,希望以取消股票套利,而代之以短期库券套利以达到吸收游资的目的,4月30日即发行短期库券,经一个月之筹备,5月31日,正式将短期库券上市开拍,实行库券套利。② 至此,经过多方努力,抗日战争胜利后公债经过长期的黑市交易,终于重新上市开拍。此次政府同意公债上市的目的是希望能通过公债套利,吸收一部分游资,然而却并未收到明显效果,上市的时间也不长,到当年8月金圆券币制改革前,只有3个月,其间,上市的品种仅三十七年短期国库券一种。

1948年5月29日,上海证券交易所召开临时常务理事会议,决定具体上市办法:计算方式分三种,甲种今天成交明天交割,乙种今天成交后天交割,丙种每星期四开做,下星期五交割,暂先试办甲乙两种。应用场账甲种用原有现货场账,乙种用印有红色双圈场账,甲乙两种交易可对做。成交单位暂定为票面1亿元,叫价单位票面100元,价格升降单位暂定为5分,涨跌限度暂定为10%。经手费照0.5‰计算,甲乙两种对做及内转账交易减半征收。交易税在试办期间暂缓征收。本证据金乙种征交易额现金10%,丙种加征代用品10%,以公债抵充。本证据金必要时可由本所随时增加。追加证据金由损方照损额缴纳。现品提交如卖方不缴证据金,准许以现品提交。保证金照本所暂行营业细则原规定数额,每一经纪人缴国币5千万元,其中40%须缴现金,其余60%得以代用品充之。各经纪人向买卖两方委托人征收之佣金率亦经同时公告,暂照经纪人公会拟具标准以1‰征收,仍由本所报部核定。5月31日,第一日成交甲种507亿元,乙种190亿元,行市甲种开盘73元,收盘72.80元,乙种开盘75.50元,收盘73.50元。③

紧接着,1948年七月底发行九月底到期之三十七年短期国库券,自7月31日起在上海证券交易所上市,开作甲乙两种方式之交易,简称"九甲"与"九乙"。

---

① 上海市档案馆藏档案:档号:Q327—1—286。
② 穆家骥:《半年来华股市场之回顾》,《中央银行月报》新3卷第7期(1948年7月)。
③ 上海市档案馆藏档案:档号:Q327—1—5。

同时,于七月底到期之"七甲"与"七乙"均做至 7 月 29 日后市为止。①

1948 年 8 月 19 日,国民政府宣布改革币制,发行金圆券,8 月 23 日上海证券交易所奉令暂停营业,直到 1949 年 2 月 5 日,经行政院第 41 次会议决议通过准予上海证券交易所复业,其复业办法规定:上市证券暂定政府债券,国营事业股票,民营公司股票。开拍证券,除政府债券可酌做一天期货外,均以现货为限。各种证券的交易办法,由上海证券交易所拟定呈报财政部、工商部核定。②

准备再次复业后的上海证券交易所,2 月 18 日,召开常务理事会,通过黄金公债上市办法:交易时间定为上午 9 时半至 12 时半,下午 2 时至 3 时。成交期限:分现货及一日期货两种,现货今天成交,明天交割,一日期货今日成交,后天交割。以一天交易为一计算区域。成交单位:暂定为票面黄金 1 两。叫价单位:以票面黄金 1 两合金圆券之数叫价。价格升降单位:暂定为 50 元。涨跌限度:暂定为 10%。经手费:按成交价银 0.5‰征收,现货、一日期货两种对做及内转账交易减半。交割准备金:一日期货交易按交易额征收交割准备金 40%,概以现金缴纳,交割准备金由本所随时调整增减,必要时可追加征收。现品提交:如卖方以现品提交,可不缴交割准备金。3 月 1 日,奉财政部批示三十八年黄金短期公债经核定自 3 月 4 日上午开拍,3 月 4 日第一次行市,现货开盘 155 000 元,最高 161 000 元,最低 157 000 元,收盘 159 400 元,成交 949 两,一日期货无市。③

3 月 8 日,三十六年美金公债上市开拍,上市办法规定:本公债第一期及第二期两种同时开做现货及一日期货,成交单位:暂定票面美金 100 元。叫价单位:以票面美金 1 元合金圆券之数叫价。价格升降单位:依照本所公告所定股票升降单位同样办理。涨跌限度:定为 20%。经手费:按成交价银 0.5‰征收,现货、一日期货两种对做交易减半。交割准备金:一日期货交易按交易额之记账价银征收,交割准备金 40% 概以现金缴纳。现品提交:如卖方以现品提交者,得不缴交割准备金。④

总之,从 1948 年 5 月,政府公债的重新上市,到 1949 年 5 月 5 日上海证券交易所的最终停市,其间,还因金圆券币制改革而停止交易半年之久,前后总计交易时间不到半年,上市交易的政府公债仅三十七年短期国库券、三十八年黄金

---

① 上海市档案馆馆藏档案:档号 Q327—1—5。
② 上海市档案馆馆藏档案:档号 Q327—1—5。
③ 上海市档案馆馆藏档案:档号 Q327—1—5 及 Q327—1—581。
④ 上海市档案馆馆藏档案:档号 Q327—1—582。

短期公债和三十六年美金公债三种，主要交易方式仍是两种：现货交易与变相的一日期货交易，然而无论是从交易的品种还是交易的形式，都再也无法与抗日战争前的公债市场相比，政府公债在整个上海证券市场上已不再占有重要的地位，失去了昔日的辉煌。

第四章 近代上海华商股票 市场及其管理

股票市场是发行市场(或一级市场)和流通交易市场(或二级市场)的集合体,前者是属于投资者和筹资者之间的交易市场,后者是属于投资者之间的交易市场,本章即从这两个方面分别对近代上海华商股票市场进行考察和阐述。

第一节 股票的发行及其管理

股票发行既有股份公司初创时所发行的股票,也有建立以后的股份公司为增加资本而发行的股票。通常,成为发行市场对象的是后者的新股发行,一般称之为"增资"。增资有"有偿增资"与"无偿增资"两种。"有偿增资"需收取认缴款,"无偿增资"不收取认缴款。

公司股票的发行方式,与公司债的发行方式一样,通常也分为直接与间接两种。间接发行又可分为承销和包销两种形式。从整体上说,在上海华商股票市场上,其发行市场相对于交易市场显得很不健全,近代中国的工商业,自19世纪70年代以来的数十年时间里,虽从合伙经营发展到股份有限公司,但是股份有限公司的组织,尚未普遍,而且,其招股方式各自为政,大都不真正通过中介机构公开招股,至于工商业短期资金的融通,主要依赖于银钱业的借贷。而近代上海证券市场两大基干之一的新证券发行市场基本没有形成,在抗日战争前的很长一段时间里,一般企事业事实上很难运用在证券市场上发行公司股票的方式筹募资金,只有到抗日战争时期及其抗日战争胜利后,才开始了利用证券市场发行股票,不过直至国民政府在大陆统治的终结,真正意义的股票一级发行市场仍没有建立起来。

一、1937 年抗日战争前股份公司的股票发行

随着 1872 年近代中国最早的股份制企业——轮船招商局的创办,上海出现了本国自己的产业证券,此后,相继设立的洋务官督商办民用企业、各华商保险公司也纷纷以发行股票的形式募集资本。最初的股票发行很不规范,晚清时期官商合办企业的股票发行,主要是通过摊派方式进行的,而一般华商企业的股票发行办法也比较落后,通常采取的是"因友及友,辗转邀集"的办法招募股份,这种直接发行的方式,由于信息公开程度低,大大增加了发行的难度,除洋务派大官僚、知名度较高的社会名流以及洋行买办购买之外,一般很难利用市场募集到资金。19 世纪 80 年代后才开始仿照洋股募集的方法,在上海的报刊上刊登招股说明书,公开向社会公众招股,开始出现了自发的零星的募股集资活动,初步形成了分散的萌芽状态的股票发行市场。

1872 年轮船招商局初创时,在《轮船招商公局规条》中,明确规定以规银 100 两为一股,"有愿入股者,自一股起至若干股均准搭入,并无限制"。同时还规定了奖励政策,"有能代本局招商至 300 股者,准充局董,每月给薪水规银 15 两,如自行赴局搭股者,能满 300 股,该薪水即归本人自领"。① 除此而外,为了改变当时华商资本依附洋股的局面,吸引华商投资于招商局,该条规还在招集华资商股的方式上采取了极为灵活的多种方法:一、对于自买轮船而不愿入股者实行托管制,把轮船编入招商局内揽装货物,一切开销水脚由原船主自负,所得收入每百两扣五两,作为局费;二、对于自置轮船愿以轮船入股者,船只可估计价值作为股份。如不愿全船归股,可先入若干股,未入之部分盈余自负;如愿将全船归股,而船主银根不敷,准不敷之若干股,拆卖与局。招商局这种照顾华商实际、灵活多样的招股方式,虽切实可行,但在短时期内的收效仍不明显。到 1872 年底,轮船招商局开业时,除领到天津练饷局公款制钱 20 万串(合银 13 万 5 千两)作为官本外,仅收到商股北洋李氏 5 万两,上海沙船商人郁熙绳 1 万两,其他商人虽曾认股 10 余万两,但未缴款。1873 年,唐廷枢出任招商局总办后,重订《局规》和《章程》,将资本定为 100 万两,先收 50 万两,分为 1 000 股,每股 500 两,且积极从事招集商股的活动,据记载,唐廷枢和徐润(招商局会办)二人就带头分别各投资 10 万两左右(到 1881 年,在徐润名下已经认购 24 万两),在他们的带动和

---

① 陈旭麓、顾廷龙、汪熙主编:《轮船招商局(盛宣怀档案资料选辑之八)》,上海:上海人民出版社 2002 年版,第 3～6 页。

招徕下，上海商界和唐、徐的亲友，应募者蜂拥而至，甚至还吸引了远在香港的一部分商人入股，到1874年，即实收股金47万6千两，如加上朱其昂表示认购的60股（合3万两）未缴款，招股50万两的计划已初步实现。① 不过，当时的招股方式采用的是最原始的"因友及友，辗转邀集"，并未大张旗鼓公开向社会招募。

1880年郑观应入主上海机器织布局，在《申报》上刊登《集股章程》和《招股启事》，首开本国产业证券向社会公众招股之先例。此后数年间，由于当时上海"股份风气大开，每一新公司起，千百人争购之，以得股为幸"，全国各地创办的新式工矿企业也都纷纷在上海以股份公司的形式，向社会大量集资。"凡属公司，自刊发章程设局招股之后，不需一两月而股份全行卖完。"② 当时的上海成为了国内各新兴工矿企业股本筹集的中心，除上海本地股份制企业外，各省市凡是设立股份公司性质的近代工矿企业，大多也到上海募股集资。如热河承德平泉矿务局、黑龙江漠河金矿、云南铜矿等，即多以上海为集资招股之地。然而，当时的股票发行情况如何呢？由于资料的缺乏，以下仅据《申报》所载，做一大体概括：

首先，股份公司在开创之初的股票发行方式，通常由公司自行在报刊上刊登招股章程，直接向社会募集资金，从以下《申报》所载《平泉矿务局招商章程》即可见一斑："开办铜矿拟集股银10万两，煤矿拟集股银2万两，分作1200股，每股行平化宝银100两，一股至百股皆可附搭缴银来局，即行填给股票，限于光绪八年（1882年）四月底一律收清。入股各商务将姓名、籍贯、里居详注明白，以便随时通信。所有股份银两，远者可讬妥实票号汇寄天津招商局代收，近者即至本局呈缴，总合行平化宝银为准，以照划一。"③ 由上可知，平泉矿务局创办时所招股份为记名式股票，股款指定由天津招商局代收，缴款方式为，天津本地投资者直接到天津招商局缴款，外地投资者通过票号将股款汇寄天津招商局，缴款后即发给股票，并规定了缴款的截止期限。当然，在招股中，并不是所有的公司都是投资者一缴股款就发给股票的，有不少公司采用的是先发给股款收据，当股份完全招足后，再通过报刊通知股东换领正式股票。如华商沙岑开地公司1883年1月在《申报》上刊登的《股份单告成》即可为证，"启者，华商沙岑开地公司之股份现已告成，可以发给众股友，凡众股友执有股份收据者，可于下礼拜二即本月十五日起，持赴本行交换股份单，特此布闻。"④

① 聂宝章编：《中国近代航运史料》第一辑（1840～1895年）下册，上海人民出版社1983年版，第786～789页；余德仁：《论唐廷枢与轮船招商局》，《河南师范大学学报》（哲学社会科学版），1993年第1期。

② 转引自张忠民：《近代上海产业证券的演进》，《社会科学》2000年第5期。

③ 《平泉矿务局招商章程》，《申报》清光绪八年四月二十六日（1882年6月11日）。

④ 《股份单告成》，《申报》清光绪八年十二月二十日（1883年1月28日）。

其次,股份公司创立后的股本扩张方式,通常是由老股东优先认缴,不足之数再通过报刊向社会公开募集。如平泉矿务局在初创时的招商章程中即对以后的增资扩股做出了明确规定,"本局开办伊始,铜煤二矿以银 12 万两为定额,以示限制,将来如需开拓或可添购机器或另开子矿,再行续招新股,仍先尽旧股之人凑搭,若旧股不加,再招新股。"[①]不到一年,平泉矿务局就又在《申报》上登载广告添招新股:"本局添招新股 12 万两,先尽老股,连日已登报关照,惟本局矿师业已到沪,所有应添各项机器需两礼拜内定当分别付银,本局需款正在此时,老股诸君如有意添入新股者,请早于三月三十日以前,将老股票原号、原名及新股银两一并送局,以便挚给收条,如过期,准于四月初一日另收新股,尚祈原谅。"[②]再从轮船招商局 1883 年初在《申报》上登载的添招新股广告也可得到证明:"本局滋将旧股一百两加招新股一百两,限于本年年底(指光绪八年——1882年底)缴清,如有到限未缴者,另招别人补足,曾经登报布告在先。……闻俾在股诸君远近周知,即将旧股摺并新股银两,开明籍贯,就近交上海总局及天津、汉口、福州、广州、香港各分局收下,先挚收票,俟新式票摺填就倒换,幸勿延误为祷。"[③]

而且,清政府对股份公司的创立与股票的发行、上市均缺乏必要的管理,当时的情形是,在 1904 年清政府颁布《公司律》以前,不管何人,只要找到一两个地方官牵头,打出官督商办的牌子,就可以领到清政府的执照,成立公司,发行股票。而清政府颁发执照并无严格的审查手续,一般都予以批准。[④] 到 1882 年,上海兴办股份公司的热潮更是进入高潮,矿务及各公司不仅大兴广招股份,而且招股的对象与范围也发生了很大变化,从一般的富商余钱,发展到挪用钱庄存银,由此引发 1883 年的金融风潮。此种弊害,正如时人所揭露的"当各矿举办之初,不过暂借富商之力,众擎易举,原期大有利于国家;不谓市廛奸侩特开售股票之风,以致举国若狂,纳股者非富家藏窖之银,乃市肆流通之宝,而害遂不可胜言矣。……乃今所收股银,大抵皆钱庄汇划之银,平时存放与人有收回之日,一人各公司股份,永无可提之日矣。初时争先恐后,贪得无厌者,原冀得股之后,股票骤涨,即行出脱,岂知未能大涨,而人心不足,稍有盈余,必图大获,乃久之而盈余且不可得矣,又久之而如本以售亦无人问矣。将左支右绌,东移西撮之银,以易

---

①《平泉矿务局招商章程》,《申报》清光绪八年四月二十六日(1882 年 6 月 11 日)。

②《平泉矿务局告白》,《申报》清光绪九年三月二十三日(1883 年 4 月 29 日)。

③《轮船招商局告白》,《申报》清光绪八年十二月二十日(1883 年 1 月 28 日)。

④ 彭厚文:《19 世纪 80 年代上海股票交易的兴衰》,《近代史研究》1999 年第 1 期。

此无用纸卷,一旦债主催逼,无地容身,为伙者亏空店本,为东者累及他人,倒闭纷纷,遁逃累累,而市面不可问矣。因是九月底期,银号、钱庄一律催收,急如星火,以致沪上商局大震,凡往来庄款者皆岌岌可危,虽有物可抵,有本可偿,而提现不能,钱庄之逼一如倒帐"。①

虽然对于这次风潮到底使上海投资者损失多少资金,难以做出精确统计,但仍有人对此进行了粗略估计,到1883年底,股价的猛跌,许多新设立的合股公司,包括一些虚设字号,损失惨重。据报道,"虚设的公司使几达300万两的上海居民的巨款付诸东流"。② 正是如此,风潮以后的很长一段时间,鉴于投资股市的惨痛教训,广大商民普遍产生了对公司股票的恐惧与厌恶心理,使得股份公司的筹资变得十分困难,股票的发行也相应沉寂了一段时间。

但当甲午抗日战争胜利后,再次出现投资设厂热潮时,股份制公司的发展又进入了一个新阶段。不过,股份制公司股票的发行方式并没有发生多大的改变,从以下事例即可窥见一斑:1897年中国最早建立的华资银行——中国通商银行,其资本为规银500万两,分作5万股,每股100两,招股开办时,付银50两,第二次续付银25两,第三次续付银25两。发起时先收250万两,其中盛宣怀以轮船、电报两局名义认招股份100万两,各总董认招股份100万两,仅余50万两对外招集商股。招集商股的方式为:先在报刊上刊登招股启示,自登报之日起,上海本地以一个半月为限;各口岸、各省会以三个月为限;照西法先行挂号,限满截止。至于股银的缴款方式,一是就近交缴给各处招商、电报两局代收,由该局先行出具收据,再寄到上海中国通商银行总行换给收单;二是直接将款寄上海中国通商银行总行交纳给单。两种方式,任其选择,统俟股票填齐,再行换给。③ 1907年,浙江兴业银行公开招股,不久即招足10 000股。其中浙路公司承购3 841股,占总股数43.1%;中小商人承购1 270股,占14.3%;工人、学生和一般市民承购1 823股,占20.4%;官僚投资占6.8%;买办占1.8%。④ 浙江兴业银行的原始资本与其他银行的显著不同点是,企业、商人尤其是一般劳苦群众投资较多,可以说是旧中国最典型的一家民族商业资本银行。

由此可见,这一时期的股票发行仍沿用旧法,主要股本由发起人认募,仅少

① 《论市面之败宜官为维持》,《字林西报》1883年11月1日,见中国人民银行上海市分行编:《上海钱庄史料》,上海:上海人民出版社1960年版,第50页。

② [美]郝延平:《中国近代商业革命》,陈潮、陈任译,上海人民出版社1991年版,第374页。

③ 谢俊美编:《中国通商银行》(盛宣怀档案资料选辑之五),上海人民出版社2000年版,第57页。

④ 盛慕华、朱镇华:《浙江兴业银行的盛衰》,《上海文史资料选辑》第60辑《旧上海的金融界》,上海:上海人民出版社1988年版,第108页。

数股份公开招募,且采取直接发行的形式,通过报刊登载招股启示,再由发行公司自行设处招募。而且公司向社会公开募集股本以实现企业规模的扩张方式也仅局限于企业通过自身的增发新股一种途径,这仅是一种最初级的股本扩张形式。总体而言,晚清时期的股票发行市场,因为没有政府的积极参与和推动,不仅规模小,而且发行条件也很不规范,说明这一时期的股票发行是股份公司在特定条件下的自发行为,股票的发行是典型的诱致性制度变迁。

民国建立后,公司企业得到进一步发展,据农商部统计,在民国元年(1912年)时,全国共有公司977家,资本金11 089万零781元,到民国七、八两年(1918～1919年),虽然处于国内纷争未息,南北相持期间,而此间所新设公司,仍有显著增长,两年间共设立公司177家,资本总额为87 127 685元,其中设立于1918年者,计有84家,资本53 566 985元,设立于1919年者,计有93家,资本33 560 700元。从其行业的分布来看:金融业10家,纺织业16家,矿业12家,电气业26家,交通业18家,商业15家,农业16家,制造业53家,渔业3家,杂业8家。[1]

在北京政府统治时期,建立的股份公司虽然不断增加,但股票的发行方式仍是沿袭旧制,不论是新公司成立时的股票发行还是增发新股,均采取直接发行的方式,主要由公司的发起人首先认购,或由发起人向其亲戚朋友们推销,或由股份公司自行设立办事处招集股份。如1915年上海商业储蓄银行成立时,额定股本10万元,实收资本金7.5万元,最初的股东和股本都是由发起人庄得之、陈光甫两人的关系拉拢和凑集起来的,仅7名商股股东,他们是庄得之2.5万元,陈光甫、李馥荪、张公权三人合认2.5万元,王晓赉认缴2.5万元(内计其岳父楼映斋1万元、商人施再春1万元、王晓赉本人5千元)。[2] 又如1917年3月,南通张謇,购买湖北大冶彭芝桥铁矿,定名济华制铁公司,邀集唐少川、沈仲礼、陈澜生、谷九峰、曹亚伯、孙慕韩、汤蛰仙、吴鼎昌等集资开采,由创办人先筹200万元,交由中国银行存储,呈请农商部立案另行招股400万元,在上海通海实业公司内设立筹备事务所,拟妥招股章程后,即于京津及浙江分设招股处自行招股,京津方面请谷九峰、陈澜生主持,浙江方面请汤蛰仙组织。[3] 再如1917年,中国银行为扩充营业,添招商股1千万,其招集商股章程规定,认股者可到中国银行总行及

---

[1]《中国公司之状况》,《银行周报》第4卷第45号(总第176号)(1920年11月30日)。

[2] 中国人民银行上海分行金融研究所编:《上海商业储蓄银行史料》,上海:上海人民出版社1990年版,第25页。

[3]《济华制铁公司之进行》,《中华新报》1917年3月7日。

各分行号所或中国银行指定之各招股处挂号,挂号时每股须缴认股定金5元,由银行发给认股证,此项定金得于缴股时,由认股者在所缴股分内扣除。① 1921年4月,为摆脱北京政府的控制,中国银行举行临时股东会,扩充商股股份,增加商股在中国银行的势力。资本额改定为3000万元,即在1918年资本1200余万元的基础上,续募1700万元,其中决定先募700万元,由商股尽先认购。为此,中国银行副总裁张嘉璈专程由北京来到上海,向江浙财团的各大商业银行、交易所以及申新、宝成纱厂等募集股份200多万元,其他各业和私人投资100多万元,连同其他地区企业和个人的投资,到年底募集数已近600万元。1923年,北京政府财政支绌,将所持官股500万元出售,只留下象征性的官股5万元,而商股则达到1971万元,占全部股份99.75%。②

南京国民政府成立后,为规范股份公司招股,1929年12月颁布了《设立股份有限公司招股暂行办法》,该办法共八条,主要内容为:(1)地方主管官厅具体负责审核股份有限公司的招股事项,规定,凡设立股份有限公司,应先备具营业计划书,发起人姓名,履历及认股数目连同招股章程,由全体发起人具名,呈由主管官厅备案后,方得开始招股。地方官厅在核准招股时,对招股期限应酌予限定,逾限招不足额,即作无效。当公司招股足额召开创立会时,地方主管官厅须派员莅临监督,创立会议决录应有监督人员签名证明。(2)凡设立公司,各发起人须承受股本总额至少1/5以上,每一发起人至少承受股本总额3%以上。公司所收股款或认股保证金,在公司未正式成立前,发起人不得提用。因故停止招募时,须于十日内结束,并呈报主管官厅备案,将已收股款如数发还。③ 这里,仅对股份公司发行股票的条件与审批程序做了规定,但并未对股票的具体发行方式作出规定。同时由于南京国民政府统治的前十年,政府主要重视公债的发行,而上海华商证券市场的交易更是以政府债券为主要标的物,公司股票的交易为数极少,就更谈不上发行了,这一时期的股票发行主要还是沿袭旧制,由发行公司直接发行,自行招募。不仅如此,公司创立后的股本扩张也仍处于原始状态,还是局限于由企业通过在报刊上刊登广告等形式,向社会直接募集资金,以实现公司的规模扩张。如1934年,开林油漆股份有限公司通过登报添招新股25万

---

① 《中行招集商股章程之披露》,《中华新报》1917年3月30日。

② 洪葭管:《张嘉璈在中国银行的二十二年》,《上海文史资料选辑》第60辑《旧上海的金融界》,上海:上海人民出版社1990年版,第70页。

③ 上海市档案馆编:《旧中国的股份制(1868~1949年)》,北京:中国档案出版社1996年版,第309~310页。

元,使企业的资本总额从原来的 25 万元增加到 50 万元。①

那么,当上海华商证券交易所已经建立之后,有没有通过交易所等中介机构发行股票的情况呢?据现存淮南市档案馆所藏淮南煤矿档案资料反映,1929年,"华商大通煤矿股份有限公司"(即淮南大通煤矿)总公司设在上海,为筹集资金发展淮南煤矿,在上海华商证券交易所发行股票总量 14 000 股,每股 100 元,总金额 140 万元,江、浙、沪、宁地区的大老板纷纷购进淮南"华商大通煤矿股份有限公司"的股票,股票被抢购一空,共 281 人成为大通煤矿的股东。当年发行股票的票根,至今仍完好无损地保存在淮南市档案馆内,据股东们说,当时 100元的股票每年的股息和红利,最高达到 300 元之多。② 至于如何通过证券交易所发行股票的具体方式,还不清楚,有待进一步的探讨。不过,由此我们可以推断,虽然股票的交易在上海华商证券交易所不占主导地位,但通过证券交易所发行上市股票的情况确实是存在的,只是目前尚缺乏充足史料的证明罢了。

由上可见,近代中国股份制企业、公司无论是从最初的创立时期,还是到1937 年抗日战争前的发展时期,其股票发行采取的均是直接融资方式,公司的绝大部分股份均是由发起人首先认购,只有少数股份向社会公开招集,但招集的方式都是自行主持,直接募集,这仅是股份制建立时最原始的募股方式。至于通过银行或证券交易所等中介机构参与的间接发行情况,还须得到进一步证明,不过,可以肯定的是,这种发行方式在这一时期并不占主体地位。因此,在抗日战争以前中国的股份制企业的股票发行过程中,由于缺乏投资银行的积极参与,并没有建立真正的资本发行市场。

二、抗日战争时期上海华商证券市场的股票发行

抗日战争以后,随着"孤岛"地位的确立,在外商股票市场迅速发展的激励下,华商股票市场从 1940 年以后逐渐得以恢复与发展起来,特别是 1941 年 12月 8 日太平洋战争爆发之后,日军进占租界,上海经济局势发生了很大变化,其时外汇冻结,外股、外币、政府公债均在禁止买卖之列,大量游资为求得归宿,群向中国股票集中,1942 年上半年,当汪伪财政部公布所谓新旧法币脱离之时,伪中储券对法币之比率,由 77、74、70、66、60、53,而降至 50,币值日低,一般人为求

---

① 张忠民:《艰难的变迁——近代中国公司制度研究》,上海:上海社会科学院出版社 2002 年版,第 508页。

② 王佑楼、方传政:《淮南煤矿历史档案中的股票》,《中国档案》1997 年第 7 期。

资金安全,更是积极投资股票,于是经营股票的公司应运而生,由最初的几家、十几家增至 145 家,其中大多皆为过去经营黄金、纱花、钱兑业所改组。据调查,这 145 家股票公司,属 1941 年以前成立的 10 家,1941 年成立的 8 家,1942 年成立的 127 家;若以资本分类,则资金在 10 万元以内的 56 家,10 万元以上 20 万元以下的 72 家,在 20 万元以上的 17 家。[1] 随着华商股票投机的狂热,经营股票公司的增多,而股票流通筹码依然局限于旧有的数十种老股票,股票筹码日益枯竭,在此供求失衡状态下,于是新兴厂商、企业公司乘机崛起,大肆发行股票,并改变了传统的股票直接发行方式,更大范围内采取了通过中介机构将股票流入证券市场的间接发行方式。据统计 1942 年 8 月以后到当年底,通过股票公司上市的新股,几乎每周皆有,共计 78 家,它们分别是纺织业 28 家,新药业 6 家,印刷书纸业 8 家,饮食品业 5 家,化学工业 2 家,地产业 3 家,交通业 8 家,其他行业 18 家。[2] 当时,由于既无法令束缚,又无机关管理,新股发行十分混乱,概括起来主要有以下几种发行方式:[3]

一、包揽发行。即某公司股份中公开招募的部分,全数包给另一个中介机构(当时主要是股票公司),由该承包机关代为行使发行权,而在此公开招募股份之中又往往半数先由承募机构认购,认购期满,如有招募未足额者,由代募机关认购足额,此种发行方式,名为公开,实属包揽。此外,尚有一种假公济私的包揽发行方式,即私相授受,直接操纵某项股票,使其价格腾涨,如某厂拟扩大增资,或改为股份有限公司组织,股额除由发起人认购外,其余部分决议向外界招募,发起人私下与某一机关订定,以每股 10 元票面之股票,作价 11 元或 12 元,全部由该公司包销。此一二元之升价,既非溢价,更非承募费用,仅归于发起人所有,饱入私囊,承揽此股票的公司,却又以更高价分包若干股票公司,一方面相互散布利多消息,使不明真相的投资者,愿出高价购进。

二、附加承募费之发行。股票在承募之时,除照规定的发行价格外,经手行号,尚须加征若干手续费,而此项多付之款,即称为承销费,属于承募机关之收益,与归属于公司之溢价有明显差别。

三、溢价发行。股票市值超过票面价格的发行。过去公司发行股票,通常以票面价格为实际发行价格,很少有溢价发行。而此时,一般厂商认为股票的利

①　吴毅堂编:《中国股票年鉴》,上海中国股票年鉴社 1947 年 1 月初版,第 8~9 页。

②　吴毅堂编:《中国股票年鉴》,上海中国股票年鉴社 1947 年 1 月初版,第 10 页。

③　以下发行方式系根据吴毅堂编:《中国股票年鉴》,上海中国股票年鉴社 1947 年 1 月初版,第 11~12、15 页归纳总结。

润太好,发行股票亦非难事,又见股票加价发行,一转手间即可获得高于照票面发行更为丰厚的利润,加上那时一般买卖股票的投资者很不成熟,根本不问公司本身的财产状况如何,营业的情形如何? 只要是张股票就行,于是,厂商与股票商联手,溢价股票得以顺利发行。1942 年 10 月,康元制罐厂首倡以 10 元票面溢价 40 元,以 50 元价格发行,其后,仿效进行溢价发行的公司有永兴地产、久安实业、大赍棉织、锦乐织造、光华染织、荣丰纱厂、开美科药厂、中法药房、新亚药厂等 9 家。但好景不长,这些厂发行的股票均因没有支撑,难孚众望,市价频频下跌,溢价股变成了跌价股,这种溢价发行仅维持了一年,就再也维持不下去了。

由于发行股票的利润太好,发行手续也不困难,并且创办新兴企业,只要发起人认足股款,一转手便可用高价向市场推销,因此,任何新创公司公开招股,认购者都拥挤不堪。甚至出高价请求发起人转让。例如 1942 年 10 月新亚建业公司招股的时候,1 千万资本中由发起人认足 800 万元,其余 200 万元均仅新亚范围内各厂股东认缴,但招股期满时,认缴股款竟达 5 000 万元之多,结果按每认股千元摊 4 股 40 元了结。1943 年春季新亚建业曾见每股 70 余元行市。① 总计 1942 年一年中,新设厂商(包括合伙的改组为股份,廉价收进后,经整理再拍卖的,及独资的改组为股份的),计有 51 家(以股票上市流通者为限)。其中纺织业股 18 家,新药业股 2 家,交通业股 4 家,化学工业 2 家,印刷书纸业 6 家,饮食品业 6 家,地产业 2 家,其他 11 家。同时还有大统织染厂、中国布匹经销公司、中国连业汽车公司、国际汽车公司、中国国光印染厂、平安三飞客车公司、三乐实业公司、华伦造纸厂、中兴木业公司、同济染织厂、屈臣氏药房、祥生三轮车公司、振丰棉织厂、联华地产公司、保权工艺厂等 27 家,虽未正式上市,筹码在私人之间却已有授受。②

新创企业之外,以另一种姿态通过证券市场发行股票的,就是旧公司的改组增资,老公司鉴于新公司能够毫无凭借地发行股票,甚至溢价发行,加上当时没有主管机关管理与监督,谁来过问一个公司的增资,更不会来过问一个公司厂商的实际营业,是否需要那么多的资金,甚至可以没有资产负债表、营业报告书、损益计算书及财产目录等会计上的手续,也可贸然进行增资扩股。如中国国货公司,在 1942 年 6 月至 11 月的 5 个月间,一再增资,由 300 万元增至 1 200 万元;永安纱厂由原资本 1 200 万元,增至 6 000 万元;新亚酵素由 100 万元增至 300 万元;世界书局由 300 万元增至 500 万元;宁绍商轮由 150 万元增至 300 万元;

① 王雄华:《上海华股市场的过去及将来》,《中央银行月报》(复刊)第 1 卷第 1 期(1946 年 1 月)。
② 吴毅:《一年来之证券》,《中央经济月刊》第 3 卷第 1 号(1943 年 1 月)。

丽华公司由 70 万元至 170 万元,中华商店由 20 万元增至 50 万元;中英药房由 160 万元增至 240 万元;信谊药厂由 710 万元增至 2 000 万元;康元制罐由 200 万元增至 1 000 万元;中法药房由 500 万元增至 1 500 万元;大中华火柴由 365 万元增至 2 400 万元,新亚药厂由 800 万元增至 3 000 万元。[①] 增资的方法可分为两种:一种是升股增资,一种是现金增资。升股增资是由于资产因币值跌落,物价腾昂等原因而估值增加,公司即以估值增加部分按股加摊股票给予股东。现金增资是订定一期限由旧股东按所持股份比例认缴新股现金。普通多是升股增资、现金增资两者兼用。据统计,1942 年上市股票的增资扩股共有 20 家;1943 年最多,达 145 家,按行业分类分别是:金融股 6 家、百货股 9 家、纺织股 46 家、新药股 17 家、文化股 8 家、火柴股 3 家、造纸股 3 家、地产股 7 家、实业投资股 13 家、食品股 6 家、化学工业股 18 家、其他杂业股 9 家;1944 年还有 48 家。[②]

增资对于股票行市,具有极大的刺激性,一有增资风传,股票立即飞涨,尤其是公司当事人,不难于增资之前买进,又于增资之后卖出,一转手间,获利何止倍蓰? 因此增资升股,风靡一时。不少公司在这几年间乘机反复多次增资,下面是几种成交频繁股票的增资次数表:

表 4-1　抗日战争时上海主要股票增资次数表

公司名称	原始资本(万)	1945 年资本(万)	增资次数
永安纱厂	600	12 000	2
美亚织绸	180	4 000	4
永安公司	250	10 000	5
康元制罐	12	4 000	5
新新公司	320	4 000	2
中国内衣	25	10 000	9
新亚建业	1 000	10 000	2
上海水泥	120	500	4
华丰搪瓷	30	3 500	5
新亚制药	1	10 000	9
荣丰纺织	50	20 000	6

注:原始资本包括初创时资本而言,如康元制罐及新亚制药之原始资本系指独资时代之资本,1945 年资本系指日本投降前伪币资本数。

资料来源:王雄华:《上海华股市场的过去及将来》,《中央银行月报》(复刊)第 1 卷第 1 期(1946 年 1 月)。

① 陈善政:《八年来的上海股票市场(续)》,《银行通讯》新 4 期(总 29 期)(1946 年 3 月)。
② 吴毅堂主编:《中国股票年鉴》,上海中国股票年鉴社 1947 年 1 月初版,第 15~28 页。

由表4-1观察,可知企业增资风气之盛。上表所列增资次数大都在1940年以后,而1942、1943两年增资次数尤占绝对多数。可见当时风气,不问增资是否有事实上需要而只要借此能提高股票行市以达圈钱目的,便无所不用其极。另一种恶劣的现象是每逢现金增股时,限股东在一极短时期间缴款,中小股东每因不及措筹而放弃权利,大股东借此兼并股份,一转手间再在市场高价售出。此时企业纷纷增资扩股,客观上还由于:一,通货膨胀日益严重,企业资本因币值下跌、物价上涨因素的影响,需要重新估价;二,中储券发行了,汪伪政府也要求公司企业进行币值换算。

总之,抗日战争时上海华商证券市场上的股票发行已经改变了过去传统的股票发行方式,既有新公司股票的发行上市,更有老公司的增资扩股,不过新公司股票的发行主要集中在1942～1943年9月汪伪华商证券交易所建立之前的混乱时期,而老公司的增资扩股则持续的时间相对较长,从1942年一直延续到1944年。

三、抗日战争胜利后上海证券市场的股票发行

抗日战争结束以后,随着上海证券交易所的建立,人们逐渐认识到证券发行机构与证券流通机构,是构成资本市场的两大基石。在产业发达的国度里,资本市场主要包括两个部分:(1)证券发行机构。其职能在规划企业之创立,设计证券之发行,组织承销之团体,使新企业所需之长期资本得以实现;同时,便利投资者资金源源供应,减少投资者寻求投资项目之麻烦与费用,指导投资者投资的正当途径,所以发行机构的任务包括资金之吸收以及资金被企业界所利用的全部阶段,构成资本市场的核心,因此,发行机构又叫第一资本市场。(2)证券流通机构。企业界通过证券发行机构取得其所需资本,投资者通过发行机构找到投资对象,获得企业证券。然而,资本市场的任务不仅在使社会资金通过证券方式作为企业的长期资本;并且要使这种证券上市流通,使投资者随时有变证券为现金的可能,那么,他们才乐于购置。因此光有证券发行机构,而无证券流通机构,证券所代表的资金仍然是呆滞的,资本市场的作用,仍然是不完全的。所以,一个高度使用证券的资本市场,应该包括发行机构与流通机构两部分,前者多由投资公司主持,后者则由证券交易所主持。有了证券交易所,则证券的买卖频繁,证券的价格可以反映产业的兴衰,这样资金的流动力才可大大增强。因此,证券交易所一般又称第二资本市场。有鉴于此,要求参照各国资本市场发展的先例,在中国建立完整资本市场的呼声日高,曾有人提出建议,依据中国已有新式金融机

构的情况,由政府出面主持,由国家银行负责第一资本市场的建立,由上海证券交易所负责第二资本市场的建立。国家银行中尤以交通银行所负使命最为重要。该行条例第一条规定,"交通银行经国民政府之特许为发展全国实业之银行。"曾有时人撰文提出:希望交通银行能担起第一资本市场的任务;上海证券交易所能担起第二资本市场的任务。只有二者的密切合作,才可能斩除荆棘,推进产业金融,完成经济建设的使命。[①]

国民政府也决心要建立一个完整的资本市场,因而,对证券市场上的股票发行十分重视,这一时期,通过上海证券市场发行的股票既有国营事业的新股发行,又有上市企业的增资扩股。

(一) 国营事业股票的发行

从严格意义上说,真正通过正规途径在上海证券市场上发行的股票,只有抗日战争胜利后,国民政府所发行的国营事业股票,这些股票于1949年2月,在重新复业的上海证券交易所正式开拍交易。

国民政府关于出售国营事业的提议开始于抗日战争后期,此种考虑主要是基于:

首先,自抗日战争后期以来,国民政府即确定以部分"国营事业让售民营"作为恢复抗日战争胜利后经济的主要政策之一,这也是出售国营事业最初的动机。1944年12月,国民政府公布了《战后经济建设原则》,规定:"应由政府独营之事业,其种类不宜过多。包括(一)邮政电讯,(二)兵工厂,(三)铸币厂,(四)主要铁路,(五)大规模水力发电厂。未经指定政府独营之事业,均可由人民经营。"[②]1945年5月20日,国民党第六次全国代表大会又进一步通过工业建设纲领实施原则:对于纺织、面粉、皮革、化学纤维、木材、陶业、酒精、制糖、印刷等民生工业,可让民营,由政府协助,促进发展。1945年国庆前夕,国民政府主席蒋介石在广播演讲辞中更是明确宣称:"第一期经济建设,应使人民的经营自由与国家的经济计划,融合为一体,而国营事业与民营事业的种类,尤应有明确的划分,国民政府对此所持的方针,已经在第一期经济建设原则内明白宣布,具体地说,凡有全国性和独占性以及人民力量不易举办的事业,如钢铁工业,如全国铁道,如大规模水电事业等,应归国营,此外一切经济事业,均可归之民营。"[③]由此可见,

---

① 刘光第:《我国资本市场之展望》,《证券市场》第1卷第5、6期(1947年1月31日)。
② 恽震:《论国营事业》,《经济评论》第1卷第18期(1947年8月2日)。
③ 刘仲廉:《论国营工业让售民营问题》,《商业月报》第23卷第4号(1947年4月)。

政府对于抗日战争胜利后国民经济的恢复、建设与发展还是十分重视的,希望通过限制国营,扩大发展民营事业,达到振兴经济,促进国民经济健康发展的目的。

其次,国营事业的出售,也是国民政府为解决国营事业与民营事业尖锐矛盾而采取的一个办法。抗日战争胜利之后,在宋子文主持下,将所接收敌伪生产事业,不论性质与巨细,多由国家负责经营,把从前属于民营的棉纺织、蚕丝、制烟、制糖等轻工业,悉数划归国营圈内,使得国家资本在抗日战争胜利后不仅没有减少,反而得到急速膨胀,据估计,按1936年币值计,抗日战争胜利后中国资本总值为142亿元,其中国家资本占54%(抗日战争前为32%),民族资本占38%(抗日战争前为33%)。产业资本总值为65.5亿元,其中国家资本占64%(抗日战争前为22%),民族资本占25%(抗日战争前为21%)。从1936年到1947年,无论是外国资本还是民族资本,数量均有下降,只有国家资本保持增长,产业资本年均增长6.72%,占到工业总资本的43%,交通运输总资本的91%。国家资本已经占到中国经济总量的一半以上。[1] 然而,此时的国营事业却弊端丛生:(一)国营事业不计成本盈亏。(二)管理机构重床叠瓦,往往一个厂矿,有几个主管当局,任何一项计划,须经每一主管当局核准始可决定;在工商业机会一日百变的情形下,等候批准决定下来,早已时过境迁,失去效用。(三)而最根本的弱点还在于主管者以公务员身份来管理,而不是以企业家的立场来经营,他不会也不能充分发挥他的企业精神;加上事业易受政治影响,主管人员常被调动,很难制定一个远大计划和方针。[2] 正因为如此,国营事业的效率极低,国内舆论界呼吁,挽救工商业及促进生产的方法,除增加机器原料进口,鼓励国内原料的增产外,在经营方式上,应尽量开放民营,提倡民营。上海市商会发出倡议:"政府对于接收敌产有利之事业,正宜让归民营,使工商各业有徐图昭苏之机会,万不宜转为弥补赤字财政起见,举凡民营有利之事业,悉归国办或省办。"[3]因此,出售国营事业,既可缓和国营与民营的尖锐矛盾,又可甩掉一个沉重包袱,也算一举两得。

第三,发行国营事业股票也是工商界、证券界为完善证券市场的愿望和要求。1946年9月9日,上海证券交易所正式开幕,然而上市买卖的股票不多,最初仅20种公司股票,到1947年初也不过26种,都是普通股票,使得股票市场的功能仅限于买卖流通的狭隘范围内,而不能作为企业界筹集资金的工具。不少

---

① 李新总编:《中华民国史》第三编第五卷,汪朝光:《从抗战胜利到内战爆发前后》,北京:中华书局2000年版,第316～317页。

② 方显廷:《中国经济危机及其挽救途径》,《经济评论》第1卷第6期(1947年5月10日)。

③ 黄逸峰等:《旧中国民族资产阶级》,南京:江苏古籍出版社1990年版,第608～609页。

有识之士强烈呼吁要建立完善的资本市场,加强证券一级发行市场的建设。有人具体提出如果能让国营事业发行新股,则将增强证券市场的筹资功能,使证券行市的变动影响到这些新发股票的销售力,从而达到将社会资金导入产业的目的。[1] 更有人认为抗日战争胜利后经济建设需要巨额资金(据前经济部长翁文灏粗略估计,以抗日战争前的国币价值计算,至少需要 300 亿元。),而这些资金从何而来呢? 根据对各先进国家的经济情况观察,抗日战争胜利后金融机关吸取国内资金的最主要途径应是销售证券。所以抗日战争胜利后当务之急是资本市场的建立,其中主要应该考虑的是证券一级发行市场的建立,特别是对于由国库拨付资金的国营事业,可考虑大部甚至全部由募债方式筹集。[2] 这些呼吁便是国营事业股票发行的舆论先声。

自提出出售国营事业的想法后,虽然“国民政府某些部门为了集中精力接受沦陷区敌伪企业,将其在大后方的一些生产事业转让民营”,[3]但以发行股票方式出售国营事业一直尚未见诸于行动,促使其下决心付诸实施的决定性因素是在于后来日益恶化的经济形势的逼迫。

1947 年 2 月 16 日国防最高委员会通过《经济紧急措施方案》,该方案第一项第四款规定:“凡国营生产事业,除属于重工业范围及确有显著特殊情形必须政府经营者外,应即分别缓急,以发行股票方式公开出卖或售与民营。”[4]

事实表明,这时出售国营事业之根本目的在于,以此举来挽救空前严重的财政金融危机。当时内战已全面展开,通货恶性膨胀,美货滚滚而来,工商业在内外夹攻下,破产停歇日有所闻,经济乱象毕见。面对严重的财政收支不平衡与物价的不断上涨,政府认为可以用出售国营事业的收入弥补支出,这是较增加货币发行刺激物价,更为有利的一种办法。据估计,1945 年底通货增发已由 1937 年的 14 亿元增至 1 万亿元,1946 年底已增至 4 万亿元。[5] 但仍无济于事。而抗日战争胜利后的国营事业十分庞大,政府如能加以迅速出售,则在短期内可以得到一笔巨款,裨益国库。据粗略估计,仅中国纺织建设公司(简称中纺公司),如果发行股 1 万亿元,可吸收游资数量就将超过全国商业行庄存款的 2 倍,等于央

---

[1] 钱荣堃:《论证券行市的变动》,《证券市场》第 1 卷第 7 期(1947 年 2 月 15 日)。

[2] 汪祥春:《我国实施经济建设时应如何筹集国内资金》,《证券市场》第 1 卷第 7 期(1947 年 2 月 15 日)。

[3] 赵兴盛:《战后国民政府国营事业民营化问题研究》,《江海学刊》2002 年第 3 期。

[4] 中国第二历史档案馆编:《中华民国史档案资料汇编》,第五辑第三编,财政经济(一),南京:江苏古籍出版社 2000 年版,第 46~49 页。

[5] 雍文远:《从证券货币与商品间的替代关系论我国经济危机》,《证券市场》第 1 卷第 8 期(1947 年 2 月 28 日)。

行抛出黄金 200 万两（照每 10 两黄金合法币 500 万元计算），对整个经济，将发生巨大影响。①

可见，上述各项原因中，挽救财政经济危机是此时出售国营事业的最根本的原因，这是当时的经济形势所决定的，抗日战争胜利后，为抑制势如雪崩般的通货膨胀，国民政府先后采取了开放外汇市场、抛售黄金等政策和手段，但都无济于事，反而在 1947 年 2 月爆发了外汇、黄金风潮，无奈之下，国民政府于是便把出售国营事业当作拯救经济危机的又一政策推了出来，而且寄予厚望。如果没有这样的特殊背景下的尖锐矛盾和深层考虑，无论是为解决国营与民营事业的矛盾，振兴经济建设，或是出于完善证券市场的需要，国民政府恐怕是不会在此时急于推出以发行股票方式出售国营事业这一政策的，尽管在抗日战争后期，国民政府就提出了国营事业让售民营的打算。

正是在如此背景下，当经济紧急措施颁布后，国民政府即将出售国营事业当成挽救财政经济危机的救命稻草，迅速执行起来。行政院长宋子文立即命令经济部长王云五于 20 日内拟具出售步骤，经济部则在奉令之后，立即派出商业司司长邓翰良于 2 月 19 日晚赶赴上海，与上海厂商及同业公会洽商发行股票一事。而资源委员会也准备将所属轻工业工厂——糖厂 4 家，纸厂 3 家，电器厂 3 家，水泥厂 4 家，以发行股票的方式，吸收民间资本。② 2 月 22 日，行政院指派副院长翁文灏在上海中国银行二楼召开出售国营事业计划委员会，出席会议的有财政部长俞鸿钧、经济部长王云五、资源委员会委员长钱昌照、敌伪产业清理局长刘攻芸，以及徐继颙、秦润卿、李馥荪、陈光甫、束云章、徐广迟、胡筠秋、杨锡仁等，除对各出售事业作初步估计外，还考虑到了出售的方式及人民的购买力等问题，初步确定出售国营生产事业最多的三地为上海、东北、台湾。③ 2 月 25 日，又由经济部、财政部会同中纺公司、资源委员会商讨出售国营事业办法，决定中纺公司、中华茶业公司将以发行股票方式出售，四明、工商、中国实业、中国国货四银行的官股也决定出售。④

然而，令国民政府所始料未及的是，国营事业股票的发行工作牵涉着方方面

① 《国营事业股票出卖，政院派员专事研讨，中纺公司等将包括在内》，《证券市场》第 1 卷第 8 期（1947 年 2 月 28 日）。

② 《国营事业转民营，经济部正拟办法》，《中央日报》1947 年 2 月 20 日；《若干国营轻工业将逐渐改为商办》，《申报》1947 年 2 月 20 日。

③ 《出售国营事业问题特辑》，《资本市场》第 1 卷第 4 期（1948 年 4 月）；《国营生产事业出售，沪昨曾开会商处理办法》，《中央日报》1947 年 2 月 22 日。

④ 《筹划国营事业转让，机构及方式昨有所决定》，《中央日报》1946 年 2 月 26 日。

面的问题,十分复杂,而且政局动荡、政策多变,多头主管,政出多门,从而造成了后来国民政府在出售国营事业问题的态度上发生了重大转变,并最终导致国民政府企图通过出售国营事业来挽救财政经济危机愿望的破灭。

首先,国营事业资产的评估困难,其资产额很难确定。因为在准备让渡的国营事业中,其资产都很庞大,几乎没有精确估价。如属于经济部的中纺公司及中华烟草公司就是如此。中纺公司在沪有棉纺织厂 20 个、印染厂 6 个、毛纺织厂 6 个;青岛有棉纺织厂 9 个;天津有棉纺织厂 7 个。此外,在东北锦州、营口、沈阳等处尚有纺织厂多处。而中华烟草公司系 1946 年 1 月在接收中华烟草株式会社、中支烟草株式会社、华中烟草配给组合、东亚烟草会社上海发行所等 4 机构基础上成立,是上海仅次于颐中烟草的卷烟厂,每月营业额 40 亿~50 亿元,资产估计约值 100 亿元。[1] 据负责办理两公司出售的中央信托局负责人称:出售国营企业之困难在估价,因近十年来物价动荡不定,如中纺公司于日寇投降刚接收时,估计约值 2 千亿元。1946 年底估价已值 2 万亿元。[2] 到 1947 年 2 月,中纺公司的总资产估价已到 3 万 5 千亿元,而中华烟草公司的资产总额也至少增加了 2 倍多,大约在 250 亿元左右。[3]

经济部商业司司长邓翰良也曾谈到:全部国营事业之估价总值约 25 000 亿元左右,仅中纺公司总值可达 1 亿 3 千万美元。如此巨额资本的公司,倘整个出售,民间恐无此巨资承受,若零星出售,必有优劣之分别,优者必首先被抢购,劣者或竟无人过问,因此,经济部拟采用按区域、性质、系统等三种方式出售。[4] 1947 年 6 月 26 日,全国经济委员会举行第五次会议,对国营事业的估价标准作出决定,根据当前物价,参照下列四点作为标准:(一)原料供应情形;(二)单位所在地;(三)业务发展情形;(四)市场需要。并决定加紧估价,限期一月内(即 1947 年 7 月内)完成。[5]

其二,政局动荡,政策多变。1947 年 2 月,因外汇、黄金风潮案,行政院长宋子文被迫引咎辞职,中央银行总裁贝祖贻违法渎职,由政务官惩戒委员会审议,予以申诫。政学系头目张群继宋子文任行政院长,以张嘉璈为中央银行总裁,俞

① 《国营事业股票出卖,政院派员专事研讨,中纺公司等将包括在内》,《证券市场》第 1 卷第 8 期(1947 年 2 月 28 日)。
② 《中纺公司等由中信局售与民营》,《商业月报》第 23 卷第 4 号(1947 年 4 月)。
③ 《出售国营事业,今日集会讨论》,《申报》1947 年 2 月 22 日。
④ 《出售国营事业经部拟采三种方式》,《商业月报》第 23 卷第 4 号(1947 年 4 月)。
⑤ 《全国经会重要决议,国营事业估价限下月完成》,《申报》1947 年 6 月 27 日。

鸿钧仍连任财政部长,企图以金融力量来控制经济,挽救危机。然而,仅一年余,1948年5月张群就从行政院院长任内下台,中央银行总裁张嘉璈也同时辞职,原财政部长俞鸿钧改任中央银行总裁,由学者翁文灏接任行政院长,出版商王云五继任财政部长,又重新回到膨胀通货的旧路上,金圆券币制改革的具体策划就在金融和财政当局分别主持下同时悄悄地进行。这种政局的频繁变动致使国营生产事业让售民营问题,一直陷于研讨出售的方式、估计出售的价格、成立出售的机构等事务中,至于什么时候出售、出售哪些单位、价钱怎样、承购的对象如何确定,则没有具体落实。

其三,多头主管,政出多门。国营事业转让民营一事,初由经济部筹划,1947年3月4日后,国营事业的让售问题即归行政院全国经济委员会负责管理。鉴于"出售国营事业,事体庞大,业务甚繁",全国经济委员会又专门组织国营生产事业出售监理委员会,于1947年8月成立,具体办理出售国营事业的一切事务,全国经济委员会则居于督导地位。① 在此之下,国营事业又分属于经济部(后改为工商部)、资源委员会、交通部、农林部、粮食部以及敌伪产业处理机关等众多的部门,事体庞大,主管繁多。如此必然导致众多的部门利益之间的尖锐矛盾和冲突,各部门之间相互扯皮、封锁、拆台、争斗,自然难以形成统一的意见,长时间议而不决,而且垄断资本的本性又加剧了这一问题的严重程度。同时由于部门众多,政出多门,必然使各方无所适从难以行动。

由于上述原因,造成在国营事业出售问题上各方意见争执不休,始终得不到统一,方案一变再变,时间一拖再拖。本应于1947年3月1日召开的出售国营事业计划委员会第二次会议,因宋子文的辞职宣告延期,直到3月16日,此会才得以召开,通过国营生产事业出售办法草案,经行政院核准后,4月6日由国民政府正式公布《国营生产事业配售民营办法》八条,其基本原则为:以售予或发行股票两种方式分别全部或部分出售。在此原则下,(一)初步确定了售予民营与发行股票的范围,其中售予民营的生产事业多达十余单位:中纺公司(经济部),先售七成,其余三成,暂由公司继续经营。中国水产公司(农林部),中华烟草公司(经济部),天津及东北造纸厂(资源委员会),中央汽车配件制造厂(资源委员会),安庆、石微、天水三电厂(资源委员会),面粉厂及食油厂产权已清理者(粮食部及敌伪产业处理机关),德孚颜料及拜尔药品及其关系设备(中央信托局德侨产业清理处),青岛维新染料厂(德侨产业清理处),以上单位全部售予民营。

① 中国第二历史档案馆编:《中华民国史档案资料汇编》,第五辑第三编,财政经济(五),南京:江苏古籍出版社2000年版,第425页。

中国纺织机器制造公司原有官股四成全部售予民营。而决定发行股票的生产事业则仅两个单位：属于经济、农林两部合办的中国蚕丝公司和属于财政部的中国盐业公司，先就股份五成发行股票，公开出售。(二)售卖办法：由专人组织委员会，依照市场价格及营业状况估计出售价格；出售价格在六个月内有效，如六个月内不能售出，其价格按市场情形另定；价格以国币计算，但一部分资产得酌收美金，所得资金均缴归国库；出售时，应在有关各地报纸公开广告，定期投标，承购人经适当介绍可到厂参观；出售事业价值较大者，应由收购人组织股份有限公司，将一定成数之股票公开招募，并在交易所开拍。收购人应将所购事业，严格经营，以重生产。(三)股票发行办法：仅向人民及其营业组织发行股票，国立各行局不得收购；所得资金均缴归国库；公司中政府机关之股东地位与民股相等，并无任何特权；俟人民股份招足，即召集股东会，选举董监，依公司法组织办理；各国营公司应将依法执有股票交存中央银行，当政府认为有售予人民必要时，售交民营。[1]

可见，此时的所谓国营事业配售民营，无论是出售还是发行股票，国民政府似乎都留了一手，仅仅是将国营事业中的部分"民营"，此中之玄机不言而喻，这与民族工商业所希望的"彻底转让"、"不保留官股"等要求存在着相当的距离。

1947年11月6日，在张群主持下的全国经济委员会第22次会议，通过了由国营事业出售监理委员会拟具的"让售国营事业采用发行股票方式，组织银团经募办法"：(一)政府选择国营事业若干单位，指定国家行局邀集银钱业、实业界及华侨，分别组织国营事业让售民营募股银团，从事新公司之组织，公开募集新公司之股份。(二)政府就国营事业各单位分别规定让售价格，以每一单位能独立组设一个新公司为原则。(三)银团对于奉准让售之各单位，应照政府规定价格，以公开募股方式，集资承购，受国营事业出售监理委员会监督。(四)国家行局如有被邀加入提倡股之必要时，应以不超过各该公司股款5%为度。(五)银团于约定期限内募足股款组织新公司，向政府交付购价，接办各项事业。(六)银团如未能在约定期限内募足并交股款，但能交付半数以上购价，可由政府与银团会同组织新公司，依法选举董事，并将各该出售事业移交接办，其未交足价款，暂作为政府股份，随时按照市价继续出售。[2] 虽然明确了由银团经募国营

---

① 《国营事业发归民营二次会议延期》，《申报》1947年3月2日；《中纺等国营轻工业转让民营办法决定》，《中央日报》1947年4月8日。

② 《政府让售国营事业，采发行股票办法》，《申报》1947年11月7日；张西超：《出售国营事业的几个问题》，《经济周报》第5卷第23期(1947年12月4日)。

事业股票的发行,但究竟选择哪些单位,银团如何组织等问题仍然难以确定。截至 1947 年 12 月 15 日止,据全国经济委员会的统计报告,各项应行出售的国营生产事业虽然多达 18 个单位,但除天津纸浆造纸公司、中央汽车配件制造厂两个单位,拟请由交通银行组织银团发售股票外,其余绝大部分单位仍处于估价送审阶段。①

直到 1948 年 3 月初,当国民政府转而重新寻求以增加发行货币的途径解决日益严重的财政经济危机时,国营事业股票的发行又作为充实发行准备的一个组成部分了。经济部拟具了"让售国营事业发行股票由银团经募办法":(一)由政府指定国家行局,联合组织"国营事业让售民营募股银团",指定一行为召集行,办理新公司的组织、股票的发行,股款的收存及转拨等事宜。(二)银团设于上海,另在有国营事业出售各地,设立办事处。(三)政府根据各公司之有关条件,分别指定让售底价。(四)银团对各单位负盘查之责,参照政府让售价格,规定新公司的资本额,公开办理募股工作。(五)银团于股款募足后,即缴交国库,并召集股东成立新公司,向政府接办事业;也可于募股超过半数时,先行限期收清已募股款,成立新公司,向政府接办事业,其未募足款额,暂作为政府投资,仍由银团继续销售,其价格可由政府随时提高,缴纳国库。② 这样才使组织银团发行股票的方案得以具体化,然而,此时国营事业股票发行显然已经背离了作为挽救财政经济危机的根本措施的初衷,而仅是作为增加货币发行之准备的一部分了,这不能不说是在关于出售国营事业问题上根本政策的重大转变。表明国民政府又回复到了增加货币发行以拯救经济危机的老路上了。

3 月 26 日的国务会议又修正通过了行政院拟定的"出售国营事业资产,充实发行准备"办法案,决定出售的国营事业资产如下:招商局、中纺公司、资源委员会指定之工厂、敌伪产业、日本赔偿物资。其办法为:(甲)招商局,由交通部以美金估价转归国库,再转入中央银行帐,其中 30% 由政府按照估价,发行股票。(乙)中纺公司,由经济部按 1937 年法币估价折合美金转归国库,再由国库转入中央银行帐。(丙)资源委员会指定之工厂,以美金估价划出价值美金 5 千元之资产转归国库,再由国库归入中央银行帐,(丁)敌伪产业:包括房地产、码

---

① 准备出售的 18 个国营事业单位是:中纺公司、中华烟草公司、中华水产公司、天津造纸公司、中央汽车配件制造厂、安庆电厂、天水电厂、辽宁纸浆造制公司、石微电厂、中国食油公司、中国粮油公司、中国纺织机器制造公司、德孚洋行、拜耳药厂、青岛维新药料厂、中国蚕丝公司、中国盐业公司、大浦盐田及苦计工厂。详见《全国经济委员会关于出售"国营"生产事业情形的报告》,中国第二历史档案馆编:《中华民国史档案资料汇编》,第五辑第三编,财政经济(五),南京:江苏古籍出版社 2000 年版,第 425~426 页。

② 《国营事业让民营,行局组银团募股》,《中央日报》1948 年 3 月 5 日。

头、仓库、工厂及其他资产,组织公司或分别出售,其他产业直接出售。以上各单位组织公司发行股票,以美金为计算单位。发行股票办法:仅向人民及其营业组织发行股票,国营各行局,不得收购;每一单位发售股票在五成以上,即由民营股东选举董监事,依照公司法办理。①

此后,经中央银行与经济部工商辅导处、中国银行、交通银行、招商局、中纺公司及资源委员会等各有关机关的商讨,进一步明确规定了发行股票的具体方式:招商局出售股票由交通银行代办,中纺公司出售股票由中国银行办理,资源委员会出售股票由中国、交通两家银行办理,其全部资产之总估价为4亿5千万美元,发售股票时,可以折成法币计算,其计算方式为根据外汇基准牌价及目前上市股票价二种平均数为标准,以求公允正确。② 即便如此,具体将有哪些国营事业单位首批发行股票,除招商局与中纺公司外,其他单位在这里仍然没有确定。直到8月22日《金圆券发行准备移交管理办法》出台后,才最终确定发行股票的国营事业单位为中纺公司、招商局、台湾糖业公司、台湾纸业公司及天津纸浆公司等五单位,而且具体规定了五单位的资产总额及充作金圆券保证准备的比例:中纺公司资产总额,计145 054 977.96美元,其中70%计101 538 505.43美元拨充准备。招商局资产总额,计143 284 758.68美元,其中50%计71 642 279.34美元拨充准备。台湾糖业公司资产总额,计120 000 000美元,其中由资源委员会及台湾省政府股份内划拨43 000 000美元充作准备。台湾纸业公司资产总额,计25 000 000美元,其中由资源委员会及台湾省政府股份内划拨8 000 000美元充作准备。天津纸浆公司资产总额,计5 000 000美元,其中划拨2 000 000美元充作准备。五单位应于一个月内分别完成公司组织,全部股票发行金额,依照其资产总值的最低估计,共为17亿5 300余万金圆券,除政府保留之股权部分移交金圆券发行准备监理委员会保管外,发售民营部分为5亿6 400万金圆券,计中纺公司2亿金圆,招商局3亿金圆,台糖公司4800万金圆,台纸公司1200万金圆,天津纸业公司400万金圆,约占总额1/3。五种国营事业全部股票分别为:中纺公司800万股,招商局600万股,台糖480万股、台纸60万股、天津造纸20万股,其中,规定出售部分为中纺公司200万股、招商局300万股、台糖48万股、台纸12万股、津纸4万股,合计564万股,每股100金圆券,分为1股、5股、10股、100股、1 000股五种。此次政府决定出售的国营事业股票,约相当于改币前法币发行量的3倍,金圆券最高发行限额约1/4强。各公司在办妥股票发行

---

① 《国营事业资产出售办法通过》,《中央日报》1948年3月27日。
② 《国务会议通过出售国营事业资产办法》,《金融周报》第18卷第15期(1948年4月7日)。

手续后,于 9 月 9 日将股票分批送交中央银行,并经央行委托中国、交通、农民、中信局及台湾银行 5 家行局代收,9 月 10 日在上海正式发售。①

当五家国营事业股票发行之初,国民政府颇为乐观,预计将用一月至一月半的时间完成销售任务。② 为了使此次发行能顺利进行,国民政府颁布了《各受托银行代售国营事业股票办法》十条,详细规定了五家代售行局经售国营事业股票的具体办法。同时还分别向各承销行局下达了销售任务,其中分配给中国农民银行出售的份额(除中纺公司之外)为:招商局 5 万股,台糖 1 万股,台纸 5 千股,津纸 1 千股。③ 对此,中国农民银行又将此任务下分给下属的营业网点,具体分配情况见表 4-2:

表 4-2　中国农民银行承销国营事业股票分配表(除中纺公司外)

营业点 股票名称	信托部	上海分行	北京西路办事处	四川北路办事处	合计
招商	2 万股	1 万股	1 万股	1 万股	5 万股
台糖	4 千股	2 千股	2 千股	2 千股	1 万股
台纸	2 千股	1 千股	1 千股	1 千股	5 千股
津纸	4 百股	2 百股	2 百股	2 百股	1 千股

资料来源:上海市档案馆馆藏中国农民银行上海分行档案,档号:Q56—2—70。

然而,实际的发行情况却并不顺利。9 月 10 日国营事业股票发售第一日的销售情况如表 4-3 所示:

表 4-3　1948 年 9 月 10 日五国营公司股票发行情况统计表(单位:金圆)

发行行局 股票名称	中国银行	交通银行	农民银行	台湾银行	中央信托局
中纺公司	391 500	166 000	188 500	——	48 000
招商局	——	8 000	6 000		500
台糖公司	45 500	64 800	24 400	223 400	10 000
台纸公司	15 000			50 000	
津纸公司					

① 《国内经济动态》,《中央银行月报》新 3 卷第 10 期(1948 年 10 月);《国营事业股票增加销售地区》,《金融周报》第 19 卷第 13 期(1948 年 9 月 29 日出版);《国营事业股票开始出售》,《经济评论》第 3 卷第 23 期(1948 年 9 月 18 日)。

② 《中纺等五公司股票九日发行十日上市》,《中央日报》1948 年 9 月 7 日。

③ 上海市档案馆馆藏中国农民银行上海分行档案,档号:Q56—2—70。

股票名称　　发行行局	中国银行	交通银行	农民银行	台湾银行	中央信托局
合计	452 000	238 800	218 900	273 800	58 500
总金额			1 242 000		

资料来源:《五公司股票昨发行》,《中央日报》1948 年 9 月 11 日。

由上表可见,9 月 10 日第一天售出国营事业股票共 124 万 2 千金圆,其中售出最多者为中纺公司股票,最少者为招商局,而天津纸业公司股票尚无人问津。另据统计,9 月 10～11 日两天出售的结果,合计为 207 万 3 300 金圆,其中中纺占 143 万 9 500 金圆,台糖 53 万 8 550 金圆,台纸 7 万零 300 金圆,招商局 2 万 1 000 金圆,天津造纸 4 000 金圆。[①] 这与预定目标及滞留沪市的游资相比,相去甚远。9 月 10～18 日,上海各项股票销售数额如下:中纺公司 255 万 5 500 金圆,台糖公司 87 万零 100 金圆,台纸公司 8 万 2 800 金圆,招商局 3 万 3 500 金圆,天津纸业公司 4 000 金圆。情况仍很不理想,为加速完成国营事业股票的发行,达到吸收游资,收缩通货之目的,政府决定自 9 月 21 日起,除在上海市发售外,再增加平、津、京、穗四大都市同时发售,同时还与台湾省银行洽商,准备在台湾地区发售。国内未发售地区人民,如需购买,也可经当地国家行局以汇款方式请求代购。[②]

即便如此,销售情况并未改观,据财政部钱币司统计:到 10 月 6 日,销售数额仅 401 万金圆,而与此同时,短期库券自 9 月 23 日发售,至 10 月 4 日止,则已达 7 676 万元。[③] 再据 10 月 13 日《金融日报》的统计,自股票发售到 10 月 8 日,全国各地共出售股票 4 166 400 金圆,其分类如下:中纺 2 903 000 金圆;台糖 1 122 900 金圆;台纸 88 000 金圆;招商 48 500 金圆;津纸 4 000 金圆。其中在上海售出者合 3 986 800 金圆,占全国股票出售总额 95％以上。[④]

而购买这些国营事业股票的投资者的情况如何呢? 仅以出售最多的中纺公司股票为例,即可见一斑,根据对现存中央银行国库局逐日报解由中国银行、交通银行、中国农民银行、中央信托局经售中纺公司股款清单的统计,从 1948 年 9 月 10 日开始出售,到 11 月 6 日结束,共出售中纺公司股票 36 980 股,仅占规定

① 《国营事业股票开始出售》,《经济评论》第 3 卷第 23 期(1948 年 9 月 18 日)。

② 《国营事业股票增加销售地区》,《金融周报》第 19 卷第 13 期(1948 年 9 月 29 日出版)。

③ 中国第二历史档案馆馆藏档案:档号:三(2)—1209。

④ 《国内经济动态》,《中央银行月报》新 3 卷第 10 期(1948 年 10 月)。

出售 200 万股的 1.85%，其中上海出售 35 850 股，南京出售 285 股，天津出售 540 股，北平出售 305 股。[①] 进而从现存认购股份书的记载可见，绝大部分投资者均为个人，购买数额极为有限，通常以 5 股、10 股居多。机构投资者为数极少，上海：东南信托公司 100 股；浙江兴业银行信托部服务股 5 股；中国实业银行 90 股；信和纱厂 200 股；华新纱厂 200 股；茂华银行 300 股；卢太夫人八秩纪念教育基金委员会 30 股；汇昌证券号 185 股；南京同和钱庄 100 股；大茂纺织企业公司 100 股；吉林丰记辰行 10 股；天一染织厂 500 股；泰丰贸易行 50 股；大有农社 10 股；济南仁丰纺织染公司 20 股；兰墅助学基金委员会 20 股；人和产物保险股份有限公司 5 股；儿童乐园基金户 5 股；江苏保险公司 20 股；世界广告公司 10 股；南米市场基金保管组 30 股；友联贸易行 800 股；茂隆股份有限公司 50 股；共 2 835 股。北平：金城银行信托部北平分部 50 股。天津：大中商业银行天津分行 50 股；中国保商产物保险公司 5 股。共 55 股。整个机构投资者共购股票 2 935 股，仅占出售股票的 7.94%。[②] 这些以机构名义购买的股票，其数额不仅有限，而且也没有出现大比例购买现象。如此巨额的国营事业股票，仅靠这种 5 股、10 股等零星的出售，当然是无法完成任务的。即便是发行股票公司的职工也不愿承购本公司股票，如中纺公司曾保留一部分股票（40 万股，即 4 000 万金圆）以供本公司从业员工认购，限定在月底以前申请缴款，逾期仍公开发售，然而，仅根据上海第一纺织厂的档案资料显示，在职工中的出售情况也并不理想，即使将限期再次推迟一月到 10 月 28 日，本公司员工承购者仍然寥寥无几。[③] 这种结果确实大出政府之预料，那么，个人和机构对国营事业股票的态度为何如此冷淡呢？究其原因，主要在于：

其一，各公司资产、组织与业务等详情未在事前公布，一般人民不知其营业盈亏状况，同时政府所占股份过多，计中纺公司官股占 7/10，台糖公司官股占 9/10，台纸公司占 8/10，民股所占成分过少，对公司业务及管理权不易过问。而各公司改组后法定地位如何，是否独立经营？上述种种，引起人民疑惧，不敢投资。

其二，证券市场因币制改革而停市，短期恢复无望。因为投资者是否愿意购买股票，除了考虑到资金的获利性与安全性外，还得考虑资金的流动性，国有事业股

---

① 该数据系根据上海市档案馆馆藏中纺公司档案中现存中央银行国库局报解各地银行经售国营事业股款清单的统计而得，档号：Q192—1—33、Q192—1—34，Q192—1—35。

② 系根据上海档案馆馆藏中纺公司档案中保存的认购股份书的统计，档号：Q192—1—86、Q192—1—87、Q192—1—88。

③ 上海市档案馆馆藏上海第一纺织厂档案，档号：Q192—2—28。

票今后是否上市,如不能上市,则人民购买股票后只能永久保藏,无法随时脱售。

其三,当时发行的短期国库证券的冲击。国库券为期一月,一月期满,即可兑领本息,周转甚灵,而股票则一经买进,资金即被长期冻结,投资者必感周转困难;库券利息优厚,而确定股票利息是否优厚,是否有利,均须视各国营事业本身的获利能力而定,投资者须冒较大危险。

其四,战争环境的制约。当时国共鏖战正酣,人心惶惶,而国民党军事上节节失利,且其政权已现覆亡之象,一般民众怎敢将活命之钱轻易投下不测之深渊。

可见国营事业股票发行和出售之出师不利,既有其生不逢时之碍,也有政府动机措置失当之故。

综上所述,与当时国民政府所面临的严重的财政困难相比,几家国营事业股票的发行,并没有起到多大作用,既没有真正解决民营与国营的根本矛盾,更没有对国民政府的财政产生多大的裨益,完成吸收游资、回笼货币、充实发行准备、充裕国库等任务,达到挽救国民经济崩溃的目的。但从股票发行体制上来说,不可否认,国营事业股票的发行是上海证券市场上的一件大事,它使股票的发行方式有了明显的改善,从抗日战争爆发前,股份公司通过报刊登载招股启示,自行设处招募这种最原始的直接募股融资方式,到抗日战争时的通过股票公司等中介机构的发行上市,再到此时发展为由银行组织银团承销发行,从发行体制上说是一个不小的进步,因为间接发行是较直接发行更为先进的一种发行方式,由发行公司委托银行、信托公司或其他金融机关,代理推销一部分或全部股票,从而使资金募集更加容易。因此,此次国营事业股票的发行标志着近代中国股票发行开始迈入到了一个通过银行等中介机构参与发行的新阶段,也是完善证券市场,建立证券一级发行市场的一个有益尝试。然而,需要加以说明的是,此时的以国家行局出面组织银团承销国营事业股票的发行方式,实际上是国民政府为解决财政困难和为发行金圆券筹集准备金所作的现实考虑,并非是政府为完善证券市场功能而主动进行的努力。

(二) 上市股份公司的增股发行

1946 年 9 月,上海证券交易所复业,决定要建立一个完整的证券市场,十分重视从证券市场上筹集企业生产资金,不过当时主要募集的方式是通过上市企业的增资扩股来解决的,从 1947 年以后,上市各股票发行公司纷纷增资。下面从 1947 年上市厂家通过证券市场所实际取得之资金与本年政府所办工贷数额相比较,就可发现上市厂家通过证券市场所获资金融通是十分便利的。

表4-4　1947年1～4月上市股票发行公司增资一览表

公司名称	日期	增资内容	增资办法	改定成交单位
中国丝业	1947年3月24日临时股东大会决议	原资本5千万元增资至5亿元	百元1股增为十元一百股每1老股升40股认60股	5 000
景福衫袜	1947年3月28日临时股东大会决议	原资本2亿元增资至30亿元	1股增15股每一老股赠7股认7股	10 000
大通纱厂	1947年1月10日临时股东大会决议	原资本1亿8千万元增资至9亿元	1股增5股每1老股认4股	5 000
景纶衫袜	1947年4月3日临时股东大会决议	原资本5千万元增资至10亿元	1股增5股每1老股赠10股认9股	5 000
中国内衣	1947年4月25日临时股东大会决议	原资本1亿元增资至20亿元	1股增20股每1老股赠11股认8股	
新光内衣	1947年4月8日临时股东大会决议	原资本2亿1千万元增资至38亿元	1股增15股每1老股赠8股认6股共计31亿5千万元另有投资新大绸厂6亿5千万元	10 000
勤兴衫袜	1947年4月12日临时股东大会决议	原资本1亿4千万元增资至16亿8千万元	1股增12股每1老股赠6股认5股	10 000
中国国货	1947年4月19日临时股东大会决议	原资本4千800万元增资至4亿8千万元	1股增10股每1老股认新股9股	
丽安百货	1947年4月19日临时股东大会决议	原资本3千万元增资至4亿5千万元	1股增15股每1老股认14股	10 000

资料来源：《本年来上市股票发行公司增资一览表》,《证券市场》第1卷第11期(1947年4月15日)。

　　1947年度上市厂家通过证券交易所实际所获得的生产资金(各厂家升值送股部分除外)为1 385.66亿元。而当年政府举办之工贷数额统计如下,除1947年1月,上海举办四联紧急生产贷款657亿外,其余贷款多由中央银行贴放委员会决定,贴放委员会核准工贷数额(1～11月)共计1 297.8亿元。可见,政府工贷数字较交易所上市厂家因增资所获之资金为少。而且按贴放会之规定,实际放出数额须照核准数额八折。换言之,1947 年实际工贷为 977 亿 5 100 万元,而其所分配之工业则达 53 种之多。如棉纺织工业仅得 54 亿元,各类工业工厂商能借得 4 亿至 5 亿之数者,仅占 24％。由此可见,一个厂家向政府请求贷款与由交易所证券市场取得资金,其间手续之难易,数额之巨细大有差别。一年之内数百厂家向贴放会请求贷款不过 900 余亿元,然而一年之内,20 余家上市厂家通过证券市场所获得的资金即达 1 400 亿元,这不能不说在产业资金困难之际,证交所发挥了重要的作用。而且厂商增资属于产业长期资金之取得,由证券市场所取得的资金才是真正变游资为生产之用,政府所贷予的款项多半是靠发行,所以两种取得资金的影响是大不相同的。[①] 另据统计,自 1946 年 9 月证交开幕以来,到 1947 年底,上市厂商前后办理增资者 27 家,除升值赠股外,新旧股东实际认缴金额达国币 1 386 亿元。此为各厂商股份在上海证券交易所取得上市便利后,筹集新资本之数。[②]

但是,到 1948 年,在国内工业普遍不景气声中,各厂经济困难情形更为突出,这从各厂之增资内容中即可见大概。1948 年上半年各厂增资办法,大都不及 1947 年有利。截至 5 月 6 日止,增资者有五和织造、华丰搪瓷、美亚织绸、景福衫袜、新光内衣、勤兴衫袜、国货公司、丽安百货等 8 家。其增资办法,认股股数愈多(股东出资愈大)则对股东愈不利。为此,也曾引起股市中相当波动。如当景福衫袜厂在 3 月下旬,公布其增资办法后,就演出了连续二个跌停板,为增资声中从未有过之情况。[③]

抗日战争胜利后经济建设需要巨额的资金,然而,由于经济大局的不稳定以及证券市场机构的不健全,限制了证券市场应有的筹资功能。使得股票市场的活动主要还局限于买卖流通的狭隘范围内,而不能真正成为企业界筹集资金的工具,从而使社会资金导入产业。

总之,就整个上海华商证券市场的股票发行情况来看,在 1937 年抗日战争爆发前,很少通过证券市场发行股票,股票的发行大多由发行公司自行组织,直接筹募,当进入抗日战争时期,特别是 1940 年后,随着上海华商股票的逐渐发展与兴盛,才开始有了通过上海证券市场发行新股以及上市公司利用证券市场进行增资扩股,从而使股票的发行进入到一个新阶段,抗日战争胜利后,随着上海

---

① 傅润华、汤约生主编:《中国工商要览》,中国工商年鉴编纂社出版 1948 年版,第 85～90 页。
② 上海证券交易所编《上海证券交易所年报》(民国三十六年度第一年报告),第 36 页。
③ 穆家骥:《半年来华股市场之回顾》,《中央银行月报》新 3 卷第 7 期(1948 年 7 月)。

证券交易所的建立,要求建立完备证券市场的呼声日益高涨,股票发行也就紧锣密鼓的开展起来,此间不仅上市公司通过证券市场进行了增资扩股,筹集到了生产资金,而且还新发行了国营事业股票,但从整体而言,这些仅是零星的股票发行,完整的证券发行市场直到国民政府在大陆统治的终结仍未建立起来。

第二节　股票交易市场及其管理

股票交易市场包括股票的上市与交易两个部分,本节对近代上海华商股票交易市场的管理即分别从股票上市与交易两部分进行论述。

一、股票的上市与管理

股票上市是股票发行后进入集中交易场所挂牌交易即公众化流通过程的重要环节。而所谓股票上市管理即是指证券交易所(及各类集中交易场所)和政府主管部门约束和规范股票上市行为与过程的一系列规则及制度安排。

在最初的上海华商证券市场中,由于股票交易是股票掮客们的自发行为,在证券市场上的股票交易毫无规章可循,各类证券交易机构对股票的上市并没有做出特别规定,主要是根据买卖双方的需要而定。根据现有资料,1882 年最早建立的上海股票平准公司,虽然制定有公司章程,对股票的价格议定、买卖规则及经纪人佣金、保证金的收取都有明确规定,但却没有对股票的上市原则做出规定,据推测,凡是当时发行的股票,有买卖需求者均可上市交易。据统计,从1882 年 6 月以后,到 1887 年 1 月止,先后在上海主要日报《申报》上刊登有市场交易行情的公司股票至少有 37 家(其中也包括少数外国公司)。[①] 可见,在 19 世纪 80 年代,在上海证券市场产生的初期,上市交易的股票已经为数不少。宣统年间(1909～1911 年),股票交易以南京路惠芳茶楼为中心,民国元二年(1912～1913 年),迁至四马路一带进行交易,当股票交易渐多之后,1914 年,由股票掮客们自发组织起上海股票商业公会,设于九江路渭水坊,上市股票主要有中国银行、交通银行、轮船招商局、仁济和保险公司、汉冶萍煤铁矿公司、大生第一纱厂、大生第三纱厂、中华书局、商务印书馆等 20 余种。以上不论是茶会时代的股票

---

① 张忠民:《艰难的变迁——近代中国公司制度研究》,上海:上海社会科学院出版社 2002 年版,第 244页。

交易,还是公会时代的股票交易,都是自由买卖,无所谓准与不准,也不存在股票的上市规则。而且,股票的交易也并不仅限于华商股票,即使是外商股票,只要有买主,也一样有交易。当时的买主,都是些与洋商接近粗知新式企业经营之道的茶商、丝商、洋行及轮船公司的买办等。

当上海证券物品交易所与上海华商证券交易所建立以后,虽然对证券交易有一系列的规范,但无论从两交易所的章程还是营业细则来看,均未对证券的上市问题做出规定。另据记载,上海证券物品交易所建立后,其中股票交易十分旺盛,交易最多的是汉冶萍及华商电器公司等股票,其次如德律风、老公茂纺织、怡和、公益纺织公司、杨树浦纺织公司、东方纺织公司、招商局、商务印书馆及交通、通商、兴业银行等华洋股票也时有交易,面粉交易所老股也于1921年3月1日开始上场挂牌,成交极旺,后因该所扩充股额,另行换给新股票,自4月1日起老股买卖即行停止,概做新股,交易更盛。而最为引人注目的则是本所股票的交易。① 从这里可见,在上海证券物品交易所上市交易的股票不仅仅是华商股票与上海本地股票,还有外商股票和外地股票。

自1921~1922年"信交风潮"后,在上海华商证券市场上,股票交易逐渐让位于政府公债而退居次要地位,在此后的很长一段时间里,上海华商证券市场几乎成了公债市场的一统天下,但股票交易仍然存在,就上海华商证券交易所1926年的营业状况看,上市交易股票之种类为中国银行、交通银行、通商银行,中央信托公司、通易信托公司,南洋烟草,商务印书馆,中华书局等。②

南京政府成立后,到1937年抗日战争爆发前,华商证券交易所更是以政府公债交易为主要营业,业务量急增。这个时期,每日成交政府债券在1 000万~6 000万元,每月交割在1 000万元以上。1936年以前,开拍中央公债库券达30余种,期货约16种。即便如此,股票在上海华商证券交易所还是有零星交易,如1930年2月19日华商证券交易所理事长张文焕,为谋市场营业状况的繁荣,即选择了当时股票交易流通中进出频繁的纱布交易所股票,向财政部呈请开做纱布股票现期货交易,3月3日得到财政部同意,批示准予备案。③ 另据档案资料反映,1931年7月,在华商证券交易所开拍的公司股票,如上海银行、浙江实业银行等股票亦略有成交。④ 但与当时的政府公债交易相比,这种股票交易几乎

---

① 中国第二历史档案馆馆藏档案:档号:三(2)—873。
② 《华商证券交易所去年营业情形》,《钱业月报》第7卷第1号(1927年2月)。
③ 中国第二历史档案馆馆藏档案,档号:三(1)—2730。
④ 中国第二历史档案馆馆藏档案,档号:三(2)—227。

可以忽略不计。自此以后,再也未见股票在证券交易所开拍的记录。直到 1934 年,由于外商众业公所的发展,不少有识之士越来越深刻地感受到,国民经济的发展,有赖于公司组织的发达;而公司组织的发达,有赖于一个健全的资本市场。而当时的中国经济界,特别是在产业中心的上海,一面有不开拍股票和公司债行市的华商证券交易所;另一面则是经过众业公所的协助,帝国主义在华产业得到进一步发展。为此,著名经济学家章乃器通过对众业公所与华商证券交易所两个证券市场的比较,大声呼吁:"我主张金融业应赶快的联合起来,办理股票和公司债的承受业务;同时再使所承受的股票和公司债在华商证券交易所开拍。倘使华商金融业不以目前的推进财政膨胀和殖民地化的投资洋商在华产业为满足,便应该赶快来完成我所指出的任务。"①

在这种强大社会舆论的呼吁下,1934 年 10 月 12 日,上海华商证券交易所为调剂市面,推进证券流通,扩展交易所营业,再次决定正式开做各银行公司股票的现货买卖,所增拍的公司股票 7 种,第 1 天挂牌行市的价格为:证券交易所股 74.5 元、纱布交易所股 63 元、中国银行股 72 元、上海银行股 102 元、农工银行股 88 元、中央信托公司股 17 元、柳江煤矿公司股 80 元。惟开拍伊始,交易尚清,又因股票大多为记名式,不如债券交易便利,流通迅速。②

1935 年起,上海华商证券交易所在名义上开拍的股票有:金融业股:中国、交通、浙江实业、浙江兴业、金城、盐业、中南、上海、新华、中国农工、中国通商、中一、通易信托等;交易所股:金业、纱布、面粉、及华商证券等;工商企业股:闸北水电、中国水泥、光华火油、大中华火柴、内地自来水、汉口既济水电、华商电气、华东煤矿、中兴煤矿、商务印书馆、中华书局等,但由于各方不感兴趣,成交数量极少,几不及当时公债成交量的千分之一。③

到 1937 年,上海华商证券交易所,为发展业务,添拍公司股票债券,拟增添资本 180 万元,于 6 月 20 日举行临时股东大会,到会股东 256 户,由董事长张慰如任主席,详细报告了增资动机:有价证券范围甚广,我国近年来生产落后,工商业阻滞,影响到股票不易流通,公司债券不能发行,使本所市场营业,仅限于内国公债,虽称发达,未免偏重,如今政局已趋巩固,工商业逐渐复苏,以上海一埠而论,各大公司增资及发行巨额公司债者,渐见增多,价格甚形坚定,此足证社会

① 章乃器:《上海的两个证券市场》,《社会经济月报》第 1 卷第 7 期(1934 年 7 月)。
② 《证券》,《银行周报》第 18 卷第 40 期(1934 年 10 月 16 日)及《证券交易所开拍公司证券》,《钱业月报》第 14 卷第 11 号(1934 年 11 月)。
③ 吴毅堂编:《中国股票年鉴》,上海中国股票年鉴社 1947 年 1 月初版,第 3 页。

经济情况进步,人民投资兴趣增厚,本所为应付现代环境起见,久拟扩展,开拍公司股票债券及在国外发行之金币公债等有价证券,以增进业务,惟以兹事大体,非有巨大资本,金融界合作,不易推行尽利,一度曾有第二市场之建议,专拍公司股票债券,但理事会以为一公司而有两组织,不但于办事方面不易联络,且恐外界不明,反有误会,经理事会长期考虑,多次集议,于是采取增资方法,欢迎金融界投资,互相合作,推进本所营业,拟将本所资本增加 180 万元,合成 300 万元,其新增资本 180 万元中,拟以 120 万元欢迎金融界投资,其余 60 万元,由本所各旧股东分认。临时大会公决结果,赞成者 224 户,即作通过,准备修改章程。[①]。接着,华商证券交易所,为开拍华商股票,发出公函 150 件,向各公司征求开拍股票意见,结果回复表示愿意者只有 23～24 家。[②] 由此可见,公司对于股票之流通,并没有深切的了解与认识,难免有所犹豫,观望不前。不久由于抗日战争爆发,这一增资发展公司股票债券的业务也就被迫中止。

纵观抗日战争前的上海华商证券市场,华股交易有名无实,只处于附带地位,成交极其寥落,往往一笔交易,个把月找不出对手。至于冷门股票,更无成交可能。当时开拍 20 余种股票,以资本额计算,仅 1 亿 3 600 万元,其中以商务印书馆的资本额 450 万元为最巨,其余皆在 400 万元以下。[③] 至于公司债的发行更是寥若晨星,几乎没有在证券交易所公开上市开拍。

抗日战争以后,随着上海"孤岛"地位的形成,洋商股票的兴盛,华商股票交易日渐增多,以专门买卖华股为业务的组织也进一步增多,主要有永昌、裕兴、福康、中国及中国股票推进会等数家,其中以 1940 年 12 月建立的中国股票推进会势力最强,该会订有《组织规则》10 条,其中明确规定介绍买卖之股票,仅为中国股票,且以正式注册股份有限公司之股票为限,并须经审核后始得在会内交易。据统计,经该会审查通过上市的股票,计有 85 家,分别是金融业 24 种、交易所业 5 种、纺织制造业 9 种、新药业 7 种、公用事业 3 种、印刷书纸业 5 种、化学工业 8 种、百货业 7 种、烟草火柴业 4 种、其他 13 种。[④] 由上可知,在上海华商证券市场发展史上,中国股票推进会一改过去股票上市的混乱与无序状态,首次确定了股票的上市原则,虽然这个原则过于简单,仅规定上市对象为正式注册的中国股份

---

① 《华商证券交易所通过增加资本》,《金融周报》第 3 卷第 26 期(1937 年 6 月 30 日)。

② 若君:《上海之华商股票市场》,《中央经济月刊》第 2 卷第 3 号(1942 年 3 月)。

③ 邹宗伊:《如何建立有组织的证券市场》,《财政评论》第 14 卷第 5 期(1946 年 5 月)。

④ 杨德念:《上海的华股市场(上)》,《商业月报》第 22 卷第 1 号(复刊号)(1946 年 5 月 31 日出版);另据吴毅堂编:《中国股票年鉴》,上海中国股票年鉴社 1947 年 1 月初版,第 7 页的记载,经该会先后审查准予上市的中国股票共计 88 种。

有限公司,对于公司的资本额、盈利能力、股权分布情况以及公司的最低经营年限等均未做出要求,但这一规则的制定无疑为以后规范股票的上市奠定了基础。不过,中国股票推进会也仅是当时众多新兴股票公司之一,所能发挥的作用极其有限,它只能规范在该会上市交易的股票,对于当时众多的股票公司来说,仍然是毫无规章可言。

太平洋战事爆发后,一直到1943年11月伪华商证券交易所复业,整整两年的时间里,上海的华股市场呈现出畸形发展的黄金时代。就华商股票种类而言,仅以市上流通者为限,据1942年初的统计共140家,其中金融业33家,保险业14家、交易所5家、纺织制造业14家、矿业5家、文化印刷业10家、公用业8家、化学工业16家、烟草火柴业4家、新药业12家、百货业7家、其他12家。在这些上市的股票中以新亚药厂(老股新股)、中国内衣公司(老股新股)、新新公司、永安公司、华商电气公司、闸北水电公司、中法药房(老股新股)、民谊药厂(老股新股)、南洋烟草公司的股票最为活跃,成交数额最多。其次为商务印书馆、中华书局、中一信托公司、通易信托公司、先施公司、大新公司、中国银行、交通银行、冠生园、华成烟公司、上海银行、家庭工业社、中国国货公司、大中华火柴公司、信谊药厂、大生一厂、大生三厂、中西大药房等。[1] 同时经营股票的股票公司也随之蓬勃兴起,至1942年竟达146家之多。但这一时期华商股票公司在加速发展中却流弊不断,既没有正式的市场,同业又无业规,组织上更没有统一的系统,在各自为政的经营方法下,股票的上市自然是没有统一的标准,不过根据现有零星资料反映,各股票公司在代理买卖规则方面还是有所规定的,如永昌股票公司在1942年6月15日制定的代理买卖简章中规定:"凡中华民国国民经营之股份有限公司股票,均可委托本公司代理买卖。"[2]即无论公司是否正式注册,只要是华人经营的股份公司即可上市,这虽然比中国股票推进会的上市规定还要简单,但毕竟还是提出了上市的要求。

1943年7月汪伪政府财政部与实业部联合电令华商证券交易所复业,11月正式开拍华商股票,复业后的伪华商证券交易所对于申请上市交易的股票明确规定了三条上市规则:

一、遵照《公司法》股份有限公司或股份两合公司各规定组织,并领得主管官署登记执照者。

---

[1] 若君《上海之华商股票市场》,《中央经济月刊》第2卷第3号(1942年3月)。

[2] 上海市档案馆编:《旧中国的股份制(1868～1949年)》,北京:中国档案馆出版社1996年版,第435页。

二、公司实收资本在 500 万元以上者。

三、公司营业已满一年者。

凡上市股票须先经过审查，被认为合乎上列条件的股票，方准上市。[①]

显然，这一上市规则仍比较简单，但同中国股票推进会的规定相比，还是有较大的进步，除了公司的注册登记要求外，另增加了公司资本额与公司最低营业年限的要求，因为资本额的多寡是一个公司实力是否雄厚的基本标志，证券交易所对上市公司最低资本额的规定，目的是为了防止无本经营的皮包公司上市损害投资者的利益，而证券交易所要求上市公司的开业时间必须达到规定的最低年限，则是为了提高上市证券的安全性。当然，其规定也并不全面，还存在着严重的缺陷，如对上市公司的经营业绩、股权分布情况以及偿债能力等仍未做出规定。

在整个汪伪华商证券交易所的经营时期，虽通过了股票的上市规则，但在实际的运作中仍有企图不通过审查而蒙混上市者，如 1944 年新年后红盘开市第一天，即有新股 15 只上市，第二天又有新股 12 只开拍，这 27 只股票均未经"交易所监理委员会"之核准通过，贸然上市，不到一周的时间，即被"监委会"勒令停止上市，嗣后此 27 只股票，经重新审查上市者 16 家，被淘汰者 11 家。综计 1944 年度，股市虽处逆境，上市新股仍达 61 家，其中金融投资股占 11 家、化学工业股 14 家、纺织股 21 家、百货股 3 家、文化股 1 家、其他实业股 11 家。[②] 到 1945 年 3 月止，共有上市股票 173 只，其分布为：金融资股，33 只；化学工业股，31 只；纺织股，65 只；百货股，9 只；文化股，10 只；其他实业股，25 只。[③] 另据统计，到 1945 年 8 月 18 日，该所解散止，上市股票共 199 家，按分类，金融投资股 41 家、化学工业股 34 家、纺织业股 76 家、百货股 10 家、文化股 12 家、其他实业股 26 家，在这 199 家上市股票中，轻工业的重要部门面粉厂股票 1 家也没有，烟草只南洋兄弟烟草公司 1 家，在 41 家金融股中，没有 1 家具有悠久历史的银行参加上市，而投机性的所谓实业、企业、建业、投资的公司，则占达 20 家之多。在 76 家纺织业股中，仅有 9 家比较有历史及规模，其他名不见传的新厂。化学工业股只有 5 种稍微有些历史和规模，其余 29 家也值得研究。10 家百货股中，先施、大新均不在内。26 家的其他实业股，只有 2 家够资格。其中经常成交的，不过 80~90 种，有大量成交的"热门股"就更少，仅 10 家而已。除上市股票外，其余

① 王雄华：《上海华股市场的过去及将来》，《中央银行月报》（复刊）第 1 卷第 1 期（1946 年 1 月）。

② 吴毅堂编：《中国股票年鉴》，上海中国股票年鉴社 1947 年 1 月初版，第 42 页。

③ 王雄华：《上海华股市场的过去及将来》，《中央银行月报》（复刊）第 1 卷第 1 期（1946 年 1 月）。

未上市的大量股票,依然在各股票公司间自相交易。[①]

抗日战争胜利后,1946 年重新建立的上海证券交易所对上市证券之审定极其严格,在筹备证券交易所复业的过程中,成立专门小组负责"规定上市证券标准,并审定上市证券",推定钱新之、徐维明、瞿季刚为小组委员会委员,由钱新之召集。此外,还延聘专家作为顾问。自 7 月 15 日起,证券交易所开始办理上市证券的申请手续,到 17 日已发出上市证券申请书 100 余份。[②] 并且颁布了《上市证券通则》7 条,其中对公司股票的上市做出如下规定:(一)申请资格:凡依公司法取得资格之中国股份有限公司股份两合公司,或在中国境内营业之外国公司依中国公司法取得认许者,有股实之资产及获利之能力,其事业与中国国民经济有密切之关系,公司内容有充分翔实之公开报告,且其股票之过户手续依合法之规定者,均得申请股票上市。(二)公司股票申请上市应具备下列各项文件:上市申请书及登记事项表,公司核准登记之证明文件或其摄影本,关于申请上市之董事会决议录,公司章程及组织系统表或组织规程,最近五年来依公司法规定之各项表册及目前情形之报告,其开业不及五年者,所具表册应自开业之年开始,新设立之公司如系发起设立应依公司法规定之文件。上列文件均须经公司监察人及律师或会计师审查,出具证明书。(三)公司股票的上市申请书应表明遵守下列规定:申请公司在上海市区设立股票过户机关,迅速办理过户手续,不得逾两星期;应将股票样张号码及过户申请书连同董事会决议录送交本会存验,如有变更,须在发行前报告本会备案,股票上市所载文字须符合公司法规定;应将每届营业年终所造各表册送交本会;申请公司遇有下列情形时应立即报告本会:(1)增减资本,(2)变更股份票面金额,(3)发行优先股,(4)发行公司债,(5)出售营业用重要资产;申请公司发给股息红利或其他权利时,应停止过户,提前十天通知本会;申请公司应接受及遵守本会公布之决议案;申请公司应随时答复本会一切咨询。(四)公司股票上市的暂停与中止条件,有下列情形之一时,得停止或撤销其上市:公司呈送文件发现有不实记载,公司遇有《公司法》规定情形发生,公司解散停业或破产,上市股票不能保持自然之流通性或发现有操纵情形,违反交易所公布之决议,公司内容或组织与营业范围有重大变更而不合上市标准,公司不准时缴纳上市费,交易所基于其他原因认为有停止或撤销上市之必要。[③] 此后,当上海证券交易所正式建立以后,这一规则进而写入了公司的营业

---

① 杨德惠:《上海的华股市场(下)》,《商业月报》第 22 卷第 2 号(1946 年 6 月出版)。

② 《证交开拍筹备近讯》,《金融周报》第 15 卷第 4 期(1946 年 7 月 24 日)。

③ 中国第二历史档案馆馆藏档案:档号:三(2)—3187。

细则,成为了上海证券交易所股票上市的基本原则。首先由上海证券交易所上市证券审查委员会依照审核标准加以审核,以确定其是否适合试行上市,再上报财政部、经济部终审批复。

以上可见,此通则进一步完善了股票上市的规定,不仅股票上市开拍的条件更加具体,而且进一步规定了上市股票的暂停与中止条件。既然证券的上市是有条件的,因此,当上市公司不符合上市条件时,其已上市的证券就应该被暂停或中止交易,只有当股票的上市与退出机制都建立起来之后,股票市场才算是得以真正的健全。

与此同时,根据抗日战争之后上海的特殊情况,又通过并呈准股份预约转账办法,规定各上市公司在依照收复区各种公司登记处理办法,完成变更登记发行正式股票以前,可以股款收据上市——即预约转让之买卖。同时,各公司依工矿运输事业重估固定资产调整资本办法增资者,或依公司法以现金增资者,其增资新股据,亦经呈准适用预约转让办法。该办法一再展延施行至 1947 年 12 月底为止。因为各公司办理增资程序参差不齐,难以一律如期办竣新股票换发工作。[①]

经审定,首批上市股票 20 种:永安纱厂、中国丝业、美亚织绸、统益纱厂、景福衫袜、五和织造、大通纱厂、景纶衫袜、信和纱厂、中纺纱厂、荣丰纱厂、中国内衣、新光内衣、勒兴衫袜、大中华火柴、中国水泥、新亚药厂、华丰搪瓷、永安公司、丽安公司。到 1946 年 11 月,第二批经财经两部批准上市之股票,计有商务印书馆、新华百货、中国国货公司、中法药房、九福制药、永业地产等六种。[②] 这 26 家上市股票的基本情况见表 4-5:

表 4-5 截止 1946 年 11 月上海证券交易所廿六种上市股票发行公司一览表

公司名称	票面价格	上市股数	成交单位	地址
◆ 纺织股				
永安纱厂	国币 10 元	上市 4 千万股	5 000	南京东路 627 号
中国丝业	国币 100 元	全部上市	100	北京东路 378 号景云大楼 4 楼
美亚织绸	国币 10 元	全部上市	500	天津路 207 号
统益纱厂	国币 10 元	全部上市	1 000	宁波路 20 号

① 上海证券交易所编:《上海证券交易所年报》(第一年报告)(1947 年),第 30～31 页。
② 《二批上市股票商务、中法等六家》,《证券市场》第 1 卷第 2 期(1946 年 11 月 30 日)。

续　表

公司名称	票面价格	上市股数	成交单位	地址
景福衫袜	国币 10 元	全部上市	5 000	溪口路 12 号
五和织造	国币 10 元	全部上市	500	复兴中路 120 号
大通纱厂	国币 10 元	上市 720 万股	1 000	江西路 406 号 314 室
景纶衫袜	国币 10 元	全部上市	1 000	四川中路 33 号 417 室
信和纱厂	国币 10 元	全部上市	5 000	虎丘路 88 号
中纺纱厂	国币 10 元	全部上市	1 000	宁波路 349 号
荣丰纱厂	国币 10 元	全部上市	500	天津路 238 号
中国内衣	国币 10 元	上市 500 万股	1 000	南京路 562 号
新光内衣	国币 10 元	全部上市	5 000	重庆南路 27 号
勒兴衫袜	国币 10 元	全部上市	5 000	汉口路 264 号
◆ 化学工业股				
大中华火柴	国币 20 元	全部上市	500	四川中路 33 号
中国水泥	国币 10 元	全部上市	5 000	江西路 406 号
中法药房	国币 10 元	全部上市		上海北京东路 851 号
九福药厂	国币 10 元	全部上市		上海凤阳路 250 号
新亚药厂	国币 10 元	全部上市	5 000	新闸路 1044 号
华丰搪瓷	国币 10 元	全部上市	10 000	河南南路 58—64 号
◆ 百货股				
永安公司	国币 10 元	上市 5 千万股	5 000	南京路 635 号
丽安公司	国币 10 元	全部上市	5 000	浙江中路 462 号
国货公司	国币 10 元	全部上市		上海南京路 341 号
新华公司	国币 10 元	全部上市		上海南京路 437 号
◆ 文化股				
商务书馆	国币 100 元	全部上市		上海河南路 211 号
◆ 地产股				
永业地产	国币 10 元	全部上市		上海九江路 219 号 209 室

资料来源：《证交廿六种上市股票发行公司一览表》,《证券市场》第 1 卷第 1 期(1946 年 11 月 15 日)。

从上市的 26 种股票来看,其行业分类中以纺织业股最多 14 家,化学工业与百货股次之,分别为 6 家和 4 家,而文化股、地产股最少,分别仅 1 家。它们不但不是中国工商业的具有决定作用的厂商代表,也不是上海工商业之间的重要集合,更不包括外资在华设立的厂商。在表 4-5 上市股票之中,缺少金融业、交通事业、机器业、矿业、其他重工业、公用事业、农林渔业等等这些在国民经济中具有决定性的作用的企事业,就是在轻工业之中,也没有包括规模较大的纱厂和染织厂,更缺乏面粉厂和油厂等。

对于这种行业分配的不合理,政府也非常重视,1947 年 3 月 17 日,财政部、经济部向上海交易所监理员办公处发出训令:"查上海证券交易所开业年余,而上市股票实际仅 26 种,为数有限,非惟无以发挥吸收游资之力量,抑且易滋集中操纵之弊,上海为我国工商业中心,迩来游资麇集,亟应增加股票上市筹码,藉期利导游资,纳入正轨,以促生产事业之发展,并以减轻游资对于物品市场之压力,兹着由该处督促该所妥为筹划,凡沪市规模较大之工商业,其发行之股票有合于上市之条件者,应设法劝导参加上市,其已申请上市者,应迅予核转,务于一、两个月内增加上市股票多种,俾应市场需求,惟上市条件仍应从严审核,以杜浮滥。"并开列了沪市未加入交易所开拍的股票名单:中华书局、世界书局、南洋烟草公司、闸北水电公司、华商电气公司、大生一厂、大生三厂、五洲药房等华股,怡纱、英联、会德丰、业广纸业、怡啤、航业、钢业、电话、垦殖等外股。[①] 然而,经过上海交易所的审查与接洽,以上未上市的华股,有的属于股权未清,有的属于股额过小,有的属于股东不多,有的则是厂商自己无意上市,至于外股部分,也进行过多次接洽,或以香港政府增资登记手续尚未办竣,或因股权不清尚不能申请上市。

到 1947 年度底止,上海证券交易所共开拍公司股票 32 种,其中纺织股 15 种:大通纱厂、中纺纱厂、永安纱厂、信和纱厂、统益纱厂、荣丰纱厂、恒丰纱厂、中国内一、新光内衣、景福衫袜、景纶衫袜、勤兴衫袜、五和织造、美亚织绸、中国丝业;化学工业股 8 种:新亚药厂、信谊药厂、大中华火柴、华丰搪瓷、中国水泥、九福制药、中法药房、华新水泥;百货股 4 种:永安公司、丽安百货、国货公司、新华百货;地产股 2 种:永业地产、联华地产;文化股 1 种:商务印书馆;公用事业股 1 种:闸北水电;航运股 1 种:中兴轮船。[②]

1949 年 2 月 21 日上海证券交易所奉令正式复业后,上市股票除原有民营公司股票外,新增加了国营事业股票,而新上市的国营事业股票仍然依照民营事业股票上市规则办理手续。在股票的上市原则上并没有根本改变,依然遵循以前的规则上市交易。不过,在具体的股票上市细则上仍有以下具体变化:一、国营事业股票是否上市依财政部、工商部的命令;二、原已上市的民营公司股票 32

① 上海市档案馆馆藏档案:档号:Q327—1—390。
② 上海证券交易所编:《上海证券交易所年报》(第一年报告)(1947 年),第 29～30 页。

种,须在三个月内进行资产变更,此前可以预约券上市交易。① 2 月 24 日工商部通知上海证券交易所:曾在该所买卖之民营事业股票,应准以转让预约券方式恢复上市,因为各该民营事业之资本额及其股票票面金额,原系法币计算,尚未变更调整改为金圆,而现时在市场转让预约买卖,应以金圆计算,特由工商部规定,凡以前上市股票,此次恢复上市应由发行股票公司拟具每一股票单位之金圆上市价格,并报明该公司半年来实际营业情形及资产负债状况,连同有关营业报告书表,由交易所商承监理员详予审核,拟具意见报请工商部核定,准予上市。② 根据这一原则,首先经财政、工商两部核准上市的国营股 4 种,中国纺建公司,招商局,台湾糖业公司,台湾纸业公司。而在原有上市民营股票中,除浦东电气公司,世界书局,上海市轮渡公司三种股票尚未办理上市手续以及中国丝业股份有限公司、丽安百股份有限公司、中国国货股份有限公司等因增资手续未妥暂停上市外,其余均准予上市,这样,实际上复业第一天,正式上市之国营及民营股,共有 32 种。③

此后,据 1949 年 4 月 1 日上海证券交易所行市单可知,复业后的上海证券交易所上市交易的股票共计 39 种:纺织股 16 种:大通纱厂、中国纺建、永安纱厂、信和纱厂、统益纱厂、荣丰纱厂、中纺纱厂、恒丰纱厂、中国内衣、新光内衣、景福衫袜、景伦衫袜、勤兴衫袜、五和织造、美亚织绸、中国丝业。化学工业股 9 种:新亚药厂、信谊药厂、大中华火柴、华丰搪瓷、中国水泥、九福制药、中法药房、华新水泥、振华油漆。地产股 2 种:永业地产、联华地产。百货股 4 种:永安公司、丽安公司、国货公司、新华百货。文化股 3 种:商务印书馆、台湾造纸、世界书局。其他 5 种:招商局、台湾糖业、闸北水电、中兴轮船、梅林食品。④ 其中除 4 种国营事业股票外,其余 35 种仍是民营企业股票。但复业后的上海证券交易所的营业极为短暂,到 1949 年 5 月 5 日,即再次宣告停业,从此以后再也未能恢复,从而结束了近代上海华商证券市场的历史。

从以上对近代上海华商证券市场股票上市管理的具体情况中可以得出如下两点结论:

第一,股票上市制度从最初的自由买卖,到中国股票推进会的简单规定,到

---

① 《上海证券交易所复业办法十一条》,《申报》1949 年 1 月 28 日。
② 上海市档案馆馆藏档案:档号:Q327—1—13。
③ 《证交动态》,《股票新闻》第 1 卷第 1 期(创刊号)(1949 年 2 月 21 日)。
④ 中国第二历史档案馆馆藏档案:档号:三(2)—1454。

汪伪华商证券交易所的初步立法,再到上海证券交易所的进一步完善,使近代上海证券市场的股票上市管理从混乱、无序、毫无规章可循,逐渐走向了有序与规范。这是证券市场发展史上的一个进步,应该给予充分肯定。

第二,就股票上市管理的主体来看,股票的上市管理均主要由证券交易所等集中交易场所具体承担,如上市的具体标准,日常管理等,但股票上市与否的最终决定权则在政府部门。

二、股票的交易与管理

与股票上市管理不同的是,在股票的交易管理方面,上海华商证券市场的交易组织几乎都无一例外的制定有明确而严格的交易规章制度,因此相对于股票的上市来说,股票的交易管理是较为规范的,不过,其交易制度也有一个逐渐发展与完善的过程。在最初的市场中,股票的交易主要以现货交易为主。

上海最早的证券交易组织为清光绪八年九月十三日(1882 年 10 月 24 日)开设的上海平准股票公司,当时的股票交易为现货交易,公司的主要业务及其管理如下:(一)公布每日上市各股票的交易行情。上市交易的各种股票市价,每日公决后,即写挂水牌,并送登《申报》。(二)代客买卖股票。其规则为:买卖手续,凡买进卖出,都由该公司给予发票一张,两个月后,凭发票到公司扣还回佣 2/10,开庄买卖办法,凡欲买股票者,须与公司签订合同,订期限价,定价如到价,由公司代为买进或卖出,不得毁约。外地欲购买股票者,可函托公司代为办理,但须先付定银一成,买卖成交后,公司从中收取一定的手续费。(三)办理抵押股票业务。当股票持有者急需现金,而不肯出售股票时,则可将股票向该公司抵押,换取现金,由公司给予收据,股票抵押时不收手续费,但以一个月为期,期满不赎,由公司照市价出卖,扣除押金,盈亏向原主结算,所给收据作废。[①] 由此可见,当时对股票行市已有较为严密的议定,而且对佣金与保证金,也有相当的规定。

清末民初(1911 年前后)的茶楼聚会,更是当场成交的现货交易。当时经营股票的掮客们大部分为兼营性质,其主业均为实业,如经营茶叶、古董、杂货、皮货及钱庄等,仅以股票买卖为其副业。这些商人平时集会在茶楼,一般是在上午边喝茶,边通信息,有时也口头成交;下午商人们就访问各种客帮及银行邦,招揽

---

① 上海市档案馆编:《旧上海的证券交易所》,上海:上海古籍出版社 1992 年版,第 264～265 页;陈善政:《我国证券市场之发展史》,见陈善政主编:《证券内容专刊》(1946 年 9 月 16 日)。

生意,也有顾客直接将股票带到茶会会址转售。所有的交易均为现货交易,价格由双方协商,一经确定,即可成交,极为简便。

1914 年,上海股票商业公会建立于九江路渭水坊,使过去上海分散的股票交易有了集中的场所,加入该公会的会员最初有 12～13 家,后发展到 60 余家,上海股票商业公会对股票买卖订有规则十条作为对上场交易股票的最基本管理,由各会员自觉遵守。其交易的具体规则:聚会时间,每日上午 9～11 时;买卖标的物,政府公债、铁路债券、公司股票、外国货币等;股票交易的种类,均为现货(另有约定者,从其约定);买卖的方式,彼此对做,一经讲定,报告市场管理人记录;每日行情由同业公布,印送行市单;股票佣金,按股价在五折以上者收 1%,在五折以下者收 0.5%;违规的处罚,失信或犯规者,公议出会。[①]

以上内容表明,在上海华商证券交易所成立以前,政府未对股票交易加以干预的情况下,受利益的驱动,仅凭民间的自发交易活动,就形成了一套相对完善和稳定的股票交易规则,使股票交易活动形成了一定的规模。

1920 年代初,上海证券物品交易所与上海华商证券交易所先后成立,标志着上海华商证券市场结束了自发、零星、分散的原始阶段,进入到有组织、有管理、集中交易的新阶段,开始向规范化方向发展。而股票的交易除了原有的现期交易方式外,又增加了新的交易形式——定期交易,而且成为了这时股票交易的主要方式。

1920 年 7 月,上海证券物品交易所开业后,股票交易主要以定期交易为主,现期交易在 1921 年 5 月以前,交易寥寥,因群众目光大部集中于定期交易,股票的种类有:银行股票:中国、交通、兴业、通商、四明、劝业、民新、上海等;纺织股票:大生、和丰、振泰及大中华等,煤铁航电股票有汉冶萍、招商局、宁绍、华商电气及华洋德律风等;烟草火柴股票:南洋、兴业、荧昌等;此外还有商务书馆、中华书局、面粉交易所及本所股票等。据统计,1920 年 12 月～1921 年 5 月第二届营业时期中的股票定期成交额分别为:1920 年 12 月份 186 260 股,1921 年 1 月份 94 170 股,2 月份 98 800 股,3 月份 237 070 股,4 月份 386 630 股,5 月份 414 330 股,合计 1 417 260 股。而与此同时,1920 年 12 月～1921 年 5 月的现期股票成交数为:1920 年 1 月 5 股;2 月 15 股;3 月 55 股;5 月 2 745 股;合计:2 820 股。[②]

1921 年 5 月 2 日,上海证券物品交易所增订现期买卖规则,特设现期经纪

---

① 杨德惠:《上海的华股市场(上)》,《商业月报》第 22 卷第 1 号(复刊号)(1946 年 5 月 31 日)。
② 中国第二历史档案馆馆藏档案:档号:三(2)—873。

人,并指定第二市场专营现期交易。其《证券部现期买卖纲目》中规定的现期股票买卖规则如下:一、前市,上午 9 时 30 分起,后市,下午 2 时起;二、交易数量,股票至少 1 股;三、交割日期,成交之次日上午 12 时,为交割日时,如遇休假,展期 1 日,买卖双方如另有声明,得特定交割日,但最多不得超过 7 日;四、交割地点,在本所交割处,买卖双方同意,可自由交割,但须报告本所;五、交易方法及顺序,依相对买卖方法,其顺序分为开盘、二盘、三盘、收盘,每一种类开场买卖及完毕时,均以拍板表示,现期买卖股票主要有:中国银行股、浙江兴业银行股、交通银行股、通商银行股、四明银行股、劝业银行股、民新银行股、上海银行股、商务书馆股、中华书局股、华商电器股、招商局股、宁绍公司股、汉冶萍股、大生纱厂股、和丰纱厂股、华洋德律风股、面粉交易所股、本所股、振泰纱厂股、大中华纱厂股、南洋烟草公司股、英美烟草公司股、荧昌火柴股。[①]

上海华商证券交易所建立后,其股票交易除现货交易外,并有本月、下月、三个月之期货交易,其后改为两个月。[②]

自"信交风潮"后,上海证券物品交易所受到严重打击,长时期处于整理之中,证券交易主要集中在上海华商证券交易所进行,而华商证券交易所鉴于"信交风潮"的教训,宣告暂停股票期货买卖,只做现货交易。又由于到 1937 年"八·一三"事变爆发前,上海证券市场主要以政府公债为主,股票在交易所的成交极为稀少,常处于有行无市的状态,于是,股票交易重新退回到由少数掮客、小钱庄等代理经手的状况,只做现期交易。每日成交,不过一二笔,甚至数日方始成交一笔,买卖双方均无须事先限价,经过短时期或相当时期,方能觅得对手,根本无所谓单位,成交数额,均属琐屑零星,其交易之形成,大致卖者需要现款,愿将股票脱手,买者则多属与公司直接间接有关系之人物,熟稔公司内容,获知公司有发息分红消息,从事搜罗,因此,交易往往发生在公司决算以后,开股东会分红派息以前。

在太平洋战争爆发前,由于当时国民政府在"孤岛"还行使着相当权力,国民政府为稳定"孤岛"金融,避免证券市场落入日人之手而成为其可资利用的工具,从而严厉禁止各种交易所的建立,因此,当时的华商股票交易仍属非法,主要由股票掮客以及证券字号的经纪人与小钱庄等进行居间买卖,即便是 1940 年 12 月成立的中国股票推进会,其交易数额也并不太大,除星期日及例假日外,每日下午 2~3 时为交易时间,由参加会员各家另派交易员集会一次,办理交易,仅以

① 《证券物品交易所设现期交易(续)》,《申报》1921 年 5 月 2 日。
② 陈善政《我国证券市场之发展史》,见陈善政主编《证券内容专刊》(1946 年 9 月 16 日),第 35 页。

现货买卖为限。

太平洋战争爆发后——1943 年 11 月伪华商证券交易所成立前,上海华商股票市场得到迅猛发展,然而其交易情况却十分紊乱,各家股票公司各自为政,自开行情,不仅股票可随意上市流通,而且股票收据也可上市流通,往往股东会一经议决增资,今日缴付股款,明日股款临时收据即可上市流通,买卖授受,既不问股款是否已如数收足,更不计增资登记能否经主管官署核准。[①] 当时主要交易形式依然是现货交易一种。

1943 年 11 月,伪华商证券交易所正式开拍华股交易后,才使华股交易逐渐得以规范,这一时期主要的股票交易种类有两种:现期交易与便期交易。同时也规定了股票的成交单位与涨跌限度。

现期交易:是伪证券交易所复业后的主要交易形式,特别是从 1943 年 11 月开业到 1945 年 1 月的这一段时间里,只有现期交易这一种形式。具体操作办法为,相对(继续)买卖或竞争买卖。前市开盘时,照股票名牌,顺次由场务科人员呼唱。凡准买卖一种股票之双方经纪人,互相叫价,互相竞争增减价格,俟叫价接近双方同意时,拍板人拍板一下,作为开盘成交价格。俟全部唱完,所有双方经纪人即进行继续买卖。价格各自标出于黑板上,一经标出,如有对方接受,必须成交一单位,不得误盘或悔盘。成交股份由卖方登记于三复写小场账上,注明对方经纪人号数,股票名称,数量,价格日期等,由买方签字,一纸交还卖方,一纸投入市场小木箱中,另一纸由卖方经纪人留存。当日上午交易,次日下午四时前办理交割。若当日下午交易,第三日方能交割。所以投机者可利用成交至交割间的空隙时间,予以买回或转卖,了结原有交易,博取差益。[②]

便期交易:由于伪证券交易所复业后,股票交易陷入一种持续低迷的状态,不利于日伪统治者利用证券市场达到吸收游资的目的,于是,从 1945 年 1 月 4 日起,伪华商证券交易所为活跃市场,除现货交易外,另选 14 种股票开做一星期的便期交易,其规则为:交易自上星期四开做本星期三上午为止,每周交割一次,定于星期五上午 10～12 时,下午 1～3 时收货,星期六上午 10～12 时发货。所有交割价银,概在星期五收付清讫。如愿自行交割者限星期三下午二时至四时双方报告该所,如遇星期三临时停止市场集会,准依照上日记账价格补账。即交与便交两种交割分别办理,如交割日遇银钱业临时停止营业时,交割亦得停止,俟银钱业恢复营业之五日继续交割。经手费,依照逐日成交价银每千元双方

① 吴毅堂编:《中国股票年鉴》,上海中国股票年鉴社 1947 年 1 月初版,第 12 页。
② 王雄华:《上海华股市场的过去及将来》,《中央银行月报》(复刊)第 1 卷第 1 期(1946 年 1 月)。

各征收一元五角,同种类当日进出相同部分及同一经纪人转账均收一方。这种便期交易,严格说来,还不是正规的期货交易,只能算是变相的期货买卖。最初实施时仅规定 14 种股票可开做便期交易,它们是:

表 4-6　1945 年 1 月 4 日~4 月 17 日参与便期交易股票情况表

股票名称	成交单位	股票名称	成交单位
永安公司	500 股	永安纱厂	500 股
荣丰纱厂	500 股	新新公司	500 股
信和纱厂	500 股	大通纱厂	500 股
美亚织绸	500 股	中国丝业	500 股
景福衫袜	500 股	中法药房	500 股
新亚药厂	1 000 股	世界书局	500 股
康元制罐	500 股	大中华火柴	500 股

当"便期交易"鼎盛之后,3 月 22 日起,加添下列 4 种股票开做便交:

股票名称	成交单位	股票名称	成交单位
统益纱厂	500 股	新光内衣	1 000 股
公和棉织	1 000 股	中华电影	1 000 股

资料来源:王雄华:《上海华股市场的过去及将来》,《中央银行月报》(复刊)第 1 卷第 1 期(1946 年 1 月)。

　　股票的交易单位与涨跌也规定了限度:伪华商证券交易所规定上市华股交易单位为 10 股、100 股、500 股三种;涨跌幅度:1 000 元以上,在 10 元以内,1 000 元以下 500 元以上,在 5 元以内,500 元以下 200 元以上,在 2.5 元以内,200 元以下 100 元以上,在 1 元以内,100 元以下 50 元以上,在 0.5 元以内,50 元以下,在 0.25 元以内,10 元以下,在 0.10 元以内。[1] 此后,由于价格涨落幅度过大而停止交易的现象频繁出现,1944 年 7 月,针对股市行情的暴涨暴跌,伪证券交易所又重新修订了限制涨落幅度的办法,即:凡市价在 10~20 元的,涨落以上日收盘价的 30％为限;市价在 20~100 元的,涨落以 25％为限;100 元以上的,涨落以 20％为限,超过这一限度,该项股票即应停拍,也就是俗称"涨停板"和"跌停板"。[2] 同时,该所又规定,凡上日没有行市的股票,其涨落标准由交易所临时酌定;超过涨落标准的交易均属无效;凡价格已达到涨落标准的股票,卖

---

① 刘仲廉:《上海之交易所》,收于汤心仪等编:《战时上海经济》第一辑,上海:上海经济研究所 1945 年,第 105 页。

② 洪葭管、张继凤:《近代上海金融市场》,上海:上海人民出版社 1989 年版,第 176 页。

方或买方经纪人必须于当日下午将该股票的成交数报告交易所,并交纳交割准
备证据金,如第二日上午 10 时前未报告或未将准备证据金交纳清楚,则该项股
票就不准开做,并停止该经纪人的全部交易。同年 11 月起,又将 67 种低价小型
股的成交单位改为 1 000 股。①

当"便交"开做之后,市场发生两种现象:第一,投机日益白热化,因为交
割有一星期的时间,投机份子可在这一星期内买回或转卖,也可顺扯或逆扯,
时间上给予投机者充分活动的余地。第二,套利的盛行,所谓"套利",当便交
行市高于即交行市时,可以先卖即交,同时补进便交,其间所获差利,即名为
"套利"。在套利盛行的时候,不但股票号自己套利,而且企业公司,也参与代
客套利,更有一般银行,吸收套利存款,将存款所得,扣除佣金手续费之后,均
摊分各存款单位,每月每元可得二角以上,美其名曰"集团套利"。这样,一般
小投资户,因为手续简便,不费心思,厚利可获,纷纷做套利之举。于是便交交
易,很是热闹。在便交交易鼎盛之际,正是日军节节溃败,伪币价值日益低落,
人心动荡不安之时,为保值起见人们纷纷抛出伪币购进股票,所以在 3 月底,
股市已演成一片涨停板。4 月份,继续上涨,4 月 15 日造成现期交易与便期交
易的全面涨停板,且竟有照停板价,再加价的空前疯狂现象,终因波动太厉,引
起整个金融的不安,伪证交迫于各方压力,不得已于 4 月 17 日停止便交交易,
专拍现期交易。

然而,市场的股票交易,并未因便期交易的停做而有所收敛,每日成交股数
约 760 万股,且股市自 5 月间开始激涨,几无日不向高峰推进,1945 年 8 月 10 日
更是达到交易顶点,兹以 6 月 7 日与 8 月 10 日六热门股市价作一比较,便可窥
见 2 个月中股市的巨大波动。

表4-7　1945 年 6 月 7 日与 8 月 10 日六种热门股市价比较表

股票名称	6 月 7 日 市价(元)	8 月 10 日 市价(元)	股票名称	6 月 7 日 市价(元)	8 月 10 日 市价(元)
永安纱厂	6 670	77 500	景福衫袜	540	5 900
美亚绸厂	7 450	65 200	新光内衣	530	5 500
永安公司	4 460	49 000	勤兴衫袜	520	5 750

资料来源:陈善政:《八年来的上海股票市场(续)》,《银行通讯》新 6 期(总 31 期)(1946 年 5 月)

① 刘仲廉:《上海之交易所》,见于汤心仪等编:《战时上海经济》第一辑,上海:上海经济研究所1945年,
第 105 页。

综观表 4-7,各股均上涨 10 倍有余,其间虽然包涵不可忽视的通货膨胀因素,但伪证交业务之飞黄腾达,于此可见一斑。然而,好景不长,到 8 月 17 日,伴随着日本的投降,伪华商证券市场的历史也宣告结束了。

总之,在汪伪统治时期,特别是伪华商证券交易所复业之后,对股票的交易进行了规范,制定了一套较为完整的交易制度,既有交易规则,也有涨跌停板制度,这些制度多是创造和开拓性的,虽然其诸多方面还存在不少缺陷,而且由于受政治、军事、经济形势的制约,其管理规章形同具文,不能充分发挥应有的作用,但从这些规章制度的本身看,基本是合理的、符合市场规律的,并为抗日战争胜利后新的证券市场的恢复与发展奠定了一定的基础,提供了有益的借鉴。

抗日战争胜利后到 1946 年 9 月上海证券交易所建立以前,上海证券市场又重新回到混乱的黑市交易状态,股票交易无章可循,仅由私相授受的双方自相约定。其后,股票交易纳入规范管理的轨道,交易的种类主要有:现期交易、递延交割、套利交易与零股交易。

现期交易:抗日战争胜利后最基本的股票交易方式,上海证券交易所建立时规定暂时只做"现期交易",将来视发展情形,再行决定开做定期交易。现期交易规则为:(一)当日成交,须于次日交割清讫,买方至迟应于次日上午 12 时前,将价款缴所,卖方至迟应于次日下午三时前,将证券缴所。买方则凭证于缴款次日上午,向所方收货。(二)买卖采取"相对"方式(又称继续买卖),即买卖某种证券的经纪人,集合指定交易柜前,同意此项证券之买卖者,相对约定成交。凡买卖双方,数量及价格相合时,交易即可成立。如此相对成交,继续行之,有一次成交,即有一个价格;非如竞争买卖,每盘只有一个价格。(三)分柜交易。抗日战争前交易所只开拍公债,种类不多,故全场买卖,集中一处;抗日战争胜利后,因上市证券种类繁多,采取分柜办理,某种证券,于某柜开拍,事前经交易所分配制订。①

证交市场开拍后,在 20 种上市股票中,永安纱厂与美亚绸厂,为两大热门股;景福衫袜、新光衫袜、勤兴衫袜,为三小热门股。此外 15 种股,在市上流通比较呆滞。不过,上海证券市场并未因证交正式开拍而发达,相反却是每况愈下,即使是这些热门股也不能幸免,仅就自证交开拍日 9 月 16 日与 11 月 23 日收盘时,各热门股之股价比较如下:

①《上海证券交易所复业前后》,《财政评论》第 15 卷第 4 期(1946 年 10 月)。

表 4-8 1946 年 9 月 16 日与 11 月 23 日上海证券交易所热门股市价比较表

股名	九月十六日（开盘）	十一月二十三日（收盘）	股名	九月十六日（开盘）	十一月二十三日（收盘）
永安纱厂	685.00	545.00	新光内衣	320.00	191.00
美亚绸厂	4 360.00	2 350.00	勤兴衫袜	260.00	120.00
景福衫袜	310.00	157.00			

资料来源：杨德惠：《现阶段上海证券市场》，《商业月报》第 22 卷第 7 号(1946 年 11 月)。

从表 4-8 可见，不过两月多时间，股价的下跌程度十分惊人。素占股市首位的永安纱厂，降 140 元，达 20％以上，美亚绸厂跌达 46％以上，景福衫袜跌近 50％，新光内衣跌 40％以上，勤兴衫袜竟跌 50％以上。股票这种惨跌，不但给经纪人以打击，而且使工商业也深受其害。对此，交易所方面认为，交易方法的不够灵活是其原因之一。在这样的情况下，经舆论的督促与经纪人的呼吁，证交负责人王志莘赴京请求政府开拍期货——递延交割，予股市以起色。

递延交割：交易所为活泼股市，特别拟定的一种变相期货交易。1946 年 11 月 14 日公告试行开做，到 1948 年 4 月 5 日停止交易，历时一年半。规定，股票交割最长有一星期之递延。每期交易，自每星期四前市起至下星期三前市止，期内成交各买卖，均于星期五办理交割，成交单位与现期交易同。每笔交易，买卖双方，均应按照成交金额，交纳 30％本证据金，其中 10％，以现金缴纳，其余 20％，以上市证券代替，代用品价格以市价七折为标准，或以中央银行指定 36 家行庄书面保证。参加递延交割的股票种类最初定为永安纱厂、信和纱厂、美亚绸厂、景福衫袜、新光内衣、永安公司六种，其成交单位与交易方式，与现期交易同。11 月 21 日起，增加华丰搪瓷与勤兴衫袜两种。成交单位，除美亚单位为 500 股，华丰搪瓷为 1 万股外，其余六种均为 5 千股。递延交割之作用：其一，有短期期货之作用；其二，有短期套利之可能。

当递延交割开拍后，因试做递交的证券，有现递两种不同价格，于是，在现期交易与递延交割之间形成了一种新的短期套利交易方式。

套利交易：此为利用现期交易与递延交割交易市场之价格差，同时买卖，从中套取利息的一种交易方式。买进现货，同时卖出递交，以套取利息，而不负市价涨落之风险，此为"顺套"，市上曰"贴进"。放出现货，同时买进递交，以吸收流动资金，除负担额定之利息外，亦不负市价涨落之风险，此为"倒套"，市上曰"贴出"。1946 年 12 月 12 日前市起，公告试办。套利交易之股票种类，初定永纱、信和两种，18 日起增加新光、华丰两种。成交单位，永纱、信和与新光，定为 5 万股，华丰定为 10 万股。交易时，只须叫明贴进或贴出现货价格与递交价格相比之差额,成交价格以当时现期买进价格为根据,即以现期买进价格加套利差额,为递交价格。成交后,分别为现期交易与递交交易处理之。[①]

套利利率,受现递供求关系及市场利率所左右,其平均利率常低于市场利率。为防止少数经纪人有假借代客套利之名,而行吸收存款,调度资金之实,1947年2月间,上海证券交易所制定了《套利交易暂行办法》10条,作为管理证券套利办法。

一、本所经纪人接受客户委托套利之交易应于场内成交,不得以内转账方式成交,并应于交易成立后持成交单或清单向本所业务处稽核请求盖章证明。

二、本所经纪人之账册对于代客套利有关之科目应独立表示并注明代客套利字样,不得与其他科目混杂。

三、本所经纪人代客集团套利时,应将每期账目公告于各委托人。

四、本所经纪人代客套利对委托人交付之本金除套利时的差额外,不得有保息或红利之支付,但银行钱庄信托公司之法人经纪人不以经纪人名义受托套利者除外。[②]

零股交易:证券交易所对上市交易的每一种证券均规定一成交单位,成交单位即为一种证券在场开做时可能买卖之最小数量。在场正式交易,以此为成交最低限度,不能少于此数;买卖超过一单位时,仍以单位递增,小于一单位奇零数,不能在场成交。股票的成交单位,由交易所根据各证券交易情形,先行拟定,呈奉核准施行。凡不满成交单位之交易,均为"零股交易",经纪人得兼营之。首批上市20种股票的成交单位,除了大中华火柴、五和织造、景纶衫袜、荣丰纱厂四家单位为五百股外,概以一千股为单位。买卖都要一单位二单位的做,畸零小数由经纪人在场外自行买卖。[③]上海证券交易所为便利不满成交单位的零股买卖,1946年11月14日发出市场公告第59号,特别指定第18号经纪人国华银行信托部,第31号经纪人交通银行信托部,第45号经纪人新华信托储蓄银行信托部,第96号经纪人上海银行信托部,第181号经纪人国信银行等5家经纪人兼营零股交易,同时,制定了买卖零股的详细办法:

(一)成交手续,经纪人接受客户委托买卖零股时,可向指定买卖零股经纪人任何一家接洽成交,指定买卖零股的经纪人直接办理客户的零股买卖时,照内转账办法填制场账,送交计算科。

---

① 上海市档案馆馆藏档案:档号:Q327—1—12。

②《上海证券交易所修正管理证券套利办法》,《证券市场》第1卷第8期(1947年2月28日)。

③ 杨培新:《证券新闻读法》,《财政评论》第15卷第4期(1946年10月)。

（二）交割方法，无论买方或卖方经纪人，概须到指定买卖零股经纪人营业所内办理交割，交割款以行庄本票交付，股票移转权利之责任由卖方经纪人负担。

（三）交易税，依照现货税率向卖方征收万分之五。

（四）经手费，向买方或卖方经纪人收 0.375‰，指定买卖零股经纪人免收。内转账零股交易收一方 0.375‰，指定买卖零股经纪人免收。指定买卖零股经纪人间的零股交易，向主动者收 0.375‰。

（五）佣金，向委托人收 3‰。[①]

为防止短时间内，证券价格过度涨落，上海证券交易所同样规定了股票价格的涨落限度，其标准依前一日收盘为据：（一）股票价格在 100 元以下者升降限度为 20％；（二）100 元以上至 5 000 元以下者为 15％；（三）5 000 元以上者为 10％。每种证券的升降限度，由所方于该证券交易柜前，逐日悬牌公布。所有成交价格，不得高于或低于公布限价，证券价格升降，如达到规定限度时，所方就要宣布"涨停板"或"跌停板"。但因涨价而停止买卖者，再低于停市价格时，仍可交易，反之，因跌价而停止买卖者，再高于停止价格时，也可交易。[②] 当1947年2月的经济紧急措施公布后，上海证券市场的华股交易顿起涨风，为此，出现不少在涨停板价外再成交的黑市交易情况，1947 年 2 月 20 日，上海证券交易所发出第 139 号公告，各种股票之价格升降限度，均由本所逐日规定牌示，如遇到达升降限度时，经纪人不得于限度以外，再行叫价，务希切实注意。[③]

交易费用的征收主要为三项：一、佣金：经纪人代客买卖成交后向委托人收取的费用，为货价千分之三；二、经手费：交易所向经纪人征收的费用，规定向买卖双方经纪人各收货值千分之 0.七五。三、交易税：政府向卖方行为当事人（即客户）所征收的费用，规定为货价万分之五。[④]

上述几种交易中，尤以递延交易最为特别，对于证交开拍"递延交割"的目的，从开拍前证交总经理王志莘发表的言论中即清楚可见：

"查递延交割，系仿照伦敦证券交易所现行办法。该所规定二星期交割一次，证交则定一星期交割一次。开做主旨，在于利便套利及消减黑市，希望实行以后，客户得利用现期交易与递延交割交易市价之差及递延交割市价之变动，同

① 上海市档案馆馆藏档案：档号：Q327—1—361。
② 《上海证券交易所复业前后》，《财政评论》第 15 卷第 4 期（1946 年 10 月）。
③ 《市场公告》，《证券市场》第 1 卷第 8 期（1947 年 2 月 28 日）。
④ 刘建勋：《上海证券交易所之现状与将来》，《银行通讯》新 16 期（总 41 期）（1947 年 3 月）。

时买卖,从事套息。在目前游资作祟,波动物价,商市不景气,拆款危险之时,确能适合社会之需要"。如此,证交开拍递延交割主要目的,可使多空双方,在一周内角逐。做多头的不必场外付息,做空头的不能有利息可贴进,在一周到期交割时,多空双方,各以其力量而角逐,这样可使场外交易,无形中消灭。所以,王志莘进而明确地说:"目前证券黑市交易,尚其猖獗,违犯法令扰乱治安,经纪人之营业亦受影响,递延交割交易开做以后,可以帮助消灭证券黑市,纳场外交易于场内。"①

上海证券交易所对于递延交割的作用给予了充分的肯定,这从 1947 年 11 月 11 日上海证券交易所给财政、经济部的呈文中即可清楚反映,在呈文中,上交所列举了大量的事实证明递延交割的积极作用,递延交割因可延迟一周交割,在交割之前只须付三成保证金,而使多方与空方均可放手去做。在递交交易之下,多空双方均有观望与伸缩余地,可以利用递延交割股价变动,博取盈利,此递延交割之作用一也。其次,客户尚可利用现交股价与递交价变动之差,同时买卖从中套息。照常理而言,递交股价应较现交股价为高,客户即可利用此差额,买进现货,同时卖出期货,因此所套得之利息,并不太低,而其安全与方便程度,则远较贷放收息为大,此递延交割之作用二也。同时交易所还列举了一系列数据予以佐证,根据交易所 1947 年 5 月份的各项统计:平均每日成交金额 1 740 余亿元;递交存账每日平均金额(代表套利交易) 1 260 余亿元;属所收存本证据金每日平均额为 650 余亿元;递交实际交割每周金额 490 余亿元。按 5 月份上海商业行庄之存款总额为 6 500 余亿元,票据交换所平均交换额为 9 310 亿元,根据上列数字,其与证券市场之关系,分析认为:交易所每日成交额占行庄存款总额 26.6%,票据交换所交换总额 18.7%。每期递交交割日,交换所增加票据数字约 30%。递交存账金额约占行庄存款总额 20%。本证据金约占行庄存款总额 10%。递交实际交割金额约占行庄存款 8%。由此认为,上海行庄存款 26%,票据交换所交换总额 30%,均与证券交易发生联系。可见递延交易却可达到吸住游资,减轻游资对物价之压力,使游资通过证券市场流入生产之目的。②

但递延交易仅实行一年多,国民政府财政部便下令停止,对于财政部突于 1948 年 4 月 5 日下令停止股市递延交易的原因,官方宣布的理由是递交之买进卖出常系一人,因此除了促使股市价格时时波动外,对于国民经济并无好处,值此戡乱时期,凡易引起联动之因子俱应消除。然而,这仅是表面的说辞,因为递

---

① 杨德惠:《现阶段上海证券市场》,《商业月报》第 22 卷第 7 号(1946 年 11 月)。
② 上海市档案馆馆藏档案:档号:Q327—1—16。

交停止后,股票价格并没有因此而得以稳定。递交之停止的真正原因在于:一则套利风行遂使利率提高;二则因政府即将发行短期库券,不能不先在市场上稍为布置。①

1948 年 8 月 19 日,国民政府宣布改革币值,接着,8 月 22 日上海证券交易所发出公告:8 月 18 日下午及 19 日上午之股票交易,于 23 日交割,8 月 19 日下午之股票交易于 24 日交割。23 日起遵令暂停营业,办理停业前已做成交易之交割手续,至 24 日全部交割清楚。②

1949 年 2 月 21 日上海证券交易所复业后,重订交易办法,股票市场集会时间规定暂做前市,自上午 9 时半至 12 时半,国营事业股票依照民营事业股票上市向例办理手续。复业第一天,交易情形并不热烈,结果开出行市者仅 23 种,其中民营股 22 种,国营股仅台糖 1 种,成交 21 亿余股,其中台糖仅 454 股。③ 3 月 28 日恢复后市交易,规定集会时间:前市上午 9 时半至 12 时,后市下午 2 时至 3 时半,星期六后市下午 2 时至 3 时正。到 4 月 24 日,临时常务理事会做出决议:(一)近来市场动荡,改以每日上下两市为一计算区域。(二)经纪人逐日轧存交易征收交割准备金 50%,其中 25% 以本所指定之代用品充之,25% 以上市证券充之,由经纪人于交易之当日下午 3 时前缴所,上项交割准备金,本所得随时增减之。(三)沪市已宣布进入抗日战争时状态,如何适应紧急措施,授权总经理随时商同理事长或常务理事,议决办理。④ 而股票交易时的叫价单位,除景纶衫袜,华丰搪瓷,新华百货,因市价较小,暂按十股之价值叫价外,其余仍以一股之价值叫价。成交单位:股票除中国水泥,10 万股;景纶衫袜,50 万股;华新水泥,50 万股,上海水泥,50 万股;新华百货,50 万股;中法药房,10 万股,新光内衣,100 万股等调整外,其余暂照原定单位办理。升降单位:一元以下一厘,十元以下一分,百元以下一角,千元以下五角,五千元以下一元,五千元及五千元以上五元。⑤ 涨跌限度在复业之初规定仍照抗日战争前比率:100 元以下 20%,5 千元以下 15%,5 千元及 5 千元以上 10%。3 月 8 日,将上市国营事业股票及债券的价格涨跌限度一律改为 20%。从 4 月 6 日起,试行上市民营事业股票之涨跌限度,也奉工商部批准一律改为 20%。⑥

---

① 《证券递延交易的停止》,《经济评论》第 3 卷第 2 期(1948 年 4 月 17 日)。
② 上海市档案馆馆藏档案:档号:Q327—1—5。
③ 《证交复业第一日》,《申报》1949 年 2 月 22 日。
④ 上海市档案馆馆藏档案:档号:Q327—1—5。
⑤ 《证交动态》,《股票新闻》第 1 卷第 1 期(创刊号)(1949 年 2 月 21 日)。
⑥ 上海市档案馆馆藏档案:档号:Q327—1—5。

总之，抗日战争胜利后，虽然上海证券交易所自 1946 年 9 月建立，到 1949 年 5 月最终结束，历时仅仅两年半的时间，而且其间还因为实行金圆券币制改革停市长达半年之久，实际的证券交易不过短短两年，但尽管如此，这一阶段却是近代上海证券市场股票交易最为完备的时期，从以上所述可知，股票的交易制度只有到这一时期才真正的比较健全的建立起来。

第五章　近代上海华商证券业的
　　　　　自律管理

　　证券业是一个重要而特殊的行业,既是一个高风险的行业,又是一个充满机会和诱惑的行业。这就决定了证券业极易发生违法违规行为,而且违法违规行为给广大投资者的利益和证券市场造成的损失、带来的危害往往是相当严重的。因此,对于证券市场的管理,除了政府需要加强行政管理、法律管理、政策管理外,同时还必须重视行业的自律管理。

　　证券业的自律管理,也可以称之为自律性风险监管,通常是指在证券市场中,由于政府立法无法详尽规定证券市场的所有活动,仅仅依靠政府行为与法律规范很难实现对证券市场的有效监管,因此,必须借助证券业的自律行为,予以行业或道德约束,以维护投资者利益,促进市场的公平、公正和竞争秩序的建立。这种行业和道德约束的手段,就是自律管理。其主要的目的就在于,通过证券行业的自身组织,设立一种机制,控制风险的高限和防止风险的蔓延。证券业的自律管理有两种形式,一是证券交易所的自律管理,二是证券经纪人公会的自律管理。本章将分别予以论述。

第一节　近代上海各华商证券
　　　　交易所的自律管理

　　证券交易所,是证券流通的一种正式交易场所。其最基本的功能有两个:一是提供交易市场;二是维护市场秩序。从这两个基本功能出发,证券交易所在证券市场活动中扮演的角色极具特殊性:既是一个集中交易的场所——有形的证券经济的运行中心,又是由众多证券从业机构组成的市场中介组织;既是市场运营组织,又是市场监管机构;既是具体监管上市企业、证券商和市场交易行为的一线监管机构,又是受政府管理机构监管的主要对象。这种特殊性使得证券交易所同时具备管理者和被管理者的双重性质和职能,居于承上启下的市场中枢地位。作为被监管对象的交易所,其特征主要体现在:一是交易所的设立要受到监管;二是交易所的自律管理活动要受到监督。作为市场监管者的交易所,其法律特征是最重要的市场自律监管机构。

证券交易所行使市场监管职责的权力来源,既有通过国家法律设定、政府管理机构委托授权的途径,也有通过成员一致同意而获得的途径。当然,这些不同来源的权力,并不是简单的并列关系,实际上它们之间具有融合趋势。一方面,交易所的章程和规则可以通过事先的备案或批准来获取官方的认可和支持,从而获得对其成员及市场的法定强制力和约束力。另一方面,国家法律常常直接采纳交易所章程和规则的内容,或者将其决定建立在这些章程和规则的基础上。通常情况下,证券交易所的自律管理主要集中在三个方面:一是实施证券上市管理和上市后的持续管理;二是实施对证券经纪人的管理;三是对交易市场行为的管理。即作为市场第一线管理者担负监视和查处各类不正当交易行为,在一定权限范围维护市场稳定的职责。由于对证券上市及其交易市场的管理已在债券交易市场与股票交易市场中分别论述,本节仅就近代上海各证券交易所的组织状况及对经纪人的自律管理情况展开论述。

所谓证券经纪人,是指:凡在证券交易所中以自己名义,凭自己信用从事进出交易者均谓之证券经纪人。就证券经纪人的种类来看,又有个人经纪人与法人经纪人之分,不过在 1946 年 9 月上海证券交易所建立以前,活跃在上海各证券交易所中的证券经纪人均是单一的个人经纪人,不论经纪人所建的证券字号是合伙组织还是公司组织,均以个人名义申请注册,领取营业执照。1946 年以后,才正式增加了法人经纪人。

由于近代中国的证券一级发行市场的不健全,总体而言,近代上海各证券交易所的证券经纪人基本上不承担发行市场的承销与分销业务,其主要业务集中在证券二级流通领域中。通常情况下,证券经纪人在流通领域中的业务又分为接受投资者的证券委托买卖的委托业务和自身作为投资者买卖证券的自营业务两部分。然而,就近代上海华商证券市场的情况看,证券经纪人的业务仅局限于前者,有关法规不允许证券经纪人兼做自营业务。1914 年的《证券交易所法》第 14 条即明确规定:"经纪人关于在其证券交易所有公定市价之证券,不得自为买卖。"[①]1929 年的《交易所法》和 1935 年的《修正交易所法》也均规定经纪人不得

---

① 上海市档案馆编:《旧上海的证券交易所》,上海:上海古籍出版社 1992 年版,第 276 页。

自为买卖,只能从事代理买卖业务。这样,整个近代中国的证券经纪人的业务范围是十分狭窄的,既不能参与证券一级发行市场的承销与分销业务,也不经营证券自营业务,仅局限在代客买卖证券的业务范围以内。

在各证券交易所的自律管理中,对证券经纪人的管理是一个重要的组成部分。证券经纪人是证券市场中从事证券交易的主体,因此,除了政府在立法中对证券经纪人制定有较为严格的监管措施,证券交易所必须遵循外,各证券交易所还根据各自的情况,在其营业细则中制定了严格的自律管理制度,主要集中在证券经纪人的资格管理、行为约束管理、保证监督管理、违规处罚管理等四个方面。

一、近代上海证券交易组织概况

证券市场以证券交易所为中心,证券交易所的组织,可大致分为二种,一为同业会员组织,二为股份有限公司组织。近代上海华商所建立的证券交易组织,在最初,既有股份制的公司制交易组织,又有同业公会会员制交易组织,它们分别是 1882 年成立的上海平准股票公司与 1914 年组建的上海股票商业公会。上海平准股票公司,规定资本为规元银 10 万两,分为 1 000 股,每股 100 两,设董事数人、正副执事 2 人,常驻公司,综理公司一切事务,此外,还聘有账房二人、跑街二人、翻译一人、书记一人、商务一人、学徒二人。[①] 内部组织虽较为简单,但却已初步具备了股份公司制交易所的雏形。上海股票商业公会,系由华商股票捐客自动组织的交易机构,最初有会员 12 家,后增至 60 余家,各推重要职员为公会代表,其经费由各家认捐,创立时每家认捐银 12 两,经常费每家每月银 2 两,设置会董 1 人,管理会务,凡失信或犯规者,公议令其出会。[②] 该公会已基本具备了会员制交易所的雏形。然而,近代上海正式建立的华商证券交易所,其组织几乎都是采取股份有限公司制,这主要是由政府的立法规定所决定的。1914年北京政府颁布的《证券交易所法》规定,“证券交易所以股份有限公司组织之”,而到国民政府时期,虽然 1929 年颁布《交易所法》及 1935 年颁布的《修订交易所法》对此作了修改,规定可两制并行,“交易所视地方商业情形及买卖物品种类,得用股份有限公司组织或同业公会组织”。并且在 1946 年 6 月,国民政府决定重新筹备建立上海证券交易所时,在最初也曾制定《恢复上海市证券交易所原则》,预备将上海证券交易所建成会员制:“战前上海市证券交易所有华商证券交

---

① 《上海股票市场史话》,《股票新闻》第 1 卷第 1 期(创刊号)(1949 年 2 月 21 日)。
② 陈善政:《我国证券市场之发展史》,陈善政主编:《证券内容专刊》,1946 年 9 月 16 日刊行,第 34 页。

易所及外商众业公所两家,依照统一监督事权及一地设置一所之原则,拟将原有二所合并为一,使之一元化。原有华商证券交易所为股份有限公司,外商众业公所为会员组织,按欧美各国交易所多为会员组织,为适合目前情形,合并之交易所拟采用会员组织。"[1]但实际上,由于条件的不成熟,上海证券交易所最后还是沿袭旧制,采取了股份有限公司制。资本定为国币 10 亿元,由上海华商证券交易所原有股东,合认 60%;其余 40%,由中国银行、交通银行、中国农民银行、中央信托局及邮政储金汇业局等五国家行局分认。以旧有华商证券交易所之市场,扩充改建,成为债券股票两市场,楼下开做股票,二楼开做债券,三楼为办事处所。10 亿元的资本总额,股东共法人 6 户,计(一)上海华商企业股份有限公司(原称上海华商证券交易所股份有限公司)投资 6 亿元,(二)中国银行投资 1 亿元,(三)交通银行投资 1 亿元,(四)中国农民银行投资 8 千万元,(五)中央信托局投资 8 千万元,(六)邮政储金汇业局投资 4 千万元。[2] 这样,整个近代由华商在上海建立的各证券交易所,其组织形式均是股份有限公司性质。

根据投资者的不同,近代上海公司制证券交易所又可细分为两种类型:一种是民办的证券交易所,即交易所的全部资本均来自私人投资,近代上海所建立的上海证券物品交易所(1920 年 7 月～1933 年 5 月,1933 年 6 月 1 日起,其证券部合并入上海华商证券交易所)、上海华商证券交易所(1921 年 1 月～1937 年 8 月上海战事爆发宣告停业)以及沦陷时期的汪伪华商证券交易所(1943 年 9 月～1945 年 8 月抗日战争结束)都属这种类型的交易所;一种是官商合办的证券交易所,即由政府出资一部分,个人出资一部分,抗日战争胜利后所建立的上海证券交易所(1946 年 9 月～1948 年 8 月及 1949 年 2 月～5 月)即属于此种类型。通常情况下,证券交易所主要通过公司章程来规范公司的内部组织机构,不论是哪一种性质的股份制证券交易所,其组织结构与内部编制基本相同,大致如图5-1所示:

股东会:决定营业方针的立法机构,由全体股东组成,每年召开两次常会,由理事长召集。必要时可召集临时股东会。凡交易所理事、监察人等重要职员,均由股东会投票选举,凡交易所一切重大事务,亦均由股东会讨论议决。

理事会:交易所执行事务管理市场的中心机关,由理事长、常务理事及理事组成。会议关于交易所一切重要事项。开会时,依全体理事名额,须有过半数以上出席,方可开议。其会议事项,以出席理事过半数表决之。监察人可列席理事

---

① 中国第二历史档案馆馆藏档案:档号三(2)—3187。

② 上海市档案馆馆藏档案:档号 Q327—1—36。

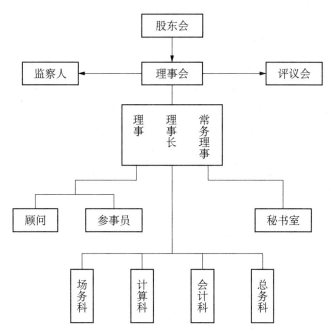

图 5-1　近代上海各证券交易所组织系统图

会，并陈述一切，但无表决权。

评议会：交易所常设咨询机关。以理事及名誉议董组成。名誉议董，由交易所聘请，任期 2 年，须具有丰富的工商业学识与经验。凡交易上发生的事故与异议，均由评议会评议。凡关于交易所所营之业务及营业上之方法，认为有改良或修正必要时，亦可由评议会讨论决定后，由理事长执行。

理事长：由全体理事在理事中互选，任期两年或三年，其职掌为代表交易所及执行理事会议决之事项，并依照章程、营业细则及各项规定，总理所中一切事务。

常务理事：辅助理事长处理一切业务。理事长有事缺席时，得代行其职权。平日于营业时间，应常驻办公。其名额不定，最多 6 人，由理事中互选。

理事：由股东会就全体股东中选举，其名额根据交易所规模而定，至少 4 人，至多 17 人。但被选之资格，至少须有该所股份若干股，且年龄须在 25 岁以上。

监察人：由股东会就全体股东中选举，名额 2 至 4 人，资格与理事同，其职权为，监察交易所业务进行状况及调查股东会议案之执行。除开股东会时须做报告外，遇必要时有检察财产状况及请求召集股东会之权，并能列席理事会。

以上各职员，应呈请政府核准，并须注册。根据 1914 年《证券交易所法》的规定,如有下面情形之一者不得有被选举资格:非中国国籍者;妇女;褫夺公权者;受破产宣告者;在交易所受除名处分者;受刑律处罚,满期或赦免后未及一年者。此后在1929年《交易所法》又做了如下变动,取消了妇女无被选举权一条,同时增加了"无行为能力者";修改了下面两条:被处刑罚,在执行完毕,或赦免后,未满五年者;在交易所受除名处分,未满五年者。同时规定交易所职员不得以任何名义,即行或委托他人参与交易所买卖,并不得对于该交易所之经纪人供给资本,分担盈亏,或与经纪人有特别利害关系。

顾问及参事员:各由理事会议决聘请。可参与交易所各重要事务,并负指导之责。凡市场买卖有不正当之行为,或呈不稳妥之现象时,顾问及参事员应采取适当手续,设法消弭,并须时时熟察市场趋势,以期防患于未然。

交易所根据事务的繁简,除秘书室外,另设四科:总务、场务、计算、会计,各科职掌如下:

总务科:总理交易所文书、报告及内部一切杂物。

场务科:又名市场科,或营业科。总理市场上一切买卖及交割事务。

计算科:凡一切市价差额、证据金、经手费之计算;买卖统计之编制等事项均属之。

会计科:掌管现金及代用品之出纳与账簿之记录及保管等事务。

各证券交易所通过制定公司章程,明确证券交易所的性质和确定证券交易所内部的组织体制以及管理人员的权力、义务和职责,从组织上保证证券交易所运作的规范性。

二、对证券经纪人的资格管理

要成为证券交易所中的交易成员,首先必须符合约定的资格条件。关于证券经纪人应具备的资格,除法律规定外,各证券交易所均通过《营业细则》对证券经纪人申请者就资本、信誉、人才、营业场所、营业设施和营业状况等方面做出更为具体规定。

上海证券物品交易所将该所的经纪人分为现期经纪人与定期经纪人两种,现期经纪人不设定额,定期经纪人经向交易所声明后可兼现期经纪人,定期经纪人的名额,每种定为50名。而经纪人必须具备的资格:须有两人介绍,并向本所提出志愿书,载明交易种类及资本数目等项,附加商事履历书,由交易所调查详明,再咨询经纪人公会意见,呈请农商部注册,发给营业执照。如系合伙组织,须添具合伙者姓名及出资人数目、组织契约以及代表人履历书;如系公司组织,须添具公司章程、财产目录及董事、监察人姓名。① 同样,上海华商证券交易所的业务规则也规定,凡欲为本所经纪人者须有经纪人二人以上介绍,出具志愿书载明资本及独资、合资各性质,并附加商事履历书,由交易所调查核准再咨询经纪人公会意见后,发给凭照。②

　　1933 年,上海证券物品交易所证券部合并于上海华商证券交易所,组成新的统一的上海华商证券交易所以后,该所共有证券经纪人 80 家,其中金融业充当经纪人的有 19 家,占 1/4。③ 统一后的上海华商证券交易所于 1933 年 7 月 2 日制定并颁布了新的营业细则,其中对经纪人资格的规定是,须有同业两人介绍,填具志愿书,载明资本数目等项,连同商事履历书及其证明文件交由所方审查后,加具意见书,呈请实业部核准注册,发给营业执照,并函知经纪人公会。④ 实际上仍承袭的是上海证券物品交易所与前上海华商证券交易所的规定,直到 1937 年"八一·三"事变爆发,上海华商证券交易所宣告停业,依然没有什么改变。

　　从以上内容可见,在抗日战争以前,上海的各证券交易所,无论是最初的上海证券物品交易所、上海华商证券交易所,还是统一后的上海华商证券交易所,它们对证券经纪人的要求都相对简单与宽松,在资本情况、个人条件以及信誉度等方面均没有做出必要的限制规定。而相比之下,抗日战争时期汪伪政府恢复建立的上海华商证券交易所与抗日战争胜利后国民政府重新建立的上海证券交易所对经纪人资格的管理,就要具体严格的多。

　　汪伪实业部 1943 年 9 月 7 日颁布《上海华商证券交易所经纪人登记规则》,规定经纪人资格为,具有资本实收总额在国币 100 万元以上之人民或公司商号,呈请登记时应填具申请书、登记事项表、资本证明文件及代表人商事履历书及其证明文件,并缴纳执照费国币 1 000 元,印花税 4 元。经实业部审查合格者,分别发给执照。实业部置经纪人登记簿于核给执照时,将名称、组织、资本、地址、代表人经历及执照号数等项分别登记。⑤ 由此可知,汪伪华商证券交易所对证券经纪人的资格规定较以前有了进步,具体限制了经纪人的资本额。

① 上海市档案馆编:《旧上海的证券交易所》,上海:上海古籍出版社 1992 年版,第 39～40 页。
② 杨荫溥:《中国交易所论》,见金融史编委会编:《旧中国交易所股票金融市场资料汇编》(上),北京:书目文献出版社 1995 年版,第 471 页。
③ 中国人民银行总行金融研究所金融历史研究室:《近代中国的金融市场》,北京:中国金融出版社 1989 年版,第 26 页。
④ 上海市档案馆编:《旧中国的股份制(1868～1949 年)》,北京:中国档案馆出版社 1996 年版,第 419 页。
⑤ 中国第二历史档案馆馆藏档案:档号:2003—3715。

抗日战争前上海华商证券经纪人仅 80 家,抗日战争时期新设者多达 200～300 家,而其中经汪伪政府核准登记的经纪人即多达 220 家。抗日战争结束后,1945 年 12 月,国民政府在对抗日战争时上海证券市场进行整理时,共登记有证券经纪人 480 余家(包括华商、洋商经纪人),营业范围以华股为主,洋股次之,公债最少,亦有少数兼营赤金及外币者,而实际参加市场交易者约 300 余家。[①]

在此统计整理基础上,1946 年上海证券交易所筹备复业时,对证券经纪人资格的审定就极为严格。建立了"规定及审查经纪人资格"小组委员会,推定徐寄庼、俞寰澄、夏屏芳为小组委员会委员,由徐寄庼为召集人。并颁布了《上海市证券交易市场筹备委员会规定经纪人通则》:经纪人名额不得超过 300 名,经纪人可买卖交易所审定之债券及股票,并可就债券、股票两项中选择一项或兼营之。经纪人分个人及法人两种。[②]

个人经纪人的资格:中华民国人民年龄在 20 岁以上者,高中毕业或有同等学历,品行端正信誉优良,曾经经营或管理证券投资业务,有银行、钱庄、信托公司或大公司厂商二家推荐,财产在 5 千万元以上。

法人经纪人的资格:银行、钱庄、信托公司、投资或企业公司、证券公司曾经合法登记注册,并在沪埠营业五年以上;如属股份有限公司或有限公司,其资本须在 1 万万元以上,如属无限公司、两合公司或股份两合公司,其资本须在 5 千万元以上;凡法人经纪人须有 1 代表人,其代表人须具有个人经纪人资格,非中华民国国籍者不得进入市场。

外商法人经纪人:凡向营证券业务之外商曾在本区域内营业五年以上,依法登记取得中国法人资格者,可申请为经纪人;凡申请者在交易所开业以前尚未取得法人资格者,如审查合格,为临时经纪人,限六个月内依法取得中国法人资格,逾期即撤销之。

申请及审查手续:凡欲为经纪人者须填具本会定式之经纪人申请书及商事履历书,连同证明文件等送交本会审查;本会收受经纪人申请书截止后,应于两星期内审查完毕通知申请人;经纪人申请书经审查合格后,应由申请人于一星期内将经纪人保证金如数缴清,同时由本会呈报财经两部核准注册,请发营业执照,然后填具本会定式志愿书办理入所手续,并由交易所公告。

以上经纪人应具备的资格,在 1946 年 7 月 3 日经济财政两部令准施行的《上海证券交易所股份有限公司暂行营业细则》中加以确定,形成制度化,当筹备

---

① 上海市档案馆馆藏档案:档号:Q6—2—825。
② 以下内容系根据档案资料整理而得,见中国第二历史档案馆馆藏档案:档号:三(2)—3187。

委员会撤销后,一切经纪人的申请工作即由证券交易所直接办理,由交易所提交"经纪人资格审核委员会",于一个月内,审查完毕。审查合格者,由交易所附具意见,连同证件,再呈报财政、经济两部,核准注册,发给经营执照。

1946 年 7 月 9 日,上海证券交易市场筹备委员会发布了有关经纪人申请事宜的第一号公告,要求愿申请为证券经纪人的个人、公司及外商于 7 月 20 日前将申请材料送交筹备委员会审查。① 据 7 月 15 日《中央日报》报道,从公告发布后开始申请到 7 月 15 日仅短短的几天,申请者达 2 100 余,其中法人经纪人 210 余,其余概为个人经纪人。② 而另据上海证券交易市场筹备委员会的统计,经 7 月 9 日登报公告后,送交筹备委员会的申请者,计个人经纪人 357 名,法人经纪人 71 名,经过筹备委员会经纪人资格审查小组分别整理与初步审查,再提交全体筹备委员会迭次开会审核,到 8 月 16 日全部审查完竣,一致通过,个人经纪人 210 名,法人经纪人 60 名,共 270 名,核与上海证券交易所暂行营业细则之规定尚属相符,8 月 19 日上呈财政、经济部复核。后经财经两部初步审查结果,其中有法人经纪人 14 家,个人经纪人 28 家,尚待复审。此后,核准中国信托公司、利安洋行等 12 名为临时经纪人。③ 而最后核准之经纪人为法人经纪人 52 家,个人经纪人 182 家,共计 234 家。④ 到 1947 年年底止前后经财经两部核准,办妥入场手续者 245 名。开业以来,经纪人因故自请废业者 31 名,部令吊销执照者 4 名,1947 年年底共有经纪人 210 名,其中个人经纪人 160 名,法人经纪人 50 名。⑤

从上海证券交易所建立后,对经纪人资格的规定来看,在财产方面,对个人与法人以及不同的法人其规定是完全不同的,个人经纪人之财产定为 5 千万元以上;法人经纪人,股份有限公司或有限公司组织之投资或企业公司证券公司之资本,定为 1 万万元以上。唯独对以银行、钱庄、信托公司名义之有限公司法人经纪人,则无最低资本之规定。这一点表明政府对法人经纪人的扶持,特别是对银行、钱庄、信托公司等金融组织的特殊关照。可见,证券交易所核准之经纪人,兼罗银钱信托各业之法人经纪人以及曾经经营或管理证券投资业务之人员,可谓基础扩大,实力增强。然而,在证交开业后的三个月中,从参加交易的经纪人人数来看,在 234 名经纪人里,十月份参加交易的平均每天只有 186 人,十一月

①《上海证券交易市场筹备委员会公告开始办理经纪人申请事宜》,《金融周报》第 15 卷第 3 期(1946 年 7 月 17 日)。

②《证交开拍筹备近讯》,《金融周报》第 15 卷第 4 期(1946 年 7 月 24 日)。

③ 上海市档案馆藏档案:档号:Q327—1—271。

④ 上海市档案馆藏档案:档号:Q327—1—272。

⑤ 上海证券交易所编《上海证券交易所年报》(第一年报告)(1947 年),第 29 页。

份减至 172 人,十二月上半月平均每日做现货买卖的只有 150 人,做期货买卖的只有 139 人,人数越来越少,只剩下六成左右。①

上海证券交易所经纪人除经财政、经济两部核发营业执照外,还必须依法再向上海地方政府请领营业牌照并纳税。②

当然,除了上海证券交易所的经纪人之外,上海还存在着大量非经纪人经营的证券字号,这些证券字号在交易所开业后,应任其存在还是予以取缔,在交易所筹备时期,1946 年 8 月 8 日,上海证券市场筹备委员会即提出要严加取缔,当证券交易所开业后,11 月 5 日,交易所又奉上海交易所监理员办公处公函,对于未准登记之证券字号公司应否准其设立一事拟具意见,"凡在设有证券交易所之区域内以经营或兼营代客买卖证券为业者,应限于呈部核准之经纪人,凡非经纪人不得申请登记,其已设立备有营业处所者,根据《交易所法》第 16 条及第 40 条之规定,应由当地主管官署严格取缔,以符法令",并附具"取缔非经纪人经营或兼营代客买卖证券说明",于 1946 年 11 月 21 日备函复送交易所监理员办公处,请其转呈财政经济部,然而,直到 1947 年 7 月也未见复示,7 月 15 日,上海证券交易所再次直接致函财政经济部,要求其对此表明态度,但仍无下文,致使黑市非法交易十分猖獗。③

1948 年 8 月,因政府进行金圆券币制改革,上海证券交易所奉令停业,1949 年 2 月 5 日,奉财政部令,上海证券交易所准予复业,2 月 11 日经纪人公会函商关于应缴之保证金及代用品均应酌预延期缴纳,经商定现金部分仍应依照常务理事会之决议,于 2 月 16 日前一律缴齐,代用品部分如各经纪人承购不及,得遵照部令复业前 3 日缴足,最迟应于 2 月 19 日前缴清,截止到 2 月 19 日止,经统计,经纪人缴清现金保证金者共计 204 家,其中经营股票者 55 家,经营债券者 1 家,两家兼营者 148 家。④

由以上可知,近代上海各证券交易所对证券经纪人的资格规定,有一个不断完善与发展的过程,在抗日战争以前的各证券交易所,主要是遵循《证券交易所法》和《交易所法》的规定,除此之外,交易所在营业细则中并未制定其他特别附加条件,抗日战争之后,汪伪华商证券交易所对经纪人的要求则明确规定了资本额的限制,而到抗日战争胜利后重新成立的上海证券交易所,则将经纪人资格加

---

① 子枫:《三个月来的证券市场》,《中国建设》第 3 卷第 5 期(1947 年 2 月 1 日)。
② 上海市档案馆馆藏档案:档号 Q327—1—392。
③ 上海市档案馆馆藏档案:档号 Q327—1—545。
④ 上海市档案馆馆藏档案:档号 Q327—1—5。

以完善,对个人经纪人、法人经纪人与外商法人经纪人都分别规定了严格的资格限制,形成了相对规范的要求。

三、对证券经纪人的行为约束管理

证券交易所对证券经纪人行为的约束是交易所自律管理中最核心的部分,主要包括出市人员管理、代客买卖的受托业务管理两个方面。

证券交易所在对经纪人的管理中,首先应该确定的是协助经纪人到市场中进行交易的人员资格以及其行为规范。在抗日战争前的各证券交易所中相对比较简单,协助经纪人从事证券交易的人员主要是代理人,规定:经纪人可派出代理人到证券市场中参加交易,而对代理人的管理,各个交易所则分别有所不同。

上海证券物品交易所规定,经纪人在交易所市场从事买卖,可设置代理人,经纪人须将代理人履历书送交所方,经所方承认,方为有效。代理人名额,每一经纪人每一交易种类现期买卖以 5 名为限;定期买卖以 3 名为限。代理人不得以他之经纪人或代理人充任。代理人之代理权消灭时,经纪人须立即将消灭情由向所方报明,并缴还所方给予的入场徽章。交易所认为代理人不适时,可命其解职或停止入场。①

上海华商证券交易所则规定,经纪人可委托 2 人为代理人,每日按时代表经纪人到场交易,但须先填送委托书,开具姓名、籍贯和商事履历书,报经本所核准始得入场交易。②

1933 年统一后的华商证券交易所规定,经纪人在市场从事买卖时可设置代理人,经纪人应将所设置的代理人履历书送交易所审查核准后,方为有效。每一经纪人最多可设置 3 名代理人,代理人不得以他之经纪人或代理人充任,代理人之代理权消灭时,经纪人须从速报告交易所,所方认为代理人为不适当时,可命其解职或停止入场。③

抗日战争胜利后,上海证券交易所要求经纪人有严守下列各项规定的义务:(1)遵守交易所各项章则、市场公告及一切指示,不得诿为不知,任意违背。(2)对交易所应负其买卖所生一切责任。(3)设置营业所,其分设营业所者,须预

---

① 上海市档案馆编:《旧中国的股份制(1868～1949 年)》,北京:中国档案出版社 1996 年版,第 253～254 页。

② 杨荫溥:《中国交易所论》,见金融史编委会编:《旧中国交易所股票金融市场资料汇编》,(上),北京:书目文献出版社 1995 年版,第 471 页。

③ 上海市档案馆编:《旧中国的股份制(1868～1949 年)》,北京:中国档案出版社 1996 年版,第 422 页。

征交易所同意并登记。(4)买卖时应备用交易所定式账簿。(5)将所用账簿置于营业所。交易所可随时检查;如有询问,应即答复;调取文件,不得拒绝。(6)定期编制财务报表,经注册会计师审后,陈报交易所。(7)必须依照良好商业习惯,公平交易;对委托交易,必须谨慎从事。(8)不得做任何操纵行为。[①]

协助经纪人处理业务的职员,可分代表人、代理人、电话生及营业员等。除代表人为法人经纪人所专有外,其他三者均为法人与个人经纪人所共有。

代表人:凡法人经纪人,须有一代表人,其代表人需具有个人经纪人的资格,并应由上海证券交易所报请财政、经济两部备案;更换时亦同。

代理人:经纪人在市场从事买卖,可设置代理人;但须先经所方查核,报请核准登记,方为有效。设置代理人,并受下列限制:代理人名额,债券及股票两市场,每一经纪人,各以一名为限;但如营业发达,可报由所方呈准增加。外商法人经纪人之外籍代表人,照章不得上市场者,可报由所方,呈准另派代理人一人。代理人不得以他经纪人或代理人充任。代理人之代理权消灭时,经纪人须从速报告交易所。所方认代理人不适当时,可呈请命其解职,或停止其入场。

电话生:经纪人可携带电话生一人入场,指定座位,专门负责该经纪人与外界的联系,但须向交易所登记;电话生不得随意离座,混入市场。[②]

营业员:经纪人所雇承接业务之营业员,每一经纪人以 5 人为限,应填具"商事履历书"及其他证明文件各两份,送交所方;营业员可设置营业所,应将"第××号经纪人营业员"字样冠于自己姓名之上;并受下列限制:营业员不得入场交易;营业员不得用自己名义代客买卖;营业员有变更时,应即向所方报告;营业员有不正当行为时,应由该经纪人负其责任;所方可令其撤换。[③]

证券交易所的买卖,规定以经纪人为限,交易所只认经纪人为买卖主体。一般顾客非专托经纪人,不得在所内从事买卖。委托人关于买卖交易上的一切事项,均与其所委托的经纪人直接办理。委托人与经纪人之间,应守规约,顾客与经纪人成立委托关系。证券经纪人最主要的行为即是进行各种证券交易业务,对于经纪人经营的代客买卖的受托业务,各证券交易所均分别制定有严格的制度。

上海证券物品交易所在 1920 年建立后,除在营业细则中规定有经纪人受托买卖规则外,还专门制定了《上海证券物品交易所经纪人受托契约规则》28 条,

---

① 《上海证券交易所复业前后》,《财政评论》第 15 卷第 4 期(1946 年 10 月)。
② 《上海证券交易所复业前后》,《财政评论》第 15 卷第 4 期(1946 年 10 月)。
③ 上海市档案馆馆藏档案:档号:Q327—1—301。

非常详尽地规定了经纪人受委托人经营买卖业务的一系列原则：首先，委托人对于市场买卖自成立时发生效力，将委托证据金交付于经纪人，当所生之损失如已达该所规定之本证据金半额以上时，应将委托追加证据金交付经纪人。其次，经纪人对于委托人所发之通知书或请求书及一切通信，以通常能达到时间视为达到论，倘有迟到或不到，经纪人不负责任，一切以经纪人之定式账簿为凭。第三，经纪人受委托人限价委托，因市场实在情形虽价格相符而不能为一部或全部之成交时，经纪人应即将此情形报告于委托人，委托人不得异议；已成交的委托买卖，因市场有非常变动经纪人认为不能维持或认为维持有不利于委托人时，可任意了结，委托人不得异议；无论何种交易，于停市期内经其有关系经纪人之全体同意办理和解时，委托人对于和解价格之结算不得异议。第四，经纪人因委托人违反本规则的规定致受损失时，委托人应负赔偿之责，反之亦然；委托人与经纪人发生争执不请求上海证券物品交易所之公断会审时，应归会审公堂判断之。[①]

上海华商证券交易所规定：买卖委托人与经纪人之权利义务关系须遵守本所章程及各种规定，委托人如不遵守各项规定，经纪人得结束其所做之交易及处分其证据金，再有不足，应由委托人如数补偿。买卖成交后，委托人应将证据金或其代用品如数交与经纪人，以上证据金或代用品即作为委托人对于经纪人因交易上发生债务的担保品，非至偿清其债务时不得交还。经纪人做成交易时，须即时通知委托人，通知书中应将交易证券的种类、期限、票面价目、时日及其他必要事项一一载明，经本所盖印证明交付之。凡数人同时限价限额或不限价额委托一经纪人同场做成交易之价格，如有涨落及买卖不能足额，可分别匀摊价额报告之。经纪人代委托人所做之交易，若不能全数做成，可将已做成之交易实数报告之。经纪人若发生或废业或死亡或受除名处分或失其他效力之事，所方可将其债权债务相互抵消，委托人须交出一切与经纪人在本所交易上发生债权之证据，方可代为结算。[②] 而1933年统一后的华商证券交易所则基本上沿袭了这一制度。

1946年上海证券交易所建立后，对于证券经纪人受委托经营买卖证券业务的管理更加详细、具体：

首先，经纪人在委托开户时，必须对委托人有详尽调查，备具记录。委托人

---

① 上海市档案馆编：《旧上海的证券交易所》，上海：上海古籍出版社1992年版，第107～110页。

② 杨荫溥：《中国交易所论》，见金融史编委会编：《旧中国交易所股票金融市场资料汇编》，（上），北京：书目文献出版社1995年版，第473页。

所订开户契约,应载明经纪人与委托人之权利义务关系,同时必须以交易所各项章则、规定及经纪人公会规约,为其契约之一部。

其次,委托人委托经纪人在交易所买卖时,对下列各项,须有明白声明,经纪人必须依照办理:(1)证券种类。(2)证券数量,股票以股数计;公债以票面计。(3)买卖价格,分为两种:一为"随价买卖",即不问价格,随市场自然趋势,照市价成交;一为"限价买卖",即委托人预定价格,非至其预定价格范围内,经纪人不得代为成交。(4)市别,前市或后市。(5)买进或卖出。同时规定经纪人不得接受下列各项之委托:全权选择证券之种类;全权决定买卖之数量;全权决定买入或卖出;含有冲销性质之买卖;本号合伙人及职员之委托。

第三,经纪人做成交易后,须立即通知委托人。其"成交单"应载明交易证券种类,数量,价目,佣金,税款,时日及其他必要事项。经纪人因委托关系所受委托人之物件,及交易计算上应付于委托人之款项,照规定可视为委托人对经纪人因交易而生之债务担保品。此项收受物件,非至委托人偿清其债务后,不可交付。委托人不将交割物件,交割代价,及其他物件或款项,交付于经纪人时,经纪人可自由处分此项收受物件。委托人不履行开户契约时,经纪人可将其交易了结,处分其各种预存金;并从速报告所方,公告于市场。

第四,交易价格之分割:一人或数人限价委托,而做成交易之价格,不能各别分割时,就其限价范围内之约定价格之平均数(以总股数除总代价)定为一个价格而报告之。受一人或数人不限价之委托,而做成交易之价格,不能各别分割时,亦可以其约定价格之平均数报告之。委托交易之保障:经纪人代委托人所做之交易,在未全部做成前,不得对同一证券,为与其有利害关系者作相同之交易。遇有限价交易时,在未全部做成前,不得对同一证券,为与其有利害关系者,按照限价做相同之交易。[①]

对证券经纪人交易行为的规范与管理,是各证券交易所管理的核心内容,历来就受到相当的重视,不过,随着时间的发展,其管理还是不断得到完善。

四、对证券经纪人的保证监督管理

在证券交易所对证券经纪人的自律管理中,最重要的项目之一就是证券保证金制度,规定经纪人必须缴纳保证金以确保证券市场交易的正常进行,而且保证金的征收通常成为调剂证券市场平衡的重要杠杆与工具。证券保证金主要包

---

① 《上海证券交易所复业前后》,《财政评论》第 15 卷第 4 期(1946 年 10 月)。

括经纪人保证金与交易证据金两大类,不同时期的证券交易所对此均有不同的规定。

当1920年7月1日上海证券物品交易所成立之初,即由经纪部与交易所常务理事议决,经交易所理事会通过,确定公债票与股票买卖保证金,照价值6%征收。[①]而在《上海证券物品交易所营业细则》中更是明确规定,经纪人保证金及交易证据金的缴纳方法,规定现期经纪人可免缴纳保证金,定期经纪人兼为现期经纪人时,免纳现期经纪人之保证金(本所认为必要时,经理事会议决,得随时令其缴纳保证金)。定期经纪人之保证金为每种类额定3万元,以交易所指定之有价证券或银行存单,或其他货币代用之。定期买卖应缴纳的交易证据金,分为本证据金、追加证据金及增加证据金三种。本证据金于记账价格30%范围内,由理事会议决,令买卖当事者双方缴纳;追加证据金,为本证据金之半额,按买卖成立日之记账价格,与每日记账价格相比较,其差损额达于本证据金之半数时,不论若干次,顺次或一时,令损者一方缴纳之;增加证据金,因市价有非常变动或虑交割有窒碍及其他情由,交易所认为必要时得对于现存买卖或新买卖之物件数量,依本证据金三倍之范围内,令买卖当事者双方或一方缴纳。[②]

上海华商证券交易所则规定,经纪人保证金为本所股票200股,一次缴纳,而交易证据金中,本证据金应于买卖成交后两小时内缴纳,其金额须随时根据买卖现状,照本所市价15%以内由理事会议定,令买卖双方缴纳;追加证据金,当买卖成交后尚未到交货日期,其行市已见涨落,一方损失额已逾本证据金之半数,本所即时向该方追之,但回复原价时即予给还;特别证据金,因市价有非常变动,经纪人有超过限制之买卖或虑交货时发生困难或其他一切情由,本所认为必要时得照本证据金原额令买卖当事人双方或一方缴纳。交易证据金概不给息,除本证据金外,不得以代用品缴纳。[③]

1933年7月,统一后的上海华商证券交易所对于证券保证金的规定较之于上海证券物品交易所与原华商证券交易所来说,更加具体,规定,经纪人应交纳保证金及交易证据金,以履行其担保。经纪人保证金定为本所股份200股,或现金6 000元,经纪人丧失资格时,如已将本所交易了结,并将一切账目结清,可向本所领还保证金,保证金缴纳现金时,本所给予相当之利息。而交易证据金则分

①《证券物品交易所今日开幕》,《申报》1920年7月1日。

② 上海市档案馆编:《旧上海的证券交易所》,上海:上海古籍出版社1992年版,第45~47页。

③ 金融史编委会编:《旧中国交易所股票金融市场资料汇编》,(上),北京:书目文献出版社1995年版,第474~475页。

为本证据金、追加证据金、特别证据金、交割证据金、临时追加证据金五种。本证据金于记账价格 30% 范围内，由理事会议决，令买卖当事者双方缴纳。追加证据金为本证据金的半数或 1/4，按买卖成交日之记账价格与每日记账价格相比较其差损额，达于本证据金之半数或 1/4 时，令损者一方缴纳。特别证据金，因市价虑有非常变动或其他理由，所方认为必要时，可对于现存买卖或新买卖于本证据金三倍之范围内，令买卖当事者双方缴纳，同时根据各经纪人买卖数量的多寡，用累加率令其缴纳。交割准备证据金，预先提交证券交割之用者，其数量本所认为已多，考虑交割有窒碍时，可对于现存买卖双方或一方，全部或部分令其缴纳。临时追加证据金，凡遇同种类、同月期之交易涨落逾四元停拍时，其差损金额应照四元计算，由损者一方缴纳，俟翌日记账完毕后，其余数得发还。经纪人为巨数交易，或已有巨数交易而更做交易，本所认为危险或市价变动时，可令经纪人关于其全部或部分之新买或新卖依证据金（本证据金及特别证据金）之数额预先缴纳，遇必要时，并得限制买卖数量。应预缴之证据金非缴纳后不得为新买或新卖。交易证据金缴纳之时限，应于成交之次日午前，交易证据金可以本所指定有价证券或钱庄本票代用，其代用价格由本所按照市价随时决定，公告市场。但追加证据金、特别证据金及交割证据金、临时追加证据金须缴纳现金。交易证据金缴纳现金时，除特别证据金所给予相当利息外，其余概不给息。[①]

　　汪伪实业部 1943 年 9 月 7 日颁布《上海华商证券交易所经纪人登记规则》中规定，经纪人领到执照开始业务前，应缴存保证金 50 万元，以现金与代用证券各半缴纳，由交易所收交实业部指定银行保管，并由保管银行给予存证。[②]

　　在 1945 年 1 月开做的便期交易中，规定对经纪人征收本证据金与追加证据金，同时提出现品提交。本证据金依照每种股票之存帐差额征收，如自愿两存者，双方征收，其征收率为记账价银的 30%，均在交割清楚后发还。本证据金之半数可以代用品缴纳，其余半数以现金缴纳，代用品之种类及代用价格由该所随时酌定公布。后改成 20% 为现金，其余 80% 为代用品。追加证据金，如每种股票成交价银比当日记账价银亏损时，向损者一方征收，其征收额与亏损之数同，概以现金缴纳，迨损额回复时，或交割清楚后发还。现品提交，免缴各种证据金，惟须于收市后三小时内报告该所，逾时概不受理。[③]

① 上海市档案馆编：《旧中国的股份制（1868～1949 年）》，北京：中国档案馆出版社 1996 年版，第 423～425 页。

② 中国第二历史档案馆馆藏档案：档号 2003～3715。

③ 杨德惠：《上海的华股市场（下）》，《商业月报》第 22 卷第 2 号（1946 年 6 月）。

　　1946 年 9 月,上海证券交易所建立后,规定经纪人应交纳保证金于本所,必要时本所可令缴纳"交易证据金"。保证金根据交易所营业,分债券及股票两种,每种定为国币五千万元。40% 缴纳现款;其余 60% 以有价证券或房地产充之;但房地产不得超过 30%。此项有价证券或房地产跌价满二成时,经纪人应如限补缴现款。①

　　1947 年 3 月 13 日,上海证券交易所为保障证券委托人及经纪人利益,制定成交单证明暂行办法,规定委托人可要求经纪人取得经办证明的成交单,经纪人不得拒绝,如若拒绝,委托人可直接请交易所稽核科证明。未能获得交易所证明的成交单,倘发生纠葛,委托人不得向交易所请求对该经纪人缴所保证金主张优先权。② 同日,鉴于股市涨势不止,为防止价格过渡波动,稳定市场,上海证券交易所特于午间公告,自即日后市起,征收递交交易买方特别证据金 10%。③ 3 月 20 日,又召开临时常务理事会议,决定取消买卖特别证据金。④

　　1948 年 1 月 26 日,证券交易所奉财政部、经济部通知,因市场动荡,股价增高,为保障市场安全及客户利益,将经纪人保证金从过去的 5 千万元,提高到 2 亿元,而各经纪人的资本额至少应为国币 5 亿元,凡资本不足新限额者,责令增加。且规定增加保证金部分,应于文到之日限 1 个月内办竣;增加资本部分,则限于文到之日起三个月内办竣,逾限不办,吊销执照。⑤ 5 月 4 日,财政、经济两部进一步批示增资方式:(一)法人经纪人应划拨经营证券业务之基金至少国币 5 亿元,(二)个人经纪人资本 5 亿元一律以现金增足。5 月 5 日公告办理,规定各法人经纪人,其因证券业务资金并不划分无法单独增资者,应遵(一)项办法办理,检具证件报所,个人经纪人增资未以现金增足者,应即以现金增足,编送增资后之资产负债表暨行庄收款证件一并报所备核。⑥

　　1949 年 2 月 5 日,经行政院第 41 次会议决议,通过准予上海证券交易所复业,并公布了复业办法 11 条,其中规定,上海证券交易所现有经纪人,其资本应重行调整,并不得少于 50 万金圆。经纪人保证金分债券、股票两种,各为 30 万金圆,40% 为现金,其余 60% 以上市政府债券或国营事业股票抵充。经纪人接

---

① 《上海证券交易所复业前后》,《财政评论》第 15 卷第 4 期(1946 年 10 月)。
② 《上海证券交易所通告订定成交单证明暂行办法》,《金融周报》第 16 卷第 12 期(1947 年 3 月 19 日出版)。
③ 《市况分析》,《证券市场》第 1 卷第 9 期(1947 年 3 月 15 日)。
④ 任建树主编:《现代上海大事记》,上海:上海辞书出版社 1996 年版,第 978 页。
⑤ 《一月金融动态(1948 年 1 月)》,《钱业月报》第 19 卷第 2 号(1948 年 2 月)。
⑥ 上海市档案馆馆藏档案:档号:Q327—1—5。

收客户买卖应填明客户真实姓名及住址,不得隐匿,并不得接公务员或交易所职员委托的买卖。经纪人经营场外交易,经查实后除移法院依法就办外,并应由财政部工商部撤销其营业执照。①

总之,证券市场中的保证金制度就是为了规避市场风险,防范证券投机而采取的一项对证券经纪人进行严格监管的制度。从整个近代上海华商证券市场上存在的各个交易所来看,都非常重视这一制度的建立和完善,然而,在实际的市场运行过程中,这一制度却并未真正达到抑制证券投机的目的。原因主要在于保证金比例的规定不合理,大大低于市场涨跌幅度的变动,无法有效遏制过度投机。

五、对证券经纪人的违规处罚管理

在各证券交易所的营业细则中均规定有"违约处分及赔偿责任"一章,对经纪人的违规处罚是相当严格的。

1933年7月,统一后的上海华商证券交易所规定,买卖当事者如不履行交割,或不依限缴纳交易证据金、经手费、损失金、计算差金等,该经纪人应受违约处分。②

1946年上海证券交易所筹备复业中,颁布了《上海市证券交易市场筹备委员会规定经纪人通则》:凡有下列各款情事之一者,不得为经纪人:无行为能力者,受破产之宣告者,褫夺公权尚未恢复者,处一年以上之徒刑在执行完毕或赦免后未满五年者,依交易所法之规定,被处刑罚在执行完毕或赦免后未满五年者,在交易所受除名处分后未满五年者。经纪人不得兼营同类业务,并不得为他经纪人之董事、无限责任公司股东或合伙人。经纪人不得转让,如无意经营时应申请废业,法人之代表人须经交易所同意方准更换。同时还规定,凡申请人经审查后认为不合格者,在一年内不得再申请为经纪人。经纪人申请书及其履历书填报之事项,不论何时发现有不实之情,随时撤销其经纪人资格,并永远不得再申请为经纪人。③

按照"暂行营业细则"规定,对经纪人有下列限制:经纪人不得兼营同类业

---

① 上海市档案馆馆藏档案:档号:Q327—1—5。
② 上海市档案馆编:《旧中国的股份制(1868—1949年)》,北京:中国档案出版社1996年版,第427~429页。
③ 以下内容系根据档案资料整理而得,见中国第二历史档案馆馆藏档案:档号:三(2)—3187。

务,并不得为他经纪人之董事,无限责任股东,或合伙人。经纪人不得兼充其他交易所经纪人。经纪人不得转让;如无意营业时,应报由本所转请财政、经济两部,撤销注册原案,缴销执照。经纪人不得收受外界存款;对委托人预缴款项,或委托代售证券所得之款项,均不得付给利息。[①]

上海证券交易所的经纪人,除法人经纪人应具有合法之组织外,个人经纪人只认个人不认字号,个人经纪人可以组织各种形式的证券字号,或股份制,或合伙制,交易所不予过问,也不强制个人经纪人陈报所办证券字号名称。同时为防止出租或转让牌号,个人经纪人应以"上海证券交易所第××号经纪人×××"名义营业,不得另立字号,并不得以字号名义对所方或对外,如有违反,停止其营业或吊销其执照。经纪人如有出租或转让牌号之事,一经查实,即行呈部吊销执照。[②]

总之,从以上近代上海华商各证券交易所的组织结构与对经纪人的种种监管规则来看,作为证券市场的一线组织,近代上海的各证券交易所在其发展过程中,逐步形成了自律监管的一系列规则,然而,这些规则在市场的实际运作中却并未完全发挥应有的作用,主要因为当时的证券交易所采取的是的股份公司制组织形式,公司制证券交易所以营利为目的,它是由各类出资人共同投资入股建立起来的公司法人。公司制证券交易所对在本所内的证券交易负有担保责任。正因为如此,在巨大的利益诱惑下,常常放任经纪人的违法违规行为。

第二节　证券经纪人公会的自律管理

在市场经济条件下,政府对经济一般实行宏观调控,不直接管理工商企业,由工商企业实行行业管理。各行业都有自己的同业公会,或者行业协会。行业成员自己组织起来,成立社团,自己管理自己,解决行业内部的竞争、纠纷、协调等问题,维护经济秩序。行业自律的最大优点就是,可以补充政府政策、法律不足之处,从一定的角度上讲,行业自律往往会比政府管理更有效,能够管理到行业中法律所不能达到的地方。

近代上海证券市场从产生以来,自律管理就在其中起了极为重要的作用,可

---

① 陈善政主编:《证券内容专刊》(1946 年 9 月 16 日),第 97 页。
② 上海市档案馆馆藏档案:档号:Q327—1—292。

以说是先有自律管理,后有国家监管,早在《证券交易所法》颁布以前,上海的证券市场就经历了公会时代。1914 年成立的上海股票商业公会,加入会员 12 家,后增至 60 家,当时的上海股票商业公会,主要实施自律管理,对股票买卖订有规则十条,由参加各会员自觉遵守。

经纪人公会是一个由在证券市场上从事交易活动的经纪人自己建立起来的自律管理机构。经纪人公会的职责主要是协助证券交易所执行政府的政策,代表各经纪人向交易所及政府反映经纪人对政府政策的意见,以及维护会员间的公平交易环境、保护投资者利益、保证公平的证券交易、促进证券行业的深入发展。在近代上海先后建立的华商各证券交易所中都有经纪人公会这一组织,下面我们将对不同时期的证券交易所内部所建立的经纪人公会的自律管理情况做一介绍。

一、抗日战争前的上海各证券交易所经纪人公会

在抗日战争以前,无论是上海证券物品交易所(1920 年 7 月～1933 年 5 月),上海华商证券交易所(1921 年 1 月～1933 年 5 月),还是 1933 年 6 月统一后的上海华商证券交易所,均无一例外地在其营业细则中规定,经纪人为增进其营业上共同利益及矫正一切弊害而组织经纪人公会,不过,经纪人公会所定之规约与规定及议决事项,均须经证券交易所认可,所方若认为不适当时,可令其一部或全部更正,必要时,证券交易所有权撤销以前之认可。同时证券交易所认为必要时,可列席经纪人公会之各种会议。经纪人公会关于交易事项应答复证券交易所之咨询或陈述其意见。这就明确规定了证券经纪人公会的性质是隶属于证券交易所的咨询机构。

1920 年 7 月上海证券物品交易所成立后,该所经纪人,证券部有 40 人,棉花、棉纱两部各 35 人,杂粮部 31 人,总数实为 90 人,因为其中有许多经纪人兼做二三种交易。[①] 对此,交易所即在内部建立起经纪人公会,作为对经纪人进行自律管理的重要组织,并制定了公会规约,规定会员会费,每人每年纳银 30 元。[②] 经纪人公会必须服从交易所的领导,其所制定的规约及决议事项必须经交易所承认后方可施行,当交易所认为必要时,得列席公会之会议。由于证券物品交易所是一个综合性交易所,因此,其经纪人公会又分别交易种类设立各部。

---

① 《证券物品交易所股东会纪》,《申报》1921 年 1 月 17 日。
② 《证券物品交易所消息》,《申报》1920 年 7 月 7 日。

如经纪人公会证券部,即负责对证券类经纪人的自律管理。① 同时,上海证券物品交易所又根据营业细则所规定的审查委员之资格,拟定了《审查委员规程》规定,审查委员依照各部经纪人之名额,定为半数以内,从经纪人中,依无记名投票法选举;其职责是选择本所标准物件,及其代用物件,当交易上遇有争议时,由所方指定 5 名以上审查员充当公断会之公断员;审查委员任期一年,经纪人无正当理由,不得辞审查员之职。②

而上海华商证券交易所的经纪人公会,到南京国民政府建立以后,1929 年 6 月,呈报上海市社会局备案,扩大组织成立了上海华商证券业同业公会,并加入上海市商会为会员,制定《上海市证券业同业公会章程》共 6 章 22 条,据此可知,该公会是由上海华商经营证券业务之公司商号所组织,定名为上海市证券业同业公会,简称上海证券业公会,事务所设于上海汉口路证券里。公会宗旨:一、联合在会同业研究业务及经济事项;二、提倡互助,促进证券业务之发达;三、矫正营业上之弊害;四、调查国内外发行之政府公债、地方公债及公司债、公司股票,本公会依照部颁工商同业公会规则第六条之规定,不以本公会名义而为营利事业。会员资格:凡在上海华商证券交易所充当经纪人之公司商号皆为本公会会员,具体为具有下列资格之一者可加入本会为会员:一、专营买卖股票、公债票及各项有价证券之公司商号;二、兼营买卖股票、公债票及各项有价证券之公司、商号而特设证券部者;三、现充或曾充证券交易所之理事、监察或经纪人,资望素乎,能为同业谋利者。具有前项各款资格而欲入会者,经会员二人以上之介绍,并填具自愿书送请公会审查通过,照章缴费后即可成为公会会员。凡入会的公司或商号应推定一人为代表,行使会员权利,其代表人以有权代表各该公司商号之重要职员充任,每一会员有一选举权及被选举权。③ 1933 年 6 月,统一后的上海华商证券交易所,仍沿袭这一组织体系。

不过真正起作用的还是证券交易所中的经纪人公会,他是由经纪人自己组织起来的组织,自己管理自己,解决行业内部的竞争、管理、纠纷、协调等问题,维护经济秩序。据资料的不完全显示,在抗日战争前的证券经纪人公会主要活动如下:

调节处理证券交易中的纠纷,如 1921 年 2～3 月间,上海证券物品交易所经纪人公会为解决因在本所股买卖中买进一方违约造成卖方亏损问题,就由会长

① 上海市档案馆编:《旧上海的证券交易所》,上海:上海古籍出版社 1992 年版,第 41 页。
② 《交易所订定审查委员规程》,《申报》1920 年 8 月 13 日。
③ 上海市档案馆馆藏档案:档号:R1—14—415。

顾文耀连续召开了六次证券部经纪人会员大会进行协调,最后达成和解:除由违约者交出现金 50 万元外,再令违约者出洋 50 万元,并由本所负责将盐余公债 100 万元抵作现金 50 万元,连同违约者之代用品 150 万元赔偿于被违约者,以不交股票作为了结。[1]

对证券交易中出现的问题提出建议,如 1922 年初,沪市金融公债市价因万元票面过巨,影响市场交易,致使万元票每百元售价不过 61 元,与千百元票每百元市价 66～68 元相比,相差 5％～6％,即万元票一张差价达 500～600 元。为此,1 月 21 日,上海股票同业成丰股票公司、东方股票公司、上海中国股票公司等 22 家致函钱业公会,恳请其转呈内国公债局,按照金融公债万元票号码,每号分印千元票十张,准令商民将万元票呈缴,对照原号如数换给,其印刷手续各费由换票人随票呈缴。1 月 22 日上海钱业公会致函上海股票同业 22 家,以公会既非同业又非核转机关,不能为越俎之论而给予拒绝。[2]

代表经纪人利益,反映经纪人的困难,当 1936 年 1 月 28 日,上海证券市场发生公债价格波动时,29 日晨华商证券交易所奉财政部谕发出通告,自 1 月 29 日起,买卖债券,卖方须一律现品提交,在 1 月 29 日以前,各经纪人卖方交易,亦应将债券送所,办理现品提交。对此,当日下午 1 时,华商证券交易所经纪人公会,即在该所召集全体经纪人会议,为提交现货会商补救办法,讨论部令现品提交问题,认为部令固当遵照,但在实际交易中难以实施,因为外埠委托卖出者,现货并不在沪,以及经营套利者,近期买进,远期卖出,两者均无现货可交。于是公推贺培元、朱安甫、裴良圭三代表,向证券交易所理事会提出意见,请转向财政部恳请曲予谅鉴,除可以现品提交者提交现品外,对上述实在苦衷,准予缓行,以资补救。在其请求下,交易所理事会答应向财政部陈述。[3]

统一公债发行后,1936 年 2 月 15 日,财政部令上海华商证券交易所于 17 日开市,由于统一公债票,尚未印竣,新旧票调换事宜,亦未开始办理,规定开市后只做了结,暂停开做新交易,以免交割时,发生窒碍。对此,经纪人公会 16 日下午二时,召集临时全体经纪人大会要求补救,由贺培元主席,对于开市后只做了结,停做交易及现货买卖等问题,经长时间讨论,以财政部命令,自当遵守,惟对于各经纪人冲账交易,以及开市后市价之变动,均有困难,议决补救办法二点:(一)要求开放新买进并平准市价;(二)请示取消现品提交,并推贺培元等代表谒

① 上海市档案馆编:《旧上海的证券交易所》,上海:上海古籍出版社 1992 年版,第 111～116 页。
② 上海市档案馆馆藏档案:档号:S174—2—54。
③《债券变动剧烈及财部取缔投机之经过》,《金融周报》第 1 卷第 6 期(1936 年 2 月 5 日)。

晤交易所理事长张慰如,面请转呈财政部,予以补救。①

据调查,1936 年度华商证券交易所因受发行统一公债之影响,交易较前锐减,经纪人中之规模较小者,迄难立足,一年中改组及停业者,计 16 家。②

综上所述,抗日战争前的上海各证券交易所内部均建立有经纪人公会,作为协调经纪人与客户、经纪人之间的自律组织,同时到 1929 年 6 月后,又在这一组织基础上扩大建立了上海华商证券业同业公会,参加人员除华商证券交易所的经纪人外,还增加了有资望,能为同业谋利的现任或曾任证券交易所的理事、监察或经纪人,并且该组织还加入了上海市商会,成为了商会会员。尽管如此,真正起到辅助证券交易所实施对经纪人进行自律管理作用的还是证券交易所内部的经纪人公会。

二、抗日战争时期的证券业自律管理

抗日战争时期,上海华商证券交易市场的自律组织很不完善,据 1944 年 3 月日伪上海特别市经济警察第一大队的调查,上海市共有 146 家证券字号,其中有 5 家正在申请开办中,1 家暂停营业。③ 然而,对于这众多的经纪人,却一直没有一个有效的自律组织加以管理。因为这一时期的同业公会处于不断的纷争中,直到抗日战争结束也未真正建立,更未起到应有的作用。

1942 年 7 月~1943 年 1 月,早在伪华商证券交易所成立以前,就发生了伪华商股票业同业公会与伪证券业同业公会的争执。1942 年 7 月 24 日,当上海华商股票市场迅猛发展之时,股票商们鉴于各家股票公司各自为政,影响同业发展,为谋业务统一,由兴业股票公司、长城股票公司、永昌股票公司、中华股票公司、中国股票公司等 19 家同业,发起组织上海市华商股票业同业公会,并推选俞明时、张孝贤、徐继安、郑学浩、郑家驹、姚兆瑭、王瀛生等 7 人为筹备委员,分别呈报上海特别市社会运动指导委员会及上海公共租界工部局备案,同时又遵照伪政府"修正人民团体组织方案"的规定,呈请上海特别市政府批准。8 月 1 日,张德钦、金涌甘、诸尚一、毛家华等又提出申请组织上海特别市证券业同业公会,经伪社会局调查,认为其性质与俞明时等申请组织的华商股票业同业公会相同,令双方合并。8 月 14 日,由伪社会局召开联络会,议决合并组

---

① 《财部令证券交易所照常开市》,《金融周报》第 1 卷第 8 期(1936 年 2 月 19 日)。
② 《国内外金融经济概况·内债》,《中行月刊》第 14 卷第 4 期(1937 年 4 月份)。
③ 上海市档案馆馆藏档案:档号:R27—118。

织,并派俞明时、张德钦等 9 人为筹备员,指定俞明时为第一次筹备会召集人,定名"华商股票业同业公会",准予颁发许可证书。8 月 25 日,召集筹备会,推定俞明时为筹备主任。9 月 19 日,筹备完竣,定于 23 日开成立大会。然而,9 月 22 日,兴亚院财务官小原、书记官花水却以日本军部竭力取缔投机,此项组织足以燎起投机之风为由加以拒绝,小原财务官进而认为,汪伪实业部颁布之管理股票商条例,日本方面意见正由大使馆与实业部交涉中,令饬暂停进行。与此同时,张文焕等又呈请汪伪政府实业部,认为早在 1929 年就已经成立了证券业同业公会,且已向上海市商会登记,手续完备,只因 1937 年"八·一三"事变后战事关系,会务才被迫停顿。根据《工商同业公会法》的规定,在同一区域内,一业以一会为限,认为无重复设立理由,要求伪实业部转咨上海特别市社会运动指导委员会撤销上海特别市华商股票业同业公会筹备处所领之许可证,并制止其非法活动。①

　　这样一来,1942 年 11 月 2 日,伪实业部即以新、旧组织纠纷为由,要求伪上海特别市政府令伪上海特别市社会运动指导委员会加以处理,使其合并组织。最后,在调解无效的情况下,只得令"华商股票业"及"证券业"两同业公会暂缓进行,并面饬张文焕等所主持之前"上海市证券业同业公会"停止活动。

　　1943 年 7 月,中央信托股份有限公司等又代表已经汪伪政府核准复业的中央信托股份有限公司等 35 家股票业商向伪上海市经济局呈请由全体业商自动联合,依照现行条例请求准予组织华商股票业同业公会。经伪上海市经济局转呈伪市政府请求予以批准。伪上海市政府对此的批复是已转呈请伪实业、财政两部,需等候两部核示。此事后因伪上海华商证券交易所筹备复业在即而未获批准。② 当伪华商证券交易所恢复后,1944 年 4 月 5 日,张文焕再次以上海特别市证券业同业公会主席的身份呈文实业部,以原选执监委员任期届满,亟须召开大会照章改选,呈请伪实业部鉴核批示。4 月 25 日,实业部咨文伪上海市政府,询问公会是否呈经市政府准予恢复会务。而上海特别市政府在 5 月 25 日的呈文中称,据经济局的调查,该证券业同业公会经过 1942 年 9 月~1943 年 1 月纷争,暂缓进行后,并未据报正式成立,至于已否准予恢复会务一节,亦无案可稽。因此,6 月 21 日,伪实业部批令,要求伪上海特别市证券业同业公会,将其成立经过及情形详实陈明,先呈地方主管官署,再转呈来部再行核办。③

---

① 上海市档案馆馆藏档案,档号:R1—14—415。
② 上海市档案馆馆藏档案:档号:R1—14—340。
③ 中国第二历史档案馆馆藏档案:档号:2012—2336。

　　与此同时,上海华商证券交易所经纪人同业公会筹备委员会却得到伪上海特别市经济局的批示,3月26日,以康学源为筹备主任的筹备会成立,5月9日,在银行公会举行成立大会,伪市经济局派员出席,当场通过会章,并投票选举康学源为理事长,选出理事18人,监事7人,候补理事7人,候补监事3人,并召开第一次理监事联席会议,推出6人为常务理事。当张文焕得此消息后,立即于5月10日以伪上海华商证券交易所的名义呈请伪实业部予以取缔,认为根据《交易所法》规定,交易所经纪人是隶属于交易所的特种商人,与普通商人不同,应服从交易所监督,因此,不得依普通法规组织同业公会。抗日战争前该所旧营业细则第三章明定交易所可列席公会各种会议,公会所定规约及议决事项须经交易所认可,若认为不当得令更正,必要时可取消公会所议决的交易事项,可见当时的经纪人公会只是交易所内部的一种组织,属咨询建议机关性质,而非独立性质的同业公会。而重新恢复的华商证券交易所制定的新营业细则,即将公会一章删去,并于1943年8月呈部核准施行。因此,属所之经纪人现在早已丧失组织公会之根据。5月23日,实业部咨文伪上海特别市政府,认为:“交易所经纪人,乃交易所内部组织之特种商人,自与普通工商业之商人性质完全不同,自无组织公会之必要,又查同业公会皆以所经营之物品或业务为名称(例如,五金业、棉花业等)。经纪人并非物品或业务之名称,自不应组织同业公会,复查上海证券同业公会前据呈报恢复组织,业经转咨贵市政府查复核办在案,经纪人所营业务,已包括证券业之内,按《工商业同业公会暂行条例》第七条规定,同一县市或特别市内之同业设立公会,应以一会为限,经纪人更无另组公会理由,经济局贸然准其备案,实足引起纠纷,特请贵市政府转饬该经济局,即将该经纪人同业公会予以解散。”到1945年1月8日,上海特别市华商证券交易所经纪人同业公会理事长康学源呈上海特别市经济局转呈实业部,表示愿意与证券业同业公会完全合作,要求实业部重加核议,免予解散。2月8日,实业部咨文上海特别市政府,令其查核证券交易所经纪人同业公会是否与证券业同业公会取得联络一事。4月7日,伪上海特别市政府呈复伪实业部,认为两会已取得联络。但伪实业部对此表示怀疑,要求再次查照明确。① 此后不久,日本投降,抗日战争即告结束。

　　由上可见,在抗日战争期间,无论是证券业同业公会、华商股票业同业公会,还是此后的证券交易所经纪人同业公会,都没有得到汪伪政府的批准,当然也就没有起到应有的辅助交易所自律管理的作用。上海证券市场的自律管理主要是通过伪华商证券交易所来运作的。

---

① 中国第二历史档案馆馆藏档案:档号:2012—2340。

三、抗日战争胜利后的上海证券交易所经纪人公会

抗日战争结束后,财政部特派员办公处为整饬彻查上海证券市场业务,一方面派员前往交易所查核账目,一方面由上海市社会局派员协助办理证券业同业公会的整理和同业登记等工作。1946 年 3 月 25 日,上海市证券业同业公会常务理事俞明时等向财政部驻京沪区财政金融特派员办公处呈请,以平日接受客户委托代理买卖证券实为经纪商号性质,无投机作用,自非违法行为,请体恤商艰,即日撤回禁令,准予复业。4 月 24 日,财政部驻京沪区财政金融特派员办公处即转呈财政部鉴夺。[①] 很快获得批准,新成立的证券同业公会随即备文向政府申请恢复正当营业,以谋全沪证券业之正当发展。1946 年 6 月初,当政府批准上海证券交易所筹备复业后,6 月 4 日,上海市证券业同业公会为协助证券市场开业,举行第 6 次常务理事会,提出两点意见:一、希望证券经纪人就公会会员中选择;二、未经上市之股票由公会所属各会员自由经营。[②] 此后,证券业同业公会还去函证交筹委会,就有关经纪人的申请问题提出三点建议:(1)申请经纪人时,其中代理人一项,候经纪人资格核准后,再行申请。(2)申请为法人经纪人者,审查手续应特别严格。(3)应缴保证金,对现金部分,希望酌减,同时增替代用品。得到筹委会的口头答复:第一点意见可予采纳。第二点本已有严格规定,应毋庸议。第三点意见,证交章则,业经财经两部核准在案,未便照办。[③]

1946 年 9 月,上海证券交易所复业后,其营业细则中明确规定,在证券交易所从事经营活动的经纪人,为增进其营业上共同利益,矫正一切弊害,应组织经纪人公会;并报请财政、经济两部核准备案。凡本所经纪人,均为经纪人公会会员。经纪人公会所定之规约与规定,及决议事项,须经上海证券交易所认可,方得施行。经纪人公会关于交易事项,应答复所方咨询,或陈述其意见。[④] 总之,经纪人公会,一方面为营业谋改进,为会员谋利益,一方面又与交易所休戚相关,有不可分离之利害关系。其组织极为重要,其措施,其政策,更须与交易所密切合作。

10 月 19 日,上海证券交易所经纪人公会在上海证券大楼二楼召开大会,宣

---

① 中国第二历史档案馆馆藏档案:档号:三(2)—3187。
②《华商证券交易所筹备开业》,《金融周报》第 14 卷第 24 期(1946 年 6 月 12 日)。
③《证交开拍筹备近讯》,《金融周报》第 15 卷第 4 期(1946 年 7 月 24 日)。
④《上海证券交易所复业前后》,《财政评论》第 15 卷第 4 期(1946 年 10 月)。

告正式成立。参加者有上海证券交易所理事俞寰澄、庄叔豪、总经理王志莘、经理陈绩孙、财政部派驻证交监理员王鳌堂,及各经纪人等180余人。选出理事陈静民等25人,候补理事11人,监事7人,候补监事3人。该会一经成立,即做出三项决议:(一)请理监事积极进行恢复客户之对讲电话。(二)请证交改善交割办法,务使价款付齐后,当日收到股票。(三)早日恢复一星期之便交制度。[①]

10月31日,召开第一次理监事联席会议,选陈静民、俞明时等9人为常务理事,阮公纯为常驻监事,并推陈静明为理事长。陈静民是法人经纪人交通银行的代表,这多少反映这个人民社团的某种性质。[②]

《上海证券交易所经纪人公会章程》共七章49条,经会员大会通过后,送经上海证券交易所认可,代呈经济、财政部备案后施行。其中规定经纪人公会办理的主要会务为:对会员间或会员与非会员间争议进行调解;执行上海证券交易所暂行营业细则规定之公断与评议;对有关业务的研究与调查统计以及有关证券交易所法规及办法之研究改善与建议;制定会员对委托人收取佣金标准、会员业务规约;维持会员纪律,维护会员权利,举办会员福利事业。[③]

1947年7月,上海市社会局接获经济部训令,不准本市证券商业同业公会所属之证券字号向社会局申请商业登记:"据报载,上海证券商业同业公会,责令所属证券字号,按其性质,依公司法或商业登记法向社会局申请登记等语。查该业公会尚未经本部核准备案,而证券字号系属特种营业,除已核准上海证券交易所之经纪人得依照公司法或商业登记法办理登记外,至非证券交易所之经纪人而经营上项业务者,本部概未便核准登记。根据报载各节,如果属实,关于非经纪人之证券字号,应一律停办登记,仍候妥筹办法,再行饬遵。"[④]

1948年2月28日召开第二届经纪人公会会员大会,改选理监事,穆壮武、杨长和、沈光衍等25人当选为理事,陈国华、苏佩昭、俞明岳等9人为候补理事,陈静民、吴仕森等7人为监事,吴志廉等3人为候补监事,公推王乃徐为理事长。[⑤]

上海证券交易所经纪人公会主要从事的工作,根据经纪人公会理事长陈静民在1947年2月22日举行常年会员大会的报告可知,该会从1946年10月19

---

① 《证交经纪人公会正式成立》,《证券市场》第1卷第1期(1946年11月15日)。
② 竹云龙:《上海证券市场》,《经济评论》第1卷第8期(1947年5月24日)。
③ 上海市档案馆馆藏档案:档号:Q327—1—43。
④ 《非经纪人之证券号不准请求商业登记——经济部训令社会局饬遵》,《证券市场》第2卷第5期(1947年7月15日)。
⑤ 上海市档案馆馆藏档案:档号:Q327—1—43。

日正式成立以来的三个月,其所有工作集中于以下几个方面:一、申请发还公债部分保证金。二、申请发还身份保证金2千万元调换银行保证。三、请求免缴号码电灯保证金及电话押柜。四、改善交付经手费。五、恢复电话。六、改善交割办法。七、取缔虚挂牌价。八、请求早日开做递延交割。九、统一纳税问题,(另组纳税研究会统筹办理)。十、函请交易所公告会员买卖额。十一、确定经纪人地位。十二、调整市场柜台。十三、佣金及奖励金问题(请减半收取佣金及奖励金以八五折扣计算)。十四、装置播音器。十五、股票过户问题(组织股票研究会讨论具体办法)。十六、申请贷款。十七、改变星期六对账时间。十八、改善收盘行市问题(在未改善办法以前,暂以最后成交价格为收盘行市)。[①] 而在以上工作中,最主要的集中在发还公债部分保证金与申请将身份保证金现金部分改用银行书面保证两方面。

1946年9月上海证券交易所建立后,证券市场遭受了两个月的惨跌,于是交易所请求政府当局开拍递延交割以为挽救,对于此项政策,经纪人公会积极献计献策,向交易所提出四点建议:(1)应改为每星期四上午即开做递延交易,以便客户可循环套利。(2)所缴代用品保证金应放宽限度,增加道契及未上市股票等。(3)递延交易额在1亿5千万元内,勿缴证据金。(4)递延交易之同种类与不同种类买卖应予轧过。证券交易所表示原则上接受,其中,有关递交时间的建议很快被采纳,从11月21日起,每期递交自星期四上午开做。至于保证金问题,则须由证券交易所常务理事会议决,呈经济部核准。[②]

1946年10月,因证券业务清淡,高利贷严重,各证券经纪人深感应付为难,均陷入不敷出境况,大约每经纪人每月至少开支约需1千万元,而平均营业收入每月只有300万元左右,收支两抵约亏700万元,而资本拆息还不计在内,实属赔累太巨,经调查,经纪人每家资本,普通约在6千万元左右,经支付保证金后,已属再无余资运用。面对此景,为解燃眉之急,11月14日,经纪人公会代表经纪人致函上海证券交易所,由于债券市场开拍无期,请将会员所缴债券市场保证金暂予普遍发还。之后,经经纪人公会、证券交易所与中央银行国库局、财政、经济两部反复交涉,到12月,终于得到财政、经济两部批准,陆续将各经纪人债券保证金发还。[③]

---

① 《证交经纪人公会召开常年会员大会——陈理事长报告工作概况》,《证券市场》第1卷第8期(1947年2月28日)。

② 杨德惠:《现阶段上海证券市场》,《商业月报》第22卷第7号(1946年11月)。

③ 上海市档案馆馆藏档案:档号:Q327—1—293。

1946 年 11 月,经纪人公会还向证券交易所请求修改营业细则第 67 条,将经纪人保证金现金部分 2 千万元改为其他代用品,或保证准备与现金部分两共 5 千万元,全部改为银行保证,提供保证的代用品除已核准上市证券外,请暂行指定房地产、公债与尚在审议中之未上市股票或其他公司债券。①

经纪人公会为缴纳保证金每市场五千万元,函请全部改用银行书面保证,经上海证券交易所呈请财政经济两部请示,得到两部批示,仍应维持原案:"查该件经纪人现金保证,仅占保证金 2/5,为数尚非甚巨,仍应维持原案。至保证金代用品部分,由中央银行指定沪市会员银行出具书面保证抵充,其期限姑准续展至本年(1947 年)四月底止,满期应依原规定办理。在续展书面保证期内,经纪人对于代用品,如愿以有价证券或房地产缴纳,仍准照办。"而关于递延交割交易,对于经纪人应缴之本证据金代用品部分,经呈准变通,由央行指定之沪市会员银行 26 家及沪市钱商业同业公会,指定殷实钱庄 10 家,以书面保证抵充。此项办法,财经两部限制在 1947 年 1 月底为止。对此,财经两部同样批示,继续展至 1947 年四月底止,期满仍须依照原规定,以有价证券缴纳。②

1947 年 1 月 14 日,经纪人公会应会员冯仲卿、张国勋等联名请求,召开临时会员大会,由理事长陈静民任主席,就理事会对(一)身份保证金二千万元问题,(二)递延交割证据金问题,发表书面报告,并展开热烈讨论,综合各方面意见,认为:(一)三千万元代用品之银行书面保证,将于本月底到期,应请展延。(二)二千万元现金证金应速发还,改为代用品或银行书面证金。(三)递交之三成证金,应予取消。最后决议推派姚志成等五人为促进委员,协助理监事向证交办理交涉。③

这一要求一直没有得到批准,5 月,当经纪人保证金代用品部分及递延交割交易本证据金代用品部分改用指定行庄书面保证办法期限届满,经纪人公会呈请展延施行时,5 月 16 日,财政经济部通知:所有该所经纪人保证金代用品部分及递交交易本证据金代用品部分均应改用美金债券缴纳,并按票面金额以七折计算,至原订书面保证办法应即于文到之日废止。遭到经纪人的一致反对,各经纪人以保证金代用品部分及递交本证据金代用品部分全部改缴美金债券,深感为难,群情惶急,并于当天深夜集议到交易所请愿。5 月 17 日,虽按时开市并延

① 上海市档案馆馆藏档案:档号:Q327—1—270。

② 《经纪人现金证金维持原案,书面保证办法展至四月底止》,《证券市场》第 1 卷第 8 期(1947 年 2 月 28 日)。

③ 《证交经纪人临时大会讨论证金问题,提出三项要求》,《证券市场》第 1 卷第 5、6 期(1947 年 1 月 31 日)。

长集会时间至下午 12 时 30 分,但各经纪人均未做成交易。经纪人公会于 5 月 17 日致函交易所,提出"各经纪人为拥护政府推行经济施策,愿将保证金代用品部分之 3 千万元认购美金债券,至于递交本证据金代用品部分请依照现行贵所营业细则之规定仍将有价证券(即目前上市之 26 种股票)与美金债券(按照票面金额)并行缴纳抵充",然而,5 月 31 日,财政、经济部给予了坚决的否定,要求限期严格执行:"该所经纪人竟有妄加推测,藉罢市以为要挟者,殊有未合,应由该处会同交易所切实传谕诰诫,嗣后市场营业务须遵守政府法令,不得擅自罢市,藉端要挟引起不良影响,如有故犯准由该处查明为首,鼓动及滋事之经纪人据实呈报,定予严惩不贷,至各该代用品改用美金债券缴纳一节,仍应遵照前令办理,惟举办之初,经纪人在手续方面或尚有准备不及情事,兹特规定关于保证金代用品改用美金债券部分,准如该交易所所拟,限于本年 5 月底前一律办理完竣,仍按票面金额七折计算,至递交交易本证据金代用品亦应以美金债券按照票面金额七折计算缴纳,在美金债券尚待洽购以前暂以现金缴纳抵充,仍限于 6 月 15 日以前洽购完妥,于 16 日起即须概以美金债券缴纳,绝不再事通融,各经纪人应知承销国家债券系属国民应有之义务,而交易所为特种营业,所有市场上一切事项,亦应遵守政府命令,毋得稍有违延,致干法办,上开规定应由该处督饬该交易所于文到之日公告遵行。"[①]最后,到 6 月 27 日,全体经纪人中除第 51 号经纪人莊崇周尚未照办,受到暂停入场交易处分外,其余各经济人均已遵照改缴美金公债券,并按票面七折计算。

此外,经纪人公会协助证券交易所对经纪人进行管理,如对经纪人倒闭歇业的协调工作,1946 年 11 月 7 日,新康证券号(证交第 164 号经纪人),因拥有信和纱厂多头 13 万股,及美亚等股,受股市再三下降,亏达 6 千余万元,无法维持,而告倒闭。证交对此第一步骤为停止入场,并委托 31 号经纪人陈静民(经纪人公会主席)代新康进行了结工作。[②]

1948 年 9 月 10 日,当国营事业股票开始发售的当天,经纪人公会即分别致电行政院财政部、工商部及上海证券交易所要求尽早恢复证券市场交易:"此次报载政府已限期完成国营事业改组股份有限公司,发行国营事业公司股票,其中一部分留充金圆券发行准备金外,其余三成则经由国家银行发售,此确为吸收游资之有效办法,本会全体经纪人鉴于以往之经验,以为欲求有价证券得能畅销,必须具备二大要素:一、受让便利;二、普及社会。倘此次国营事业公司股票不

① 上海市档案馆馆藏档案:档号:Q327—1—387。
②《新康证券号宣告清理》,《证券市场》第 1 卷第 1 期(1946 年 11 月 15 日)

经由证券交易所之公开买卖,恐因缺乏以上二大要素而影响发行。国营事业公司股票能得畅销与繁荣,在市场上有公开价格,间接尤足表示金圆券发行准备金之稳固,过去以推销短期国库券与上市厂商股票之经验,因具有以上二大要素而获得美满成绩,未来之国营事业公司股票与金圆公债之发行,如能运用证券交易所之纯熟推销技能,必有更优良之结果,自不待言。本会全体经纪人本爱国热诚,愿尽其天责以协助国策之推进,恳请早日准予复业,并迅将国营事业公司股票经由证券交易所公开出售,为游资辟一正当出路,俾社会经济能获安定,国计民生实利赖之。"①

由以上内容可知,在近代上海的证券市场发展历程中,虽然曾组织过证券业同业公会这样的组织,但在实际的运作中并未起到多大的作用,而真正起作用的是各证券交易所内部建立的经纪人公会,它是由经纪人为增进其营业上的共同利益及矫正弊害而组织的,并报请政府主管部门核准备案。通常情况下,凡是上海各证券交易所的经纪人,均为证券经纪人公会会员。经纪人公会所定之规约与规定,及决议事项,须经证券交易所认可,方得施行。经纪人公会关于交易事项,并应答复证券交易所之咨询,或陈述其意见。因此,近代上海证券市场中的经纪人公会是在证券交易所管辖范围之内的同业公会组织,并不具备独立的法人资格。

虽然证券交易所和经纪人公会作为证券行业的自律组织,担负着一线监管的职能,但由于这些自我管理机构只是以政府监管部门为核心的证券监管体系中的一个组成部分,而其自身亦为政府监管的对象,因此,在政府对证券市场的监管体系中仅起到辅助机构和有效补充的作用。相比之下,证券交易所是证券交易市场的组织者,在机构设置、规则制度、交易制度、管理职责等方面有着更为明细而严格的规定和更加紧密的管理约束,因此更具有正式制度安排的特征。而近代上海证券市场中的经纪人公会则并非二级市场的组织者和独立的法人组织,而且还隶属于各证券交易所,因此,在市场中的职能地位相对较弱,其自律规则也相对较为宽松,仅是一种辅助证券交易所的咨询机构,权力极为有限。这样,在整个自律管理体系职能分工方面,证券交易所则以管理严格、权力广泛的组织者、管理者形式出现,而经纪人公会的管理手段则相对灵活,为经纪人之间的利益协调留下更为宽阔的余地,并往往成为更为有效的调节经纪人与客户以及经纪人之间在非关键性问题中的矛盾与冲突。简单地说,经纪人公会的自律

---

① 上海市档案馆馆藏档案:档号:Q327—1—13。

管理既可以作为政府监管机构在证券行业管理领域中的前线延伸,又可以填补政府与证券交易所在其成文法规中所难以调节领域内的"管理空白"。此外,交易所的管理职权一般集中于交易市场,而经纪人公会则可触及到经纪人关系并促使其适度竞争。

结　语

　　本著作分别对近代上海华商证券市场的历史演进以及债券市场、股票市场的实际运作与市场管理,政府监管与行业自律的组织体系与管理模式,进行了分析研究后,我们可以对近代上海华商证券市场及其管理作出以下总体性评价。

一、近代上海华商证券市场发展演变的特点

　　从1872年中国近代第一只华商企业股票——轮船招商局股的发行,到1949年的上海证券交易所最终结束,作为近代上海证券市场主体的华商证券市场经历了近80年的经营发展,已经具有相当规模,成为近代中国最大的证券市场,它与拆借市场、票据市场、内汇市场、外汇市场和黄金市场等,共同构成了近代上海金融市场的有机整体。上海华商证券市场在上海金融市场中占据着重要的地位,是上海金融市场中不可或缺的资本市场,与其他金融市场相比,其投资者的范围十分广泛,既有银行、钱庄、工商企业等机构投资者,也有众多的散户投资者,所容纳的资金也不仅仅局限于上海一地,还有部分资金来自全国各地。在其历史演进中呈现出以下特点:

　　1. 发展道路的曲折性。通常情况下,西方国家的证券市场一般是先有发达的公债交易,然后才有发达的股票交易,而在经济近代化的进程中,一个国家或地区的证券市场应该是产业证券(包括企业股票与债券)与政府公债的有机统一,而且以工商产业证券始终居于证券市场的主体地位,而近代上海的华商证券市场却恰恰相反,从股票交易市场开始产生,到发达的政府债券市场,再发展到企业股票市场,而且,产业证券与政府公债处于此消彼长的对立状态,并且在相当长时期里以政府公债居主导地位。

　　2. 市场结构的不完整性。完备的有组织的证券市场,应该包括两个部分:

一是证券的发行,二是证券的流通交易。就本质而言,上海华商证券市场并不是一个完整意义上的发行与流通交易统一的市场,只是一个单一的二级证券交易市场。对于证券发行来说,政府公债的发行与产业证券的发行则呈现出极大的不平衡,前者虽由政府直接控制与管理,不属于上海华商证券市场的管辖范畴,但却异常繁荣,而后者虽是证券市场的主体部分,然而直到1949年上海华商证券市场的终结,也未真正建立,致使近代上海华商企业股票的发行一直处于分散状态。

3. 财政性与投机性并存,由此导致对工商业融资功能低下且不稳定。近代以来,中国中央政府(主要是北京政府与南京国民政府)的财政极度困难,入不敷出,不得不依靠发行公债来维持财政的平衡,特别是南京国民政府统治的前十年,更是将中国最大的金融中心和商业中心的上海作为劝募政府公债库券的主要地区,政府公债的发行量大大超过了企业股票的发行,致使政府公债在这段时间里不仅成为上海华商证券市场上的主要标的物,而且交易处于极度亢奋状态。证券交易市场的发展主要为政府公债的顺利发行提供了保障,起到了调剂政府财政盈亏的功能,疏导游资的功能。同扶持工商业发展相比,政府更加重视以种种手段吸引金融界与富有游资者投资公债库券。近代中国工商业产业证券发行机制不健全,企业股票则备受冷落,上市交易的企业股票不仅为数极少,且大多有行无市,使得企业通常难以较为稳定地通过证券市场筹措到必要的资金,证券市场的融资功能大打折扣,使证券市场成为投机的场所,其投机性远大于投资性。

通常情况下,证券市场是资本主义经济制度下,不可或缺的产业资金市场,为现代工商企业发展繁荣所必需,证券市场常被视为国民经济盛衰的晴雨表。股份制的产生、民族工商业的发展催生了近代上海华商证券市场的诞生,然而,华商证券市场的进一步发展却偏离了市场发展的轨道,长时期成为了政府公债的交易场所。即使是抗日战争爆发后,企业股票逐渐成为了华商证券市场的交易标的物,银钱业等投资者仍主要从事股票流通交易市场中的投机经营,而不是放在股票的发行市场上,致使股票发行一直处于分散状态,工商企业的筹资募股困难重重。近代上海华商证券市场并没有承担起促进产业成长的历史使命,反而成为消纳游资的主要场所。因而,没有起到促进近代中国民族产业经济发展的应有作用。

抗日战争爆发后,虽然上海华商证券市场标的物主体发生了重大变化,可是财政性的退位并没有导致真正资本市场的确立。由于战争的特殊原因,政府公债在上海华商证券市场上失去了往日的辉煌,逐渐让位于企业股票,抗日战争时的上海华商证券市场,特别是上海完全沦陷后,得到迅速发展与空前繁荣,但它却并非就是工商业发展繁荣的表现,由于日伪的殖民统治,上海的工商业陷入极度的衰退与崩溃的边缘,不少工厂、商业公司把经营重心转到从事牟取暴利的股票投机活动中,华商股票市场畸形繁荣的背后是工商业无路可走、上海游资充斥而出现的极度投机狂热,其投机性远大于投资意义,并没有真正发挥资本市场繁荣工商业的作用。

抗日战争胜利后,从表面上看,重新建立的上海证券交易所确实是以企业股票为主要的交易对象,从抗日战争前的财政性很强的公债市场向以企业股票为主的资本市场的转变已是顺理成章。然而,抗日战争胜利后上海华商证券市场实际运作证明:国民党政权倒行逆施,人心民意无足轻重,政局动荡不安,经济运作失序,稳定证券市场的基石不复存在,它理应承荷的吸收游资、辅助生产与建立现代资本市场的使命,最终难以实现。随着国民党统治的覆亡、国民经济的崩溃,近代上海华商证券市场的终结也不可避免。

二、上海华商证券市场管理中的制度特征

上海华商证券交易市场经历了近80年的历史发展,一方面市场的规模逐渐扩大,另一方面从形式上看其组织制度趋于完整,市场管理理应逐步规范。从其市场管理制度的沿革上讲,近代上海华商证券市场的管理制度逐步成熟,可以说与当时世界主要资本主义国家的证券市场管理制度基本一致。然而,由于近代上海证券市场是在近代中国的特定历史环境下,伴随着外国资本的入侵而产生和形成的,因此,所形成的管理制度必然打上时代的烙印,呈现出以下特征:

1. 管理制度的结构不完善。由于近代上海华商证券市场并不是一个完整意义上的统一的证券市场,存在严重的市场结构缺陷,只是一个单一的证券二级交易市场,并不包括证券的一级发行部分,正是这种市场结构的不完善,使市场管理的体制也相应的不健全。所形成的市场管理组织体系,是由证券监管机构、证券交易组织机构与证券经营机构等三种类型机构所构成的体系。前者属于政府的监管机构,而后两者则是行业的自律管理机构。无论是政府的立法与监管,还是证券行业的自律约束,主要都针对证券二级交易市场,对于证券的一级发行市场,其管理则相对混乱。

2. 政府监管体制属于财政依附型。无论是北京政府时期,还是国民政府统治的头十年,抑或是抗日战争时期,整个上海的证券监管基本上是由统治当局为主体来实施管理的。在政府公债库券居主要地位的时期,特别是20世纪20～

30年代,财政部是绝大部分公债库券的发行者,且政府财政需求带有刚性,由此,政府既是证券一级市场的参与者,又是证券市场的监管者,扮演着双重角色,这样,实质上对政府公债的发行根本无从监管,致使近代中国的公债滥发难以节制。这种体制也是造成政府对证券市场监管最终失灵的重要原因。

3. 证券行业自律管理规章与实际运作相背离。证券交易所是最基本的自律管理机构。证券交易所的基本职能就是促进有价证券价格的合理形成和有价证券的流通,因此,证券交易所必须防止证券买卖的过度投机和价格操纵等不规范交易,并对违反证券交易规则的经纪人进行处罚,整个近代上海各证券交易所也分别制定了相应的自律规章,然而,由于前述根本管理制度上的缺陷,使得自律也流于形式,在其实际运作中,并没有真正做到自律。

三、历史的启迪

作为中国近代化进程中的重要表征的上海华商证券市场,催生于欧风美雨之中,一方面移植了西方资本主义证券市场的基本体制,一方面又由于近代中国民族资本主义发展的极其不充分,使得近代上海华商证券市场存在市场结构不完善、管理体制不健全、财政性强、与产业经济发展联系不紧密等诸多弊端,它与近代中国政府财政、工商产业、社会经济以及整个上海金融市场的实际关系,都与典型意义上的近代西方国家的证券市场不尽相同。金融市场学的一般原理、近代西方证券市场的普遍运作模式,固然有助于我们考察近代上海华商证券市场演变及其管理上与经济近代化相通的那些内容,但是却不能简单地替代其实际演变进程中的具体性、复杂性与特殊性。

我们今天对这一问题进行研究,不仅有助于丰富中国近代经济史,特别是金融史的研究内涵,而且还可从中吸取某些经验和教训,为当代我国证券市场的健康发展提供一些有益的借鉴。

第一,证券市场的平稳运行,需要一个持续稳定的社会环境。如同其他任何一种经济制度一样,证券市场的管理制度要能发挥作用,需要一个稳定、延续的社会环境作保障。然而,近代中国的历史发展,外受列强的侵略,内有连年的战乱,社会总是处于动荡不安之中,在这样的社会环境下,证券市场的运行不是仅受市场这只"看不见的手"的调控,而是为政治、军事等外力所操纵,从而严重扰乱了市场自身的发展规律,给市场的健康发展造成了破坏性的灾难。

第二,减少政府对证券市场的强制干预,保障证券市场自身的自主性、独立性。从近代上海华商证券市场的历史演进中,我们可以看到,政府因为财政困难，一味依赖发行内债以弥补财政赤字，以至于扰乱金融，引起社会经济全面衰退。在政府的作用下，金融机构的资金及社会游资大量趋于政府公债，使证券市场完全依附于公债、依附于政府，缺乏独立性，难以摆脱政府财政政策的干扰，使市场从属于政府财政，成为政府弥补财政赤字的工具。可见，证券市场受政府的干扰特别是来自财政的干扰太大，直接制约了证券市场的健康发展，因此，理顺政府与市场的关系是保障证券市场健康发展的首要任务。

第三，充分发挥证券行业自律组织的自我管理与调剂的作用。在证券市场的管理中，行业自律组织对于保障投资者利益，促进市场交易的公正公平起着重要的作用，而且这种作用是政府管理机构所不能取代的。从近代上海华商证券市场的自律管理来看，其自律组织主要是证券交易所与经纪人公会，然而，这两个自律组织的管理权限都十分有限，证券交易所虽为证券市场自律管理的核心机构，但是对于证券交易所中的许多重大问题均无权处理，必须经政府主管部门的核准，使得证券交易所成为了政府组织集中交易的职能部门，而经纪人公会则更是摆设，仅是证券交易所下属的一个咨询机构，并非独立的法人组织，对于交易管理事项仅有建议权，而无决定权。

以上这些问题，仅是笔者所择要而论的几点认识，因为这些问题不仅是历史的总结，而且对于我们今天建立和完善证券市场，有着更为深刻的理论和实践意义，值得我们认真地深思和借鉴。

附录

近代上海华商证券市场大事记

1872 年(清同治 11 年)

轮船招商局成立,它是中国人自己创办的第一家股份制企业,所发行的股票是中国的第一张股票。

1876 年(清光绪 2 年)

李鸿章命招商局总办唐廷枢筹办开平矿务局,公开集股 100 万余两。

1880 年(清光绪 6 年)

郑观应入主上海机器织布局,在《申报》上刊登《集股章程》和《招股启事》,首开本国产业证券向社会公众招股之先例。

1882 年(清光绪 8 年)

10 月 24 日

上海平准股票公司设立,它是中国人自办的第一家专门从事股票买卖的公司。

1883 年(清光绪 9 年)

因矿局股票投机而引发了钱庄倒闭与股价大跌,诱发上海金融风潮的爆发。

1887 年(清光绪 13 年)

4 月 26 日

《申报》刊登《开平铁路公司招股章程》:拟招股 100 万两,并决定改名为中国铁路公司。

1894 年（清光绪 20 年）

清政府为筹备甲午战争军费，首次效仿西方公债制度，在国内以"息借商款"形式发行内国公债，实发 1 102 万两，以地丁关税为担保，开内国公债市场的先河。

1897 年（清光绪 23 年）

5 月

中国第一家自办银行——中国通商银行正式成立，是中国第一家具有股份制性质的银行，其资本总额为 500 万两。先收股金 250 万两，其中轮船招商局入股 80 万两，电报局 20 万两。

1898 年（清光绪 24 年）

国内第二次发行"昭信股票"的内债，拟发 1 亿两，实发 1 000 多两，用于偿付对日赔款。这是一次比较完备的公债形式。

1904 年（清光绪 30 年）

3 月 1 日

清政府颁布钦定《公司律》，其中包含少许关于股票发行的规定。

1907 年（清光绪 33 年）

袁子壮、周舜卿等重议创办交易所，预定组织仿照日本取引所办法，因清政府未加提倡，而商人对于交易所之内容又未能明晰，致使议未果行。

1908 年（清光绪 34 年）

"公平易"和"信通"两个专门从事股票交易的公司成立。

1910 年（清宣统 2 年）

中国民间华商证券茶会交易市场开始形成，茶会设在南京路的"惠芳茶楼"，1913 年迁至四马路（今福州路）大兴街口（今湖北路口）。

上海出现股票掮客，其中大部分为兼营，主业为实业性质。

1911 年（清宣统 3 年）

清政府为镇压辛亥革命，第三次发行名为"爱国公债"的内国公债，预定发行总额 3 000 万元,年息 6 厘,以户部库收入为担保。期限 9 年,前 4 年付息,后 5 年平均抽签还本。实际发行总额不到 1 200 万元。

1912 年(民国元年)

1 月 8 日

经南京临时政府参议院议决,临时大总统批准发行第一笔公债——八厘军需公债,定额 1 亿元,由财政部主持,中国银行承担销售责任,但此次直接募集之款不过 5 百万元,大部分是南洋华侨购买。此后不久,南京临时政府与袁世凯妥协,实现"南北统一",此项公债归北洋政府继续承担。

1913 年(民国 2 年)

北洋政府农商部长刘揆一,召集全国工商巨子集会北京,讨论设立交易所之必要性,议决可于通商大埠酌量分设,以为倡导。

1914 年(民国 3 年)

1 月 13 日

北洋政府颁布《公司条例》。

8 月 10 日

内国公债局正式开局。该局由财政部呈请大总统批准筹设,为北洋政府内国公债的发行机关,设于北京西堂子胡同税务学堂旧址,当时设局用意,主要为促使办理筹募民国三年内国公债事务顺利进行,参用华洋人员设立董事会,梁士诒为总理。1917 年 5 月 26 日,结束五年公债之际,为统一事权,节省经费,财政部将内国公债局暂行裁并财政部办理。1920 年 3 月 30 日,内国公债局又重新得以恢复,主要以整理旧债推行新债,并筹募关于补救金融之公债。

12 月 29 日

北洋政府颁布《证券交易所法》,这是近代中国第一个关于证券交易的法规。为了进一步贯彻实施,1915 年 5 月 5 日又有《证券交易所法施行细则》26 条及附属规则 13 条的公布。

是年

财政部发出倡议,建立官商合办交易所,虽然只有一纸空洞决议,但它却是中国自行创办证券市场的先声,在全国工商界发生深刻的影响。

在原信通公司基础上,成立了"上海股票商业公会",会员仅 12～13 家,此后数年间,渐增至 60 余家。以九江路渭水坊为会所,并附设证券买卖市场于内。

其制度形式,仍沿袭茶会旧制。惟各项设备,该公会交易的股票有招商局、中华书局、大生一厂、大生三厂、既济水电公司、汉冶萍、交通银行、中国银行等 20 种,上市北洋政府发行的民国元年、民国三年、民国四年、民国五年公债和金融公债,以及新华银行发行的新华储蓄券等。直到 1920 年以前,它一直是上海华商证券交易的活动中心。

1916 年(民国 5 年)

孙中山先生为革命事业筹措巨额经费,发出倡议在上海创办交易所,特邀请著名工商界知名人士虞洽卿、闻兰亭、沈润挹等参加,兼营证券物品交易,报请农商部核准,1917 年 2 月,农商部仅批复证券一项,旋因张勋复辟,孙中山先生匆匆南下主持国是,第一次申办宣告失败。

1920 年(民国 9 年)

5 月 20 日

上海华商证券交易所今在汉口路 333 号开创立会,公举范季美等七人为理事。该交易所由原上海股票商业公会改组而成,1921 年 1 月正式开业。

7 月 1 日

上海证券物品交易所股份有限公司(又称华商物品证券交易所)开幕。该所于 1916 年冬由虞洽卿等呈请创立。1919 年 6 月经农商部核准,并改称是名。营业所设四川路 1 号。资本总额 500 万元。经营有价证券、棉花、棉纱、布匹、金银、粮油、皮毛。虞洽卿任理事长,闻兰亭、赵林士、盛丕华等 15 人任理事。颁布《上海证券物品交易所股份有限公司营业细则》和《上海证券物品交易所经纪人公会受托契约规则》。1933 年 5 月,该所合并于上海华商证券交易所。

1921 年(民国 10 年)

3 月 3 日

财政部就整理内国公债确定本息基金补充了具体实施办法上呈大总统,于是日核准施行。紧接着,3 月 30 日,财政部据此制定出了详细的整理办法。于是,中国内国公债史上第一次整理在财政部与银行界的切实合作下得以进行。

3 月 10 日

北京政府农商部颁布《证券交易所课税条例》。

3 月

财政部呈准设立的经理内债基金处,专门负责内债基金的保管。

5月8日

上海南北市汇划各钱庄，因见各交易所股票狂涨，在钱业公所开会，做出规定，对各交易所股票，不能作为抵押品承受。次日，钱业公会在北会馆召开会议，各钱庄同业一致议决，凡以交易所股票做押款者，只可以票面数额为限。

6月13日

上海工商协会呈请省议会取缔交易所。呈文谓：今各业交易所犹如抽头赌博，"若不严行取缔，将来祸延全国，必致不可收拾之势"。

7月1日

上海银行公会、钱业公会，与通泰盐垦公司、大有晋、大豫、大丰、大赉、华成五公司签订合同，今起代为发首期债票300万元。"是为中国公司债票之嚆矢。"

7月18日

江苏省召集在省两署重要职员开会讨论应对上海滥设交易所与狂炒本所股措施，做出三项决定：一、责令上海已经核准的6家交易所，赶紧整理，以免迁延已久，股票辗转售卖，负责无人；二、对于并未呈请注册，擅自开业者，除令行各厅道严行禁止，并令江苏特派交涉员，向驻沪领事团交涉外；三、转咨外交部，与驻京各使，直接磋商，饬知驻沪各国领事，严行取缔各未经核准之交易所，并请法使饬知上海法公董局，将所出布告，迅予取消，以维租界市面，而保商业安全。8月7日，苏督省长联衔将此决定上呈北京农商部，与此同时，江苏省设立江苏特派交涉公署，专门派出交涉员负责此项查禁工作。

8月6日

经募通泰盐垦五公司债票银团，在银行公会召开银团成立大会，选定盛竹书、钱新之等9人为董事，主持银团一切事务。8月9日召开董事会，推宋汉章、田祁原两先生为银团代表，会同五公司代表在此项公司债票上签字。它是由上海银行公会及钱业公会首次联合组织银团发售的公司债票。

8月10日

农商部致外交部文，要求外交部转商英法公使饬驻沪令时，以后凡设立交易所以本部给照为限，未经部准者一律查禁。

外交部也于同日电令江苏特派交涉公署，对于希冀逃脱法律之制裁，以华洋名义合办之交易所，咨请转电沪交涉员迅予查禁。

8月22日

淞沪警察厅长徐国樑致函上海县商会，要求其协助调查本埠各交易所，"如有未经核准擅自开业者，务希设法禁止，并祈随时剀切劝谕一般商人，切勿盲从购股，自贻损害，至纫公谊，更乞将该交易所名称、营业范围、开设地点、已未核准各项,开列清单,见复过厅,以便有所稽考,尤深企祷。"

9月下旬

上海法国总领事韦礼德氏发表声明,法租界于管理交易所之章程未成立以前,不再发给执照许人开办交易所。

9月30日

上海市北市汇划庄钱业会馆董事秦润卿,邀同南市汇划钱业全体,在铁马路公所开会,再次筹议防杜之法,经同业讨论决定,自阴历十月份起,凡同业各庄,无论经理伙友,皆不准入交易所做投机生涯,并相互查察,以杜后患,如有查出私做情事,经公众开会筹议处分。

10月中旬

法总领事韦礼德在征取各法国律师意见与中国交涉员的赞同后,特订取缔交易所规则七条,主要内容为:(一)在法租界开交易所或经纪人公会,须向法总领事署立案,法公堂注册领取执照,方许营业;(二)章程须用中法文字,发起人认缴资本,须在1/4以上;(三)股票概用记名式,营业后三个月内不得过户买卖,发起人所认股票,一年内不得转让,如有违反应受刑事制裁;(四)交易所人员,不准在本所有买卖行为,如违,应受停业及清算处分;(五)交易所理事,对各关系人及股东,应负完全责任。

10月24日

中外证券物品交易所开幕。林嵩寿任董事长,陈惠农为常务主任董事,邬志豪等为董事,汪幼安为总经理。交易所设法租界天主堂街48号。上海华商证券棉花交易所亦于今日开幕,位于九江路17号。庄菱晨为理事长。

10月下旬

农商部对于永记砂石公司经理陈伯刚呈送上海砂石水泥交易所文件进行了驳斥,"核与物品交易所法第四条规定不符,所请设立上海砂石水泥交易所之处,应毋庸议,合行令仰转饬遵照。"

12月28日

公共租界工部局董事会会议做出两点决议:(1)按照交涉使的建议,并经许沅先生的明确同意或默许,根据法租界采取的方式,对纯属华人经营的交易所进行登记。(2)以在附律中增加一项内容的方式,对所有西人或华人交易所发放执照。

本年

夏秋之交为上海交易所极盛时代,5~12月,交易所的创设在上海各种新设企业中位居榜首,达136家之多,分九类:即证券、物券、丝茶棉花棉布、货币标金、烟酒糖纸、油饼杂粮面粉、燃料、建筑材料、杂项。营业时间以日市为多,专营夜市4家,日夜兼营者17家,星期营业者1家,晚市与星期兼营者1家。此外,还有信托公司12家。由于交易所投机盛行,使上海金融市场,发生"信交风潮",经营此业者纷纷倒闭,至1922年3月,上海仅有12家交易所尚能照常营业。

1922年(民国11年)

1月26日

由与盐余有关系各银行号会同组织的盐余借款联合团,与财政总长张弧签订合同,发行8厘债券9 600万元,偿还政府短期债券,故又称"九六"公债。

2月1日

《法租界交易所取缔规则》(21条)正式施行,对开设于法租界的交易所严厉取缔,其中最严厉者有三条:(一)将基本金1/4存入公堂;(二)不得做本所股票买卖;(三)每日派员查账。

4月19日

下午,公共租界召开纳税西人特别会议,因到会未满法定人数,工部局所提之增收码头捐、取缔无照印刷业、证券物品交易所领照三案未能提出表决。

1923年(民国12年)

2月

上海证券物品交易所成立临时整理委员会清理"信交风潮"之后的所务,从2月13日—3月12日,共召开七次会议讨论催收各种欠款事宜,但收效甚微,除少数欠账归还外,其余大部分或因倒闭而无法清偿,或因债务人潜逃而无从寻找,即使是找到债务人,也有不少因为风潮之后业务停顿,损失巨大而要求优待免除。致使其无法开展业务。

2月底

上海总商会电北京政府,要求于4月30日前公开财政;1922年前所有逐年收支款数目、用途及内外债确数合同全文造册公布,听候稽核。否者,要求各地商会采取自决行动。

1924年(民国13年)

8月

上海公债市场价格大跌,在8月14~20日的几天中,各种公债行市迅即逐日下跌,少的五六元,多的十几元,8月20日不得不暂行停市,25日勉强开市,但交易仍不景气,公债价格继续下跌,28 日再次停市,至 9 月 2 日才重新开市。其原因,除江浙旱灾,湘赣水灾等自然因素影响外,最重要的影响力还是战争,当时江浙一带战争风云陡起(即江苏督军齐燮元与浙江督军卢永祥两个军阀之间的战争),战争即将爆发使政局更加动荡,人心惴惴,公债持有者纷纷抛售,投机者兴风作浪,推波助澜,致使公债价格一落千丈,证券市场价格跌入低谷,形成大的落差。

1925 年(民国 14 年)

4 月

北洋政府发行八厘公债 1 500 万元,年息 8 厘,以德国退还庚款为担保。由中国、交通、盐业、金城、大陆、中南等十家银行承办。

1926 年(民国 15 年)

9 月 9 日

北洋政府农商部颁布《交易所监理官条例》,规定农商部在各区域设交易所监理官,监理官向各交易所派驻委员一人,负责稽核交易所账目、征收交易所税及其他监督事项。此事遭到上海各交易所的联名反对。

9 月 15 日

北洋政府农商部特派谢铭勋为上海交易所监理官,专门负责对上海交易所事务的监督与管理。9 月 27 日,谢铭勋走马上任,在闸北恒通路 38 号组织公署开始办公。

1927 年(民国 16 年)

4 月 20 日

江苏兼上海财政委员会在上海成立,以上海商业储蓄银行总经理陈光甫为主任委员,负责苏沪财政事务,实际上是蒋介石的筹款机关。

5 月 1 日

经南京国民政府核准,以江苏兼上海财政委员会的名义,发行江海关二五附税国库券 3 000 万元,随后 10 月又续发行了 4 000 万元。这是国民政府发行内债的开端。

5 月 13 日

"江海关二五附税国库券基金保管委员会"正式成立。基金保管委员会成立后,确保了江海关二五附税库券及续发二五附税库券的如期还本付息,1928 年 7

月全国财政会议将其管辖范围扩大到其他公债、库券的保管事宜,到 1932 年 4 月正式改组为国债基金管理委员会前,该委员会共保管国民政府所发行的债券 21 种,额定总发行达 10 亿余元,成为了国民政府这一时期最主要的内债基金保管机构。

5 月 28 日

上海总商会分函各业,催募二五库券。

6 月 14 日

南京国民政府筹募之"二五库券"3 000 万元,由上海财政委员会努力筹募。今日止,已筹募的 2/3,其余 1/3,不日即可筹足。

6 月 15 日

上海银行、钱业两公会致电南京政府财政部,请确定内债保障法。

11 月 14 日

上海县政府奉国民政府财政部命令,布告催认"二五库券"。

11 月 22 日

国民政府财政部核发《交易所暂行办法》9 条,作为国民政府正式《交易所法》颁布前的过渡法规。

11 月

全国金融监理局正式成立,以蔡增基为局长,其中包括对交易所的管理。该局在上海设立事务所,并裁撤了北洋时期设置的上海交易所监理官,到 1928 年 8 月,奉财政部令改为泉币司,8 月 31 日停止办公,原管事务,移归财政部泉币司办理。

1928 年(民国 17 年)

5 月 1 日

财政部长宋子文、次长张寿镛,假中央银行三楼,宴请沪地各团体领袖及金融界要人,磋商劝募卷烟库券办法。

7 月

全国财政会议通过决议,明确规定举债用途,专限于建设有利事业,不得用于消耗途径。

11 月 13 日

财政部训令海关总税务司将其代管关余项下内国公债基金原存于汇丰银行者,移存中、中、交三行。16 日,汇丰银行将该项基金 600 万两移 300 万两存于中央银行,其余 300 万两交中国、交通两行办理。从 1929 年起,一向存于外国银行的内债基金,亦改存中央银行。国民政府将北洋政府时期由海关总税务司保管的内国公债基金权收归了中、中、交三行。

1929 年（民国 18 年）

1 月 26 日

国民政府工商部颁发部令《验换交易所及经纪人执照章程》，规定凡前北京政府各交易所、经纪人应于两个月内将原领执照呈请工商部查验换给新照，换照后，旧照即行注销。各交易所各经纪人不依本章程所定期限呈验换照，即视同未经核准。

4 月 22 日

经国民政府立法院第 20 次会议通过了《公债法原则》11 条，规定凡政府所募长短期内外债及政府借款或发行库券，期限满一年以上者，均依照本办法执行。

7 月 6 日

证券物品交易所再次组织成立为期 6 个月的整理设计委员会，特聘专家，分设整理与设计两组，试图将债权债务加以整理，改良制度，开设股票交易，树立新基础，以此谋求证券物品交易所的发展。然而，其业务并未因此而见起色。

7 月

由上海银钱业组织银团发行三北鸿安行业债券。

10 月 3 日

南京国民政府工商部颁布《交易所法》，1930 年 6 月 1 日正式施行。1930 年 3 月又颁布了《交易所法施行细则》作进一步的补充。

11 月 29 日

上海特别市市长张群认购市政公债 1 万元。

1930 年（民国 19 年）

9 月 18 日

上海市政府奉令筹募 1930 年关税短期库券 100 万元，经组织筹募委员会拟定借征房租两月，换给库券办法。今日市政府令市财政局即分饬各稽征处于 9 月 30 日起征。21 日，市政府以有人散发传单、煽惑市民反抗借征房租、换给库券一事，密令公安局严密彻查。

1931 年（民国 20 年）

4 月

实业部与财政部共同决定，在上海设立交易所监理员办公处，交易所监理员由两部会派,各派 1 人,收相互监视之效,5 月 19 日,实业部派出陈行、财政部派出许建屏为首任上海交易所监理员,6 月 4 日正式就职。

7 月 16 日

财政部与实业部会同订立并公布《交易所监理员暂行规程》,11 月 12 日又颁布《上海交易所监理员办公处办事规则》,作为对政府派驻交易所监理员及由监理员建立办公处的管理法规。

9 月 24 日

"九·一八"事变爆发后,上海五种主要债券在六天内其平均市价猛跌到它们的票面值 60% 以下。这表明这些公债从 1931 年 9 月 1 日的价值跌了 1/4。

9 月 29 日

国民政府财政、实业两部会令上海证券物品交易所、上海华商证券交易所,限两月内合并。

10 月 8 日

日军占领东三省后,国内公债惨跌,财政部长宋子文曾与本市银行界商妥放款 1 500 万元收购,以安人心。近因日舰来华,公债又跌,宋子文今日假财部驻沪办事处召集本市 18 家银行代表讨论维持公债办法。各银行表示必要时仍当尽量垫款由各交易所及银行收买。同时要求财部撤销现品提交限制,宋即表赞同。

11 月 3 日

财政部长宋子文在沪与银行界商妥维持公债方法:债券应付之本息,提前偿还。4 日,财政部决定:(一)拨款 2 千万元,收买现货;(二)化整为零收回各项库券,改发一种金融公债。23 日,上海市银行公会会商国民政府发行公债问题,决议:以后银行公会决不销售滋长内战之公债。

12 月 1 日

上海交易市场上的几种主要债券跌落到票面值的一半。

12 月 23 日

公债市价跌落到"九·一八"事变后的最低点,只有在低于票面值 40% 的条件下才能成交。因国民党四届一中全会有展期拨付公债库券本息提案。本市银钱业同业公会、交易所联合会及市商会分别电呈全会请维持库券公债信用,"以安人心而维金融市况"。同日,中华民国内国公债库券持票人会成立,设办事处于本市香港路四号,电国民党四届一中全会,请按期偿还公债本息。

12 月 31 日

为新年停业前的最后一天交易。

1932 年(民国 21 年)

1 月 6 日

新年停业后的第一天交易。

1 月 12 日

因孙科宣布停付公债本息而停业的最后一天交易。孙科等在沪决定暂停付公债本息六个月,市商会、银行公会、钱业公会及其组织的持票人会即向南京方面提出强烈抗议,认为此举是"自害害民、自杀杀民之举。"因各界激烈反对,国民政府决定撤销停付公债本息之提案。15 日,派吴铁城到沪与金融界代表协商,各代表均表示愿协助政府渡此财政难关。

1 月 20 日

行政院宣布继续支付债券后,上海证券市场开业的第一天。

2 月 24 日

国民政府借口"国难"严重,发出关于变更债券还本付息条例的命令,并通过"持票人会对于内债之宣言"的方式,宣布改变债券还本付息的办法,开始了国民政府建立以来的第一次公债整理。

2 月 29 日

国民政府公布内债整理延本减息办法,即日实施。改组江海关二五附税国库券基金保管委员会为国债基金管理委员会。因新办法公布,内债月息减至五厘、年息六分偿还期较原定约延长 2 倍。

2~4 月

因时局关系,上海的证券交易所暂停交易。

4 月

国债基金保管委员会由"江海关二五附税国库券基金保管委员会"正式改组成立,成为了国民政府专门的内债基金保管机构。

5 月 1 日

南京国民政府财政部训令上海证券交易所于是日起重新开市。

1933 年(民国 22 年)

4 月 11 日

经上海证券物品交易所与上海华商证券交易所两所理事会代表直接磋商,取得协议,签订合同,6 月 1 日正式合并。并经两所股东会议决通过,决定上海证券物品交易所的证券部分于 1933 年 5 月 31 日停止营业,同时上海华商证券交易所进行改组,合并后由物品证券交易所方面添 20 万元,资本由原来的 100

万元,增加到 120 万元,经纪人名额由原来的 55 名,再增加 25 名,计华商 15 名,物品 10 名,共计 80 名。

6 月 1 日

上海的证券交易,即由上海华商证券交易所一家办理,两家同时经营证券的局面宣告结束,实现了上海华商证券市场的统一。1934 年,统一后的华商证券交易所将汉口路 422 号的原有房屋改建为八层大厦,这是当时国内唯一进行证券交易的专门建筑,是中国乃至远东最大的证券市场。其证券交易的兴旺状况一直持续到 1937 年"八·一三"事变爆发,上海华商证券交易所奉命停业。

1934 年(民国 23 年)

10 月 12 日

上海华商证券交易所为调剂市面,推进证券流通,扩展交易所营业,再次决定正式开做各银行公司股票的现货买卖,所增拍的公司股票 7 种,惟开拍伊始,交易尚清,又因股票大多为记名式,不如债券交易便利,流通迅速。

11 月 31 日

上海闸北水电公司债第一期 450 万元,委托交通银行、四行储蓄会、浙江兴业银行、金城银行、中华劝工银行经理发行,于是日公开募集。

1935 年(民国 24 年)

1 月 17 日

财政部决定 2 月 1 日开始征收交易所税,本市金业等五交易所以负担加重,影响营业,今日电呈国民政府要求免税,并发表联合宣言,函请市商会援助。18 日,五交易所派代表赴南京,参加财政、经济两会议。后财政部同意交易税缓征一年。

4 月 27 日

国民政府实业部颁《修正交易所法》,该法与 1929 年的《交易所法》相比较之特点在于,除申明交易所管辖权的变更,由工商部改为实业部外,主要集中在对违法的处罚问题上,特别强调了对内幕交易和操纵市场的管制,加大了对证券投机操纵的打击力度。这是该法的最主要的特点。

6 月

民生实业股份有限公司在上海发行公司债 100 万元,按票面十足发行,由上海金城银行、中国银行、交通银行、上海商业储蓄银行、中南银行及重庆聚兴城银行、川康殖业银行、四川美丰银行组成银团联合经理认募。

1936 年(民国 25 年)

1 月 28 日

上海公债市场再次发生剧烈变动。29 日华商证券交易所奉到财政部令,自即日起卖出必须提交现货,即无货者不得做空,30 日及 31 日因一月期货交割停市两天,2 月 1 日周末因交现问题未得解决,继续停市。

2 月 1 日

财政部长孔祥熙在中央银行召集本市金融界领袖及持券人公会代表杜月笙、俞左庭、林康侯、周作民、唐寿民、宋子良、陈光甫等开会商议,决定发行统一公债 14 亿 6 千万元,复兴公债 3 亿 4 千万元。用以收换 30 余种旧发公债,巩固债券信用。4 日,行政院通过两公债条例。5 日,国民党中央政治委员会批准发行。

2 月 3 日

财政部发行统一公债、复兴公债,上海证券市场随之停市。2 月 17 日,上海华商证券交易所重新开始。

1937 年(民国 26 年)

6 月 20 日

上海华商证券交易所为发展业务,添拍公司股票债券,拟增添资本 180 万元,举行临时股东大会,由于不久抗日战争爆发,这一增资发展公司股票债券的业务被迫中止。

7 月 8 日

"七·七"事变消息传来,上海华商证券交易所各债狂跌,统债乙丙远期均告停拍。此后因华北消息,市价起伏,一日数变,26 日,统一债券及九六公债各月期一致下泻 1 元、3 元至 2 元、8 元不等。收盘时市价与隔日相比,统一甲种跌落最巨,达 3 元、6 元。7 月下旬,中央、中国、交通三家银行议定维持公债原则:尽量套利以资周转;供过于求时尽量买进,以维市价;市价以维持七折为原则。

7 月 28 日

浙江旅沪同乡会致电蒋介石,称:"自卢沟桥案发生以来,国债市价连日暴跌,若无奸商操纵投机,决无此种异状,再不设法制止,必引起全国金融风潮,倘国债市价继续下流,中小银行定有倒闭,存款必向外流,为特电呈钧座迅令财政部制止证券交易所经纪人不得接受空头交易,否则严惩,一面令饬中国、交通、中央三银行尽量套利以维国信而安人心,临电不胜迫切之至。"

8月2日

华商证券交易所奉财政部令限定公债价格,于当日开始,成交极少。

8月11日

华商证券交易所奉令停业。

8月24日

救国公债劝募委员会成立,总会设沪,国内外设有分会。会长宋子文,副会长陈立夫,常务委员孙科、宋庆龄等27人。该债自劝募以来仅一月,就上海市金融业及21省市之认购数合计已达2.1亿元,约占该债总额40%强,其中上海市银钱业认购救国公债数额总计60 994 310元。

10月9日

市各界抗敌后援会发起召开市国民对日经济绝交委员会成立大会。推褚辅成、王晓籁、杜月笙等27人为执委,钱新之等15人为监委。通电全国组织对日经济绝交执行机关。19日,银行业根据本市国民对日经济绝交委员会决议,通知各行庄停止对日汇兑证券交易。

1938年(民国27年)

1月

行政院长兼财政部长孔祥熙对路透社记者发表谈话,明确表示中国政府将坚决履行偿债义务,为取信于民,立即付诸实际,将一月底到期之统一公债第四次应还本息款项由财政部拨足,交经理银行备付;二月底到期之复兴公债第四次应还本息款项,亦已拨存经理银行备付。

1939年(民国28年)

8月13日

经济部电令上海市各交易所未经呈准,不许复业。

1940年(民国29年)

3月7日

据本市银行界披露,本市游资约30亿元,一半为银行活期存款,10%投资沪西新兴工业,40%为过剩资金流入投机市场,以买卖外币、股票等为大端。

7月1日

中国股票公司在上海九江路316号开业,它以专门经营华商股票业务相标榜,一改过去华股交易的扈从地位,由此独树一帜,与公债、外股鼎足而立。

12 月 16 日

中国股票推进会由上海信托业同人联欢会所组织成立,参加会员计 10 家,即中一、上海、久安、中国、和祥、通易、华丰、环球等 8 家信托公司及新华、永大 2 家银行。地址设在北京路中一信托公司大楼五楼信托业同人联欢会内,买卖之股票 71 种。由于股票买卖仅限于会员间,终因交易未有起色,于 1941 年秋间,结束会场交易,仅设一营业处,委由新华银行代理,1943 年 1 月宣告解散。

1941 年(民国 30 年)

2 月 16 日

一周来市场混乱,外汇、股票、商品猛跌,棉纱需求不及上年 5 月之半,购买力随涨价而再缩。

1942 年(民国 31 年)

7 月 24 日

由兴业股票公司、长城股票公司、永昌股票公司、中国股票公司等 19 家同业推选代表,拟发起组织上海市华商股票业同业公会,并推选俞明时等 7 人为筹备委员,分别呈报上海特别市社会运动指导委员会及上海公共租界工部局备案,同时呈请上海特别市市政府批准。

8 月 1 日

张德钦、金诵甘等提出申请组织上海特别市证券业同业公会。

8 月 14 日

由伪社会局召开上海市华商股票业同业公会与上海特别市证券业同业公会的联络会,议决合并组织,并派俞明时、张德钦等 9 人为筹备员,定名华商股票业同业公会,8 月 25 日,召集筹备会,推定俞明时为筹备主任。定于 23 日开成立大会。此事因遭日本方面反对而暂停进行。

8 月 26 日

汪伪政权公布《买卖华商股票规则》,开始管制股票交易。在严厉打击下,紊乱的华股市场开始收敛,股票商们不得不向伪政府进行登记,据统计,1943 年 3～6 月底止,向伪上海市经济局申请注册的股票公司共 267 家,5 月 19 日,首批获准注册的永昌等 15 家股票公司正式复业,到 5 月底止,经审核合格颁发注册执照者共 35 家。

11 月 21 日

针对当时新公司股票层出不穷,不少股票公司与新成立的公司厂家狼狈为奸,通过虚伪宣传,将新公司股票上市买卖,抬高其股票市价,并照票面加数成抛出,一般顾客,不知实情,受欺高价买进后,市价一落千丈,永无上升之日,给社会造成极大危害等情况,工部局发出公告,警告市民,勿盲目投资购股。

1943 年(民国 32 年)

2 月 18 日

工部局以股价步涨不回,刺激物价为由,查封两大股票商永昌与中国,使其全部交易暂停。3 月 6 日又对未获许可而继续经营股票公司 65 家,予以查封。法租界当局,也对界内经营有价证券提货单等之代客买卖商,处一万元以上五万元以下之罚金,并没收证券及封闭其营业机关。

7 月

汪伪政府财政部和实业部饬令原上海华商证券交易所筹备复业,由张慰如、沈长庚主持进行。9 月 29 日,证券交易所复业。12 月 8 日正式开盘。

9 月 7 日

汪伪实业部颁布《上海华商证券交易所经纪人登记规则》,规定经纪人资格为,具有资本实收总额在国币 100 万元以上之人民或公司商号,呈请登记时应填具申请书、登记事项表、资本证明文件及代表人商事履历书及其证明文件,并缴纳执照费国币 1 000 元,印花税 4 元。经实业部审查合格者,分别发给执照。具体限制了经纪人的资本额。

11 月 8 日

汪伪华商证券交易所正式复业。上午交易,下午停市。

1944 年(民国 33 年)

1 月 22 日

汪伪政府实业部为抑制股票投机越演越烈的势头,决定自今日起,严禁新设立公司。

4 月 5 日

张文焕再次以上海特别市证券业同业公会主席的身份呈文实业部,以原选执监委员任期届满,亟须召开大会照章改选,呈请实业部鉴核批示。

5 月 9 日

上海华商证券交易所经纪人同业公会得到伪上海特别市经济局的批示,在银行公会举行成立大会,选康学源为理事长,并召开第一次理监事联席会议决议,推出 6 人为常务理事。

9 月

伪财政部与实业部会同呈奉伪行政院核准,将保险公司及证券交易所之监督指挥事项划归财政部专管,具体业务归钱币司职掌,并在该司原设三科之外,另添设第四科专负其责。

1945 年(民国 34 年)

1 月 4 日

伪华商证券交易所为活跃市场,除现货交易外,另选 14 种股票开做一星期的便期交易,3 月 22 日起,再添 4 种股票开做便交,4 月 17 日停止。严格说来,这种便期交易,还不是正规的期货交易,只能算是变相的期货买卖。

6 月 4 日

今至 6 日,伪中央储备银行发行第四期金证券,每两黄金价格 125 万元。20 日至 22 日,发行第四期金证券,每两黄金 204 万元。

8 月 11 日

抗日战争胜利消息传沪,证券市场一片混乱。股票市价下跌 90%,8 月 17 日,199 种股票中只有两种成交,这一天,也就成为沦陷时期复业的上海华商证券交易所的最后一场交易。

10 月

国民政府财政部驻京沪区财政金融特派员通令上海各交易所:"交易所非得财政部命令不得开业。"同时对日伪设立、经营的交易所进行接收。

11 月 18 日

上海市政府发出布告,严厉取缔查禁股票黑市买卖及一切非法类似交易所之买卖,并令社会与警察两局协同执行。

1946 年(民国 35 年)

2 月 15 日

连日来本市投机交易市场买卖炽赤、证券和外币,无不直线飞升。今晨八时许,京沪财政金融特派员办公处同市警察局突击检查证券交易所,逮捕一批投机商人,制止了投机买卖。上午十时起,本市各银楼业一律停止饰金买卖。

2 月 16 日

晚,市政府召集官商联席会议,商讨平抑物价和取缔投机办法。金市场交易停顿,美钞、公债、股票等均无正式行市。19 日,市政府召集有关方面开会,提出根除证券市场非法投机交易的四项办法:(1)勒令停业;(2)责成证券交易所理事会执行；（3）拆除电话；（4）随时派警察巡查。2月23日上午，证券大楼内1 100多部电话全部被拆除。

3月25日

上海市证券业同业公会常务理事俞明时等向财政部驻京沪区财政金融特派员办公处呈请，准予复业。

4月25日

财政部长俞鸿钧来沪，调查各交易所情形，与金融界商讨复业办法。26日上午接见沪市各报记者，声称，此来沪听取各方面意见，对交易所之复业问题，将慎重洽商。相信各交易所之复业，指日可待。经过考察后，指令上海证券交易所旧理监会，整理内部为复业作准备。

4月

证券业同业公会理事长杜月笙因病辞职，俞寰澄继任。

5月1日

上海市政府函呈财政部，请求恢复证券交易所。

5月9日

上海证券黑市因各号突然停敲"景福"股票，持有该项股票者恐慌万状，争相抛售，行情一泻千里，跌至不及原价1/3，同时又牵动其他各股下挫，整个黑市陷入极度混乱状态。

5月

国民政府行政院发出积极筹组上海证券交易所的"训令"，6月财经两部决定筹建上海证券交易所，聘请杜月笙等9人为上海证券交易所筹备委员会委员，指定杜月笙为主任委员，王志莘为副主任委员。

6月4日

上海市证券业同业公会为协助证券开业，举行第6次常务理事会，席上提出两点意见：一、希望证券经纪人就公会会员中选择；二、未经上市之股票由公会所属各会员自由经营，并拟具文向财经两部请求。

6月4日

上海证券交易所筹备委员会委员会会议首次召开，决定分设"规定及审查经纪人资格"、"规定上市证券标准，并审定上市证券"、"厘订有关证券交易各项章则"、"筹备证券交易所复业一切有关事项"四个小组委员会。重组后的上海证券交易所，仍采用股份有限公司组织，资本额为法币10亿元，由前华商证券交易所原有股东合认60%，其余40%由中国银行、中国农民银行、交通银行、中央信托局及邮政储金汇业局等五行局分认。

7月9日

上海证券交易市场筹备委员会发出第一号公告：凡本市银行钱庄信托公司投资或企业公司证券公司曾经合法登记注册，暨个人曾经经营或管理证券投资业务，志愿承充经纪人者，可向本会领取法人或个人经纪人申请书，依式填就，连同证明文件全部，仅于7月20日前送交本会审查。昔有向营证券业之外商，曾在本区域内营业五年以上，合于营业细则之规定者，亦得依照法人经纪人办理。经本会审查，选定后，再行呈部核准注册，发给营业执照。

8月8日

上海证券交易所官股4亿元，由三行两局摊认。

9月3日

召开上海证券交易所发起人会，宣告设立，筹委会工作及使命至此告一段落，嗣后即移交该所办理，筹委会事，自奉令筹备起，至上海证券交易所成立为止，前后共经三月，一切工程章则审核各项事务，诸如拟定营业细则、审核经纪人资格、修理市场、布置人事，先后均告就绪。

9月9日

上海证券交易所重新开业。16日，开拍成交400万股。

9月21日

国民政府颁布施行的《证券交易税条例》规定，凡在交易所买卖的有价证券均须征收交易税。

10月19日

上海证券交易所经纪人公会在证交二楼召开大会，宣告正式成立。参加者有证券交易所理监事、财政部派驻证交监理员及各经纪人等180余人。选出理事陈静民等25人，候补理事11人。

11月2日

怡和昌证券号倒闭，亏空8亿2千万元。

11月14日

上海证券交易所公告试行开做"递延交割"，到1948年4月5日停止交易，历时一年半。这是交易所为活泼股市，特别拟定的一种变相的期货交易。

11月23日

上海证券交易所奉财政部批示，开拍公债一事呈经行政院批暂从缓议。奉批后，商请中央银行国库局将该项保证金由本所具领发还各经纪人。

1947 年（民国 36 年）

2 月 16 日

国防最高委员会通过《经济紧急措施方案》，17 日起严格执行。其中第一项第四项规定"凡国营生产事业，除属于重工业范围及确有显著特殊情形必须政府经营者外，应即分别缓急，以发行股票方式公开出卖或售与民营"。换言之，即凡非独占性之轻工业应归民营，而重工业或有独占性之工业应归国营。

2 月 22 日

行政院指派副院长翁文灏在上海中国银行二楼召开出售国营事业计划委员会，出席会议的有财政部、经济部、资源委员会、敌伪产业清理局以及上海银钱业代表，除对各出售事业作初步估计外，还考虑到了出售的方式及人民的购买力等问题。3 月 16 日又召开第二次计划委员会，对于出售之步骤、方式、时期及申购手续等，均有详尽规定。经行政院核定后，4 月 6 日由国民政府正式公布《国营生产事业配售民营办法》八条，主要集中在两个方面：一为采取估价及投标方式，出售一部分或全部给予民营；二为由原设国营公司发售一部分股票，转让给民营。

3 月 20 日

上海证券交易所召开临时常务理事会议，决定取消买卖特别证据金。

4 月 9 日

上海市政府组织成立了民国三十六年短期库券、美金公债上海募销委员会，设办公处于上海外滩 15 号新屋三楼，专门负责此次公债与库券的推销。并由上海行庄 80 余家代理经募。

5 月 17 日

国民政府财经两部规定证券交易所经纪人保证金及递交交易本证据金代用品部分，均应改用美金债券缴纳，并按票面 7 折计算，全体经纪人反对此项规定，证交市场因陷于停顿。使股市发展从繁荣转入了萧条，1947 年的下半年，整个股市，陷于沉闷局势中。

8 月

国营生产事业出售监理委员会由全国经济委员会专门组织成立，有关出售国营事业的一切，均归该委员会具体办理，而全国经济委员会则居于督导的地位。

1948 年（民国 37 年）

1 月 26 日

国民政府财经两部训令上海证券交易所提高经纪人之资本额，最低额由 5 千万元增至 5 亿元，并限于三个月内增资完竣，逾期则吊销执照，经纪人的身份保证金也由 5 千万增至 2 亿元。

5 月 31 日

卅七年短期国库券在上海证券交易所正式开拍,实行库券套利。至此,抗日战争胜利后公债经过长期的黑市交易,终于从重新上市。

8 月 19 日

政府因改革币制,训令证券交易所暂停营业,8 月 23 日,上海证券交易所奉令停业。

8 月 21 日

上海《大公报》本市新闻栏《币制改革的事前迹象》一文披露:8 月 19 日上午有某隐名士之人从南京乘夜车抵沪,一个上午向市场抛售三万股永纱。

9 月 10 日

国营企业股票中国纺建 800 万股,招商局 600 万股,台糖 480 万股、台纸 60 万股以及天津造纸 20 万股中,规定出售部分为纺建 200 万股、招商局 300 万股、台糖 48 万股、台纸 12 万股、津纸 4 万股,合计 564 万股,每股金圆券 100,共值金圆券 5 亿 6 400 万元。上项决定出售的股票,于是日按票面十足金额,在上海市中、交、农及台湾等四银行开始出售。

是日,上海证券交易所经纪人公会即分别致电行政院财政部、工商部及上海证券交易所要求尽早恢复证券市场交易。

9 月 23 日

上海恢复发售国库券。

11 月 20 日

上海市商会依据第 11 届会员大会之决议,建议政府恢复证券交易所业务,以代电呈请财政部采纳,奉财部批复应暂从缓。

1949 年(民国 38 年)

1 月 5 日

上海市参议会根据上海证券交易所经纪人公会的请求,分别致电财政部、工商部要求恢复上海证券交易所。

2 月 19 日

经统计,截止是日止,到上海证券交易所缴清现金保证金的经纪人共计 204 家,其中经营股票者 55 家,经营债券者 1 家,两家兼营者 148 家。

2 月 21 日

证券交易所复业。

3 月 4 日

黄金短期公债,今起上市买卖。

4 月 1 日

1949 年整理美金公债今起发行,总额 1 亿 3 千 6 百万美金,以美金还本付息。

5 月 5 日

由于国民党军队在战场上的节节败退,资金外逃日益严重,证券交易平淡,不得不宣告停业,此后,再也未能复业。

6 月 10 日

上海证券交易所大楼被查封,从而结束了近代上海华商证券市场的历史。

参考文献

一、未刊档案资料

南京中国第二历史档案馆馆藏档案

北京民国政府时期财政部档案(1912~1928)

1. 档号：1027—20《财政部发行民国三年六厘公债引言(印件)》
2. 档号：1027—23《财政部发行偿还内外短债八厘债券理由书》
3. 档号：1027—62《总税务司关于民国三年、四年公债暨整理金融短期公债之紧要警告》
4. 档号：1027—69《内国公债包卖章程》
5. 档号：1027—70《财政部劝购四年内国公债各种宣传刊物》
6. 档号：1027—75《劝募民国五年六厘内国公债说》
7. 档号：1027—150《各地请设立证券交易所并检呈章则及有关文书》(1917~1927年)
8. 档号：1027—1490《财政部为沪地商人向银行挤兑证券电上海商务总会劝止文稿》

南京国民政府财政部档案(1927~1949)

1. 档号：三(1)—2150《上海交易所监理员办公处人员任免》
2. 档号：三(1)—2346《以交易所税拨充三北、鸿安航业公司债券保息基金案》
3. 档号：三(1)—2717《工商部制定之验换交易所及经纪人执照章程》
4. 档号：三(1)—2720《上海华商证券交易所呈请解释及纠正营业税条例》
5. 档号：三(1)—2722《有关对上海交易所市场操纵、捣乱者之呈控案》
6. 档号：三(1)—2723《律师笪耀先等呈财政部咨照上海各租界工部局对违反交易所法案件概予受理的文书》
7. 档号：三(1)—2727《上海交易所监理员报开拍、交易问题之文书表报》
8. 档号：三(1)—2730《上海华商证券交易所呈拟开做纱布股票现期货办法》
9. 档号：三(1)—2731《财政部规定上海华商证券交易所成交公债最低价格标准》
10. 档号：三(1)—2735《财政部令上海证券物品交易所证券部暂停交易案》
11. 档号：三(1)—2736《饬令上海证券物品交易所与华商证券交易所合并卷》
12. 档号：三(2)—50《关于筹聘劝募盐余库券委员会的文书》
13. 档号：三(2)—227《上海交易所监理员工作情形及各交易所营业状况报告书》

14. 档号：三(2)—253《财政部有关维持公债价格问题与蒋介石等来往电报(抄本)》

15. 档号：三(2)—873《上海证券物品交易所股份有限公司第二届营业报告书》

16. 档号：三(2)—1102《财政部金融管理局组织规程及存废之意见》

17. 档号：三(2)—1209《申述出售国营事业股票之签呈》

18. 档号：三(2)—1454《上海天津证券交易所恢复营业》

19. 档号：三(2)—3187《上海市证券交易所》

20. 档号：三(2)—3188《上海交易所卷》

21. 档号：三(2)—3189《上海市证券交易所经纪人检查报告》

22. 档号：三(2)—3190《彻查隐名士关于改革币制事前抛售大量纱股票》

23. 档号：三(2)—3191《情报(证券交易所)》

24. 档号：三(2)—4266《关于上海交易所监理员办公处呈送 1948 年 5～8 月每周股市简报及各月违反交易所法案罚爱处理报告之文书材料》

25. 档号：三(2)—4540《关于上海三北鸿安公司发行行业债券等问题与上海交易所、该公司等来往文书》

26. 档号：三(2)—4653《关于维持各省市地方债信和取缔证券交易所投机交易暂行办法及填送各省市地方公债调查表等有关问题与钱币司、上海、重庆等交易所、国库司等来往文书》

27. 档号：三(2)—4960《财政部劝募债券委员会要各委员登门劝募》

28. 档号：三(2)—5001《财政部劝募债券委员会劝募编遣库券》

汪伪国民政府行政院档案(1940～1945)

1. 档号：2003—3563《财政部钱币司可添设第四科办理保险公司及证券交易所监督，请追加经费及支付概算书》

2. 档号：2003—3688《财政、工商两部会呈修正交易所监理原暂行规程》

3. 档号：2003—3689《行政院核准财政部管理金融机关暂行办法施行细则》

4. 档号：2003—3715《行政院关于上海华商证券交易所经纪人登记规则卷》1943 年 9 月～1944 年 4 月

5. 档号：2003—3719《上海市交易所呈请准予办理该交易所股票现货交易试办卷》

汪伪国民政府实业部档案(1941～1945)

1. 档号：2012—2165《取缔股票业商买卖股票规则及其善后处理事宜》

2. 档号：2012—2166《财政部为修正关于设置交易所监理员法规事给实业部的函件》

3. 档号：2012—2167《取缔上海股票业买卖华商公司股票暂行规则及其修正卷》

4. 档号：2012—2336《上海证券业同业公会召开会员大会改选执监委员》

5. 档号：2012—2340《上海华商证券交易所筹组经纪人同业公会案》

汪伪国民政府财政部档案(1940～1945)

1. 档号：2063—378《上海交易所监理委员会计算》

2. 档号：2063—2732《关于交易所监理员办公处各卷》

3. 档号：2063—2850《关于证券交易所》

4. 档号：2063—2889《上海交易所监理委员会呈送 1944 年 1～3 月华商证券交易所各种上市

股票行情及成交数旬报表、工作报告等事宜》

5. 档号：2063—2910《财政部钱币司关于上海华商证券交易所呈送章程、股东临时会议录及北平各日系金融机关报告书》

6. 档号：2063—4902《汪伪财政部制定管理金融机关暂行办法》

7. 档号：2063—5007《与上海中储行及华商证券交易所关于证券交易办法指示电及有关商人请示运钞券的文书》

中央银行档案（1923～1949）

1. 档号：396—2073《股市报告》

2. 档号：396—4117《国营事业股票发售情形及存本局保管数量（中纺、台糖、招商局）》

上海市档案馆馆藏档案
国民政府上海市政府档案（1927 年 7 月～1937 年 8 月；1945 年 8 月～1949 年 5 月）

1. Q1—6—163《财政部关于发行公债及收缴债券问题的函电》（1945 年 9 月～1946 年 4 月）

2. Q1—9—19《财政部上海金融管理局》

3. Q1—9—102《取缔证券股票业私相买卖》

4. Q1—9—156《证券交易所》

5. Q1—9—283《金融管理局组织规程》

6. Q1—9—296《政府法币公债处理办法》

国民政府财政部公债司驻沪办事处档案

1. Q435—1—28《本司司长陈炳章奉令彻查上海统一公债风潮内幕一案的签呈及驻沪办事处王鳌堂、石锡琛的签呈》

日伪上海特别市政府档案（1937～1945）
R1—14《日伪上海特别市政府（经济纲）》

1. R1—14—340《华商股票业同业公会卷》

2. R1—14—415《华商股票业同业公会暨证券业同业公会卷》

3. R1—14—447《上海华商证券交易所经纪人登记规则》

4. R1—14—448《交易所监理官暂行规程暨监理委员会组织规则》

5. R1—14—464《日伪上海特别市政府征收华商股票交易证明费办法》

日伪上海特别市经济警察第一大队档案

1. R27—118《关于市内各证券股票业商店调查表》

日伪上海特别市第一区公署档案（1943～1944）

1. R22—3—790《工部局物资统制处调查股票经营的报告书及附件》

2. R22—3—792《工部局物资统制处调查股票投机买卖的报告》

交通银行上海分行（1947～1949）

1. Q55—2—237《公司债发行手续说明实例》

中国农民银行上海分行(1935~1949)

1. Q56—2—70《本处经售国营事业股票卷》

中国纺织建设公司

1. Q192—1—33《各银行经售中纺公司股票日报表及国库局报解清单》
2. Q192—1—34《各银行经售中纺公司股票日报表及国库局报解清单》
3. Q192—1—35《各银行经售中纺公司股票日报表及国库局报解清单》
4. Q192—1—86《认购股份书》(473—788 份)
5. Q192—1—87《认购股份书》(789—1 063 份)
6. Q192—1—88《认购股份书》(1 064—1 256 份)

上海第一纺织厂(1935~1955)

1. 192—2—28《中纺公司关于转知国营事业股票停售及员工承购股票办法通知》

上海市银行商业同业公会档案(1917~1952)

1. S173—1—29《财政部、江苏兼上海财政委员会颁布或抄转关于发行及续发江海关二五附税国库券条例、通告、推销办法的公函以及本会二次承销该库券和有关组织基金保管委员会、该委员会主任李馥荪辞职等往来文件》
2. S173—1—36《吴佩孚、孙传芳、张作霖、蒋介石政府财政部等新旧军阀相互反对发行公债,要求拒绝推销致本会函》
3. S173—1—38《关于一四、九六、金融、八厘、七长、整理、六厘、七厘等公债还本付息逾期不发,本会向伪财政部、总税务司诘问、催询以及与总商会、北京银行公会等的来往文书》
4. S173—1—39《本会为制止政府发行新公债致电大总统、国务院、财政部、总税务司及通电各埠、登报通告等以及有关的往来文书》
5. S173—1—40《全国银行工会联合会、本会关于巩固公债信用办法和不准动摇公债基金上书国务院财政部、各省军政官员及总税务司等及其批复以及与北京、天津等外地同业公会等的来往文书》
6. S173—1—41《关于因抵偿外债而牵动内债基金,本会与总商会、钱业公会等联名向外国公使团、总统、总税务司、财政整理委员会等声明、诘问和表示反对以及各地同业相互声援等的来往文书》
7. S173—1—46《关于九六公债价格暴跌,本会与钱业公会联名上书国务院财政部及总税务司,以及农商部饬令证券交易所停止九六公债交易、本会与该部、华商证券交易所等的来往文书(附各界对各种债券暴涨暴跌的意见书)》
8. S173—1—89《关于内国债券停付本息、延付本息、巩固内债基金及反对发行长期公债等,本会与政府各机关、本外埠各团体的来往文书及有关各方对上述问题发表宣言、意见的来文》
9. S173—1—227《关于发行中央及地方各种公债、财政部等机关为要求推销颁发条例、组织保管基金委员会请求推派代表等于本会的来往文书》
10. S173—1—311《关于本会会员加入"中华民国国内公债库券持票人会"以及有关公债券本会贴现等问题,本会与该会等的来往文书》
11. S173—1—321《上海华商证券交易所致上海市银行业同业公会函及呈财政部文》

上海市钱商业同业公会档案(1904~1950)

1. S174—1—26《本会不参加总商会组织关税公库促成会和参加外商组织研究证券交易所交割方法委员会的往来文书》

2. S174—1—42《本会为当局推销善后公债、赈灾公债、市政公债、电政公债等有关的来往文书及交通部国际无线电台借款合同的抄件》

3. S174—1—162《本会委派秦润卿、沈日新参加短期库券、美金公债基金监理委员会及该会规程条例的来往文书及各会员钱庄认购清单及函件》

4. S174—1—167《财政部令饬本会查报1947年1月至1948年11月金融市场概况月报表》

5. S174—1—177《本会要求由会员钱庄与银行同样承办证券交易经纪人保证金改用书面保证的业务与各有关单位的来往文书》

6. S174—2—16《公债卷》

7. S174—2—24《募捐·公债文卷》

8. S174—2—54《公债借款文卷》

上海市证券物品交易所档案(1919~1939)

1. S444—1—4《本所理监事及各处科同事录》

2. S444—1—5《本所改造监理事向市政府备案的呈文》

3. S444—1—6《本所临时整理委员会和整理设计委员会的议事录》

4. S444—1—10《本所为注册问题赴京进行活动的往来文书及有关新闻稿》

5. S444—1—25《本所与中国振业银团、东南信托公司签订的契约和合同》

6. S444—1—27《本所与日商往来业务的有关文书》

7. S444—1—29《本所投资普利纱号、增加经纪人本证通融额和分摊政府借款及预缴营业税款等提案》

上海证券交易所档案(1946~1949年)

1. Q327—1—1《本所发起人会议记录、章程及暂行组大纲》

2. Q327—1—4《本会第一届股东大会记录》

3. Q327—1—5《本所大事记》

4. Q327—1—6《财政部经济部等机关关于成立上海市证券市场筹备委员会的训令及有关成立事项该委员会的呈文》

5. Q327—1—7《上海市证券交易市场筹委会关于推定各小组委员会委员、顾问的函》

6. Q327—1—9《关于颁发营业执照办理公司登记事项,财政部、经济部与本所往来函件》

7. Q327—1—12《本所1946年工作概况》

8. Q327—1—13《本所为复业问题与财、经两部往来的函件以及奉准复业后的各项公告》

9. Q327—1—14《本所拟定经纪人通则、上市证券通则及营业细则》

10. Q327—1—15《本所举办证券套利交易办法》

11. Q327—1—16《本所关于开办与停办递延交割交易事与财政部、经济部等来往文书》

12. Q327—1—35《本所奉上海市军管会财经接管委员金融处训令暂行停止营业的有关文件》

13. Q327—1—36《上海市军管会金融处关于本所股东、董监事、高级职员名册并具结的训令及关于冻结股权、申请补办股票签回手续,金融处与本所的往来文书》

14. Q327—1—37《为证券大楼被封本所请求发还房屋物价及更正报载误会等事致上海市军

管会财经接管会金融处、解放日报编辑部登函件》

15. Q327—1—38《本所奉上海市军管会金融处训令结束遣散员工的有关文件》

16. Q327—1—39《本所奉上海市军管会金融处令饬清理的有关文件》

17. Q327—1—40《关于前证券交易所奉命清理、清理结束的公告和报告以及查询公股处理、往来户结存数字等事项,前证券交易所清理委员会与上海市军管会金融初等单位的往来函件》

18. Q327—1—42《关于前上海证券交易的清理工作报告》

19. Q327—1—43《上海证券交易所经纪人公会的成立、公会章程和理监事名单》

20. Q327—1—45《本所关于通知各洋商经纪人依限完成法人经纪人登记程序、缴销临时营业执照、换发新照的来往文件》

21. Q327—1—48《财政部、经济部等关于派任本所监理员的函件》

22. Q327—1—266《本所为股票、证券试行上市呈请财政部、经济部审核的函件》

23. Q327—1—267(1)《本所为取缔黑市交易拆除私装电话等事项致市警察局等的函件》

24. Q327—1—267(2)《本所为取缔黑市交易拆除私装电话等事项致市警察局等的函件》

25. Q327—1—267(3)《本所为取缔黑市交易拆除私装电话等事项致市警察局等的函件》

26. Q3327—1—270《为经纪人保证金代用品改用书面保证,本所与财政部经济部等往来函件》

27. Q327—1—271《为审核经纪人资格,本所与财政经济部等往来函件》

28. Q327—1—272《为经纪人现金保证金缴送、移存、计息与财政经济部等往来函件》

29. Q327—1—273《为拟定上市费暂行办法、经手费、升降单位及限度等事项,本所给伪财政、经济部报告、批复及市场公告》

30. Q327—1—274《通知业务办法、手续,给各经纪人的函件及市场公告》

31. Q327—1—285《商洽代办交割事宜与中、中、交、农行等单位来往函件》

32. Q327—1—286《筹拟开拍债券向财政、经济部等请示及批复》

33. Q327—1—288《华股请求核准上市来往函件》

34. Q327—1—289《为代征交易税问题等往来函件》

35. Q327—1—291《证券交易税条例及一般性业务条例》

36. Q327—1—292《监理员办公处调查本所情形来往函件》

37. Q327—1—293《为发还经纪人现金保证金,本所与有关方面等来往函件》

38. Q327—1—296《规定经纪人牌号名称问题等来往函件》

39. Q327—1—299《有关洋股申请上市问题的来往函件》

40. Q327—1—300《通知上市公司洽办事项》

41. Q327—1—301《经纪人雇用营业员的暂行办法及修正草案等件》

42. Q327—1—304《经纪人建议变通交割办法等问题的文件》

43. Q327—1—307《外界建议改善经营管理》

44. Q327—1—310《关于经纪人公会成立及核正规章等文件》

45. Q327—1—311《经纪人公会对本所有关业务、事务等方面的建议和联系事项》

46. Q327—1—359《本所致函未上市交易各经纪人限期上市交易及补收经手费案》

47. Q327—1—360《试办递延交割交易案》

48. Q327—1—361《本所制定买卖零股经纪人并告零股交易办法》

49. Q327—1—363《本所陈报财经两部关于规定经纪人分设营业所办法和该两部的批复》

50. Q327—1—364《本所关于递延交易税按现货率课征与财政部来往文件》

51. Q327—1—365《本所陈请财政经济两部核定保证金代用品种类及价格和递延交割本证据金代用品改用书面保证的来往文书》

52. Q327—1—366《本所查报监理员办公处关于新亚药厂、丽安百货公司财务情形来往文书》

53. Q327—1—367《本所关于经纪人公会请将证券申请作低利押款或贴现担保品请四联总处考虑试行的来往文书》

54. Q327—1—369《本所、中央银行关于经纪人证据金送存中央银行案》

55. Q327—1—375《本所通知各经纪人关于在股票市场设置巨额交易柜台并配给对讲电话案》

56. Q327—1—376《本所为免征证券交易利得税呈财政部文和该部的批复》

57. Q327—1—377《本所规定成交单证明暂行办法案》

58. Q327—1—378《本所为防止股票市场投机操纵采取遏制办法与有关方面来往文书》

59. Q327—1—379《本所规定代经纪人保管股票出给收据办法案》

60. Q327—1—380《本所通知上市公司指派专人负责洽商股票事宜》

61. Q327—1—383《本所认募政府公债案》

62. Q327—1—386《财政经济两部关于本所缴纳营业保证金的来往文书》

63. Q327—1—387《本所经纪人公会、各经纪人、财政经济两部关于经纪人保证金、证据金代用品改用美金公债券缴纳并废止书面保证办法的来往文书》

64. Q327—1—390《财经两部驻所监理员办公处转饬设法增加上市股票种类以增税源的来往文书》

65. Q327—1—392《本所经纪人公会、财经两部关于经纪人请领营业牌照纳税的往来文件》

66. Q327—1—545《为取缔非经纪人证券字号、公司,本所与经济部财政部等的来往函件》

67. Q327—1—548《为规定防止挂失股票流通办法本所与有关方面的来往函件》

68. Q327—1—569《为三十七年短期国库券上市问题本所与财政经济部、中央银行等的来往函件》

69. Q327—1—575《为改革币值奉财经两部令暂停营业的有关文件》

70. Q327—1—578《本所为各项股票上市与否等为题向财政工商两部以及有关指定国营实业股票上市单位请示与联系的往来函件》

71. Q327—1—581《有关黄金短期公债奉令上市的各项文件(附经纪人身份保证金限期缴纳案)》

72. Q327—1—582《有关卅六年美金公债奉令上市的各项文件》

73. Q327—1—585《本所恢复后市交易的公告等件》

74. Q327—1—586《本所关于经纪人申请了结交易的办法的公告等件》

重庆市档案馆馆藏档案
经济部工矿调整处档案
1. 档号：0020—0101—141《经济部工矿调整处·敌伪经济情况》(1940年)

二、已刊档案、资料汇编

1. 财政部财政科学研究所、中国第二历史档案馆编：《国民政府财政金融税收档案史料》(1927～1937年),北京：中国财政经济出版社1997年版。

2. 陈旭麓、顾廷龙、汪熙主编：《轮船招商局（盛宣怀档案资料选辑之八）》，上海：上海人民出版社 2002 年版。

3. 陈旭麓、顾廷龙、汪熙主编：《中国通商银行—盛宣怀档案资料之五》，上海：上海人民出版社 2000 年版。

4. 《20 世纪上海文史资料文库》(5)财政金融，上海：上海书店出版社 1999 年版。

5. 黄美真编：《伪廷幽影录——对汪伪政权的回忆纪实》，北京：中国文史出版社 1991 年版。

6. 交通银行总行、中国第二历史档案馆合编：《交通银行史料》第一卷（1907～1949）（上、下），北京：中国金融出版社 1995 年版。

7. 千家驹：《旧中国公债史资料（1894～1949 年）》，北京：中华书局 1984 年版。

8. 金融史编委会编：《旧中国交易所股票金融市场资料汇编》（上、下），北京：书目文献出版社 1995 年版。

9. 马寅初：《马寅初全集》（全十五卷），杭州：浙江人民出版社 1999 年版。

10. 聂宝章编：《中国近代航运史料》第一辑（1840～1895 年）下册，上海：上海人民出版社 1983 年版。

11. 任建树主编：《现代上海大事记》，上海：上海辞书出版社 1996 年版。

12. 上海市档案馆编：《工部局董事会会议录》（1～28 册），上海：上海古籍出版社 2001 年版。

13. 上海市档案馆编：《旧中国的股份制（1868～1949 年）》，北京：中国档案馆出版社 1996 年版。

14. 上海市档案馆编：《旧上海的证券交易所》，上海：上海古籍出版社 1992 年版。

15. 上海市档案馆编：《一九二七年的上海商业联合会》，上海：上海人民出版社 1983 年版。

16. 上海文史资料委员会编：《上海文史资料》第 60 辑，上海：上海人民出版社 1988 年版。

17. 上海文史资料委员会编：《上海文史资料选集》第 76 辑，1994 年 12 月。

18. 《上海证券物品交易所史料选辑》，载《档案与历史》1988 年第 1 期。

19. 寿充一主编：《孔祥熙其人其事》，北京：中国文史出版社 1987 年版。

20. 寿充一、寿乐英编：《中央银行史话》，北京：中国文史出版社 1987 年版。

21. 《申报年鉴》1936 年。

22. 吴冈编：《旧中国通货膨胀史料》，上海：上海人民出版社 1958 年版。

23. 许念晖：《上海证券交易所概况》，《文史资料选辑》第 24 辑。

24. 中国第二历史档案馆编：《中华民国史档案资料汇编》第五辑第二编（财政经济），南京：江苏古籍出版社 1994 年版。

25. 中国第二历史档案馆编：《中华民国史档案资料汇编》第五辑第三编（财政经济），南京：江苏古籍出版社 2000 年版。

26. 中国第二历史档案馆、中国人民银行江苏省分行、江苏省金融志编委会合编：《中华民国金融法规档案资料选编》（上、下），北京：中国档案出版社 1990 年版。

27. 沈雷春编：《中国金融年鉴》，见（台湾）沈云龙主编：《近代中国史料丛刊续辑》，文海出版社。

28. 中国人民银行上海市分行金融研究室编：《金城银行史料》，上海：上海人民出版社 1983 年版。

29. 中国人民银行上海市分行编：《上海钱庄史料》，上海：上海人民出版社 1960 年版。

30. 中国人民银行上海市分行金融研究所编：《上海商业储蓄银行史料》，上海：上海人民出版社 1990 年版。

31. 中国银行总行、中国第二历史档案馆合编：《中国银行行史资料汇编》，北京：中国档案出版社 1991 年版。

三、民国著作

1. 陈善政主编：《证券内容专刊》，1946 年 9 月 16 日刊行。
2. 狄超白主编：《中国经济年鉴》(1947 年)，香港太平洋经济研究社。
3. 董仲佳编辑：《(最新)中国内外债券要览》，上海通易信托公司。
4. 贾士毅：《国债与金融》，上海：商务印书馆 1930 年初版。
5. 贾士毅编著：《民国续财政史》(六)，上海：商务印书馆民国 1934 年版。
6. 上海银行周报社编纂：《上海金融市场论》，1923 年发行。
7. 上海证券交易所编：《上海证券交易所概述》，1946 年 9 月 9 日开幕纪念(再版)。
8. 上海证券交易所编：《上海证券交易所年报》(第一年报告)(1947 年)。
9. 施伯珩：《上海金融市场论》，上海：上海商业珠算学社出版社 1934 年再版。
10. 汤心仪等编：《战时上海经济》第一辑，上海：上海经济研究所 1945 年。
11. 吴叔田等编：《交易所大全》，交易所所员暑期养成所 1921 年。
12. 吴毅堂编：《中国股票年鉴》，上海中国股票年鉴社 1947 年初版。
13. 徐沧冰：《内国公债史》，上海：商务印书馆 1923 年发行。
14. 徐寄顾编：《改增最近上海金融史》(上、下)，1932 年 12 月增改第三版。
15. 杨汝梅：《国民政府财政概况论》，1936 年版。
16. 杨汝梅：《民国财政论》，1927 年出版。
17. 杨荫溥：《上海金融组织概要》，上海：商务印书馆 1930 年版。
18. 杨荫溥编：《中国交易所论》，商务印书馆 1929 年版。
19. 叶笑山、董文中编辑：《中国经济年鉴》(1936 年)，上海中外出版社。
20. 中央银行经济研究处辑：《金融法规大全》，上海：商务印书馆 1947 年。
21. 郑爱诹编辑：《交易所发释义》，上海：世界书局印行 1930 年版。
22. 朱斯煌主编《民国经济史》，银行学会编印民国 1948 年版。

四、民国报刊杂志

《财政评论》(月刊)

1. 王宗培：《上海外商股票市场》，第 3 卷第 2 期(1940 年 2 月)。
2. 吴承禧：《战时上海银行业之动向及其出路》，第 3 卷第 2 期(1940 年 2 月)。
3. 朱契：《战时公债与我国财政前途》，第 4 卷第 3 期(1940 年 9 月)。
4. 《战前公债处理办法》，第 14 卷第 4 期(1946 年 4 月)。
5. 魏友非：《论证券交易所复业》，第 14 卷第 5 期(1946 年 5 月)。
6. 邹宗伊：《如何建立有组织的证券市场》，第 14 卷第 5 期(1946 年 5 月)。
7. 《上海证券交易所复业前后》，第 15 卷第 4 期(1946 年 10 月)。
8. 杨培新：《证券新闻读法》，第 15 卷第 4 期(1946 年 10 月)。

《东方杂志》

1. 《内国公债之整理观》，第 18 卷第 4 号(1921 年 2 月 25 日)。

2.《财政部整理内债之呈文(附整理内债之拟具办法)》,第 18 卷第 8 号(1921 年 4 月 25 日)。

3. 李紫翔:《中国银行之特质》,第 30 卷第 21 号(1933 年 11 月 1 日)。

4. 余英杰:《我国内债之观察》,第 31 卷第 14 号(1934 年 7 月 16 日)。

《股票新闻》

1.《证交动态》,第 1 卷第 1 期(创刊号)(1949 年 2 月 21 日)。

2.《上海股票市场史话》,第 1 卷第 1 期(创刊号)(1949 年 2 月 21 日)。

《国闻周报》

1.《财部对沪市删电之批复》,第 1 卷第 4 期(1936 年 1 月 22 日)。

2.《发行新债整理旧债》,第 13 卷第 5 期(1936 年 2 月 10 日)。

3.《财部查禁官吏投机》,第 13 卷第 6 期(1936 年 2 月 17 日)。

《金融周报》

1.《财部对沪市删电之批复》,第 1 卷第 4 期(1936 年 1 月 22 日)。

2.《财政部派员查究公债投机》,第 1 卷第 5 期(1936 年 1 月 29 日)。

3.《债券变动剧烈及财部取缔投机之经过》,第 1 卷第 6 期(1936 年 2 月 5 日)。

4.《上海金融》,第 1 卷第 6 期(1936 年 2 月 5 日)。

5.《财政部发行统一复兴两公债》,第 1 卷第 6 期(1936 年 2 月 5 日)。

6.《孔财长稳定金融见成效》,第 1 卷第 6 期(1936 年 2 月 5 日)。

7.《孔财长对公务员购买债券严束属员自爱》,第 1 卷第 7 期(1936 年 2 月 12 日)。

8.《财部筹设平准债市基金委员会》,第 1 卷第 7 期(1936 年 2 月 12 日)。

9.《财部令证券交易所照常开市》,第 1 卷第 8 期(1936 年 2 月 19 日)。

10.《财部公布彻查沪证券交易所经过》,第 1 卷第 8 期(1936 年 2 月 19 日)。

11.《华商证券交易所公告开拍统一公债》,第 1 卷第 10 期(1936 年 3 月 4 日)。

12.《财部拨复兴公债五千万元平准债市》,第 1 卷第 11 期(1936 年 3 月 11 日)。

13.《华商证券交易所通过增加资本》,第 3 卷第 26 期(1937 年 6 月 30 日)。

14.《上海金融》,第 4 卷第 1 期(1937 年 7 月 7 日)。

15.《上海金融》,第 4 卷第 2 期(1937 年 7 月 14 日)

16.《上海金融》,第 4 卷第 3 期(1937 年 7 月 21 日)。

17.《一周市况》,第 14 卷第 13 期(1946 年 3 月 27 日)。

18.《沪市证券交易所之复业问题》,第 14 卷第 18 期(1946 年 5 月 1 日)。

19.《财政部驻京沪财政金融特派员办公处公告于四月底结束》,第 14 卷第 18 期(1946 年 5 月 1 日)。

20.《华商证券交易所筹备开业》,第 14 卷第 24 期(1946 年 6 月 12 日)。

21.《上海证券交易市场筹备委员会公告开始办理经纪人申请事宜》,第 15 卷第 3 期(1946 年 7 月 17 日)。

22.《证交开拍筹备近讯》,第 15 卷第 4 期(1946 年 7 月 24 日)。

23.《一周市况》,第 15 卷第 13 期(1946 年 9 月 25 日)。

24.《一周市况》,第 16 卷第 14 期(1947 年 4 月 2 日)。

25.《美金债券之募销》,第 16 卷第 17 期(1947 年 4 月 23 日)。

26.《美金债券募销工作积极展开》，第 16 卷第 18 期（1947 年 4 月 30 日）。

27.《证交保证金改用美金债券》，第 16 卷第 23 期（1947 年 6 月 4 日）。

28.《国务会议通过发行短期国库券》，第 18 卷第 15 期（1948 年 4 月 7 日）。

29.《国务会议通过出售国营事业资产办法》，第 18 卷第 15 期（1948 年 4 月 7 日）。

30.《国营事业股票增加销售地区》，第 19 卷第 13 期（1948 年 9 月 29 日）。

《经济评论》

1.《四亿美金公债》，第 1 卷第 1 期（1947 年 4 月 5 日）。

2.《经济大事日志》，第 1 卷第 3 期（1947 年 4 月 19 日）。

3. 方显廷《中国经济危机及其挽救途径》，(1947 年 5 月 10 日）。

4.《证券交易与市场游资》，《经济评论》第 1 卷第 7 期（1947 年 5 月 17 日）。

5. 竹云龙《上海证券市场》，第 1 卷第 8 期（1947 年 5 月 24 日）。

6.《经济大事日志》，第 1 卷第 8 期（1947 年 5 月 24 日）。

7.《经济大事日志》，第 1 卷第 10 期（1947 年 6 月 7 日）。

8.《证交保证金改用美金债券纳缴》，第 1 卷第 11 期（1947 年 6 月 14 日）。

9. 于登斌：《证交实现了什么使命》，第 1 卷第 14 期（1947 年 7 月 5 日）。

10.《经济大事日志》，第 1 卷第 18 期（1947 年 8 月 2 日）。

11. 恽震：《论国营事业》，第 1 卷第 18 期（1947 年 8 月 2 日）。

12.《经济大事日志》，第 2 卷第 19 期（1948 年 2 月 7 日）。

13.《证券递延交易的停止》，第 3 卷第 2 期（1948 年 4 月 17 日）。

14.《短期国库券的运用问题》，第 3 卷第 3 期（1948 年 4 月 24 日）。

15.《国营事业股票开始出售》，第 3 卷第 23 期（1948 年 9 月 18 日）。

16. 林霖：《论出售国营事业资产充实发行准备》，第 3 卷第 4 期（1948 年 5 月 1 日）。

17. 恒之：《发行黄金短期公债与证交复业》，第 4 卷第 13、14 期合刊（1949 年 1 月 22 日）。

《经济通讯》

1.《股票市场重心由沪移港》，第 45 期（1946 年 11 月 30 日）。

《经济周报》

1. 张西超：《出售国营事业的几个问题》，第 5 卷第 23 期（1947 年 12 月 4 日）。

《交易所周刊》

1.《五交易所经纪人会电请立法院慎重审议交易所法》，第 1 卷第 14 期（1935 年 4 月 8 日）。

2.《调查沪交易业报告》，第 1 卷第 15 期（1935 年 4 月 15 日）。

3.《立法院修正交易所法条文》，第 1 卷第 15 期（1935 年 4 月 15 日）。

《钱业月报》

1.《最近交易所调查》，第 1 卷第 12 期（1921 年 12 月）。

2.《九六公债现货暂行办法》，第 6 卷第 1 号（1926 年 1 月）。

3.《二次整理公债付息之请求》，第 6 卷第 10 期（1926 年 10 月）。

4.《华商证券交易所去年营业情形》，第 7 卷第 1 号（1927 年 2 月）。

5.《华商证交开做二五库券》，第 8 卷特刊号(1928 年 4 月)。

6.《证交开拍续发二五券交易》，第 8 卷第 5 号(1928 年 7 月)。

7.《证交开拍卷烟税国库券》，第 8 卷第 6 号(1928 年 7 月 31 日)。

8.《金融监理局改为泉币司之函知》，第 8 卷第 8 号(1928 年 9 月)。

9.《发行公债及订借款项限制办法》，第 8 卷第 9 号(1928 年 10 月)。

10.《金融界参与讨论交易所法感言》，第 9 卷第 9 号(1929 年 9 月)。

11.《上海银钱两公会对于立法院商法起草委员会讨论交易所法案之意见书》，第 9 卷第 9 号 (1929 年 9 月)。

12.《最近债券疲弱之原因》，第 10 卷第 7 号(1930 年 7 月)。

13.《维持债券狂跌办法之研究》，第 10 卷第 8 号(1930 年 8 月)。

14. 张孟昭：《国难声中之经济恐慌》，第 11 卷第 10 号(1931 年 10 月)。

15. 厥贞：《国难当前国人对于国家债券应有之认识》，第 11 卷第 11 号(1931 年 11 月)。

16.《财部维持公债办法》，第 11 卷第 11 号(1931 年 11 月)。

17.《宋财长召集维持全国金融会议》，第 11 卷第 11 号(1931 年 11 月)。

18.《造成极度恐慌之证券市场》，第 11 卷第 12 号(1931 年 12 月)。

19. 菊增：《统一债券发行刍议》，第 13 卷第 4 号(1933 年 4 月)。

20.《立法院通过国债基金保管委员会组织条例》，第 13 卷第 6 号(1933 年 6 月)。

21.《证券交易所开拍公司证券》，第 14 卷第 11 号(1934 年 11 月)。

22.《制止公务员投机》，第 15 卷第 5 号(1935 年 5 月)。

23.《发行统一公债以后》，第 16 卷第 2 号(1936 年 2 月)。

24.《一月金融动态·证券》，第 19 卷第 2 号(1948 年 2 月)。

《商业月报》

1. 杨德惠：《上海的华股市场(上)》，第 22 卷第 1 号(复刊号)(1946 年 5 月 31 日出版)。

2. 杨德惠：《上海的华股市场(下)》，第 22 卷第 2 号(1946 年 6 月出版)。

3. 杨德惠：《现阶段上海证券市场》，第 22 卷第 7 号(1946 年 11 月)。

4. 洪丈里：《金融波动前后的股市》，第 23 卷第 2 号(1947 年 2 月)。

5. 冯子明：《美金证券之发行》，第 23 卷第 3 号(1947 年 3 月)。

6. 洪丈里：《内国公债的检讨》，第 23 卷第 4 号(1947 年 4 月)。

7. 刘仲廉：《论国营工业让售民营问题》，第 23 卷第 4 号(1947 年 4 月)。

8.《中纺公司等由中信局售予民营》，第 23 卷第 4 号(1947 年 4 月)。

9.《出售国营事业经部拟采三种方式》，第 23 卷第 4 号(1947 年 4 月)。

10. 汤心仪：《一年来上海华股之回顾》，第 24 卷第 2 号(1948 年 2 月)。

11.《金融及商品市况(八月份)·华股》，第 24 卷第 7、8、9 号合刊(1948 年 9 月)。

12.《国营事业股票销售良好》，第 24 卷第 11、12 号合刊(1948 年 12 月)。

《商业杂志》

1. 林康侯：《劝募二五库券敬告商民》，第 3 卷第 4 号(1928 年 4 月)。

2.《十六年内债市况随时局而波动》，第 3 卷第 6 号(1928 年 6 月)。

3.《民国十七年上海公债市场之经过》，第 4 卷第 3 号(1929 年 3 月)。

《社会经济月报》

1. 羊冀成：《统一公债及复兴公债发行之经过》，第 3 卷第 3 期（1936 年 3 月）。
2. 章乃器：《上海的两个证券市场》，第 1 卷第 7 期（1934 年 7 月）。

《申报》

1.《平泉矿务局招商章程》，大清光绪八年四月二十六日（1882 年 6 月 11 日）。
2.《股份单告成》，大清光绪八年十二月二十日（1883 年 1 月 28 日）。
3.《轮船招商局告白》，大清光绪八年十二月二十日（1883 年 1 月 28 日）。
4.《平泉矿务局告白》，大清光绪九年三月二十三日（1883 年 4 月 29 日）。
5.《专电》，1919 年 3 月 6 日。
6.《专电》，1919 年 3 月 21 日。
7.《证券物品交易所今日开幕》，1920 年 7 月 1 日。
8.《证券物品交易所消息》，1920 年 7 月 7 日。
9.《证券物品交易所消息》，1920 年 7 月 8 日。
10.《证券物品交易所营业发达》，1920 年 8 月 1 日。
11.《交易所股票价奇涨后之会议》，1920 年 8 月 11 日。
12.《交易所订定审查委员规程》，1920 年 8 月 13 日。
13.《证券物品交易所股东会纪》，1921 年 1 月 17 日。
14.《证券物品交易所股东会纪》，1921 年 1 月 17 日。
15.《证券物品交易所设现期交易（续）》，1921 年 5 月 2 日。
16.《钱业会议拒押交易所股票》，1921 年 5 月 10 日。
17.《取缔交易所轨外营业之请议》，1921 年 6 月 13 日。
18.《华商证券交易所临时股东会》，1921 年 6 月 20 日。
19.《农部取缔不合法之交易所》，1921 年 7 月 19 日。
20.《部令查办不合法之信交商业》，1921 年 7 月 21 日。
21.《部令取缔未呈部之交易所》，1921 年 7 月 24 日。
22.《护军使批准证券棉花交易所》，1921 年 7 月 25 日。
23.《农商部取缔交易所之训词》，1921 年 8 月 2 日。
24.《苏督省长电请院部取缔交易所》，1921 年 8 月 8 日。
25.《农部咨外部请禁交易所文》，1921 年 8 月 10 日。
26.《查禁华洋合办名义之交易所》，1921 年 8 月 10 日。
27.《查禁未核准交易所公函》，1921 年 8 月 23 日。
28.《取缔交易所公文》，1921 年 8 月 27 日。
29.《法租界取缔交易所之先声》，1921 年 9 月 22 日。
30.《钱业取缔夥友人交易所营业》，1921 年 10 月 1 日。
31.《法总领事将取缔交易所》，1921 年 10 月 12 日。
32.《法总领事取缔交易所续闻》，1921 年 10 月 13 日。
33.《法界取缔交易所三志》，1921 年 10 月 14 日。
34.《设立砂石交易所之部驳》，1921 年 10 月 29 日。
35.《上海纸业交易所请求注册不准》，1921 年 12 月 3 日。
36.《法总领事将颁取缔交易所新章》，1921 年 12 月 8 日。

37.《交涉公署致法总领事函》,1921 年 12 月 14 日。

38.《法廨取缔粮食交易所之答复》,1921 年 12 月 16 日。

39.《法租界将严重取缔交易所》,1921 年 12 月 16 日。

40.《若干国营轻工业将逐渐改为商办》,1947 年 2 月 20 日。

41.《出售国营事业,今日集会讨论》,1947 年 2 月 22 日。

42.《取缔"对敌"禁止黑市,证券市场风浪滔天》,1947 年 3 月 6 日。

43.《肃清证券黑市,维护合法交易》,1947 年 3 月 6 日。

44.《美金债券认购踊跃》,1947 年 4 月 8 日。

45.《债券募销成绩》,1947 年 4 月 29 日。

46.《美金库券充准备金,财政部规定办法》,1947 年 5 月 6 日。

47.《全国经会重要决议,国营事业估价限下月完成》,1947 年 6 月 27 日。

48.《政府让售国营事业,采发行股票办法》,1947 年 11 月 7 日。

49.《证交监理官召集经纪人谈话》,1948 年 2 月 29 日。

50.《金圆券今起发行,提充发行准备国有事业政院令组公司发行股票》,1948 年 8 月 23 日。

51.《上海证券交易所复业办法十一条》,1949 年 1 月 28 日。

52.《证交复业第一日》,1949 年 2 月 22 日。

《新中华》

1. 李紫翔:《中国金融的过去与今后》,第 2 卷第 1 期(1934 年 1 月 10 日)。

《银行期刊》

1. 吴钟煌:《证券交易所实务论》,第 3 号(1936 年 1 月 31 日出版)。

《银行通讯》

1. 陈善政:《八年来的上海股票市场》,新 3 期(1946 年 2 月)。

2. 陈善政:《八年来的上海股票市场(续)》,新 4 期(1946 年 3 月)。

3. 俞增康:《上海证券交易所复业问题》,新 4 期(1946 年 3 月)。

4.《上海金融风潮纪实》,新 8 期(1946 年 7 月)。

5. 刘建勋:《上海证券交易所之现状与将来》,新 16 期(1947 年 3 月)。

《银行周报》

1.《民国三四五年内国公债纪》,第 2 卷第 7 号(1918 年 2 月 26 日)。

2.《民国三四五年内国公债纪》(续),第 2 卷第 8 号(1918 年 3 月 5 日)。

3.《民国三四五年内国公债纪》(再续),第 2 卷第 9 号(1918 年 3 月 12 日)。

4.《论七年公债滞销之原因》,第 2 卷第 21 号(1918 年 6 月 4 日)。

5.《论上海交易所》,第 2 卷第 14 号(1918 年 4 月 16 日)。

6.《组织上海交易所之呈请》,第 2 卷第 14 号(1918 年 4 月 16 日)。

7.《请设上海交易所续闻》,第 2 卷第 15 号(1918 年 4 月 23 日)。

8.《上海交易所批准立案》,第 2 卷第 16 号(1918 年 4 月 30 日)。

9.《上海交易所组织概情》,第 2 卷第 27 号(1918 年 7 月 16 日)。

10.《上海交易所筹备进行》,第 2 卷第 33 号(1918 年 8 月 27 日)。

11.《上海交易所之收股情形》，第 2 卷第 37 号(1918 年 9 月 24 日)。

12.《日本取引所调查录》(一)，第 2 卷第 39 号(1918 年 10 月 8 日)。

13.《上海交易所濡滞之原因》，第 2 卷第 49 号(1918 年 12 月 17 日)。

14.《各业董赞成交易所合办》，第 3 卷第 2 号(1919 年 1 月 14 日)。

15. 沧水：《国库证券之本质及其与银行之关系》(上)，第 3 卷第 42 号(1919 年 11 月 11 日)。

16.《上海证券交易所股份有限公司章程》，第 3 卷第 49 号(1919 年 10 月 30 日)。

17.《证券交易所立案要电》，第 4 卷第 2 号(1920 年 1 月 13 日)。

18.《中国公司之状况》，第 4 卷第 45 号(1920 年 11 月 30 日)。

19.《整理内债要闻》，第 5 卷第 14 号(1921 年 4 月 19 日)。

20.《银行钱业两公会呈请限制各交易所之电文》，第 5 卷第 18 号(1921 年 5 月 17 日)。

21.《公司债募集成绩之优美》，第 5 卷第 31 号(1921 年 8 月 16 日)。

22.《五公司债票述要》，第 5 卷第 31 号(1921 年 8 月 16 日)。

23. 朱羲农：《农商部之新方针》，第 5 卷第 33 号(1921 年 8 月 30 日)。

24. 朱羲农：《交易所之暗礁》，第 5 卷第 40 号(1921 年 10 月 18 日)。

25. 朱羲农：《交易所之分析》，第 5 卷第 44 号(1921 年 11 月 15 日)。

26. 裕孙：《信交狂潮之反动》，第 5 卷第 50 号(1921 年 12 月 27 日)。

27.《去年十二月份上海企业之状况》，第 6 卷第 4 号(1922 年 1 月 24 日)。

28.《法租界取缔交易所规则》，第 6 卷第 5 号(1922 年 2 月 14 日)。

29.《上海交易所调查录》，第 6 卷第 11 号(1922 年 3 月 28 日)。

30. 沧水：《财政上无办法之办法》，第 6 卷第 12 号(1922 年 4 月 4 日)。

31.《整理公债基金之危机》，第 6 卷第 15 号(1922 年 4 月 25 日)。

32.《审计院修订审查国债支出规定之呈文》，第 6 卷第 15 号(1922 年 4 月 25 日)。

33.《请将上海纸烟税收拨充公债基金电》，第 6 卷第 22 号(1922 年 6 月 13 日)。

34.《关于公债基金之各面观》，第 6 卷第 24 号(1922 年 6 月 27 日)。

35. 子明：《半年来上海公债市场》，第 6 卷第 26 号(1922 年 7 月 11 日)。

36.《经募通泰盐垦五公司债票银团报告》，第 6 卷第 31 号(1922 年 8 月 15 日)。

37. 沧水：《通泰盐垦五公司发行债票之原委》，第 6 卷第 41 号(1922 年 10 月 24 日)。

38.《中国银行与财政部订立包卖十一年公债合同》，第 6 卷第 41 号(1922 年 10 月 24 日)。

39.《通泰盐垦五公司债票发还本息纪闻》，第 7 卷第 4 号(1923 年 1 月 23 日)。

40.《整理内外债委员会章程》，第 7 卷第 17 号(1923 年 5 月 8 日)。

41.《交易所监理官条例》，第 10 卷第 36 号(1926 年 9 月 21 日)。

42.《交易所反对监理官》，第 10 卷第 37 号(1926 年 9 月 28 日)。

43.《交易所监理官正式就职》，第 10 卷第 38 号(1926 年 10 月 5 日)。

44.《交易所对于设置监理官提起之行政诉讼》，第 10 卷第 42 号(1926 年 11 月 2 日)。

45.《上海银钱业垫缴库券现款》，第 13 卷第 25 期(1929 年 7 月 2 日)。

46.《证券》，第 18 卷第 40 期(1934 年 10 月 16 日)

47.《上海闸北水电公司募集公司债》，第 18 卷第 43 期(1934 年 11 月 6 日)。

48.《五交易所经纪人会请缓征交易税》，第 18 卷第 49 期(1934 年 12 月 18 日)。

49. 沈祖杭：《吾国银行与政府公债》，《银行周报》第 20 卷第 7 期(1936 年 2 月 25 日)。

50.《战争与证券》，第 22 卷第 3 期(1938 年 1 月 25 日)。

51.《中国财政基础巩固—内外债仍照常偿付》，第 22 卷第 2 期(1938 年 1 月 18 日)。

52.《到期内债本息照常偿付》,第 22 卷第 3 期(1938 年 1 月 25 日)。

53.《交易所非经呈准不许复业》,第 23 卷第 33 期(1939 年 8 月 22 日)。

54.《一周金融》,第 25 卷第 1 期(1941 年 1 月 14 日)。

《证券市场》

1.《证交经纪人公会正式成立》,第 1 卷第 1 期(1946 年 11 月 15 日)。

2.《新康证券号宣告清理》,第 1 卷第 1 期(1946 年 11 月 15 日)

3.《市况分析》,第 1 卷第 1 期(1946 年 11 月 15 日)。

4.《证券交易税条例》,第 1 卷第 1 期(1946 年 11 月 15 日)。

5.《债券市场暂缓开拍》,第 1 卷第 2 期(1946 年 11 月 30 日)。

6.《二批上市股票商务、中法等六家》,第 1 卷第 2 期(1946 年 11 月 30 日)。

7.《市况分析》,第 1 卷第 2 期(1946 年 11 月 30 日)。

8.《场外交易在严厉取缔中》,第 1 卷第 2 期(1946 年 11 月 30)。

9.《取缔场外交易——9 家证券号停业》,第 1 卷第 2 期(1946 年 11 月 30)。

10.《场外交易决彻底扑灭》,第 1 卷第 3 期(1946 年 12 月 15 日)。

11.《市府发出公告取缔黑市交易》,第 1 卷第 3 期(1946 年 12 月 15 日)。

12.《证券号非法交易勒令停业》,第 1 卷第 4 期(1946 年 12 月 31 日)。

13.《股市回顾》,第 1 卷第 5、6 期合刊(1947 年 1 月 31 日)。

14. 刘光第:《我国资本市场之展望》,第 1 卷第 5、6 期(1947 年 1 月 31 日)。

15.《资金逃避与侨汇走漏》,第 1 卷第 5、6 期(1947 年 1 月 31 日)。

16.《证交经纪人临时大会讨论证金问题,提出三项要求》,第 1 卷第 5、6 期(1947 年 1 月 31 日)。

17.《证交征收交易税已达五亿元》,第 1 卷第 7 期(1947 年 2 月 15 日)。

18. 钱荣堃:《论证券行市的变动》,第 1 卷第 7 期(1947 年 2 月 15 日)。

19. 汪祥春:《我国实施经济建设时应如何筹集国内资金》,第 1 卷第 7 期(1947 年 2 月 15 日)。

20.《市况分析》,第 1 卷第 8 期(1947 年 2 月 28 日)。

21. 雍文远:《从证券货币与商品间的替代关系论我国经济危机》,第 1 卷第 8 期(1947 年 2 月 28 日)。

22.《国营事业股票出卖,政院派员专事研讨,中纺公司等将包括在内》,第 1 卷第 8 期(1947 年 2 月 28 日)。

23.《上海证券交易所修正管理证券套利办法》,第 1 卷第 8 期(1947 年 2 月 28 日)。

24.《证交经纪人公会召开常年会员大会——陈理事长报告工作概况》,第 1 卷第 8 期(1947 年 2 月 28 日)。

25.《经纪人现金证金维持原案,书面保证办法展至四月底止》,第 1 卷第 8 期(1947 年 2 月 28 日)。

26.《市场公告》,第 1 卷第 8 期(1947 年 2 月 28 日)。

27.《市况分析》,第 1 卷第 9 期(1947 年 3 月 15 日)。

28.《国营厂出售清单——计分售予民营、发行股票两方式》,第 1 卷第 11 期(1947 年 4 月 15 日)。

29.《国营事业配售民营实施办法》,第 1 卷第 11 期(1947 年 4 月 15 日)。

30.《非经纪人之证券号不准请求商业登记——经济部训令社会局饬遵》，第 2 卷第 5 期（1947 年 7 月 15 日）。

31.《战前公债本息按票面额偿付——财部电复市参议会》，第 2 卷第 5 期（1947 年 7 月 15 日）。

《资本市场》

1.《出售国营事业问题特辑》，第 1 卷第 4 期（1948 年 4 月）。

《中国建设》

1. 子枫：《三个月来的证券市场》，第 3 卷第 5 期（1947 年 2 月 1 日）。

《中华新报》

1.《济华制铁公司之进行》，1917 年 3 月 7 日。

2.《中行招集商股章程之披露》，1917 年 3 月 30 日。

《中行月刊》

1. 余英杰：《二十一年份之内国债券》，第 6 卷第 1、2 期（1933 年 1、2 月）。

2. 余英杰：《二十一年份之内国债券》，第 6 卷第 1、2 期（1933 年 1、2 月）。

3.《金融市况·证券》，第 9 卷第 2 期（1934 年 8 月）。

4.《立法院通过交易税条例案》，第 10 卷第 3 期（1935 年 3 月）。

5.《财部体念商艰不开征交易税》，第 12 卷第 1、2 期（1936 年 1、2 月）。

6. 罗从豫：《二十四年份财政部现负有确实担保内外债款之清算》，第 12 卷第 1、2 期（1936 年 1、2 月）。

7.《国内外金融经济概况·内债》，第 14 卷第 1、2 期（1937 年 1、2 月）。

8.《国内外金融经济概况·内债》，第 14 卷第 4 期（1937 年 4 月）。

9.《国内外金融经济概况·内债》，第 14 卷第 6 期（1937 年 6 月）。

10.《国内外金融经济概况·内债》，第 14 卷第 7 期（1937 年 7 月）。

11. 陈钟颖：《救国公债之发行与募集》，第 15 卷第 2、3 期（1937 年 8、9 月）。

《中央经济月刊》

1. 若君：《上海之华商股票市场》，第 2 卷第 3 号（1942 年 3 月）。

2. 吴毅：《一年来之证券》，第 3 卷第 1 号（1943 年 1 月）。

《中央日报》

1.《国营事业转民营，经济部正拟办法》，1947 年 2 月 20 日。

2.《国营生产事业出售，沪昨曾开会商处理办法》，1947 年 2 月 22 日。

3.《筹划国营事业转让，机构及方式昨有所决定》，1946 年 2 月 26 日。

4.《压平证券市场混乱，央行积极研究对策》，1947 年 3 月 6 日。

5.《国营事业让民营，行局组银团募股》，1948 年 3 月 5 日。

6.《国营事业资产出售办法通过》，1948 年 3 月 27 日。

7.《停止证券递延交割业务，沪证券市场起变化》，1948 年 4 月 6 日。

8. 《中纺等国营轻工业转让民营办法决定》，1947 年 4 月 8 日。

9. 《抛售股票隐名士，监委在沪彻查中》，1948 年 9 月 1 日。

10. 《中纺等五公司股票九日发行十日上市》，1948 年 9 月 7 日。

11. 《五公司股票昨发售》，1948 年 9 月 11 日。

12. 《陶案调查报告书（监察院发表）》，1948 年 9 月 18 日。

《中央银行月报》

1. 《华商与物品两交易所定期合并》，第 2 卷第 6、7 号（1933 年 7 月）。

2. 《一年来上海金融市况》，第 6 卷第 1 号（1937 年 1 月）。

3. 王雄华：《上海华股市场的过去及将来》，（复刊）第 1 卷第 1 期（1946 年 1 月）。

4. 穆家骥：《半年来华股市场之回顾》，新 3 卷第 7 期（1948 年 7 月）。

5. 《国内经济动态》，新 3 卷第 10 期（1948 年 10 月）。

6. 《国内经济动态》，新 3 卷第 11 期（1948 年 11 月）。

《中外经济周刊》

1. 《吾国内债亟应注意之几点》，第 161 号（1926 年 5 月 8 日）。

五、学术论文

1. 白丽健：《1937～1949 年上海证券市场的历史考察》，《南开学报》2000 年第 4 期。

2. 陈绛：《记澳洲首次召开的上海商业史学术讨论会》，上海中山学社主办：《近代中国》第 8 辑，上海：立信会计出版社 1998 年版。

3. 崔书文、许念晖：《上海孤岛的股票交易》，《经济日报》1994 年 10 月 31 日。

4. 邓宜红：《试析 1935 年以前中国银行对待政府内债态度之演变》，《民国档案》1993 年第 1 期。

5. 龚彦孙：《民国初年上海的证券交易》，《民国春秋》1992 年第 6 期。

6. 胡显中、周晓晶：《中国历史上第一家股份制企业轮船招商局》，《经济纵横》1992 年第 8 期。

7. 剑荣：《虞恰卿与上海证券物品交易所》，《档案与史学》1996 年第 3 期。

8. 金普森、王国华：《南京国民政府 1927～1931 年之内债》，《中国社会经济史研究》1991 年第 4 期。

9. 金普森、王国华：《南京国民政府 1933～1937 年之内债》，《中国社会经济史研究》1993 年第 2 期。

10. 匡家在：《旧中国证券市场初探》，《中国经济史研究》1994 年第 4 期。

11. 李春梅：《从轮船招商局看中国近代股份制的兴起》，《四川师范大学学报》1995 年第 3 期。

12. 李玉：《19 世纪 80 年代上海股市风潮对洋务民用企业的影响》，《江海学刊》2000 年第 3 期。

13. 李玉：《1882 年的上海股票市场》，《历史档案》2000 年第 2 期。

14. 闵杰《上海橡胶风潮及其对江浙地区民族经济的冲击》，《中国经济史研究》1989 年第 2 期。

15. 彭厚文：《旧中国证券市场若干问题的订正和商榷》，《中国经济史研究》1997 年第 3 期。

16. 彭厚文：《19 世纪 80 年代上海股票交易的兴衰》，《近代史研究》1999 年第 1 期。

17. 彭厚文：《上海早期的外商证券市场》，《历史档案》2000 年第 3 期。

18. 彭厚文：《战后上海证券交易所述论》，《近代史研究》2002 年第 3 期。

19. 千家驹：《论旧中国的公债发行及其影响》，《千家驹经济论文选》中国国际广播出版社 1987 年。

20. 单保：《北洋军阀政府的公债》，《史学月刊》1987 年第 1 期。

21. 宋士云：《抗日战争时期我国的股票市场》，《齐鲁学刊》1998 年第 5 期。

22. 田永秀：《1862～1883 年中国的股票市场》，《中国经济史研究》1995 年第 2 期。

23. 王晶：《1932 年的公债风潮：国民政府与上海金融界关系述评》，《档案与史学》2000 年第 3 期。

24. 王磊：《抗战时期国民政府内债研究》，《中国经济史研究》1993 年第 4 期。

25. 王佑楼、方传政：《淮南煤矿历史档案中的股票》，《中国档案》1997 年第 7 期。

26. 魏达志：《上海"孤岛经济繁荣"始末》，《复旦学报》(社会科学版)1985 年第 4 期。

27. 肖勤福：《上海金融界"民十风潮"述略》，《近代史研究》1986 年第 2 期。

28. 余德仁：《论唐廷枢与轮船招商局》，《河南师范大学学报》(哲学社会科学版)，1993 年第 1 期。

29. 张晓阳：《抗战时期的上海股市研究》，《档案与史学》1999 年第 1 期。

30. 张忠明：《近代上海产业证券的演进》，《社会科学》2000 年第 5 期。

31. 张寿彭：《旧中国交易所探源》，《兰州大学学报》1990 年第 1 期。

32. 赵兴盛：《抗战时期国民政府国内公债政策研究》，《民国研究》第 3 辑，南京大学出版社 1996 年。

33. 赵兴盛：《战后国民政府国营事业民营化问题研究》，《江海学刊》2002 年第 3 期。

34. 周育民：《一·二八事变与上海金融市场》，《档案与史学》1999 年第 1 期。

35. 朱荫贵：《近代上海证券市场上股票买卖的三次高潮》，《中国经济史研究》1998 年第 3 期。

六、中外论著

1. 埃瑞克·G. 菲吕博顿、鲁道夫·瑞切特编：《新制度经济学》，孙经纬译，上海：上海财经大学出版社 1998 年版。

2. 曹凤歧：《中国证券市场发展、规范与国际化》，北京：中国金融出版社 1998 年版。

3. 陈国强主编：《浙江金融史》，北京：中国金融出版社 1993 年版。

4. 程霖：《中国近代银行制度建设思想研究 1859～1949》，上海：上海财经大学出版社 1999 年版。

5. (法)白吉尔：《中国资产阶级的黄金时代(1911～1937)》，上海：上海人民出版社 1994 年版。

6. 傅红春：《美国联邦政府对股票市场的监督与管理》，成都：西南财经大学出版社 1997 年版。

7. 关国华、汪福长、葛意生、戴云芳编译《公债与股票》，北京：中国财政经济出版社 1988 年版。

8. 郭庠林、张立英：《近代中国市场经济研究》上海：上海财经大学出版社 1999 年版。

9. 洪葭管、张继凤：《近代上海金融市场》，上海：上海人民出版社 1989 年版。

10. 洪葭管：《中国金融史》，成都：西南财经大学出版社 1993 年版。

11. 洪葭管：《在金融史园地里漫步》，北京：中国金融出版社 1990 年版。

12. 洪葭管：《金融话旧》，北京：中国金融出版社 1991 年版。

13. 洪伟力：《证券监管：理论与实践》，上海：上海财经大学出版社 2000 年版。

14. 胡继之：《中国股市的演进与制度变迁》，北京：经济科学出版社 1999 年版。

15. 黄汉民、陆兴龙：《近代上海工业企业发展史论》，上海：上海财经大学出版社 2000 年版。

16. 金德环主编：《当代中国证券市场》，上海：上海财经大学出版社 1999 年版。

17. 李长江：《中国证券市场历史与发展》，北京：中国物资出版社 1998 年版。

18. 李扬、王国刚：《资本市场导论》，北京：经济管理出版社 1998 年版。

19. 李新总编：《中华民国史》第三编第五卷，汪朝光：《从抗战胜利到内战爆发前后》，北京：中华书局 2000 年版。

20. 李玉：《晚清公司制度建设研究》，北京：人民出版社 2002 年版。

21. 李朝晖：《证券市场法律监管比较研究》，北京：人民出版社 2000 年版。

22. 联合征信所调查组：《上海金融业概览》，1947 年。

22. 刘波：《资本市场结构——理论与现实选择》，上海：复旦大学出版社 1999 年版。

24. 刘慧宇：《中国中央银行研究（1928～1949）》，北京：中国经济出版社 1999 年版。

25. 陆仰渊、方庆秋主编：《民国社会经济史》，北京：中国经济出版社 1991 年版。

26. 罗美娟：《证券市场与产业成长》，北京：商务印书馆 2001 年版。

27. ［美］小科布尔：《上海资本家与国民政府（1927～1937）》北京：中国社会科学出版社 1988 年版。

28. ［美］郝延平：《中国近代商业革命》，陈潮、陈任译，上海：上海人民出版社 1991 年版。

29. ［美］阿瑟·恩·杨格：《一九二七至一九三七年中国财政经济情况》，陈泽宽、陈霞飞译，北京：中国社会科学出版社 1981 年版。

30. 潘青木、陈野华主编：《证券市场学》，成都：西南财经大学出版社 1994 年版。

31. 桑润生编著：《简明近代金融史》，上海：立信会计出版社 1995 年版。

32. 上海百货商业公司等编：《上海近代百货商业史》，上海：上海社会科学院出版社 1988 年版。

33. 《上海金融史话》，上海：上海人民出版社 1978 年版。

34. 唐振常、沈恒春主编：《上海史研究》二编，上海：学林出版社 1988 年版。

35. 唐振常主编：《上海史》，上海：上海人民出版社 1989 年版。

36. 王立民：《上海法制史》，上海：上海人民出版社 1998 年版。

37. 伍柏麟主编：《中日证券市场及其比较研究》，上海：上海财经大学出版社 2000 年版。

38. 吴景平等著：《抗战时期的上海经济》，上海：上海人民出版社 2001 年版。

39. 吴景平主编：《上海金融业与国民政府关系研究（1927～1937）》，上海：上海财经大学出版社 2002 年版。

40. 熊月之主编：《上海通史》，上海：上海人民出版社 1999 年版。

41. 徐桂华、郑振龙编著：《各国证券市场概览》，上海：复旦大学出版社 1992 年版。

42. 严武、李汉国、吴冬梅等：《证券市场管理国际比较研究》，北京：中国财政经济出版社 1998 年版。

43. 杨天石：《蒋氏密档与蒋介石真相》，北京：社会科学文献出版社 2002 年版。

44. 姚会元：《江浙金融财团研究》，北京：中国财政经济出版社 1998 年版。

45. 叶世昌、潘连贵：《中国古近代金融史》，上海：复旦大学出版社 2001 年版。

46. 叶世昌、施正康：《中国近代市场经济思想》，上海：复旦大学出版社 1998 年版。

47. 虞宝棠编著：《国民政府与国民经济》，上海：华东师范大学出版社 1998 年版。

48. 于纪渭：《证券法概论》，上海：复旦大学出版社 1999 年 9 月版。

49. 张公权：《中国通货膨胀史(1937～1949 年)》，北京：文史资料出版社 1986 年版。

50. 张忠民：《艰难的变迁——近代中国公司制度研究》，上海：上海社会科学院出版社 2002 年版。

51. 赵锡军：《论证券监管》，北京：中国人民大学出版社 2000 年版。

52. 中国人民银行总行金融研究所金融历史研究室编：《近代中国的金融市场》，北京：中国金融出版社 1989 年版。

53. 中国银行行史编辑委员会编著：《中国银行行史》，北京：中国金融出版社 1995 年版。

54. 郑振龙等主编：《中国证券发展简史》，北京：经济科学出版社 2000 年版。

55. 周天勇：《金融风险与资本社会化》，北京：经济科学出版社 1998 年版。

56. 朱彤芳编著：《旧中国交易所介绍》，北京：中国商业出版社 1989 年版。

57. 朱镇华：《中国金融旧事》，北京：中国国际广播出版社 1991 年版。

七、外文资料

1. ［日］木村增太郎著《支那の経済と財政》，东京大阪屋号书店，太正十二年三月二十日发行。

2. ［日］中支那振兴株式会社调查课《上海华商证券业概况》，昭和十六年十二月。

3. "China's First Stock and Produce Exchange", *The Far Eastern Review*, August, 1920.

后　记

本著作是在我博士学位论文的基础上经过修改、补充而完成的。

上海在中国近代历史上占据着极其重要的地位，尤其是近代上海的经济地位更是十分显赫，它是近代中国的经济中心、金融中心，要认识近代中国的经济不可不了解上海，要把握近代中国的金融命脉，不可不关注上海。因此，上海史的研究长期以来一直是国内乃至国际学术研究的热点。

我有幸涉足这一领域，是在 1997 年。当时，我从四川来到复旦大学历史系，师从吴景平教授做访学，参加了导师主持的"抗战时期的上海经济"课题研究，在承担了部分章节的写作任务后，我即埋头苦干起来，并很快对上海经济史的研究发生了浓厚的兴趣，期望今后能对近代上海经济有更深入的了解和研究。1999年，我考上了复旦大学历史系中国近现代经济史专业的博士研究生，使我的这一愿望得以实现。而导师此时的研究重点也正是近代上海金融史，于是，在导师的指导下，我开始了对近代上海金融的关注，为了更好地把握这段历史，我到经济学院选听了《货币银行学》、《国际金融专题研究》等相关课程，以拓展这方面专业知识的不足。而此时正值中国新兴证券市场迅猛发展的时期，受其影响，有关证券市场的相关理论研究著述大量涌现，但我发现，该领域的研究却主要集中在从国外的证券市场及其管理中寻找理论依据和体制借鉴，而从历史的角度，对近代中国证券市场的研究则显得相对薄弱。当然，参考国外有益的经验无疑是十分必要的，它有助于为中国证券市场的建设与完善提供横向的比较借鉴资料，但是，从历史的角度探寻近代上海经济和金融市场自身的特点和发展规律，并从中汲取可供借鉴的历史经验教训也是不可或缺的，只有这样，我们才可以尽可能全面而又符合实际地制定相应的制度和规章，推进当代中国证券市场的健康发展。于是，我决定选择近代中国证券市场的中心——上海证券市场作为我博士学位论文的研究课题。

　　题目初步确定以后,在进行资料的搜集过程中,我才发现"近代上海证券市场"一词涵盖的内容是多么的庞大,如果面面俱到,恐怕是短短三年的攻博期间所无法完成的,于是,我考虑选择一个特定角度切入。鉴于证券市场是一个投机性、风险性极大的市场,而证券市场本身又并不能自发实现高效、平稳、有序的运行,因此,如何加强对证券市场的管理,提高证券市场的安全性和运行效率则至关重要,故而将论文的范围缩小为"近代上海证券市场管理体制研究"。即便如此,在我的开题报告会上,这一选题也受到了戴鞍钢老师、王立诚老师等的质疑,他们认为,这一题目不仅时间跨度大,而且涵盖的内容也十分庞大,因为上海证券市场既包括由外商在上海建立的外商证券市场,也包括由中国人自己建立的华商证券市场,并且这两个证券市场还是两个完全不同的制度体系,因此仅在不到三年的时间里能完成这一课题的研究吗? 最后,我接受了他们的建设性意见,将论文题目范围确定为"近代上海华商证券市场研究"。

　　历史研究的基石就是史料,而史料的搜集则是历史研究中最累最苦的工作,为了使自己的研究言之有据,避免流于无根据的臆断,我首先着力于广泛的资料搜集工作,除已经出版的书刊资料外,我将重点放在了大量未刊档案资料与当时的报刊资料的发掘与整理上,为此,我不仅用了近一个月的时间到南京第二历史档案馆静心爬梳,更多的时间则是不停地奔波于上海市档案馆、上海图书馆、复旦大学图书馆与历史系资料室之间,那些一个个逝去的日子,伴随着我求索的脚步,串成一段段珍贵的记忆,永远深埋在我的心里。

　　资料的搜集与整理是辛苦的,但写作的过程则更是痛苦的,这个课题是一个庞大的工程,不仅需要历史学的知识,更需要经济学、金融学、法学、管理学等多方面知识的综合运用,在此,我时常感到力不从心,我已经记不清有多少个夜晚因冥思苦想而辗转反侧、夜不能寐,也记不清有多少次,因思路中断而茶饭不思,还有多少次,我想就此搁下,再也不用为此伤透脑筋了……但最后还是战胜了自己,继续沿着既定的方向一步步艰难地推进着,终于草成了现在的这本著作,虽说它耗费了我无数的心血,但仍只是一个阶段性的成果,本书仅从一个特定的方面展开研究,有关近代中国证券市场的许多问题都还没有来得及深入探讨,只待日后继续努力。

　　尽管如此,在此阶段性工作结束之时,我不能不感谢对我在论文的资料搜集、写作与出版过程中给予无私帮助的人们。如果没有他们的帮助与支持,我是无法完成这个题目的,更不可能将书稿顺利地出版。

　　首先我要衷心感谢的是我最崇敬与爱戴的恩师吴景平教授和师母余秀娟女士对我的鼓励、支持和无微不至的关怀。我的论文,从选题的论证、资料的搜集、写作大纲的反复斟酌与最终确定,到初稿的撰写、修改直至出版,整个过程都是在吴景平教授的直接指导和帮助下进行的。而老师严谨的治学态度,对学术研究锲而不舍的探索精神,对我的影响和教育更是持久和永恒的,我从导师那里学到的是终身受益的治学方法,这些教诲如春风化雨,引导我不断克服和解决论文写作过程中的一个又一个难题,逐渐修改和完成了这部书稿。而师母则时常给予我这个远离家乡的游子以慈母般的关怀,消除了我无尽的思乡之苦,使我们感受到家的温馨。

我要深深感谢戴鞍钢教授、王立诚教授、曹振威教授,他们在我的开题报告会上,向我提出了许多建设性的意见,使我在此后的研究与写作中少走了许多弯路,使文章结构更趋合理。我还要感谢姜义华教授、杜恂诚教授、谢俊美教授、马长林研究员、章清教授及金光耀教授,他们在我博士论文的预答辩和答辩中,对文章提出了十分中肯的修改意见,并对于我博士毕业后论文的修改、最终定稿给予了极大的帮助。由于"近代上海华商证券市场研究"仅是"近代中国证券市场"这一庞大研究课题中的一个侧面,显然本书在此次定稿时,仍存在诸多有负师教之处,但所幸的是我已确定以"近代中国证券市场研究"为题做为博士后的课题继续展开探讨,相信在今后的进一步研究中,老师的教诲与期望一定会成为我不懈努力并完成研究课题的精神动力。

此外,在我博士论文的资料搜集过程中,还得到学弟马军的热情帮助,在此感谢他及他所在的单位上海社会科学院历史研究所为我论文提供的资料上的帮助。在写作过程中,戴建兵、赵兰亮、王晶、马陵合、薛念文、何品、张玉明、易真权等同学、朋友的见解也使我受益良多,在此一并致以真诚的谢意。

而更为有幸的是,本课题获得了上海市社科青年课题的立项,上海市社科规划办与复旦大学为研究提供了经费上的极大支持,使我在资料的调研、发掘工作中得以放开手脚,免去了经费短缺之忧,对此,我表示由衷地感谢。

在本书的出版过程中,还得到了浙江财经学院科研处和经贸学院的大力支持,特别是经贸学院的卢新波院长、张国平副院长、陈红蓓老师更是给予了极大的关注,而浙江省省级社会科学学术著作出版资金的出版资助,更是使本书的出版得到了经费保障,作为省出版基金的受益者,我对于所有支持学术出版的人们表示由衷的敬意。同时,还要感谢我的博士后指导老师——复旦大学经济学院马涛教授的关心、支持和热忱相助,上海三联书店的倪为国先生对本书的出版更是给予了极大的帮助,在此一并表示衷心的感谢!

本书的出版,也是对于所有关爱、支持我的学界前辈、领导、同仁、朋友的一个交代。

　　由于本人的学力与时间有限，文中的粗疏、不妥、甚至错误之处，敬请学界前辈、同仁不吝赐教。

　　最后谨以此书献给我的母亲孙传蓉女士、丈夫张朝晖先生和女儿张伊婷！多年来，我一直在外求学，家庭事务更多地落在了他们的身上，他们全心支持我的学习，为我营造了一个温暖的家庭，正是他们的默默支持和无私奉献，才使我得以较为顺利地完成学位论文并修改出版，我对他们的感激是无法用任何言语所能表达的！

刘志英

再版后记

　　《近代上海华商证券市场研究》一书,是在我博士学位论文的基础上经过修改、补充而完成的,曾于 2004 年 6 月由学林出版社首次出版,时隔十四年之后,能由上海远东出版社再次出版,主要得益于我的博士生导师吴景平教授。

　　中华人民共和国建立之后的相当长时段里,金融史研究还不是学术研究的热门,其重要性得到重新审视,开始于二十世纪八十年代之后,伴随中国市场经济改革的进一步发展以及对金融业在市场经济发展中的作用的整体反思,中国大陆学界才重新认识金融史研究的重要性。

　　上海不仅在中国近代史上占据着极其重要的地位,在改革开放之后,其地位更是十分显赫,它是当代中国的经济中心、金融中心,中国改革开放的前沿阵地。1997 年,我从四川来到复旦大学历史系,师从吴景平教授做访问学者时,正赶上中国证券市场如火如荼的发展时期,上海是当代中国证券市场的中心之一,上海证券交易所大楼的神秘吸引着我,也感染着我。在参加导师主持的"抗战时期的上海经济"课题研究中,我知道了,中国的证券交易并非是起自改革开放之后,而是在近代以后伴随着西方列强的入侵,就在上海开始有了证券交易及其市场,还知道,近代中国的证券市场是先有外国人办的西商众业公所与日商取引所,再有中国人自己创办的证券交易所,于是,在探究抗战时期的上海经济发展史的同时,又激发了我对近代上海证券市场一探究竟的浓厚兴趣,期望能对近代中国的证券交易与证券市场有更深入的了解和研究。

　　1999 年,我考上了复旦大学历史系中国近现代经济史专业的博士研究生,使我能正式进入金融史领域开展研究的梦想得以实现。于是,在导师吴景平教授的指导下,我开始了对近代上海证券市场的研究,并从此一发而不可收。不仅在读博期间完成了对上海华商证券市场的考察,博士毕业后,我还进入复旦大学经济学院理论经济学博士后流动站,从近代上海证券市场扩展到对近代中国证券市场的研究,先后完成并出版了两本关于近代证券市场的著作,即《近代上海华商证券市场研究》与《近代中国华商证券市场研究》。这些,算是我真正进入金融史的研究领域,并开始小有收获的标志。

2007 年,我调入西南大学历史文化学院工作,研究视域也从证券市场扩展到了抗战大后方的金融业。这一领域,对我而言,是既陌生又熟悉。因为之前未关注过抗战大后方的问题,所以是陌生的;不过在中国近代金融史方面,自己已进行了多年的研究,所以是有基础的。但由于抗战大后方金融史的问题具有强烈的地域性和时间性,这对于一直以上海为关注对象的我来说仍是十分棘手的。选择以大后方金融为新的研究对象,就意味着一切要从头做起。于是,由最基础的史料着手,跑档案馆、坐图书馆,查资料、翻档案,几乎将教学工作之外的所有时间、精力,都投入到了大后方的金融史研究中。从 2007 年开始,经过数年耕耘,至今,已在该领域收获了一些成果,除了著作《抗战大后方金融研究》(重庆出版社)、《全面抗战时期的中国金融现代化》(科学出版社)等外,还在《历史研究》等重要刊物上发表学术论文数十篇,培养了以大后方金融史为研究方向的硕士、博士研究生二十多名。这些,也可谓是对自己在新领域开拓的一个交待。

前不久,恩师吴景平教授告诉我,欲将我的《近代上海华商证券市场研究》一书纳入老师主办的中国金融变迁研究系列,再版,令我又重新拾起了这本出版距今已有 14 年的书。当年,这本书算得上拓荒之作,但以今天的眼光审视,这本在我博士学位论文基础上形成的著作,无论在史料搜集还是在体例结构上都不算完整和理想,尚有不少需要充实完善的地方,理当重新思考和研究。但由于事情突然,加之手头工作繁重,除了亟待结项的研究课题,还有若干已被出版社不停催促的书稿等待交付,故实在抽不出充裕的时间,进行较深入的修改。于是,主要就本书存在的一些学术规范及语言表述上等问题,做了进一步的修订与完善,如"抗战、战前、战时、战后",表述不够完整,全书统一将"抗战"改为"抗日战争","战前"改为"抗日战争前","战时"改为"抗日战争时","战后"改为"抗日战争胜利后";又如:(第一章第三节)永昌股票公司有对讲电话 100 余部,并办有专门报道华股消息的"华股日报","华股日报"改为《华股日报》等。

此次再版,缘于恩师吴景平教授对学生之关怀,因时间仓促和学生之不才,未能对拙作在重新思考和研究的基础上进行深入地修改、完善,遗憾之处在所难免,只有恳请恩师以及读者们的海涵与谅解。

在本书的出版过程中,得到了上海远东出版社领导的极大支持,使本书的出版得到了经费保障,我对于所有支持学术出版的人们表示由衷的敬意。同时,感谢本书的责任编辑陈占宏先生的关心、支持和热忱相助,对本书的出版更是给予了极大的帮助，还要感谢上海市档案馆的何品先生，为本书封面提供了高清晰的上海证券物品交易所的彩色照片，在此一并表示衷心的感谢！

刘志英

2018 年 8 月